权威全译本

ÉMILE OU DE L'ÉDUCATION

爱弥儿

论教育

下卷

〔法〕卢梭 著

李平沤 译

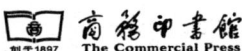
商务印书馆
创于1897 The Commercial Press

信 仰 自 白

一个萨瓦省的牧师述

我的孩子，别指望我给你讲什么渊博的学问或艰深的道理。我不是一个大哲学家，而且也不想做大哲学家。但是我多少有些常识，而且始终爱真理。我不想同你争论，更不打算说服你，我只向你把我心中的朴朴实实的思想陈述出来就行了。你一边听我谈话，一边也问问你自己的心，我要求于你的，就是这一点。如果我错了，我也错得很诚实，因此，只要不因为我错了就说我犯了罪，就可以了。如果你也诚实的话，即使是错了，也不会造成多大的危害。如果我的想法是对的，那是因为我们有共同的理性，我们同样有倾听理性呼声的愿望。你为什么不像我这样想呢？

我生在一个贫苦的农家，我的出身注定我是要干庄稼活儿的；但是，人们认为，如果我去做牧师，以这门职业糊口的话，也许要好一点，因此就想了一个办法，使我能够去学牧师。当然，无论是我的父母或我自己都很少想到要以此去寻求美好、真实和有用的学问，我们所想到的只是一个人为了得到牧师的职位所需要的知识。别人要我学什么，我就学什么；别人要我说什么，我就说什么；我照人家的意思去做，于是我就做了牧师。但是，我不久就意识到，在答应我自己不做俗人的时候，我许下了我不能遵守的诺言。

人们告诉我们说，良心是偏见的产物，然而我从经验中知道，良心始终是不顾一切人为的法则而顺从自然的秩序的。要想禁止我们做这样或做那样，完全是徒然的；只要我们所做的事是井然有序的自然所允许的，尤其是它所安排的，则我们就不会受到隐隐的良心的呵责。啊，我的好孩子，现在大自然还没有来启发你的官能，愿你长久地停留在这幸福的状态，因为在这种状态下，自然的呼声就是天真无邪的声音。你要记住，在它还没有教你以前，你提前去做，远比抗拒它的教导更违反它的意旨；因此，为了能够在屈服于邪恶的时候而不犯罪，就必须首先学会抵抗邪恶。

从我的少年时候起，我就把婚姻看作是第一个最神圣的自然的制度。由于放弃了结婚的权利，所以我决心不亵渎婚姻的神圣；因为，不管我受了什么样的教育和读了什么样的书，我始终过着有规律的简单的生活，所以在我的心灵中还保持着原始的智慧的光辉：世俗的说法没有使它们遭受蒙蔽，我的贫穷的生活使我远远地离开了罪恶的诡辩的引诱。

正因为有了这个决心，我才遭到了毁灭；我对婚姻的尊重暴露了我的过失，做了丑事便要受应得的惩罚：我被禁闭，又被革除了职务。我之所以遭遇这样的祸害，是因为我犹豫狐疑而不是因为我不能自制；根据人们对我可羞的事情提出的责难来看，我有理由相信，犯的过失愈大，反而愈能逃避惩罚。

一点点这样的经验就可以使一个有头脑的人产生很多的思想。由于种种悲观的看法打破了我对正义、诚实和做人的种种义务的观念，因而我每天都要抛弃一些我已经接受的思想；我心中余留的思想已不足以形成一个完整的体系，所以我逐渐地对明显的原理也感到有些模糊,以致最后弄得我不知道应该怎样想法才好,落到了你现在的这种境地。所不同的是:我的怀疑是由于年岁愈益增长的结果,它是经过许多困难之后才产生的,因此也是最不容易打破的。

我心性不定,抱着笛卡尔❶认为为了追求真理所必须抱有的那种怀疑。这种状态是不堪持久的,它使人痛苦不安,除非有罪恶的倾向和懒惰的心灵,是不愿意这样下去的。我的心尚未败坏到竟然乐于处在这种状态;一个人如果爱他自身更甚于爱他的财富的话,就能保持他运用思想的习惯。

我在心中默默地沉思人类悲惨的命运,我看见它们漂浮在人的偏见的海洋上,没有舵,没有罗盘,随他们的暴风似的欲念东吹西打,而它们唯一的领航人又缺乏经验,既不识航线,甚至从什么地方来到什么地方去也不知道。我对自己说:"我爱真理,我追求它,可是我找不到它,请给我指出它在哪里,我要紧紧地跟随它,它为什么要躲躲闪闪地不让一个崇敬它的急切的心看见它呢?"

虽然我常常遭遇巨大的痛苦,但我的生活从来没有像在这段混乱不安的时期中这样的闷闷不乐。在这段时间里,我对这也怀疑,对那也怀疑;经过长久的沉思默想之后,我所得到的不过是一些模模糊糊不能肯定的东西,对我的存在的原因和尽我的职责的方式的矛盾的看法。

要怎样才能成为一个既要固执一说,又要诚实的怀疑论者呢?

---

❶ 笛卡尔(1596—1650),杰出的法国二元论哲学家、数学家和自然科学家。笛卡尔认为,为了达到真理,一个人必须在一生中有一次把他以前所抱的种种看法通通抛弃,重新取得一套有系统的知识。

这我不明白。这样的哲学家,也许是从来没有过,如果有的话,也是人类当中最不幸的人。如果对我们应当知道的事物表示怀疑,对人的心灵是有强烈的戕害的。它不能长久地忍受这种戕害,它在不知不觉中要做出这样或那样的决定,它宁可受到欺骗,而不愿意对什么都不相信。

使我倍加为难的是:我是由一个武断一切、不容许任何怀疑的教会养大的,因此,只要否定了一点,就会使我否定其余的一切东西,同时,由于我不能接受那样多荒谬的决断,所以连那些不荒谬的决断我也通通摒弃了。当人们要我完全相信的时候,反而使我什么都不相信,使我不知道怎样办才好。

我请教许多哲学家,我阅读他们的著作,我研究他们的各种看法,我发现他们都是很骄傲、武断、自以为是的,即使在他们所谓的怀疑论中,他们也说他们无一不知,说他们不愿意追根究底,说他们要彼此嘲笑;最后这一点,所有的哲学家都是具有的,所以我觉得,这一点也就是他们唯一说得正确的地方。他们得意洋洋地攻击别人,然而他们却没有自卫的能力。如果衡量一下他们所说的道理,他们的道理都是有害于人的;如果问他们赞成哪一个人的说法,每一个人就说他赞成他自己;他们是为了争论才凑合在一起,所以听他们的那一套说法,是不可能解除我的疑惑的。

我想,看法之所以如此的千差万别,人的智力不足是第一个原因,其次是由于骄傲的心理。我们没有衡量这个庞大的机器的尺度,我们无法计算它的功能;我们既不知道它最重要的法则,也不知道它最后的目的;我们不了解我们自己,我们不懂得我们的天性和我们的能动的本原;我们连人是一个简单的存在还是一个复合的存在也不晓得；我们周围都是一些奥妙莫测的神秘的东西，它们超过了我们所能感知的范围；我们以为我们具有认识它们的智力，然而我们所具有的只不过是想象力。每一个人在走过这想象的世界的时候，都要开辟一条他自认为是平坦的道路，然而没有一个人知道他那条道路是不是能达到目标。我们希望了解一切，寻个究竟。只有一件事情我们不愿意做，那就是：承认我们对无法了解的事情是十分的无知。我们宁可碰碰运气，宁可相信不真实的东西，也不愿意承认我们当中没有一个人能够理解真实的东西。在造物主让我们去争论的一个无边无际的大整体中，我们只是一个渺小的分子，所以企图断定它是什么样子和我们同它的关系，完全是妄想。

即使哲学家们有发现真理的能力，但他们当中哪一个人对真理又感到过兴趣呢？每一个人都知道他那一套说法并不比别人的说法更有依据，但是每一个人都硬说他的说法是对的，因为那是他自己的。在看出真伪之后，就抛弃自己的荒谬的论点而采纳别人所说的真理，这样的人在他们当中是一个也没有的。哪里找得到一个哲学家能够为了自己的荣誉而不欺骗人类呢？哪里去找在内心深处没有显扬名声的打算的哲学家呢？只要能出人头地，只要能胜过同他相争论的人，他哪里管你真理不真理？最重要的是要跟别人的看法不同。在信仰宗教的人当中，他是无神论者，而在无神论者当中，他又是信仰宗教的人。

经过这样的思考之后，我得到的第一个收获是了解到：要把我探讨的对象限制在同我有直接关系的东西，而对其他的一切则应当不闻不问，除了必须知道的事物以外，即使对有些事物有所怀疑,也用不着操我的心。

我还了解到,哲学家们不仅没有解除我的不必要的怀疑,反而使那些纠缠在我心中的怀疑成倍地增加,一个也得不到解决。所以我只好去找另外一个导师,我对自己说:"请教内心的光明,它使我所走的歧路不至于像哲学家使我走的歧路多,或者,至少我的错误是我自己的,而且,依照我自己的幻想去做,即使堕落也不会像听信他们的胡言乱语那样堕落得厉害。"

于是,我扪心自问地把我出生以来一个接一个地影响过我的种种看法回想了一下,我发现,尽管它们当中没有哪一个是明确到能够直接令人信服的地步,但它们具有或多或少的盖然性,因之我们的内心才对它们表示不同程度的赞成或不赞成。根据这一点,我把所有不同的观念做了一个毫无偏见的比较,我发现,第一个最为共通的观念也就是最简单和最合理的观念,只要把它列在最后面,就可以取得大家一致的赞同。我们设想所有古代和现代的哲学家对力量、偶然、命运、必然、原子、有生命的世界、活的物质以及各种各样的唯物主义说法是透彻地先做了一番离奇古怪的研究的,而在他们之后,著名的克拉克❶终于揭示了生命的主宰和万物的施予者,从而擦亮了世人的眼睛。这一套新的说法是这样的伟大、这样的安慰人心、这样的崇高、这样的适合于培养心灵和奠定道德基础,而且同时又是这样的动人心弦、这样的光辉灿烂、这样的简单,难怪它会得到人人的佩服和赞赏,而且在我看来,它虽然也包含人类心灵不可理解的东西,但不像其他各种说法所包含的

---

❶ 克拉克(1675—1729),英国唯心论哲学家,著有《论证神的存在和属性》一书。

荒唐东西那么多！我对自己说："它们都同样有不可解决的疑难，因为人的心灵太狭窄，不能把所有的疑难都加以解决，所以不能拿疑难来说明我们否定这个或那个说法的理由；但是它们所依据的直接的证据却有极大的差别！"上面这个说法既然把一切都解释清楚了，同时只有它所有的疑难不如其他说法的疑难多，我们岂不是可以选择这个说法吗？

由于我把我心中对真理所怀抱的爱作为我的全部哲学，由于我采用了一个既简单容易又可以使我撇开空空洞洞的论点的法则作为唯一的方法，因此我按照这个法则又检验了我所知道的知识，我决定把我不能不真心实意地接受的种种知识看作是不言而喻的，把同它们似乎是有必然的联系的知识则看作是真实的；至于其余的知识，我对它们则保持怀疑，既不否定也不接受，既然它们没有实用的价值，就用不着花我的心思去研究它们。

但是，我是怎样一个人呢？我有什么权利去评判事物呢？是什么东西在决定我作出这样或那样的判断呢？如果它们是由于我所接受的印象硬要我非那样判断不可的话，则我进行的这番探讨就是徒然浪费精力；要么就彻底探讨，否则就不去管它们，让它们自行得出一个结果。因此必须首先把我的目光转向我自己，以便了解我要采用的工具，了解我把它用起来有多大的把握。

我存在着，我有感官，我通过我的感官而有所感受。这就是打动我的心弦使我不能不接受的第一个真理。我对我的存在是不是有一个特有的感觉，或者说，我是不是只通过我的感觉就能感到我的存在？这就是我直到现在还无法解决的第一个怀疑。因为，由于我或者是直接地或者是通过记忆而继续不断地受到感觉的影响,我怎么就能知道"我"的感觉是不是独立于这些感觉之外的,是不是不受它们的影响呢?

我的感觉既能使我感知我的存在,可见它们是在我的身内进行的;不过它们产生的原因是在我的身外,因为不论我接受与否,它们都要影响我,而且,它们的产生或消灭全都不由我做主。这样一来,我就清清楚楚地认识到我身内的感觉和它们产生的原因(即我身外的客体)并不是同一个东西。

因此,不仅存在着我,而且还存在着其他的实体,即我的感觉的对象;即使这些对象不过是一些观念,这些观念也并不就是"我"。

我把我所感觉到的在我身外对我的感官发生作用的东西都称为"物质";在我看来,物质的一切分子都将结合成单个单个的实体,所以我把物质的分子称为"物体"。这样一来,我认为唯心论者和唯物论者之间的一切争论都是没有什么意义的,他们所说的物体的表象和实际之间的区别完全是想象的。

现在,我对宇宙的存在也像对我自己的存在一样,是深信不疑的。此后,我要进一步思考我的感觉的对象;当我发现我有能力把它们加以比较的时候,我觉察到我富有一种活的力量,而以前我是不知道我有这种力量的。

知觉,就是感觉;比较,就是判断;判断和感觉不是一回事情。通过感觉,我觉得物体是一个个孤立分散地呈现在我的眼前的,其情形也像它们在大自然中的情形一样;通过比较,我就把它们挪动了一下,可以说是移动了它们的位置,我把它们一个一个地叠起来,以便说出它们的异同,同时再概括地说出它们的关系。依我看来，能动的或聪慧的生物的辨别能力是能够使"存在"这个词具有一种意义的。我在那仅有感觉的生物中是没有找到过这种能够进行比较和判断的智力的，我在它们的天性中也没有发现过这种智力。这种被动的生物可以分别地感觉每一种客体，甚至能感觉出由两个物体合成的整体，但是，由于它没有能力把客体一个一个地叠起来，所以它就无法把它们加以比较，它就无法对它们进行判断。

在同一时间内看见两种物体，这并不等于就发现了它们的关系或判明了它们的差异；看到几个互不相连的物体，也不等于数清了它们的数目。我可以在同一个时刻具有一根长棍子和一根短棍子的观念，虽然我没有把它们加以比较，也不是经过判断而看出这根棍子比那根棍子短的，正如我一下就看完了我整个的一只手而没有计算有多少手指一样①。"长一点、短一点"这类比较的观念，以及"一、二等等"数目的观念当然不是感觉，虽然我只能够在有所感觉的时候才能产生这些观念。

有人告诉我们说，有感觉的生物能够借各种感觉之间的差异把它们互相加以区分，这种说法是需要解释一下的。当感觉是互不相同的时候，有感觉的生物是可以凭它们的差异而区别它们；当它们是互相近似的时候，有感觉的生物之所以能够区分它们，是因为它觉察到它们是互相独立的。否则，在同时发生的一种感觉中它怎样去区别两个相等的事物呢？它必然要把那两种东西混淆起

---

① 拉·孔达明先生告诉我们说，有一种民族的人计数只能计到三。这个民族的人虽然有手，但常常看见他们的手指也不知道把数目数到五。

来,看作是同一个东西,特别是按照有一种说法来看更是这样,因为这种说法认为空间的表象感觉是没有外延的。

当我们发现两种需要加以比较的感觉的时候,我们已经有了它们的印象了,对每一个客体都有所感觉了,对两个客体都有所感觉了,但不能因此就说我们已经感觉到了它们的关系。如果对这种关系的判断只是一种感觉,而且唯一无二地是得之于客观对象的本身,则我们的判断就不会出错误,因为我所感知的是我有所感觉的东西,所以绝对不会有差错。

那么,我为什么会搞错这两根棍子的关系,特别是搞不清楚它们是不是相像呢?例如,当短棍子只有长棍子的四分之一那么长的时候,我为什么会以为它有长棍子的三分之一那么长呢?形象(即感觉)为什么同标本(即事物)不相符合呢?这是因为进行判断的时候我是主动的,而进行比较的时候我的活动出了错误,我的理解力在判断关系的时候又把它的错误同显示客观事物的真实的感觉混淆起来了。

除此以外,我认为,如果你曾经想过的话,还有一点是一定会使你感到惊奇的,那就是:如果我们在运用我们的感官方面完全是消极的,那么,它们之间就不可能互通声气,我们就无法认识到我们所摸到的物体和我们所看到的物体是同一个东西。我们要么就一点儿也感觉不到我们身外的任何东西,要么就会感觉到是五种可以感知的实体,而没有任何办法可以辨别出来它们原来是同一个东西。

我心灵中所具有的这种归纳和比较我的感觉的能力,不管别人给它一个这样或那样的名称,不管别人称它为"注意"也好,或者称它为"沉思"也好，或者称它为"反省"也好，或者爱怎样称它就怎样称它，它始终是存在于我的身上而不存在于事物的身上，而且，尽管是只有在事物给我以印象的时候我才能产生这种能力，但能够产生它的，唯独我自己。我有所感觉或没有感觉，虽不由我做主，但我可以或多或少地自由判断我所感觉的东西。

所以，我不只是一个消极被动的有感觉的生物，而是一个主动的有智慧的生物；不管哲学家们对这一点怎样说，我都要以我能够思想而感到荣耀。我只知道真理是存在于事物中而不存在于我对事物进行判断的思想中，我只知道在我对事物所作的判断中，"我"的成分愈少，则我愈是接近真理。因此，我之所以采取多凭感觉而少凭理智这个准则，正是因为理智本身告诉过我这个准则是正确的。

现在，可以说我对我自己已经是深有信心，所以我要开始观看我身外的事物，我胆战心惊地发现我被投入了这个巨大的宇宙之中，迷迷茫茫不识路径，宛如淹没在一望无边的生物的海洋里，既不知道它们是什么样子[†]，也不知道它们之间以及它们和我有哪种关系。我研究它们，观察它们；而我想到应该拿来同它们加以比较的第一个对象，就是我自己。

所有一切我通过感官发现的东西都是物质，而我就根据这一点，从可以感知的性质中去推论物质所具有的根本特性，因为是这些特性使我发现物质的，而且这些特性是同物质分不开的。我看

[†] 在其他版本作："……既不知道它们从绝对的意义说来是什么样子，也不知道它们之间……"

见它时而运动,时而静止①;我由此断定无论静止或运动对物质来说都不是非有不可的本质;而运动由于是一个动作,所以是静止状态已经不存在了的原因的结果。因此,在没有什么东西对物质发生作用的时候,它是一点也不动的;正是因为这个缘故,它才对静止或运动都是无可无不可的,但是,它的自然的状态是处于静止的。

我发现物体有两种运动,即:因他物的影响而发生的运动和自发的或随意的运动。在第一种运动中,动因是存在于运动的物体之外的,而在第二种运动中,动因是存在于运动的物体之内的。然而我并不因此就认为像钟表这类东西的运动是自发的,因为,如果没有外界的东西使发条对钟表起作用的话,它就休想开动机器和转动指针。同样,我也不同意人家所说的液体的运动是自发的,更不同意说什么使液体产生流动性的火是自发运动的②。

你也许会问我动物的运动是不是自发的;我告诉你,这我不晓得,不过,用类推的方法看来,可以说它是自发的。你也许还要问我怎么会知道有一些运动是自发的;我告诉你,我之所以知道有这种运动,是因为我感觉到了它。我想运动我的胳臂,我就可以运动它,这里除我的意志以外,就不需要任何其他的直接的原因。谁要

---

① 这种静止只可以说是相对的;但是,既然我们是或多或少地在运动状态中看到的,所以我们可以很清楚地想象出两个极端之一,即静止;我们可以把它想象得这样的清楚,以致我们竟把相对的静止看成是绝对的静止了;如果说可以把物质设想为静止的,那么,说运动是物质的本质就不对了。

② 化学家认为燃素或火的原素是分散的、不动的,在它所组成的化合物中是停滞不动的,一直要等到有了外因,才能把它放散出来,使它聚集在一起,开始运动,变化成火。

是想提出一个什么理由来使我不相信我身上的这种感觉的话,也是办不到的,它比一切证据都更为显明;要不然,你就给我证明一下我不存在。

如果在人的活动中没有任何自发性,如果世界上发生的事情也通通没有任何自发性,那么,我们就更难想象出它们的种种运动的第一个原因。我个人的看法是这样的:物质的自然状态是静止的,它本身是没有任何活动力的,当我看见一个运动着的物体的时候,我马上就会设想它要么是一个有生命的物体,要么它是因为其他物体的影响才运动的。我心里是根本不承认无机物可以自行运动或使他物运动的。

然而这个肉眼可以看见的宇宙是物质,是分散而无生命的[①]物质,就其整体来说,它并不像一个有生命的物体那样各部分是连在一起、有组织、有共同的感觉的,比如我们虽然是这个整体的分子,但是我们也毫不觉得是在这个整体之中。这个宇宙是运动着的,而且在它井然有序、快慢均匀的运动中是受着固定不变的法则的约束的,它没有我们在人和动物的自发的运动中所见到的那种自由。所以,这个世界并不是一个能自行运动的巨大的动物,由此可见,在它的运动中必然有我尚未发现的某种外在的原因;然而内心的信念使我觉得这个原因是这样的明显,以致我不能不在看到太阳运行的时候设想有一种力量在推它,不能不在地球旋转的时候,我简直觉得看见了那只转动它的手。

---

① 我曾经花了许多工夫,企图想象出一个活的分子的样子,但是没有想象出来。要是说没有感官的物质有感觉,这种概念在我看来是不可理解的和自相矛盾的。为了要决定是采取或是否定这种概念,就必须首先了解它;我承认,我还没有做到这一点。

如果我对一些普遍的法则,还没有看出它们同物质的主要关系,就硬要接受的话,我有什么心得呢?这些法则既然不是真实的存在,不是实体,所以它们必然有我所不知道的另外一种基础。经验和研究使我们认识到运动的法则;这些法则能确定结果,然而不能表明其原因;它们不足以解释世界上的森罗万象和宇宙的运行。笛卡尔用几个骰子构成天和地,但是他不能使骰子动起来;如果不借助旋转运动的话,他也无法使它的离心力发生作用的。牛顿发现了万有引力定律,但是,单单用这个引力,是马上会使宇宙缩成一块不动的东西的,因此在这个定律之外,他还要加上一种推力才能说明天体的曲线。请笛卡尔告诉我们,是什么物理的法则在使他的旋涡体旋转;请牛顿给我们指出,是谁的手把行星投到它们轨道的切线上的。

运动的第一原因不存在于物质内部,物质接受运动和传送运动,然而它不产生运动。我愈是对自然力的作用和反作用的互相影响进行观察,我愈是认为,我们必须一个结果接着一个结果地追溯到某种意志中去寻找第一原因;因为,如果是假设一连串数不清的原因的话,那就等于假设没有任何的原因。总之,所有一切不是因为另外一个运动而产生的运动,是只能来自一个自发的、自由的动作的;没有生命的物体虽在运动,但不是在活动,没有哪一个真正的活动是没有意志的。这就是我的第一个原理。我相信,有一个意志在使宇宙运动,使自然具有生命。这是我的第一个定理,或者说我的第一个信条。

一个意志怎样产生物质的和有形的活动呢?这我不知道,但是我在我本身中体验到它产生了这种运动。我想做什么,我就可以做什么；我想移动我的身体，我的身体就移动起来；但是，谁要是说一个没有生命的静止的物体能自行活动或产生运动的话，那是不可理解的，而且也是从来没有见过的。我是通过意志的活动而不是通过意志的性质去认识意志的。我把这种意志看作动因；但是，要是把物质想象为运动的产生者的话，那就等于是想象没有原因的结果，就等于是没有想象。

要我想象我的意志是怎样运动我的身体的，也像要我想象我的感觉是怎样影响我的心灵一样，是不可能的。我甚至不知道在这两个神秘的事物中，为什么有一个显得比另一个易于解释。至于我，不论是在被动或是在主动的时候，我都认为，两种实体的联合法是绝对不可理解的。然而，奇怪的是，人们正是因为不可理解才把两种实体混合起来，好像在性质上这样不同的两种运动按一个单独的主体比按两个主体更好解释似的。

不错，我所设的定理是很模糊的，然而它终究说出了一个道理，而且也没有任何同理性和经验相背驰的地方。我们对于唯物论也能这样说吗？如果说运动是物质的本质，那么，它就同物质是不可分的，它在物质中始终保持同样的程度，在物质的每一个部分中始终是那个样子，它不可传导，它既不能增加也不能减少，而且，我们根本就不能设想有任何静止的物质，这几点难道还不明白？如果有人告诉我说，运动并不是物质不可或缺的，然而是必然的，我认为，这个人是企图换一个说法来骗我，这种说法即使含有更多的意义，也是很容易驳斥的。因为，要是物质的运动来自物质的本身，则它是物质的本质；要是它来自外在的原因，则只有在动因对物质发生作用的时候，物质才必然运动：谈到这里，我们又回到第一个难题了。

　　普遍的和抽象的观念是人们产生大错误的根源,形而上学的呓语从来没有使人发现过一个真理,它使哲学充满了许多的谬论,只要我们剥去那些谬论的华丽辞藻,我们马上就会觉得有了那些谬论是很可羞的。请你告诉我,我的朋友,当别人向你谈论什么扩及于整个大自然中的盲目的力量的时候,他是不是给你的心灵带来了真实的观念。他们以为用"宇宙力"、"必然的运动"这一类含糊的字眼就可以阐明什么东西,其实他们什么也没有阐明。所谓运动,也就是从一个地方移到另一个地方的意思;没有哪一种运动是没有方向的,因为一个单独的个体是不可能同时向四面八方运动的。所以,我们要问物质必然向什么方向运动呢?构成物体的物质,其运动是不是快慢均匀的,换句话说,每一个原子是不是有它自己的运动?按照第一个观念,整个宇宙必然形成一个不可分割的硬块;按照第二个观念,它就会成为一种稀散而不凝合的流体,即使两个原子要结合起来也是绝不可能的。整个物质的共同的运动朝什么方向?它是按直线运动还是绕圆周运动?是向上还是向下?是向左还是向右?如果物质的每一个分子有它特殊的方向,那么,所有这些方向和差别的原因何在?如果物质的每一个原子或分子只能够绕着它自己的中心旋转,那么,任何一个原子或分子都无法脱离它的原位,从而就不可能有传导运动,何况这种圆周形运动也需要遵循一个确定的方向。凭抽象的办法说物质在运动,这无异是在说毫无意义的废话;如果认为它有既定的运动,那就需要假设一个决定这种运动的原因。特殊的事例愈举得多,我就愈需解释一些新的原因,以致永远也找不到一个指挥它们的共同的动因。我不仅不能想象在原素的偶然的联合中有什么秩序,而且不能想象其中有什么斗争,所以,在我看来,宇宙的混乱比之宇宙的谐和更难想象。我知道,世界的结构是人的心灵所不能理解的;但是,只要一个人想把它解释一番,那就需要讲出一些人们能理解的东西。

如果运动着的物质给我表明存在着一种意志,那么,按一定法则而运动的物质就表明存在着一种智慧,这是我的第二个信条。进行活动、比较和选择,是一个能动的和有思想的实体的动作;这个实体是存在着的。"你看见它存在在什么地方?"你这样问我。不仅存在于旋转的天上,而且还存在在照射我们的太阳中;不仅在我自己的身上存在,而且在那只吃草的羊的身上,在那只飞翔的鸟儿的身上,在那块掉落的石头上,在风刮走的那片树叶上,都存在着。

尽管我不知道这个世界的目的,我也能判断它的秩序,因为,我只需在各部分之间加以比较,研究一下它们的配合和关系,看一看它们怎样协同动作,我就能判断其秩序了。我不知道这个宇宙为什么会存在,但是我时时在观察它怎样变迁,我不断地注意它所有的紧密的联系,因为,正是通过这种联系,组成宇宙的各个实体才能互相帮助。我宛如一个人第一次看见打开了表壳的表一样,虽然不懂得机器的用途,也没有看见表面,但仍然在那里不断地赞美它构造的精致。我将说:"我不明白它有什么用处;但是我发现每一个零件都做得恰恰配合另一个零件;我佩服那个工人制作的精良,我深深相信,所有这些齿轮之所以这样协同一致地转动,是为了一个共同的目的,不过这个目的我无法看出来罢了。"

让我们把各种各样特殊的目的、方法和关系拿来比较一下，然后再倾听内在的情感的声音，哪一个健全的心灵会拒绝它的证据呢？没有先入之见的眼睛难道还看不出显然存在的宇宙的秩序表达了至高的智慧？任你怎样诡辩，也不能使人们看不出万物的和谐，也不能使人们看不出每一个部分为了保存其他部分而进行的紧密配合！你爱怎样给我讲化合和偶然，就随你怎样讲，但是，如果你不能使我信服，即使把我说得哑口无言，又有什么用呢？我的自发的情感始终要驳斥你，这是我控制不住的，你能消除我这种情感吗？如果有机体在取得固定的形状以前，是以各种各样的方式偶然结合起来的，如果它先有胃而未同时有嘴，先有脚而未同时有头，先有手而未同时有胳臂，先有各种不能自行维持其自身的不完备的器官，那么，为什么这种残缺不全的东西我们一个也没有看见过呢？为什么大自然竟订出一些它不能首先服从的法则呢？说事物在可能产生的时候便产生，这我是一点也不觉得奇怪的，说困难的事情多做几次就能做成，这我也是同意的。但是，如果有人来告诉我说，把铅字随随便便一扔，就能作出一部完整的《伊尼依特》，我认为，即使只走两三步路去对证这个谎言，也是不值得的。也许有人会向我说："你对进行的次数略而未提。"但是，必须假设多少次这样的进行才能使化合成为事实呢？在我看来，我认为只有一次，所以我敢说，在无限次中也不会出现一次由于偶然而产生结果的事情。此外，化合和偶合只能产生跟化合原素性质相同的产物，组织和生命绝不是由一个原子的喷射而产生的，化学家在制造化合物的时候，绝不能使那些化合物在坩埚里有所感觉和思想①。

我在读纽文提特❶的著作的时候,很感惊异,而且几乎生气了。这个人怎么会想到写一本书就能阐明那些显示造物主的大智大慧的自然界的奇观呢?他那本书即使同地球一样厚,也未必能透透彻彻地论述其主题;要是描绘细节的话,就会漏掉最大的奇观——万物的谐和。单拿有机物的产生这个问题来说,就是人类智慧探究不完的深渊;而大自然为了使不同的物种不致混淆而安置在它们之间的不可逾越的障碍,就最明确不过地表明了它的意图。它不满足于秩序的建立,它还要采取一定的方法使任何东西都不能扰乱这个秩序。

在宇宙中,每一个存在都可以在某一方面被看作是所有一切其他存在的共同中心,它们排列在它的周围,以便彼此互为目的和手段。人的心灵对不计其数的关系感到迷茫,然而这些关系的本身却没有一个是混乱不清的。要做多么多荒唐的假设,才能从偶然运动的物质的盲目结构中演绎这种谐和的现象啊!有些人否认在这巨大的整体的各部分关系中显现的意图是统一的,但是,尽管他们使用了抽象、对等、普遍原则和象征的词汇,也掩饰不住他们

---

① 要不是有凭有据的话,谁还相信人类竟荒唐到这样的地步呢?阿马图斯·路西塔努斯硬说他看见朱利马斯·卡米路斯——据说他是第二个普罗米修斯——用炼金术在一个玻璃杯子里炼出了一个指头那样长的小人儿。帕腊塞耳斯在《物性论》一书中还描述了制造这种小人儿的方法,并且说曾经用化学方法制造过侏儒、半人半羊的牧畜神、半人半兽的森林神和半神半人的女神。我看,要想证实这些事实的可能性,除了硬说有机物可以抵抗火的温度,硬说它的分子在反射炉中也能保持其生命以外,便没有其他的办法。

❶ 纽文提特,荷兰医学家。卢梭在这里所指的是纽文提特于1716年发表的《论自然界的奇观显示了神的存在》一书。

是在乱吹牛皮;不论他们怎样说,我要是不设想有一种智慧在安排万物的系统,就不可能想象它怎么会这样有条不紊,秩序井然。要我相信被动的和死的物质能产生活的和有感觉的生物,要我相信偶然的机会能产生有智慧的生物,要我相信没有思想的东西能产生有思想的生物,是不可能的。

所以,我认为世界是由一个有力量和有智慧的意志统治着的,我看见它,或者说我感觉到了它,我是应该知道它的。但是,这个世界是无始无终的呢还是由谁创造的?万物是唯一无二地只有一个本原呢还是有两个或几个本原?它们的性质是怎样的?这些我都不知道,它们同我有什么关系?所以,只有在这些知识对我有意义的时候,我才努力去寻求它们;而在此以前,我是不愿意思考什么空洞的问题的,因为它们将扰乱我的心灵,既无助于我的为人,而且还超过了我的理解的能力。

你始终要记住的是,我不是在传播我的见解,我只是把它陈述出来。不管物质是无始无终的还是创造的,不管它的本原是不是消极的或是根本没有本原,总之整体是一个,而且表现了一种独特的智慧,因为我发现这个系统中的东西没有一个不是经过安排的,不是为了达到共同的目的:在既定的秩序中保存这个整体。这个有思想和能力的存在,这个能自行活动的存在,这个推动宇宙和安排万物的存在,不管它是谁,我都称它为"上帝"。我在这个词中归纳了我所有的"智慧"、"能力"和"意志"这些观念,此外还使它具有"仁慈"这个观念,因为这个观念是前面几种观念的必然的结果;但是,不能够因此就说我对我以这个词称呼的存在知道得很清楚;它躲躲藏藏地不让我的感官和智力发现它,我愈去想它,便愈感到迷惑；我的确知道它是存在的，而且知道它是独立存在的。我知道我的存在是依附于它的存在的，而且就我所知道的一切事物来说，也同样是依附于它的存在的。我在它创造的万物中到处都看见上帝，我觉得它在我的心中，我发现它在我的周围，但是，当我想就它本身来思考它的时候，当我想寻找它在什么地方，想知道它是什么样子，想知道它是什么东西构成的时候，它就逃避我，我迷迷茫茫的心灵便什么也看不到了。

　　由于我深深知道我的能力不足，所以，除非对上帝和我的关系有所感受，使我不能不推论上帝的性质的时候，我是绝不论述他的性质的。要推论他的性质，那是很斗胆的事情；一个聪明的人必须如临深渊似地谨慎从事，必须知道他没有深入探讨这个问题的能力，因为，有辱上帝的事情，不是心中不想他，而是把他想象错了。

　　在他的属性中，我发现我可以通过一些属性去设想他的存在，发现了这点之后，我又回头来观察我自己，我要弄清楚我在他所治理，而我也有能力加以研究的事物的秩序中占据什么位置。我发现，由于我属于人类，所以无可争辩地占据第一个位置，因为，由于我具有意志和能够使用实现我的意志的工具，所以我有更多的力量影响我周围的物体，可以随我的便或是利用或是避免它们的活动，而它们当中则没有哪一个能够单单凭身体的冲动就可以不管我愿不愿意都要影响我；同时，由于我具有智慧，所以只有我才能够对一切事物进行考察。在这个世界上，除了人以外，哪一种生物能够认识一切其他的生物，能够估计和预料它们的运动和后果，能够把共同的存在的意识和它自己的存在的意识连在一起呢？如果说只有我才能够把一切事物同我联系起来，那么，又有什么理由笑我认为一切都是为我而做的呢？

因此，人的确是他所居住的地球上的主宰[†]；因为，他不仅能驯服一切动物，不仅能通过他的勤劳而布置适合于生存的境界，而且在地球上只有他才知道怎样布置这种境界，只有他才能够通过思索而占有他不能达到的星球。请告诉我，地球上还有什么动物会使用火和观赏太阳。怎么！我既然能观察和认识一切生物和它们的关系，能意识什么叫秩序、美和道德，能思索这个宇宙和摸着那统治这个宇宙的手，能喜爱善良和做善良的行为，我还会把自己看作野兽！卑贱的人啊，是你的糟糕的哲学把你弄得同野兽一个样子，否则，你想败坏自己也是败坏不了的，因为你的天才将揭露你所说的那些原理的荒谬，你仁慈的心将戳穿你所讲的那种教条的虚伪，而且，甚至在你滥用你的才能的时候，你也会在不知不觉中看出你的才能是很优秀的。

至于我，我是不支持任何一种说法的；我，一个朴实的人，既不抱狂热的朋党之见，也没有做哪一派人的首领的野心，我对上帝给我安排的位置感到满意；除了上帝之外，我认为再也没有比人类更高级的了；如果要我在各种生物的行列中选择我的位置的话，我除了选择做人以外，还能选择别的吗？

有了这个想法，我不仅没有因此就觉得骄傲，反而深深地为之感动；因为这种地位并不是由我选择的，它不能算作是一个尚未生存到世界上来的人的功劳。当我看出我的地位这样优越的时候，怎能不庆幸我自己占有这个光荣的地位，怎能不颂扬那把我安置

[†] 在其他版本作："……是自然的主宰，至少在地球上……"

在这个地位的手呢？自从我这样回顾自己以后，就在我心中对人类的创造者产生了一种感恩和祝福之情，而且，由于有了这种情感，遂使我对慈悲的上帝怀着最崇高的敬意。我崇拜他至高无上的能力，我感激他的恩惠。我不需要别人教我这样崇拜，这是我的天性教我这样做的。我既然爱我自己，难道不自然而然地对保护我们的人表示尊敬，对造福我们的人表示爱戴吗？

不过，当我以后为了认识我个人在人类中的地位，而研究人类的各种等级[†]和占据那些等级的人的时候，我怎么又迷惑起来了呢？多么奇怪的景象，我以前见到的秩序在哪里？我发现，大自然是那样的和谐，那样的匀称，而人类则是那样的混乱，那样的没有秩序！万物是这样的彼此配合、步调一致，而人类则纷纷扰扰、无有宁时！所有的动物都很快乐，只有它们的君王才是那样的悲惨！啊，智慧呀，你的规律在哪里？啊，上帝呀，你就是这样治理世界的吗？慈爱的神，你的能力用到什么地方去了？我发现这个地球上充满了罪恶。

我亲爱的朋友，你相不相信正是由于这些悲观的看法和明显的矛盾才在我的心灵中形成了我以前一直没有寻找到的关于灵魂的崇高观念？当我思索人的天性的时候，我认为我在人的天性中发现了两个截然不同的本原，其中一个本原促使人去研究永恒的真理，去爱正义和美德，进入智者怡然沉思的知识的领域；而另一个本原则使人故步自封，受自己的感官的奴役，受欲念的奴役；而欲念是感官的指使者，正是由于它们才妨碍着他接受第一个本原

[†] 在其他版本作："……而研究人类的经济、各种等级和……"

对他的种种启示[†]。当我觉得我受着两种矛盾的运动的牵制和冲击的时候，我便对自己说："不，人的感受不是单独一方面的；我有意志，我又可以不行使我的意志，我既觉得我受到奴役，同时又觉得我很自由；我知道什么是善，并且喜欢善，然而我又在做恶事；当我听从理智的时候，我便能够积极有为，当我受到欲念的支配的时候，我的行为便消极被动；当我屈服的时候，我最感到痛苦的是，我明知我有抵抗的能力，但是我没有抵抗。"

年轻人啊，你要深信不疑地听我的话，因为我始终是诚诚恳恳地说的。如果说良心是偏见的产物，我当然是错了，而公认的是非也就没有了；但是，如果承认爱自己甚于爱一切是人的一种自然的倾向，如果承认最基本的正义感是人生而有之的，如果承认这些的话，谁要是再说人是一个简单的生物，那就请他解释一下这些矛盾，他解释清楚了，我就承认只有一种实体。

你要注意的是，"实体"这个词我一般是用来指赋有某种原始性质的存在的，不包括任何特殊的和第二性的变异。因此，如果说我们所知道的一切原始的性质能够结合成一个存在，我们就应当承认只有一种实体；但如果说有些性质是互相排斥的，那么，有多少种互相排斥的性质，便有多少种不同的实体。这一点，你可以思考一下；至于我，不论洛克怎样说，我只消认识到物质是延伸的和可以分割的，我就可以相信它是不能思想的；如果哪一个哲学家来

[†] 在其他版本作："……妨碍着他接受第一个本原向他所启示的高尚和伟大的事物。"

告诉我说树木有感觉和岩石有思想①,不管他的论证多么巧妙,都休想迷惑我,这样的人,我不能不把他看作是一个怀有恶意的诡辩学家,因为他宁可说石头有感觉,也不愿意说人有灵魂。

  假定有这样一个聋子,因为他的耳朵从来没有听见过声音,便否认声音的存在。我在他眼前放一个弦乐器,再悄悄地用另外一个乐器使它发出谐音,这时候,聋子看见弦在颤动,我对他说:"这是声音在使弦颤动。""不是,"他回答道,"弦之所以颤动,其原因在于它的本身,所有一切物体都有这种颤动的性质。""那么,"我又说道,"请你使其他的物体也这样地颤动给我看一看,或者,至少给我解释一下这根弦颤动的原因。""我做不到;"聋子又回答道,"不过,这是因为我想象不出这根弦是怎样颤动的,我既然是一点点概念

---

  ① 在我看来,当代的哲学家固然是没有说石头有思想,但他们反过来说人没有思想。他们认为大自然中全都是有感觉的存在,而一个人和一块石头之间的区别只是在于:一个人是有感觉活动的有感觉的存在,而石头则是没有感觉活动的有感觉的存在。但是,如果所有的物质都真有感觉,那么,我在什么地方去寻找有感觉的单位或单独的自我呢?它是在物质的每一个分子中呢还是在分子的聚合体中?我是不是要把这个单位同样地归入液体和固体,归入混合物和原素?你也许会说,大自然是由个体组成的。但是,这些个体是什么呢?这块石头是一个个体还是个体的结合呢?它是单独的一个有感觉的存在呢,还是它含有多少粒沙便含有多少个有感觉的存在?如果说每一个基本的原子都是一个有感觉的存在,那么,我怎样才能理解两个存在之间赖以互相感触,从而使两个"我"混而为一的内在的联系呢?引力也许是大自然的一个法则,这个法则的奥妙何在,我们还不知道;但我们至少可以想象引力在按质量的多少而发生作用的时候,同物质的延伸和可分性是一点也不矛盾的。你是不是认为感觉也是这样的呢?可感觉的部分是延伸的,但是有感觉的存在则是不可分割的一个整体;它是不能够划分的,它要么就是一个完整的整体,否则就根本不存在,所以,有感觉的存在不是一个物质的东西。我不知道我们的唯物主义者是怎样理解它的,但是,我觉得,有些难题既然使他们否定了思想,那么,这些难题也将使他们否定感觉。我不知道他们走了第一步之后为什么不走第二步,走这一步要花他们多少气力呢?他们既然相信它们没有思想,他们又怎么敢断定它们有感觉呢?

都没有，我干吗一定要用你所谓的声音来解释它呢？这无异乎是要我对一件模糊不清的事实，用更加模糊不清的原因去解释。要么你就使我对你所说的声音有所感觉，否则我就要认为它根本不存在。"

我愈是对思想和人的心灵的性质进行思考，我便愈是认为唯物主义者的那番理论和这个聋子的理论是相像的。事实上，他们是听不到内在的声音的，这种声音以毫不含糊的语句向他们说道："机器是根本不会思想的，也没有哪一种运动或外貌能够产生思想；在你的身上有某种东西在力图挣断那些束缚它的纽带；空间是不能做你的尺度的，整个宇宙也不够大，不能容纳你；你的感情，你的欲望，你的焦虑，甚至你的骄傲，都另外有一个本原，这个本原是独立于你觉得把你束缚在其中的狭小的身躯的。"

没有哪一种物质的存在其本身是能动的，而我则是能动的。人们徒然地同我争论这一点，因为这是我感觉得到的，这种感觉对我的影响，比同它相斗争的理性对我的影响更强烈，我有一个身体，其他的物体对它发生作用，而它也对其他的物体发生作用，这种相互作用是无可怀疑的；但是我的意志是不受我的感官的影响的，我可以赞同也可以反对，我可以屈服也可以战胜，我内心清楚地意识到我什么时候是在想做什么就做什么，什么时候是在完全听从我的欲念的支配。我时刻都有意志的能力，但不一定时刻都有贯彻意志的能力。当我迷惑于各种引诱的时候，我就按照外界事物对我的刺激行事。当我责备我这个弱点的时候，我所服从的是我的意志；我之所以成为奴隶，是由于我的罪恶，我之所以自由，是由于我的良心的忏悔；只有在我自甘堕落，最后阻碍了灵魂的声音战胜肉体的本能倾向的时候,我心中才会消失这种自由的感觉。

我只是通过对我自己的意志的认识而了解意志的,至于说智力,我对它的认识还不十分清楚。如果你问我是什么原因在决定我的意志,我就要进一步问是什么原因在决定我的判断,因为这两个原因显然是一个;如果你已经明白人在进行判断的时候是主动的,知道他的智力无非就是比较和判断的能力,那么,你就可以懂得我们之所以说他自由,也就是说他具有类似的能力,即由智力中演化出来的能力;他判断正确了,他就选择善;他判断错误了,他就选择恶。那么,是什么原因在决定他的意志呢?是他的判断。是什么原因在决定他的判断呢?是他的智力,是他的判断的能力;决定的原因存在于他的自身。除此以外我就不知道了。

当然,我虽然是自由的,但不能自由到竟不希求我自己的幸福,不能自由到竟愿意自己受到损害;不过,即使我这样做,我的自由也在于我只能希求适合于我的东西,或者在没有他人的影响下我估计是适合于我的东西。能不能因为我只能作为我而不能作为另外一个人,便说我不自由呢?

一切行动的本原在于一个自由的存在有其意志,除此以外,就再也找不到其他的解释了。没有意义的词,不是"自由"这个词而是"必然"这个词,要设想某种行为,某种结果,不是由能动的本原产生的,那等于是在设想没有原因的结果,等于是在恶性循环中打圈子。无论是根本就没有原动力的存在,或是一切原动力都没有任何的前因,总之,凡是真正的意志便不能不具有自由。因此,人在他的行动中是自由的,而且在自由行动中是受到一种无形的实体的刺激的,这是我的第三个信条。根据这三个信条,你就可以很容易地推论其余,因此,我就不再一一地讲了。

既然人是主动的和自由的,他就能按他自己的意愿行事;他一切的自由行为都不能算作是上帝有系统地安排的,不能由上帝替他担负责任。上帝绝不希望人滥用他赋予人的自由去做坏事,但是他并不阻止人去做坏事,其原因或者是由于这样柔弱的人所做的坏事在他看来算不得什么,或者是由于他要阻止的话,就不能不妨碍人的自由,就不能不因为损害人的天性而做出更大的坏事。上帝使人自由,以便使人通过选择而为善弃恶。上帝使人能正确地利用他赋予人的才能而做出这样的选择;但是,他对人的力量施加了极其严格的限制,以致即使人滥用他给予的自由也不能扰乱总的秩序。人做了坏事,就自受它的恶果,对世界上的万物并无影响,而且,尽管人类遇到了人所做的坏事,也无碍于它的生存。要是抱怨上帝不禁止人类作恶的话,就等于是抱怨他使人类具有优良的天性,抱怨他使人类具有使其行为高尚的道德,抱怨他使人类具有修持美德的权利。最大的快乐就是对自己感到满足,正是因为应得到这种满足,所以我们才生在这个世界上,才赋有自由,才受到各种欲念的引诱和良心的约束。还要求上帝的力量为我们做些什么呢?他会不会使我们的天性中产生矛盾,会不会奖励那些不能为恶的人去为善呢?怎么!为了防止人变成坏人,难道就要限制他只能按他的本能行事,而且成为一个畜生吗?不,我的灵魂的神灵,我绝不责难你按你的形象来创造我的灵魂,使我能像你那样自由、善良和快乐!

我们之所以落得这样可怜和邪恶,正是由于滥用了我们的才能。我们的悲伤、我们的忧虑和我们的痛苦,都是由我们自己引起的。精神上的痛苦无可争辩地是我们自己造成的,而身体上的痛苦,要不是因为我们的邪恶使我们感到这种痛苦的话,是算不了一回事情的。大自然之所以使我们感觉到我们的需要,难道不是为了保持我们的生存吗?身体上的痛苦岂不是机器出了毛病的信号,叫我们更加小心吗?死亡……坏人不是在毒害他们自己的生命和我们的生命吗?谁愿意始终是这样生活呢?死亡就是解除我们所作的罪恶的良药;大自然不希望我们始终是这样遭受痛苦的。在蒙蒙昧昧朴实无知的状态中生活的人,所遇到的痛苦是多么少啊!他们几乎没有患过什么病,没有起过什么欲念,他们既预料不到也意识不到他们的死亡;当他们意识到死的时候,他们的苦痛将使他们希望死去,这时候,在他们看来死亡就不是一件痛苦的事情了。如果我们满足于我们现在这个样子,我们对我们的命运就没有什么可抱怨的;我们为了寻求一种空想的幸福,结果却使我们遭遇了千百种真正的灾难。谁要是遇到一点点痛苦就不能忍受的话,他准定是要遭到更大的痛苦的。当一个人由于生活没有节制而搞坏他的身体的时候,他就想用医药使他恢复健康;在他所感到的痛苦之外,又加上他所惧怕的痛苦;对死亡加以预料,必然使我们对死亡感到恐怖,从而加速死亡的来临;我们愈想逃避它,我们愈觉得它在我们的身旁;因此,我们这一生是吓死的,而且在死的时候还把我们因违背自然而造成的罪恶归咎于自然。

人啊,别再问是谁作的恶了,作恶的人就是你自己。除了你自己所作的和所受的罪恶以外,世间就没有其他的恶事了,而这两种罪恶都来源于你的自身。普遍的灾祸只有在秩序混乱的时候才能发生,我认为万物是有一个毫不紊乱的秩序的。个别的灾祸只存在于遭遇这种恶事的人的感觉里,但人之所以有这种感觉,不是由大自然赐予的,而是由人自己造成的。任何一个人,只要他不常常想到痛苦,不瞻前顾后,他就不会感觉到什么痛苦。只要我们不让我们的罪孽日益发展,只要我们不为非作恶,只要不出自人为,那一切就会好起来的。

哪里是一切都好,哪里就没有不正义的事情。正义和善是分不开的,换句话说,善是一种无穷无尽的力量和一切有感觉的存在不可或缺的自爱之心的必然结果。无所不能的人可以说是把他的存在延及于万物的存在的。创造和保存是能力的永无止境的工作,它对现时不存在的事物是不发生作用的;上帝不是已死的人的上帝,他毁灭和为害于人,就会损害他自己。无所不能的人是只希望为善的①。可见,凡是因为有极大的能力而成为至善的人,必然是极正义的人;否则他本身就会自相矛盾,因为,我们所谓的"善",就是由于爱秩序而创造秩序的行为,我们所谓的"正义",就是由于爱秩序而保存秩序的行为。

人们说,上帝对他所创造的生物没有欠付任何东西。我则认为,他还欠付他在赋予他们的生命的时候所答应他们的一切东西。使他们具有善的观念,而且使他们感觉到对善的需要,这就等于是许下了要把善给予他们的诺言。我愈扪心自问,我愈领会到刻画在我灵魂中的这句话:"行事正义,你就可以得福。"然而,把现在的事情拿来一看,却不像这句话所说的样子;坏人是命运亨达,而正

---

① 古代的人把至高的神称为"至善的至大",这种称法是很对的;但是,如果称为"至大的至善",那就更准确了,因为,既然他的善是来之于他的力,可见他之所以能够为善,正是由于他是很伟大的。

义的人一直是受到压迫。你看,当我们这样一直等待,以致我们的希望终成泡影的时候,我们的内心是多么的愤怒!良心终于反叛,对上帝发出怨言,它沉痛地喊道:"你欺骗了我!"

"我欺骗你,这句话真说得鲁莽!是谁教你这样说的?你的灵魂被毁灭了吗?你已经不继续存在了吗?啊,布鲁土斯❶!我的儿子!在结束你高贵的生命的时候,不要给它蒙上了污点;不要让你的光荣和希望都随着你的身体遗弃在菲利普斯的战场。当你即将获得你自己的美德的报偿的时候,你为什么要说'美德是一点价值都没有的'呢?你以为你就要死了,不,你要活下去的,正是在这个时候我才履行我应许你的一切诺言。"

也许,人们根据那些没有耐心的人的怨言就说,在他们应得上帝的报偿以前,上帝就应该报偿他们,他必须预先支付他们的美德的价值。啊!我们首先要为人善良,然后才能得福。在获得胜利以前,我们不能强索奖励;在工作以前,我们不能硬讨工资。普卢塔克说:"在神圣的竞技中得胜的人,并不是一进入运动场就算是胜利了的,他们必须跑完了他们的路程之后,才能把荣冠戴在自己的头上。"①

如果灵魂是无形的,那么,在身体死亡之后它也能继续存在的;如果它比身体存在得久远,那就证明上帝是无可怀疑的。即使没有其他的证据,我单单拿这个世界上坏人得意和好人受压的情形来看,也能深深相信灵魂是无形的。在宇宙万般谐和的情景中,

---

❶ 布鲁土斯(公元前 85—前 42),罗马共和党的首领,阴谋暗杀恺撒的主要分子。公元前 42 年,布鲁土斯被安东尼和屋大维追至菲利普斯,自杀而死;据普卢塔克说,布鲁土斯在临死的时候,曾痛苦地叫喊说:"美德是一点价值都没有的!"

① 论文《我们按照伊壁鸠鲁的说法去做是不能快乐地生活的》第 59 节。

出现了一种这样刺目的不调和的现象，使我竭力要寻出一个答案来。我要对自己说："就我们而论，并非一切都是同生命一起结束的，在死了的时候，一切都要回到原来的秩序的。"的确，也许我自己要问到这样一个疑难："当一个人所有的可以感觉得到的形骸都消灭之后，这个人到哪里去了？"当我了解到有两种实体的时候，这个问题在我看来就不难解决了。答案很简单：在我的肉体活着的时候，由于我只是通过我的感官去认识事物，因此，所有一切不触及感官的东西都逃脱了我的注意。当肉体和灵魂的结合一瓦解之后，我想，肉体就消灭了，而灵魂则能保存。肉体的消灭为什么会导致灵魂的消灭呢？恰恰相反，由于两者的性质极不相同，所以结合在一起的时候，它们倒是猛烈地互相冲突；而结合一旦告终的时候，它们都各自返回天然的状态：有活力的能动的实体收回了它以往用去推动那没有生命的被动的实体的力量。唉！我从我所作的罪恶中清楚地体会到这个道理，一个人在一生中只不过是活了他的生命的一半，要等到肉体死亡的时候，他才开始过灵魂的生活。

但是，灵魂的生活是什么样子的呢？灵魂是不是由于它的性质而永不死亡呢？这我不知道。我有限的智力想象不出无限的东西；一切无限的东西，我是无法想象的。我对它们是加以否定还是肯定？我对我无法想象的东西讲得出什么道理来？我相信，灵魂在肉体死亡之后还能活足够的时候以保持秩序，不过，谁知道它能不能永久持续呢？我往往能够理解肉体是怎样由于各部分的分离而消灭的，但是我无法想象一个进行思想的存在也这样地毁灭；由于我想象不出它怎么能够死亡，所以我就假定它是不死的。既然这个假定能够给我以安慰，而且没有什么不合理的地方，我为什么不敢接受它呢？

我意识到我的灵魂,我通过我的感觉和思想而认识它,我虽然不知道它的本质,但是我知道它是存在着的。我不能推论我现在还没有的观念,我所知道的是,我只能通过记忆而延长"我",为了要真实地是同一个我,我必须记住我曾经是怎样存在过。除非我同时记住我的感觉,从而也记住我所做的事情,否则在我死以后我就无法回忆我的一生;我毫不怀疑,这样的回忆将有一天使好人感到庆幸,使坏人感到痛苦。在这个世界上,有千百种强烈的欲念淹没了内在的情感,瞒过了良心的责备。道德的实践给人带来了委屈和羞辱,因而使人感觉不到道德的美。但是,一旦我们摆脱了肉体和感官使我们产生的幻觉,从而喜悦地看到至高的存在和以他为源泉的永恒的真理,一旦秩序的美触动了我们的整个灵魂,使我们诚恳地把我们已经做过的事情和应当做的事情加以比较,这时候,良心的呼声才又发挥它的力量和权威;这时候,由于对自己感到满意而产生的纯洁的欢乐,由于堕落而产生的痛苦的悔恨,将通过难以遏制的情感而看出每个人给自己预先安排的命运。我的朋友,你不要问我幸福和痛苦还有没有其他的根源;这我是不知道的;我所设想的那个根源就足以使我对今生感到安慰,而且使我希望从它那里得到来生。我的意思并不是说善良的必将得到报偿,因为,一个优秀的人物除了按自然而生活以外,还希望得到什么更好的报偿呢?但是我认为他们必然会感到快乐,因为他们的上帝,一切正义的神,既然使他们有感觉,其目的就不是为了叫他们感受痛苦,而且,由于他们在这个世界上没有滥用他们的自由,他们就没有被他们的过失弄错他们的归宿,因此,他们今生虽然遭受了苦难,他们来生是会得到补偿的。我这个看法,不是依据人的功绩而是依据善的观念得出来的,因为我觉得这种观念同神的本质是分不开的。我必须指出:秩序的法则为万物所遵守,上帝始终是忠实于他自己的[①]。

你也不要问我坏人所受的痛苦是不是无止境的,是不是由于上帝的慈悲而判他们永受折磨,这些我也是不知道的,我也没有想弄清这些无用的问题的好奇心。坏人的结果怎样,同我有什么关系?我对他们的命运是毫不关心的。我不大相信对坏人判处的痛苦是永无终止的。如果最高的正义之神要报复的话,他就要在今生报复。世上的各民族啊,你们和你们的过错就是他的使臣。他利用你们的灾难去惩罚那些酿成灾难的罪人。在你们表面上极其隆盛的时候,凶恶的欲念给你们的罪恶带来的惩罚,表现在你们欲念难填的心在遭受妒忌、贪婪和野心的腐蚀。何必到来生去找地狱呢?它就在这个世界上的坏人的心里。

我们顷刻间的需要在什么时候没有了,我们疯狂的欲望在什么时候停止了,我们的欲念和罪恶也就结束了。纯洁的心灵能沾染什么邪恶呢?既然没有什么需要,他们为什么会成为坏人呢?如果他们不让他们的感官变得很粗俗,他们就会把他们的快乐寄托于对人生的沉思,一心一意地向往善良;一个人只要不继续坏下去,他哪里会永久痛苦呢?以上是我初步的想法,不过还没有花工夫去作出结论。啊,仁慈的上帝,不论你的旨意如何,我都是很尊重的。如果你要永久地惩罚坏人,我就在你公正的裁判之前抛弃

[①] 主啊,荣耀不要归于我们,不要归于我们,
　　荣耀要归于你自己,要归在你的名下,
　　　神啊,你使我们再生!
　　　　《诗篇》,第115篇)

我这不充分的道理；但是，如果随着时间的推移可以让这些可怜的人消除他们心中的悔恨，如果他们的罪孽也有终止的时候，如果我们有一天大家都可同样地得到平安，那么，我也将为此而赞颂你。坏人不也是我的弟兄吗？我也受了多少次引诱去学他们的样子！只要他们摆脱了他们的痛苦的境地，他们也就可以失去同痛苦相伴随的恶意。愿他们也像我这样快乐，他们的快乐不仅不引起我的妒忌，反而使我更感到快乐。

  我正是这样按上帝的业绩去默想上帝，通过在他的属性中我应当知道的那些属性去研究他的，所以我才终于逐渐地把我起初对这个无限的存在所有的不完全的和有限的观念加以扩大和发展。但是，这个观念如果愈崇高，它就愈同人的理性不相配称。随着我在精神上愈来愈接近那永恒的光明，它的光辉就使我头昏眼花，感到惶惑，使我不得不抛弃那些曾经帮助我去想象它的世俗的观念。上帝已不再是有形的和可以感觉的了，那统治世界的最高智慧并不就是世界的本身，我徒然花费我的心思去想象他不可想象的本质。当我想到是他把生命和活力赋予那能动的活的实体去统御有生命的形体的时候，当我听到人家说我的灵魂是神灵的，说上帝是一个神灵的时候，我就憎恶这种亵渎神的本质的说法，因为这种说法好像认为上帝跟我的灵魂是属于同一个性质，好像认为上帝并不是唯一的绝对的存在，不是唯一能够真正活动、感觉、思想和行使自己意志的存在，好像我们的思想、感觉、活力、意志、自由和生命不是得之于他的。我们之所以自由，正是因为他希望我们自由；他那无法解释的实体对于我们的灵魂，就像我们的灵魂对于我们的肉体是一样的。他是否创造了物质、身体、灵魂和世界，我可不知道。创造的观念在我是模糊的,是我的智力所不能理解的;不过,我既然能想象他,我就可以相信他:我知道是他创造了宇宙和一切存在的东西,我知道所有一切都是他所做的和安排的。毫无疑问,上帝是永恒的,然而我的心灵能不能理解永恒的观念呢?我为什么要拿一些我不知道其意义的词来迷惑自己呢?我所想象的是:先有上帝,而后有万物,万物能存在多么久,他就能存在多么久,而且,即使将来有一天一切都消失了,他也能继续存在的。要说什么一个我无法想象的存在赋予其他的存在以生命,这在我是模糊而不能理解的,但是,如果说"存在"和"虚无"是二而一的话,也显然是矛盾的,也明明是荒谬的。

上帝是聪明的,但他聪明到什么程度呢?人在推理的时候是聪明的,而最高的智慧则不需要进行推理;它不要什么前提,也不要什么结论,甚至连命题都不要;它纯粹是直觉的,它既能认识已经存在的事物,也同样能认识可能存在的事物;正如所有的地方在它看来只是一点,所有的时间在它看来只是一瞬间一样,所有的真理在它看来也只是一个单独的概念。人的力量要通过工具才能发挥作用,而神的力量则能自行发挥作用。上帝是万能的,因为他能行使意志;他的意志就是他的力量。上帝是善良的,这是再明显不过的了:人的善良表现在对同胞的爱,上帝的善良表现在对秩序的爱,因为他正是通过秩序来维持一切的存在和使每一个部分和整体连在一起的。上帝是公正的,这我是深信不疑的,这是他的善良的结果;人类不公正的行为是人造成的而不是他造成的;道德的混乱,在哲学家看来是上帝不存在的明证,但在我看来恰恰表明了上帝是存在的。人的公正表现在给予每一个人应得的东西;而上帝的公正表现在要求每一个人对他给予的东西付出其代价。

我对这些属性是毫无绝对的观念的,而我所以能够陆续发现它们,是由于必然的结果,是由于我好好地运用了我的理智。不过,我虽然承认这些属性,但是我并不懂得这些属性,所以实际上是等于没有承认任何东西的。即使我对自己说,上帝是这个样子,我感觉到他,体验到他,这也是徒然的,因为我并没有更好地理解到上帝怎么会是这个样子。

总之,我愈沉思他的无限的本质,我便愈不理解这个本质;但是,它确实是存在的,我知道这一点就够了,因为我愈不理解它,我反而愈崇敬它。我谦卑地向他说:"万物之主啊,我之所以能够存在,是因为你存在;我这样不断地对你思索,为的是使我明白我的根本。要想最恰当地运用我的理性,最好的办法莫过于使它听从你的旨意;我的心灵之所以这样喜悦,我柔弱的体质之所以这样可爱,正是因为我感受到了你的伟大。"

可以感知的客观事物给我以印象,内在的感觉使我能够按照我天赋的智慧去判断事物的原因;我根据这些印象和内在的感觉推出了我必须了解的重大的真理之后,我就要从其中找出哪些准则可以用来指导我的行为,哪些规律我必须遵循,才能按照使我降生在这个世界上来的神的意图去完成我在世上的使命。由于我始终是按照我自己的方法去做,所以我这些规律并不是从高深的哲学中引申出来的,而是在我的内心深处发现的,因为大自然已经用不可磨灭的字迹把它们写在那里了。我想做什么,我只问我自己:所有一切我觉得是好的,那就一定是好的;所有一切我觉得是坏的,那就一定是坏的;良心是最善于替我们决疑解惑的;所以,除非是为了同良心刁难,我们是用不着那种诡谲的论辩的。应当首先关心的是自己;然而内心的声音一再告诉我们说,损人利己的行为是错误的!我们以为这样是按照自然的驱使,而实际上我们是在违抗自然;我们一方面听从它对我们感官的指导,而另一方面却轻视它对我们良心的指导;主动的存在在服从它,而被动的存在却在命令它。良心是灵魂的声音,欲念是肉体的声音。这两种声音往往是互相矛盾的,这不是很奇怪的吗?我们应该听从哪一个声音呢?理性欺骗我们的时候是太多了,我们有充分的权利对它表示怀疑;良心从来没有欺骗过我们,它是人类真正的向导;它对于灵魂来说,就像本能对于肉体一样[①];按良心去做,就等于是服从自然,就用不着害怕迷失方向。

[①] 现今的哲学只讲它能够加以解释的东西,所以避而不谈这被称为"本能"的奥秘的能力,这种能力,无需任何经验,似乎就能指导动物达到某种目的。在当代最博学的哲学家中,有一个就认为本能不过是一种缺少思想内容的习惯,然而是经过思考之后才获得的习惯;按照他对这种习惯获得的过程所作的解释来看,我们就一定会得出小孩子比成年人思考的时间多的结论。这种说法真是够奇怪的,所以不值得加以研究。这里,暂不讨论这个问题,我先问一问:我的狗虽然根本不吃鼹鼠,但一心要同鼹鼠打架,它这种急切的心情应该叫什么名称;它有时候守候一个鼹鼠竟守候几个小时,它这种耐心又该叫什么名称;虽然我从来没有训练过它捕捉鼹鼠,也从来没有告诉过它哪里有鼹鼠,但它能那样巧妙地捕捉鼹鼠,它们刚从地里钻出来,它就能捉住它们,把它们抛得远远的,然后把它们咬死在那里,它这种巧妙的办法又该叫什么名称。我还要问一个更重要的问题:当我第一次吓唬这只狗的时候,它为什么要躺在地上,蜷起四只脚,做出一种最能使我心软的乞怜样子,而且,如果我不动心,还是要打它的话,它为什么还一直保持那个样子呢?怎么!我的这条狗还小得很,只不过刚刚才出生不久,难道它就已经有道德观念了吗?它也懂得什么叫仁慈和宽大吗?它从哪里学来的知识,知道这样子随我摆布,就可以缓和我的怒气呢?世界上所有的狗在这种情况下差不多都是这样做的,我在这里所讲的,每一个人都是可以实地去试验一下的。那些极其轻蔑本能的哲学家,能不能单单拿感觉的作用和我们通过感觉而获得的经验来解释这个事实,他们能不能以每一个明理的人都认为满意的方式来解释一下呢?如果可以的话,我就没有什么话可说了,我就再也不谈什么本能了。

说到这里,我的恩人看见我要打断他的话头,马上就接着说这一点很重要,叫我等他进一步把它解释清楚。

我们的行为之所以合乎道德,在于我们本身具有判断的能力。如果善就是善,那么,在我们的内心深处也应当好像在我们的行为中一样,把善看作是善,而行为正义的第一个报偿就是我们意识到我们做了正义的事情。如果说道德的善同我们人的天性是一致的,则一个人只有为人善良才能达到身心两健的地步。如果它们不是一致的,如果人生来就是坏人,那么,他不败坏他的天性,他就不能停止作恶,而他所具有的善就将成为一种违反天性的病根。如果人生来是为了要像狼吞噬动物那样残害他的同类,则一个人如果为人仁慈的话,反而是败坏天性了,正如豺狼一发慈悲,反而是失去狼性了;这样一来,我们就必然要悔恨我们做了合乎道德的事情了。

年轻的朋友啊!现在再回头来谈一谈我们自己,让我们放弃个人的利害,看一看我们的倾向将把我们带到什么地方。是他人的痛苦还是他人的快乐最能打动我们的心弦?是对人行善还是对人行恶最能使我们感到快乐,而且在事后给我们留下最美好的印象?你看戏的时候,最关心的是戏中的哪一种人?你喜不喜欢看作奸犯科的事?当你看到犯罪的人受到惩罚,你流不流眼泪?人们说:"除了我们的利益以外,其他一切对我们都没有什么关系。"然而,恰恰相反,正是温存的友情和仁慈的心在我们遭受痛苦的时候能安慰我们;而且,甚至在我们欢乐的时候,如果没有人同我们分享欢乐的话,我们也会感到孤寂和苦闷的。如果人的心中没有一点道德,那么,他怎么会对英雄的行为那样崇敬,怎么会对伟大的人物那样爱慕？这种道德的热情同我们的个人利益有什么关系呢？我们为什么愿意做自杀的卡托而不愿意做胜利的恺撒呢？剥夺了我们心中对美的爱，也就剥夺了人生的乐趣。一个人的邪欲如果在他狭隘的心中窒息了这种优美的情感，一个人如果由于只想到自己，因而只爱他本人的话，他就再也感觉不到什么叫快乐了，他冰冷的心再也不会被高兴的事情打动了，他的眼睛再也不会流出热情的眼泪了，他对任何东西都不喜欢了；这可怜的人既没有什么感觉，也没有什么生气，他已经是死了。

　　但是，不论这个世界上的坏人多么的多，像这样除了个人的利益之外，对一切公正善良的事情都无动于衷的死尸般的人还是很少的。不公正的事情只因使人能得到好处，所以人们才喜欢去做，除此以外，谁都是希望无辜的人能够获得保障的。当我们在大街小巷看到凶暴和不公正的事情时，我们的心中马上就会激起一阵愤怒，使我们去保护受压迫的人；不过，我们受到了一种强制的义务的约束，法律不允许我们行使我们保护无辜者的权利。当我们看到慷慨仁慈的行为时，我们将产生多么敬慕之心啊！谁不在心中想道："我也要这样做呢？"两千年前的某一个人是好或是坏，当然是对我们没有多大的关系，然而我们对古代的历史仍然是那样地感到关心，好像它们都是在我们这个时代发生的一样。卡提利纳❶的罪行同我有什么关系？是不是我怕做他的牺牲品呢？我为什么把他看作跟我同时代的人，对他感到那样的恐怖呢？我们之

---

❶　卡提利纳（公元前108—前62），罗马贵族，在公元前63年企图发动政变，推翻罗马共和国，结果被以西塞罗为首的共和主义者击败。

所以恨坏人，并不仅仅是因为他们损害了我们，而且是因为他们很坏。我们不仅希望我们自己幸福，而且也希望他人幸福；当别人的幸福无损于我们的幸福的时候，它便会增加我们的幸福。所以，一个人不管愿意或不愿意都会对不幸的人表示同情；当我们看到他们的苦难的时候，我们也为之感到痛苦。即使最坏的人也不会完全丧失这种倾向，因此，他们往往使他们的行为自相矛盾。抢劫行人的匪徒见到赤身裸体的穷人也还拿衣服给他穿；最残忍的杀人者见到晕倒的人也会把他扶起来。

我们说悔恨的呼声在暗暗惩罚那些隐藏的罪行，将很快地揭露它们的真情。唉！我们当中谁不知道这种声音是令人不愉快的呢？我们是根据经验说这种话的，我们想扼杀这种使我们极其痛苦的酷烈的感觉。我们服从自然，我们就能认识到它对我们是多么温和，只要我们听从了它的呼声，我们就会发现自己做自己的行为的见证是多么愉快。坏人常常是提心吊胆的，而他一快乐，他就会得意忘形的；他带着焦急的目光环视他的四周，想找到一个供他取乐的目标；他不挖苦人和取笑人，他就感到忧郁，他唯一的快乐就是嘲笑他人。反之，好人的内心是十分恬静的，他的笑不是恶意的笑而是快乐的笑，因为他自身就是快乐的源泉；无论他是独自一个人还是在众人当中，他都是同样的高兴；他不是从他周围的人的身上取得他的快乐，相反地，他要把他的快乐传给他们。

看一看世界上的各民族，并浏览古今的历史：在许多不合乎人情的怪诞的礼拜形式中，在千差万别的风俗和习惯中，你到处都可以发现相同的公正和诚实的观念，到处都可以发现相同的道德原则，到处都可以发现相同的善恶观。古代的邪教产生了一些在世间可能被当作罪大恶极的人来惩治的丑恶的神,这些神所描述的最大的快乐是罪恶,是欲念。但是,邪恶即使具备了神威,也徒然从上天降临人间,因为道德的本能是不让它进入人类的心的。人们虽然赞赏丘比特的放荡,然而对芝诺克拉底的克制仍然是十分钦佩的;贞洁的卢克莱修敬拜无耻的维纳斯,勇敢的罗马人供奉恐惧的神,他祈求那杀害父亲的神保佑,而自己却一声不响地死在自己的父亲的手里。最可鄙的神竟受到最伟大的人的膜拜。圣洁的自然的呼声,胜过了神的呼声,所以在世上才受到尊重,它好像把一切罪恶和罪人都驱逐到天上去了。

因此,在我们的灵魂深处生来就有一种正义和道德的原则;尽管我们有自己的准则,但我们在判断我们和他人的行为是好或是坏的时候,都要以这个原则为依据,所以我把这个原则称为良心。

我到处都听见一些所谓的智者在闹闹嚷嚷地议论这句话,他们都异口同声地说这是幼稚的错误,是教育的偏见!在人的心灵中只蕴藏着由经验得来的东西,而我们完全是根据我们获得的观念去判断其他的事物的。他们做得太过分了,这些所有各个民族都普遍承认的东西,他们也敢否认;为了反驳人类的这个一致的看法,他们暗中去寻找了一些既难于理解,而且只有他们才知道的例外的情形;好像一切自然的倾向都因一个民族的败坏而全部被抹杀掉了,好像整个人类都因出现了穷凶极恶的人而不能再存在了。多疑的蒙台涅要那样辛辛苦苦地到世界的一个角落去发掘一种违背正义观念的习惯,有什么用处呢?他为什么要相信最不可靠的旅行家而不相信最有声名的著述家的话呢?世界上的各个民族,尽管在其他方面各有不同,但在这一点上大家都共同归纳了这样一个一致的看法,所以,能不能单单凭我们无法理解的地区原因所形成的一些奇怪的习惯,就可以把这个看法完全推翻呢?啊,蒙台涅,你自己夸你为人坦率,说的都是真理,要是一个哲学家真能坦率地说实在话,那就请你老实地告诉我,在这个世界上,哪一个地方的人把遵守自己的信念,把为人慈善和慷慨,看作是罪恶,而且,在那个地方,好人是受到轻视,而不忠不信的人反而受人的尊敬。

人们说,每一个人都是为了他个人的利益才赞助公众的福利的。那么,为什么好人要损自己而利大众呢?难道说牺牲生命也为的是自己的利益吗?毫无疑问,每一个人都要为自己的利益而行动,但如果不谈道德问题的话,是可以用私利去解释坏人的行为的,这样一解释,别人就不会再进一步问个究竟了。这种哲学是太可怕了,因为它将使人畏首畏尾地不敢去作善良的行为,它将使人拿卑劣的意图和不良的动机去解释善良的行为,它将使人不能不诬蔑苏格拉底和诋毁雷居鲁斯。这样的看法即使在我们中间有所滋长,自然的呼声和理性的呼声也会不断地对它们进行反驳,绝不让任何一个抱这种看法的人找到一个相信这种看法的借口。

我不打算在这里讨论形而上学,因为它超出了我和你的理解能力,所以讨论一阵实际上也得不到什么结果。我已经向你说过,我并不是想同你讲什么哲学,而是想帮助你去问问你自己的心。当举世的哲学家都说我错了的时候,只要你觉得我讲得很对,那就再好不过了。

为此,我只要使你能够辨别我们从外界获得的观念跟我们的自然的情感有什么不同就够了,因为,我们必然是先有感觉,而后才能认识;由于我们的求善避恶并不是学来的,而是大自然使我们具有这样一个意志,所以,我们好善厌恶之心也犹如我们的自爱一样,是天生的。良心的作用并不是判断,而是感觉:尽管我们所有的观念都得自外界,但是衡量这些观念的情感却存在于我们的本身,只有通过它们,我们才能知道我们和我们应当追求或躲避的事物之间存在着哪些利弊。

对我们来说,存在就是感觉;我们的感觉力无可争辩地是先于我们的智力而发展的,我们先有感觉,而后有观念①。不管我们的存在是什么原因,但它为了保持我们,便使我们具备了适合于我们天性的情感;至少,这些情感是天生的,这一点谁也不能否认。就个人来说,这些情感就是对自己的爱、对痛苦的忧虑、对死亡的恐惧和对幸福的向往。但是,如果我们可以毫无疑问地肯定说人天生就是合群的,或者至少是可以变成合群的,那么,我们就可以断定他一定是通过跟他的同类息息相连的固有的情感才成为合群的,因为,如果单有物质上的需要,这种需要就必然使人类互相分散而不互相聚集。良心之所以能激励人,正是因为存在着这样一种根据对自己和对同类的双重关系而形成的一系列的道德。知道善,并不等于爱善;人并不是生来就知道善的,但是,一旦他的理智使他认识到了善,他的良心就会使他爱善;我们的这种情感是得自天赋的。

---

① 在某些方面,观念就是感觉,感觉就是观念。这两个词都适用于我们所说的一切知觉,既适用于知觉的客体,也适用于受客体影响的我们的本身;但是,要确定用哪一个词更为适合,那就要看我们所受的影响的次序了。当我们首先想到客体,然后才回想到我们的时候,这就是观念;反之,当我们首先注意于我们得到的印象,然后才回想到造成这种印象的客体的时候,这就是感觉。

因此，我的朋友，我并不认为我们不能把良心的直接的本原解释为我们天性的结果，它是独立于理智的。要说是不能够这样解释的话，还不如说是不需要这样解释，因为，有些人虽然否认一切人类所公认的这个本原，但却无法证明它不存在，他们只能够硬说没有这个本原罢了；而我们之断言它的存在，也像他们一样是有很好的根据的，何况我们还有内心的证据，何况良心的呼声也在为它自己辩护呐。如果判断的光芒使我们眼花缭乱，把我们要看的东西弄得模糊不清，那就等我们微弱的目光恢复过来，变得锐利的时候再看；这时候，我们在理智的光辉之下马上就可以看出那些东西在大自然最初把它们摆在我们面前的时候是什么样子；说得更确切一点，那就是：我们一定要保持天真，少弄玄虚；我们必须具备的情感，应当以我们内心最初经验的那些情感为限，因为，只要我们的潜心研究不使我们走入歧途，就始终会重新使我们恢复这些情感的。

良心呀！良心！你是圣洁的本能，永不消逝的天国的声音。是你在妥妥当当地引导一个虽然是蒙昧无知然而是聪明和自由的人，是你在不差不错地判断善恶，使人形同上帝！是你使人的天性善良和行为合乎道德。没有你，我就感觉不到我身上有优于禽兽的地方；没有你，我就只能按我没有条理的见解和没有准绳的理智可悲地做了一桩错事又做一桩错事。

感谢老天，我们才摆脱了这种可怕的哲学的玄虚，我们没有渊博的学问也能做人，我们才无须浪费我们一生的时间去研究伦理，因为我们已经以最低的代价找到了一个最可靠的向导指引我们走出这浩大的偏见的迷津。但是，单单存在着这样一个向导是不够的,我们还需要认识它和跟随它。既然它向所有的人的心都发出了呼声,那么,为什么只有极少的人才能听见呢?唉!这是因为它向我们讲的是自然的语言,而我们所经历的一切事物已经使我们把这种语言全都忘记了。良心是腼腆的,它喜欢幽静;世人一吵闹就会使它害怕。有人认为它产生于偏见,其实偏见是它最凶恶的敌人;它一遇到偏见,它就要躲避,或者就缄默不语;它们闹闹嚷嚷的声音压倒了它的声音,使人们不能听到;偏执的想法竟敢冒称良心,而且以良心的名义陷人于罪行。它因为受到人们的误解而感到沮丧;它不再呼唤我们,也不再回答我们;由于我们长期地对它表示轻蔑,因此,我们当初花了多少气力把它赶走,现在也要花多少气力才把它召得回来。

  在进行探索的时候,我有多少次由于内心的冷淡而感到厌倦!有多少次悲伤和烦恼把它们的毒汁倾入了我最初的沉思,使我觉得我所沉思的东西是毫无根据的!我贫弱的心对真理的爱好也是那样地缺乏热情。我对自己说:"我为什么要辛辛苦苦地去寻找那并不存在的东西呢?道德上的善全属子虚,最快乐的事情莫过于官能的享受。"我们一旦丧失了使灵魂快乐的欣赏能力,是多么难于恢复啊!要是从来就没有过这种能力的话,要想具备,那就更加困难了!如果一个人竟可怜到没有做过一件使他回忆起来对自己感到满意,而且觉得没有白活一生的事情,那么,这个人可以说是缺乏认识自己的能力;而且,由于他意识不到什么德行最适合于他的天性,因此他只好一直做一个坏人,感到无穷的痛苦。不过,你相不相信在全世界能够找到一个人竟堕落到心中从来没有发生过为善的想望呢?这种想望是这样的自然和愉快,以至不可能永久地阻止它的产生；而且，只要它留下了一次快乐的回忆，就足以使它不断地呈现在我们的心中。不幸的是，这种想望在起初是很难满足的，一个人可以找得到千百种理由来违背他心中的倾向；不必要的谨慎把他紧紧地束缚在"自我"的范围内，要越过这个范围，是必须要有巨大的勇气的。为善之乐就是对善举的奖励，一个人要配得上这个奖励，才能获得这个奖励。再也没有什么东西比道德更可爱的了，但是，为了要发现它的可爱，就必须照它去实践。当我们想拥抱它的时候，它开始就会像神话中的变幻无定的海神，幻化出千百种可怕的形象，只有紧紧抱着它不放的人，才能最后看出它本来的样子。

如果没有新的光明照亮我的心，如果真理虽使我能够确定我的主张，但不能保证我的行为，不能使我表里一致，那么，我便会由于受到倾向公共利益的自然情感和只顾自己利益的理智的不断冲击，终生在这二者取一的绵亘的道路上徘徊，喜欢善，却偏偏作恶，常常同自己的心发生矛盾。有些人想单单拿理智来建立道德，这是不可能的，因为这样做，哪里有坚实的基础呢？他们说，道德就是对秩序的爱。但是，能不能够或者应不应该把这种爱置于我对我自己的幸福的爱之上呢？我倒是希望他们给我举出一个又明白又充实的理由，说明一个人宁愿这样做的原因。实际上，他们所谓的原则，不过是一种文字的游戏罢了；因为，我也可以说，罪恶也是对秩序的爱，不过这种秩序的意义是不同罢了。哪里有情感和智慧，哪里就有某种道德的秩序。不同的是：好人是先众人而后自己，而坏人则是先自己而后众人。坏人以自己为一切事物的圆心，而好人则要量一量他所有的半径，守着他所有的圆周。所以，他要按共同的圆心（即上帝）来定他的地位,他要按所有的同心圆（即上帝创造的人）来定他的地位。如果上帝不存在的话,那就只有坏人才懂得道理了;至于好人,不过是一些傻瓜了。

啊,我的孩子！当你觉察到人类思想的空虚,尝到了欲念的苦味,终于发现那光明的道路,发现那一生辛勤的代价,发现那以为是绝无希望的幸福的源泉离你是如此之近的时候,你有一天就会感觉到你放下了多么大的一个重担啊！按自然法则应尽的一切义务,差不多已经被人类不公正的行为把它们从我的心中抹掉了,而现在永恒的正义又重新把它们刻在我的心中,它把这些义务加在我的身上,而且要看着我去一一地履行。我意识到我是那至高的上帝所创造的,是他的工具;凡是幸福的事情,他就希望,他就去做,他要通过我的意志同他的意志的结合以及我的自由的正确运用而创造我的幸福。我遵循他所建立的秩序,我深深相信我有一天会喜爱这个秩序,从中找到我的幸福;因为,还有什么事情比感觉到自己在一个至善至美的体系中有一定的地位更幸福的呢？我受到了痛苦的折磨,但是,由于我想到它转瞬就会过去,想到它是来自我身外的一个物体,所以我耐心地忍受着。如果我在没有见证的时候做了一个良好的行为,我知道也是有人看见的,我把我今生的行为看作是我来生的保证。当我遇到不公平的事情时,我对自己说,治理万物的公正的上帝会补偿我所受到的损失的;我身体上的需要和我的生活上的贫困,使我认为我能够忍受死亡的来临。这样一来,在我临终的时候,我要挣脱的束缚反而会少些。

我的灵魂为什么会受制于我的感官,被我的肉体所束缚,而受它的奴役和折磨呢？这我不知道;我是不是听从了上帝的劝告呢？

我不敢冒失地说，我只能够小心谨慎地做一些揣测。我对自己说，如果人的精神一直是那样的自由和纯洁，那么，当他发现这个秩序早已建立，而且即使加以扰乱也对他毫无关系的时候，他就对这个秩序表示喜爱和遵循，这能算什么功劳呢？当然，他可以获得幸福，但是，他的幸福还不能达到最高的程度，还缺乏道德的光辉和自我的公平的见证；他至多不过是像天使那样，然而一个有德行的人当然是比天使好得多的。既然他的灵魂被一些既牢固又奇异的锁链束缚于一个可以死亡的身体，因此，由于想保存身体，就势必促使他的灵魂处处都想到他自己，使他的利益同他的灵魂所能认识和喜爱的总的秩序相矛盾；要是在这个时候，他能正确地运用他的自由，那才能算作他的功劳和报酬，如果他的自由能抵抗尘世的欲念和遵循其最初意志，那才能替他准备无穷的幸福。

即使在我们今生所处的卑贱的境地中，我们固有的倾向也是正直的，而我们的罪恶都来自我们自身，所以我们怎么能埋怨我们受到了它们的折磨呢？我们为什么要拿我们造成的痛苦和我们所武装的敌人来责备上帝呢？啊！只要我们不使人流于放纵，他就不难成为一个好人，他就可以快乐地生活，而没有什么良心不安的地方。凡是那些说自己是迫不得已才去犯罪的人，不仅是作了恶，而且又撒了谎。他们怎么不明白他们所叹息的弱点是他们自己造成的？怎么不明白他们当初的堕落是起源于他们的意志？怎么不明白由于他们自己愿意受引诱，所以到了最后要想抵抗也抵抗不了，只好投降它们呢？毫无疑问，到了这个时候已经是不由他们不做坏人和意志薄弱的人了，可是当初他们是能够决定自己不做坏人和意志薄弱的人的。唉！如果在我们的习惯尚未形成，在我们的精神刚刚开始活跃的时候,我们为了使它能够鉴别它不应该知道的事物,就使它了解它应该知道的事物;如果我们不是为了炫耀于人,而是为了按照我们的天性变成聪明和善良的人,是为了使我们在恪尽天职的时候感到快乐,而诚恳地希望我们自己受到教育,那么,即使在今天,我们也能多么容易地控制我们自己和我们的欲念啊!这种教育,在我们看来也许觉得是很令人厌烦和辛苦的,因为,当我们想受这种教育的时候,我们已经是被罪恶所败坏,已经是受到欲念的奴役了。在我们还没有分清善恶以前,我们就定了一个判断和估价的标准,并且在以后就拿这个错误的尺度去衡量一切事物,因此对任何事物都不能给予正确的评价。

在人生中有这样一个年龄,到了这个年龄,心虽然是自由的,但已经是迫切不安地渴望得到他尚不了解的幸福了,它带着一种好奇的想法去寻求这种幸福;由于它受到感官的迷惑,最后竟使他把他的目光倾注于它的幻象,以为是把它找到了,其实那里并没有他所寻求的幸福。就我的经验来说,这种幻象是持续了很长的时期的。唉!我认出它们的时候,已经是太晚了,已经不能够把它们彻底地摧毁了;只要产生这种幻象的肉体还存在,这些幻象就一直要延续下去。不过,它们再也不能够引诱我了,再也不能够毁坏我了;我已经看出了它们的真正的样子,我虽然在追随它们,但是在轻蔑它们;我不仅不把它们看作我的幸福的目标,反而把它们看成为达到幸福的障碍。我渴望这样的时刻赶快到来:那时候,由于摆脱了肉体的束缚,我将成为一个不自相冲突和分裂的"我";那时候,我只需依靠我自己就能取得我的幸福;不久之后,我从今生就可以成为这样的人了,因为现在我已经觉得一切痛苦都无足挂齿,已经觉得这个生命差不多是同我的存在没有关系,已经觉得要取得真正的幸福,完全取决于我自己。

为了尽先使我能成为这样一种幸福、坚强和自由的人,我十分庄严地沉思,以磨炼我自己。我对这个宇宙的秩序静静地思索,其目的不是为了用虚假的学说去解释它,而是为了不断地对它表示赞美,为了对那个聪明的创造者表示崇敬,因为他使人觉得他在这个宇宙中无所不在。我同他交谈,我使我所有一切的能力都浸染了他的神圣的精华,我蒙受着他的恩惠,我感谢他和他的赐予;可是我并不对他有所祈求。我对他还有什么要求呢?要求他为我去改变事物的进程,要求他显现有利于我的奇迹吗?我,既然是应当爱他用他的智慧所建立、用他的力量所维系的秩序,胜于爱一切的东西,难道说还希望他为了我就把这个秩序弄得一团混乱吗?不,这种冒失的祈求应当受到惩罚而不能受到应许。我也不再向他要求为善的能力,我为什么还要向他索取他已经给了我的东西呢?他不是已经给我以良心去爱善,给我以理智去认识善,给我以自由去选择善吗?如果我做了坏事,我是找不到任何借口的;我只能说我做坏事,是因为我愿意做坏事。如果要求他改变我的意志,这无异乎是要求他去做他要求我做的事情,无异乎是要求他替我干活,而我去领取工资;对我自己的命运不满意,就等于是不想做人,就等于不要我而要其他的东西,就等于是希望秩序混乱和灾祸来临。正义和真理的源泉,慈爱的上帝啊!由于我信赖你,所以我心中最盼望的是你的意志得到实现。当我把我的意志和你的意志联合起来的时候,我就能够做你所做的事情,我就能够领受你的善意;我深信我已经预先享受到了最大的幸福——善良的行为的奖励。

在对我自己的正当的怀疑中,我向他要求的唯一的一件事情,说得确切一点,我等待他裁判的唯一的一件事情,就是:如果我走入了歧途,犯了一个有害于我的错误,我就请求他纠正我的错误。为了诚恳地做人,我不相信我是绝对没有错误的;当我以为我的看法是最正确的时候,也许我这些看法恰恰就是很荒谬的;因为,哪一个人不硬说他的看法对呢?可是有多少人是样样都看的准呢?幻象虽然是来自我的本身,但它也休想陷我于错误,因为,单单依靠上帝,就可以把它消除。为了达到真理,我能够做的事情我都做了;不过,真理之源是太高了,如果我没有力量再向前行进,能怪我错了吗?这时候,它就应当走到我的身边了。

那善良的牧师热情地说完了这一番话,他很激动,我也很激动。我好像听到了圣明的奥菲士[1]在唱他的最美妙的赞歌,在教导人们要敬拜神灵。虽然我觉得可以向他提出许多相反的意见,但是我一个也没有提,其原因并不是由于这些意见有欠稳妥,而是由于它们将令人感到迷惑,何况我内心的倾向是赞同他哩。他是本着他的良心向我述说的,因此我的良心也好像在叫我要相信他告诉我的这些话。

"你刚才向我阐述的这些见解,"我向他说道,"在我看来是很新颖的,但是,它们之所以显得新颖,与其说是由于它们阐明了你以为你相信的东西,倒不如说是它们表述了你承认你不知道的东西。我觉得它们讲的是一神论,即自然的宗教;这种宗教,基督徒企图把它同无神论即不信教的主张混为一谈,其实这两者的宗教

---

[1] 奥菲士,希腊神话中的诗人和音乐家,据说是阿波罗和司史诗的女神卡里奥珀的儿子;他所吟诵的诗歌能感动木石,使野兽也听得入迷。

观点是截然相反的。不过,就我目前的信仰的程度来看,我要接受你的看法,就必须提高而不是降低;我发现,除非我也像你这样聪明,否则要恰好达到你现在的程度是很困难的。为了至少要像你这样的至诚,我想商诸我自己的心。根据你的事例来看,我应当凭我内在的情感来指导我的行为;而你亲自告诉过我,在长时期迫使它沉默不语之后,要把它招回来,那就不是一朝一夕可以办得到的。我将把你所说的话牢记在心,加以深思。如果在深思之后,我也像你这样深信无疑的话,你便是最后一位向我传布宗教的使者,而我终生将做你的门徒。因此,请你继续教导我;我应当知道的东西,你只向我讲了一半。请你再向我讲一讲神的启示,讲一讲《圣经》,讲一讲我从小时候起就迷惑不解的艰深的教理;因为我既不能理解它们,也不能相信它们,不知道是应该接受还是拒绝接受。"

"好,我的孩子,"他一边拥抱我,一边说道,"我把我所想的东西全都告诉你,我绝不把我心里的话只向你透露一半;不过,要我对你毫不保留,那就需要你向我表示你愿意听我。到现在为止,我向你所讲的只不过是我认为对你有用的东西,只不过是我深深相信的东西。我往后要谈到的东西,那就完全不同了;我发现它简直是令人迷惑,神秘难解;我不能不对它表示怀疑和轻蔑。我只好怀着战栗的心情决定讲一讲;我向你所讲的,与其说是我的看法,不如说是我的怀疑。如果你自己有更坚定的看法,我倒要犹豫一下是不是要把我的看法告诉你;不过,就你目前的情况来说,你像我这样思想是有好处的①。此外,你应当把我所讲的这些话诉诸理

---

① 这句话,我认为是这位善良的牧师说给大家听的。

智的判断，因为我不知道我是不是错了。要一个人在发表议论的时候常常采取断然的语气，那是很困难的；不过，请你记住：我在这里所断言的，完全是我的怀疑的理由。请你自己去寻找真理，我只能说我对你完全是一片真诚。

"你认为我所讲的只是对自然宗教的信仰，然而奇怪的是，我们还需要有另外的信仰咧！我从什么地方看出有这种需要呢？在按照上帝赋予我的心灵的光明和他启发我的内心的情感而奉承上帝的时候，我怎么会犯什么错误呢？既然有实证的教义，我是否就能够从中推论出某些纯洁的道德和对人有用、对上帝增光的教义呢？没有这种教义，从正确运用我的能力中是推论不出什么的。为了上帝的荣耀，为了社会的幸福和我自己的利益，请告诉我，除了完成自然法则的天职以外，还有哪些天职；同时再告诉我，一种新的信仰既然不是由于我所崇奉的宗教产生的，那么，你从这种新的信仰中可以领会到哪些道德呢？我们对上帝的深刻的观念，完全是来自理性的。你看一看那自然的景象，听一听那内心的呼声。上帝岂不是把一切都摆在我们的眼前，把一切都告诉了我们的良心，把一切都交给我们去判断了吗？还有什么东西需要由人来告诉我们呢？由人来启示，是一定会贬低上帝的，因为他们将把人的欲念说成是他的欲念。我认为，狭隘的教义不仅不能阐明伟大的存在的观念，反而把这种观念弄得漆黑一团；不仅不使它们高贵，反而使它们遭到毁伤；不仅给上帝蒙上了许多不可思议的神秘，而且还制造了无数荒谬的矛盾，使人变得十分骄傲、偏执和残酷；不仅不在世上建立安宁，反而酿成人间的烧杀。我自己虽然在自问这一切有什么用处，但是得不到回答。我在其中看到的，尽是世人的罪恶和人类的痛苦。

"有人告诉我说,需要有一种启示来教育世人按上帝喜欢的方式去敬拜上帝,他们拿他们所制订的各种各样稀奇古怪的礼拜形式来证明这一点,然而他们不明白,礼拜形式之所以千奇百怪,正是由于启示的荒唐。只要各国人民想利用上帝说话,那么,每一个国家的人都可以叫上帝按他们自己的方式说他们自己想说的话。如果大家都只倾听上帝向人的内心所说的话,那么,在这个世界上从今以后便只有一种宗教了。

"敬拜的形式应当是一致的;这一点我很赞同,不过,这一点是不是就重要到非要借神所有的一切权能来规定不可呢?我们不能把宗教的仪式和宗教的本身混淆起来。上帝所要求的敬拜,是心中的敬拜,只要这种敬拜是至诚的,那就是一致的了。在心目中想象上帝对牧师所穿的衣服的样子,对他说话时候的措辞,对他在祭坛上所做的姿势,对他的各种跪拜样子,都感到极大的兴趣的话,那简直是空想得发了疯。唉!我的朋友,即使你多么高大就多么笔直地站着,你和地面也是很接近的。上帝所希望的,是受到人们精神上真实的敬仰,这是一切宗教、一切国家和一切民族都应有的一个天职。至于外表的形式,即使是为了井然有序而应该一致的话,那也纯粹是一个规矩上的问题,根本就用不着什么启示的。

"我开始并不是从这些问题着手思考的。由于教育的偏见和常常使人想超出其本分的危险的自私心把我迷惑住了,不能使我微弱的思想达到那至高的存在,因此,我竭力想把他降低到我这个地位。我企图想缩短他在他的天性和我的天性之间留下的无限远的距离。我希望和他更直接地心灵相交,希望得到更特别的教导;由于我不愿意为了在同胞当中使自己得到特殊的恩典就把上帝看得同人一个样子,所以我想获得一些超自然的光;我希望获得一种独有的信仰,我希望上帝把他向别人没有讲过的话都告诉我,换句话说,我希望别人不能像我这样听到他的声音。

"由于我把我所得出的论点看作一切信神的人为了取得更清楚的信仰而应当共同具备的出发点,因此,我从自然宗教的教义中所找到的只是整个宗教的原理。我心里思考过这个世界上的各种教派,思考过它们互相攻击,说对方是胡言乱语;我问:'到底是哪一个教派好呢?'每一派都回答说:'我这一个教派好,只有我和我这一派人的想法才对,其他各派都错了。''你怎样知道你这一派好呢?''因为上帝这样说过①。''谁告诉你上帝这样说过?''我的牧师,他知道得很清楚。我的牧师教我这样信仰,我就这样信仰;他向我保证说,所有同他的说法不一样的人都在撒谎,所以我就不听

---

① "一位善良和聪明的牧师说:'所有的人都说他所拥护和信仰的教派(大家都用的是这个莫名其妙的词)不是人的,也不是任何生物的,而是上帝的。'

"不过,要是不阿谀奉承或隐瞒真意,而是老老实实地说实话,那么,我们可以说:没有哪一个教派是上帝的;不管他们怎样说,各教派都是靠人和人的手段来维持的;第一个证据是,当初宗教是以什么方式授之于世人,现在还天天是那样传授于每一个人;一个民族或国家或地方都可以产生一个宗教,因此,一个人究竟信什么教,那就要看他生长在什么地方。早在我们还不知道我们是人以前,我们就已经受了割礼或洗礼,就已经成为犹太教徒或回教徒或基督教徒了;究竟信什么宗教,那是不由我们挑,不由我们选的;其次一个证据是,人的生活和风俗同宗教是多么地不相配合,而且,由于一点点人为的细小的原因,一个人竟公然违反他那个宗教的教规。"(夏隆:《论智慧》,第2卷,第5章,第257页,波尔多版,1601年。)

看来,这位孔东的有德行的神学家所作的诚恳的表白,同萨瓦的牧师的表白是差不多的*。

* 在夏隆以前,蒙台涅也抒发过这种思想,而且还提出了同样的说法:"我们之所以是基督教徒,是由于我们是佩里哥廷人或日耳曼人。"(蒙台涅:《论文集》,第2卷,第12章。)

他们的话.'

"怎么！我心里想道:真理不是一个吗？难道说在我看来是真的,而你看来竟是假的？如果走正确道路的人和陷入歧途的人所用方法是相同的,那么,哪一种人的功劳或过错更多呢？他们的选择是由于偶然的影响,把过错推在他们身上是不公平的,这样做,等于是对一个人之所以奖励或惩罚,是因为他出生在这个或那个国家。谁胆敢说上帝是这样裁判我们的,那简直就是在污辱他的公正。

"要么所有的宗教在上帝看来都是好的,都是他所喜欢的,否则,如果他预先给人类选定了一个宗教,如果人类不相信他所选定的宗教就要受到惩罚的话,上帝就会使那个宗教具有一些鲜明而确切的标记,以便使人类能够辨别它是唯一的真正的宗教;因此,这些标记在任何时候或任何地方,无论是老是幼、是智是愚,是欧洲人还是印度人、非洲人或野蛮人,都同样可以明明白白地看得出来。如果在世界上有那么一个宗教,谁不信仰它谁就会受到无穷的痛苦;又如果在这个世界上的某一个地方,有那样一个诚心的人从来没有看到过这种宗教的证据,可见这种宗教的神是最不公正的、是最残忍的暴君。

"因此,我们要真心诚意地去寻求真理,我们绝不能让一个人因其出身而得到什么权利,绝不能让做父亲的或做牧师的人具有任何权威,我们要把他们从小教给我们的一切东西付诸良心和理智的检验。他们徒然地向我呐喊:'扔掉你的理性吧！'让骗我的人爱怎样说就怎样说好了,反正要我扔掉我的理性,就必须要他们说出是什么理由。

"通过对宇宙的观察和正确地运用我的能力而由我自己学到的全部神学，都概括在我向你讲的这一番话里了。要想知道得更详细，那就要借助于特殊的手段。这些手段不能是人的权威，因为大家都同我一样是人，一个人天生就知道的所有一切东西，我也是能够知道的，何况别人也像我一样会弄出错误哩；即使我相信他的话，其原因也不是由于那句话是他说的，而是由于他证明了他那句话是对的。因此，人的见证归根到底也只能是我自己的理性的见证，也只能是上帝为了我去认识真理而赋予我的自然的手段。

"真理的使徒，我不能单独判断的事物有哪些是需要你告诉我的？上帝已亲自说过了，请你听他的启示。这是另外一回事情。上帝已经说过了！这句话的意思实在是很笼统。他向谁说的？他向世人说的。我为什么一点也没有听见呢？他已经委托别人向你传达他的话了。我明白了：是人来向我传达上帝的话。可是我希望听到他亲口说出的话，这样做，既不多花费他的力气，而我也可以免受别人的引诱。他会保证你不受别人的引诱，因为他已经表明了他的使者所负的使命。怎么表明的呢？用奇迹表明的。奇迹在哪里？在书里。谁做的书？人做的。谁看见过这些奇迹？给奇迹作证的人。怎么！又是人在作证！又是人来向我传达他人所讲的话！在上帝和我之间怎么有这样多的人呀！让我们随时观察、比较和证验好了。啊！要是上帝不叫我受这些麻烦的话，我敬奉他的心哪里会这样不虔诚呢？

"我的朋友，你看，我谈到这里的时候，已经涉及多么可怕的问题了；我必须具备多么渊博的学识才能追溯那遥远的古代，才能考察和对证一切预言、启示、事实和传播在世界各地的宣扬信仰的不朽著作，才能确定它们的时间、地点、作者和经过！我必须要有多么正确的鉴别能力，才能把真实的和假造的文献加以区分，才能把反驳和答辩的言辞以及译文和原文加以比较，才能判断证人是不是公正和具有良知及智慧，才能知道其中是不是有所删节和添加，是不是有所调换、更改和伪造，才能挑出其中的矛盾，才能判明我们向对方提出证据确凿的事实时他们怎样会保持沉默，才能判明他们是不是知道我们的这些看法，才能判明他们对我们的看法是不是加以足够的重视和愿意回答，才能判明书籍是不是相当的普遍，使我们的书也为他们所阅览，才能判明我们是不是也好心好意地让他们的书在我们当中流传，让他们完全保持他们强烈的反对的意见！

"只要承认所有这些不朽的著作是无可争论的，跟着就要进而证实这些著作的作者确实负有上帝的使命；必须知道因果的法则和偶然的可能，才能判断哪些预言没有奇迹就不能实现；必须知道原话的精神，才能辨别其中哪些是预言，哪些是辞令；必须知道哪些事实符合自然的秩序，哪些不符合自然的秩序，才能指出一个狡猾的人能够把老实的人迷惑到什么地步，把聪明的人惊吓到什么地步；必须揭示一个奇迹的特征和可靠的程度，其目的不仅是为了使人相信它，而且还为了说明谁如果怀疑就应当受到惩罚；必须把真的和假的奇迹的证据加以比较，找出其可靠的规律，以便对它们加以识别；最后还必须说明上帝为什么好像是为了愚弄人的信心，好像是故意不采用真正的说服手段，才偏偏要挑选一些其本身都十分需要加以证验的手段去证验他所说的话。

"即使尊严的上帝是很谦卑，愿意使一个人成为传达其神圣意志的中介，但是，在尚未使整个人类知道哪个人配做一个中介的时候，就硬要人们听从他的话，是合理的吗？是做得恰当吗？他在少数几个浑浑噩噩的人面前虽然是做了一些特殊的奇迹，然而其他的人对他所做的奇迹并未眼见，只是听诸传闻，所以，单单以这几个奇迹构成他值得相信的证据，是不是对呢？无论在世界上的哪一个国家，如果把平民百姓和头脑单纯的人所说的他们亲眼见到的奇迹都信以为真，那么，每一个教派便都是一个好教派；这样一来，奇迹的数目就会比天然发生的事情还多，而在一切奇迹中为头一个大奇迹也许就是：在那个国家尽管有被迫害的狂信的教徒，但始终没有出现过任何的奇迹。只有大自然中不可改变的秩序才能给人们指出那掌握自然的睿智的手；如果真有许多例外的情形的话，那我就不知道应该怎样想法了；就我来说，我对上帝是太相信了，所以，要我相信那些同他极不相称的奇迹，是不可能的。

"假定有一个人来告诉我们说：世俗的人们啊，我现在向你们宣布至高的上帝的旨意，你们要把我的话当作那派遣我来的上帝的话来听，我要命令太阳改变它的行程，命令星星重新安排它们的位置，命令高山变成平地，命令江河的流水上升，命令地球换一个样子。一看到这些奇迹，谁还不马上把他看作是自然的主宰呢？大自然是绝不听命于骗子的，他们的奇迹是在十字街头、穷乡僻壤和私室中搞出来的，只有在这些地方他们才能骗得少数轻信的观众上他们的当。谁敢向我说一说需要有多少目睹的见证才足以使一个奇迹令人信服？你的奇迹是为了证明你的教义而搞出来的，但如果它们本身也需要证明的话，那有什么用处呢？反而不如不搞奇迹的好。

"对宣讲的教义也需要加以最严格的考察,因为,既然有些人说上帝在这个世界上所行的奇迹有时候被魔鬼所模仿,所以,即使见到了经过很好的证验的奇迹,我们也是不能因此就比从前更有所领悟的;而且,既然法老❶的巫师甚至敢当着摩西❷的面做摩西奉上帝的命令而行的奇事,所以,当摩西不在的时候,他们怎么会不以同样的名义说他们具有同样的权威呢?因此,用奇迹证明了教义之后,又必须用教义来证明奇迹①,以免把魔鬼的奇迹当作上帝的奇迹。你觉得这个两端论法对不对呢*?

"这个教义既然是来自上帝,就应当具有上帝的神圣的特征;它不仅应该把人们的论辩在我们心灵中留下的混乱的观念加以澄

---

❶ 法老,古代埃及帝王的称号。
❷ 摩西,基督教《圣经》中的以色列人的先知和立法者。
① 在《圣经》上,有很多地方都明确地谈到这一点,其中如《申命记》第 13 章有一段说,如果哪一个宣扬邪神的先知用奇迹来证明他所说的话,而他所预言的事又果真发生,那么,我们不仅不应该听信他,而且应该把他处死。如果基督的使徒去向异教徒宣扬上帝,并且用预言和奇迹证明他们的使命,因而遭到了异教徒的杀害,我认为,这时候要是我们依据什么理由去反对他们,他们也马上会拿同样的理由来反驳我们的。在这种情况下应该怎么办呢?唯一的办法是,大家又回头来谈道理而不谈奇迹。最好是,在谈道理的时候根本就不提什么奇迹。本来是最简单的常识,只因使用了一些非常微妙的话来讲,反而使人不明白了。基督教的教义就是很微妙的!不过,如果要具备许多智慧才能懂得耶稣基督的教义,才知道要信仰上帝,那么,耶稣就不该把天国应许给头脑简单的人,就不该在开始庄严地讲道的时候首先就祝福心智贫弱的人。如果你能提出使我信服的证明,那一切都好办了;但是,为了要向我证明这一点,你说的话就必须要我懂得,就必须按照一个心智贫弱的人的能力来述说你的道理,否则我就不承认你是你的老师的真正的门徒,就不承认你讲的是他的教义。
* 这在逻辑学上称为媒辞,通过这种媒辞可以使一个论点发生恶性循环:用一个本身就不确切的东西去证明另外一个本身也是不确切的东西,然后,再倒过来用后者去证明前者。两端论法是怀疑论者或信从希腊哲学家皮罗的学说的人最喜欢用的论法,而且据培尔说,也是那些反对教理论者的人所使用的最令人难以应付的论法。

475

清，而且还应当给我们订立一种崇拜的仪式，给我们树立一种道德，给我们订立一些合乎上帝的属性的行为准则，因为我们是独一无二地通过这些属性去想象他的本质的。所以，如果这种教义告诉我们的尽是一些荒谬而不合道理的东西，如果它使我们对同胞产生恶感，对我们本身产生恐怖，如果它给我们描绘的上帝是那样的愤怒、妒忌、动不动就要报复，而且又是那样的不公正，那样的憎恶人类，那样的好战好斗，时刻准备着要毁灭和摧残人类，时刻在那里说要给人以折磨和痛苦，时刻在那里夸口他对天真无辜的人也要进行惩罚，那么，我的心是绝不会去亲近那样一个可怕的上帝的，我自己是绝不抛弃自然宗教而去皈依那种宗教的，因为，正如你所知道的，我们不能不有所选择。我将对那个教派的人说：'你们的上帝不是我的上帝。'无论哪一个上帝，要是他单单只挑选一个民族而排斥其他的人类的话，他就不是人类共同的父亲；要是他使最多数的人注定要遭受永恒的痛苦，他就不是我的理性所告诉我的慈悲和善良的神。

"理性告诉我说，教义应当是讲得十分的明白和畅晓，应当以它们的真实而打动人心。如果说自然宗教还有缺陷的话，那就是它采用了晦涩的语言向我们讲述伟大的真理。当它利用启示给我们指示真理的时候，它应当采取人的心灵可以明白的方式，它应当使真理能够为人所了解，使他对它们加以思考，从而深深地相信它们。因为，信念之所以坚定不移，正是由于经过了理解；一切宗教中最好的宗教一定是最为明白的；对我宣扬宗教的人要是使宗教带上矛盾和神秘的色彩，反而使我对那个宗教发生怀疑。我所敬拜的上帝，不是一个黑暗的上帝；他既然给我以理解的能力，便绝不会禁止我利用这种能力；因此，谁要我抛弃我的理智，谁就是在侮辱创造理智的神。真理的传播者不仅不压制我的理智，反而会启发我的理智。

"我们已经抛弃了所有一切人的权威，没有这种权威，一个人要拿不合道理的教义向另外一个人去传布，是怎么也不会把那个人说得信服的。我们且让这两个人争吵一会儿，听一听他们在双方都习以为常的粗暴的语言中说些什么。

"通神意的人：'理性告诉你说整体比部分大，可是我代表上帝告诉你，是部分比整体大。'

"推理的人：'你是什么人，竟敢向我说上帝是自相矛盾的？我到底是相信哪一个好，是相信那通过理智来教我以永恒的真理的上帝，还是相信借他的名义向我发表谬论的你？'

"通神意的人：'相信我，因为我得到的谕言比较确实；我将千真万确地向你证明是他派我来的。'

"推理的人：'怎么！你要向我证明是上帝派你来反驳他自己？你能拿出什么样的证据使我确实相信上帝是通过你的嘴而不是通过他赋予我的理解力向我讲话的？'

"通神意的人：'他给你的理解力！渺小而狂妄的人呀！你好像是一个大不虔敬的人，已经被罪恶所败坏的理智引入歧途了！'

"推理的人：'上帝派来的人呀，你也不过是一个大恶棍，把自己的傲慢说成是你的使命的证据。'

"通神意的人：'怎么！哲学家也骂人啦！'

"推理的人：'有时候也骂的，因为圣人已经作出了骂人的榜样。'

"通神意的人：'啊！我，我有骂人的权利，我是代表上帝说话的。'

"推理的人：'在利用你的特权以前，最好是先把你的凭证拿出来看一看。'

"通神意的人：'我的凭证是真真实实的，天地都可替我作证的。现在，请你仔细地听一听我的论证。'

"推理的人：'你的论证！你的话是没有通过思想的。你说我的理性欺骗了我，这岂不是等于否定它可以帮你说话吗？谁不愿意服从理性，谁就不应该利用理性来说服他人。因为，假使在论证的过程中你说服了我，我怎么知道我之所以接受你向我说的话，不是由于我那个被罪恶败坏的理性叫我相信的呢？再说，你所提出的证据，你所阐述的道理，哪一个是比它们企图加以驳斥的不言自明的道理更清楚呢？要是部分大于整体这个说法是可以相信的话，那么，我们也可以认为精确的三段论法是一片谎言了。'

"通神意的人：'那是有很大的区别的！我的证据是无可辩驳的；它们是超自然的。'

"推理的人：'超自然！这是什么意思？我不懂。'

"通神意的人：'它的意思是指自然的秩序中的变化、预言、奇迹和各种各样的奇事。'

"推理的人：'奇事！奇迹！这些东西我从来没有见过。'

"通神意的人：'其他的人替你看见过了，证人多得很……各国人民都可作证……'

"推理的人：'各国人民的见证是不是超自然的呢？'

"通神意的人：'不是；不过，既然大家都异口同声地这样说，所

以也就是不可争辩的了。'

"推理的人:'除了理性的原理以外,其他再也没有什么东西是不可争辩的,在人们所作的见证上,是不容许有一点含糊的。再说一次,我们要看一看超自然的证据,因为人类的见证并不是超自然的。'

"通神意的人:'啊,你这狠心的人,圣恩是不会向你说话的。'

"推理的人:'这不是我的过错;因为,照你的话说,一个人必须在已经获得圣恩之后才能要求圣恩。现在既然没有得到圣恩,就请你给我讲一讲吧。'

"通神意的人:'唉!我正在讲着哩,可是你不听。你对预言有什么看法?'

"推理的人:'我认为,首先,正如我没有看见过什么奇迹一样,我也没有听到过什么预言。其次,任何预言都休想叫我听信它。'

"通神意的人:'魔鬼的仆人!为什么预言不能叫你相信它?'

"推理的人:'因为,要我相信它,它就必须具备三个条件,而这三个条件是不可能配合在一起的。这三个条件是:要使我亲自听到预言;要使我亲自见到事情的经过;要给我证明这件事情绝不是同预言偶然符合的;因为,即使预言比几何学的定理还精确和明白,但是,既然随随便便作出来的一个预言有实现的可能,则它即使实现,严格说来也不能证明那个事情就是作预言的人所预言的。

"'所以你现在可以看出,你所谓的超自然的证据、奇迹和预言是怎样一回事情了。这完全是因为他人相信那些东西,你自己就相信那些东西,这完全是使人的权威凌驾于那启发我的理性的上帝的权威之上。如果我心灵中所怀抱的永恒的真理能容许任何损坏的话，那就再也没有什么东西是我可以相信的了；我不仅不相信你是代表上帝向我说话，而且甚至还不敢肯定他是不是存在。'

"我的孩子，你看，困难真是够多的，而且这还不是全部的困难咧。在许多互相取缔和互相排斥的各种宗教中，只有一种宗教是正确的，如果其中确有一种宗教是正确的话。为了找到这种正确的宗教，只对其中的一种宗教进行研究，那是不够的，必须把所有一切的宗教都拿来研究一番；而且，不论什么问题，我们没有弄清楚，就不应该说别人是错了[①]，必须把反对的意见和证据加以比较，必须了解一方对他方进行的攻击，以及他们对攻击有什么反应。我们愈是觉得一种说法说得很对，我们就愈是应该研究为什么有那样多的人不能发现它是对的。如果认为仅仅听一方的学者的意见就能够了解对方的论点，那就想得太简单了。哪一个神学家敢说他是诚实的？哪一个人不是采取削弱对方的手段来进行辩驳的？每一个人在自己这一派的人当中都是很出色的，不过，在自己一派的人当中虽然是议论风生，洋洋得意，但要是他把同样的话拿到对方去说，那就会大出其丑的。你如果从书本上去了解，那你要具备多大

[①] 普卢塔克说，斯多噶学派的人有一种不同于其他各种怪论的论调，他们认为，在判断互相矛盾的争论的时候，是无须听取双方的意见的，其原因，据他们说，或者是由于甲方已经证明了他们的说法，或者是由于他们没有证明他们的说法；如果他们已经证明了，那事情就算是全部清楚了，就应该谴责对方了；如果他们没有证明，那他们就算是错了，就应该服输了。我认为，所有那些只承认一种启示的人所采用的方法，同斯多噶学派的人所采用的方法是很相像的。当每一方都自称只有他们所说的话才是有道理的时候，为了要在他们中间进行选择，就必须听取所有各方的论点，否则就是不公平的。

的学问呀！要学会多少种语言呀！要翻查多少典籍呀！要读多少书呀！谁来指导我进行选择呢？在一个国家里，要想找到对方的好书，那是很困难的，至于要找到所有各派的好书，那就更加困难了，而且，即使找到了，也马上有人说它们不值一读的。不用心的人总是会弄错的，所以，只要你用自信的口吻陈述坏道理，而以轻蔑的口吻陈述好道理，也可以轻而易举地把好道理一笔抹掉的。此外，再没有什么东西比书籍更欺骗人的了，再没有什么东西比它们更不忠实地表达作者的情感了。如果你想根据博胥埃❶的著作去了解天主教的信念，那么，你在我们当中生活一段时间之后，你就会发现你这种想法是大错而特错的。正如你所看到的，他用来反驳新教徒的那种教义，根本就不是他向一般人所讲的那种教义，博胥埃所写的书和他在讲坛上所讲的道理是大不相同的。* 为了要正确地判断一种宗教，便不应当去研究那个宗教的教徒所写的著作，而应当到他们当中去实地了解，从书本上研究和实地去了解是有很大的区别的。每一种宗教都有它自己的传统、意识、习惯和成见，这些东西就是它的信仰的精神，必须把它们联系起来，才能对那种宗教进行判断。

"有多少伟大的民族既不刊印也不阅读我们的书啊！他们怎

---

❶ 博胥埃(1627—1704)，法国神学作家，天主教反动势力和专制政体的思想家。

* 这里所说的博胥埃的著作是《天主教教义解说》，这本书曾再版二十余次，在欧洲各国都有译本。最好的版本是勒克神甫于1761年印行的12开本，其中附有弗勒里神甫的注释和拉丁文译文。

能判断我们的看法呢？我们又怎能判断他们的看法呢？我们嘲笑他们，而他们也轻蔑我们[†]；如果我们的旅行家把他们作为笑料，他们的旅行家只需到我们这里来走一趟，也会把我们作为笑料的。哪一个国家没有为了传布宗教而力求了解宗教的贤明的人、忠厚诚实的人、真理的朋友呢？然而，每一个人都是按自己的信仰去认识宗教的，认为其他各国所信的宗教都很荒谬；外国的宗教并不像我们所想象的那样怪诞，换句话说，我们在我们的宗教中听到的道理也是不足为信的。

"在欧洲我们有三种主要的宗教。其中的一种宗教只承认一种唯一的启示，而另一种宗教则承认两种启示，第三种宗教则承认三种启示。每一种宗教都在那里憎恶和咒骂另外两种宗教，指责它们盲从、狠毒、顽固和虚伪。任何一个公正不偏的人，如果不首先衡量一下它们的证据，不听一听它们的道理，敢对它们进行判断吗？只承认一种启示的那种宗教，是最古老的，而且似乎是最可靠的；而承认三种启示的宗教，是最新的，而且似乎是最始终一致的；至于那承认两种启示而否认第三种启示的宗教，也许是最好的宗教，不过，它当然是具有种种否定其自身的成见的，所以一眼就可看出它前后是矛盾的。

"在三种启示中，所有的经书都是用信教的人所不认识的文字写的。犹太人不懂希伯来文，基督徒不懂希伯来文和希腊文，土耳其人和波斯人都不懂阿拉伯文，而现今的阿拉伯人自己也不说穆

[†] 在其他版本作："……他们也轻蔑我们：他们不明白我们所讲的道理，而我们也不明白他们的道理，如果……"

穆罕默德所说的那种话了。用大家根本就不懂得的语言去教育人，这岂不是一个很笨的教法！有人也许会说：'这些书都已经翻译出来了。'回答得真好！不过，谁能保证这些书的译文都是很忠实的，谁能保证它们完全可以忠实于原文？既然上帝肯同世人说话，他为什么要人来替他翻译呢？

"我绝不相信一个人所必须知道的东西经书上全都有了，我也不相信一个人由于看不懂经书或者找不到懂得经书的人，就会因为这样一种并非出自本心的无知而受到处罚。说来说去还是书！真是成书癖了！我之所以这样反复地谈到经书，是因为欧洲到处是经书充斥，是因为欧洲人在把经书看作是不可缺少的东西的时候，没有料到在这个世界的四分之三的土地上还有人压根儿没有看见过经书哩。所有的书不都是人做的吗？一个人为什么要在读过经书之后才能懂得他的天职呢？在没有经书以前大家又是凭什么办法知道他的天职的呢？要么，由他自己去领悟他的天职，否则就让他不知道好了。

"我们的天主教徒在大谈其教会的权威；但是，正如其他的教派必须罗列多少证据才能直接地证实它们的教义，天主教徒也必须同样地罗列多少证据才能证实他们具有这种权威，所以，这样地闹嚷一阵有什么用处呢？教会断定教会有作决定的权利。这岂不是一个打不破的权威！深入一步，你就会明白我们讨论的全部问题了。

"你可知道有许多基督教徒在煞费苦心地仔细研究犹太教在哪些事情上对他们提出非难吗？如果有人对犹太教所非难的事情略有所知的话，那也是从基督教徒的著作中知道的。好一个了解他们对方的论点的办法啊！不过,怎样办呢？如果有人敢在我们这里印行一些公开替犹太教辩护的书†,我们就要惩罚书籍的作者、出版者和发售的书店。为了要始终说自己是对的,就得采取这个既简便又可靠的办法。要反驳不敢说话的人,那是很容易的①。

"在我们中间可以同犹太人进行交谈的人也不可能获得更多的了解。可怜的犹太人知道他们的命运是操在我们的手里的;在我们施行的暴政之下,他们已经变得很胆怯;他们知道基督教虽然是讲慈善,但不因此就不做出不公平和残酷的行为;他们既然怕我们指摘他们亵渎神明,还敢说什么话呢？贪心给了我们以激情,而他们由于没有过错,反而很富有。最有学问和最有见识的人总是很谨慎的。你可以使某一个穷苦的人背弃他的宗教,拿钱收买他去诋毁他的宗教,你可以叫几个拾破烂的人出来讲一番话,他们将为了讨好你而对你屈服;你可以利用他们的无知和怯懦而制服他们,而他们的学者也会悄悄地讥笑你们的无能。但是,在他们觉得安全的地方,你们以为也可以这么容易地对付他们吗？在巴黎神学院,一提到救世主的预示,就显然是指耶稣基督。但是,在阿姆斯特丹的犹太的法学博士们中间,一提到救世主的预示,就同耶稣基督毫无关系了。我认为,只有在犹太人有了一个自由的国家,有

---

† 在其他版本作:"……印行一些断定和详细论证耶稣基督并不是救世主的书……"

① 在我们这里大家都知道千百个这样的事实,所以对这一点就无须解释了。在十六世纪,天主教的神学家把犹太人的所有书籍都不分青红皂白地一概烧掉,有名的学者罗伊希林在别人同他商谈这件事情的时候,仅仅是因为他说他主张把其中不是非难基督教的和不是讨论宗教问题的书加以保留,就招来几乎使他丢掉性命的危险。

了经院和学校,可以在其中毫无顾虑地进行论辩的时候,我们才可以正确地了解犹太人的论点。只有在这种时候,我们才能知道他们有些什么话要说。

"在君士坦丁堡,土耳其人可以述说他们的观点,可是我们则不敢述说我们的观点;在那里,就轮到我们向人家甘拜下风了。我们强迫犹太人遵奉他们不十分相信的耶稣基督,如果土耳其人也学我们的榜样,强迫我们遵奉我们根本就不相信的穆罕默德,我们能不能说土耳其人做得不对?能不能说我们做得有理?我们按什么公平的原则来解决这个问题呢?

"在人类中,有三分之二的人既不是犹太教徒,也不是回教徒或基督教徒;有千千万万的人从来就没有听说过摩西、耶稣基督和穆罕默德!有些人否认这个事实,他们说:'我们的传教士走遍了世界的各个地方。'这说得很好。不过,传教士可曾深入到我们迄今还不十分了解而且还从来没有一个欧洲人去过的非洲的腹地?在远离海岸的鞑靼的游牧民族,到现在还没有同外国人接触过,他们不仅没有听说过教皇,甚至还不晓得什么叫大喇嘛,请问我们的传教士可曾骑着马去寻找过他们?传教士们是否走遍了辽阔的美洲大陆,那里有好几个民族的人还一点不知道另一个世界的人已经来到了他们那个世界?在日本,我们的传教士曾经因为自己的行为而永远遭到驱逐,他们的先驱被当地好几代的人都当作是表面上热心肠的而实际是想悄悄篡夺那个帝国的狡猾的阴谋家,请问我们的传教士现在还到不到那个国家去?传教士们可曾走进亚洲各国的国王的王宫向成千上万的奴隶宣扬福音?那个地区的妇女究竟是什么原因始终不能听到任何一个传教士向她们讲道?她们会不会因为与世隔离而全都进入地狱?

"如果福音真是传遍了全世界,那又有什么好处呢?在头一个传教士到达一个国家的前夕,准定有一个人听不到他讲的福音就死去的。请你告诉我,我们对这个人怎样办?在这个世界上,只要有那样一个人,传教士未向他宣讲耶稣基督,那么,单是因这个人而造成的缺陷,其严重的程度是如同未向四分之一的人类宣讲一样的。

"当传教士向远方的民族宣讲基督福音的时候,他们所说的话有哪些是可以单凭他们的言辞而不需要确凿的证明就能为那些民族所接受?你向我宣称两千年前在世界上极其遥远的地方有一个神在我不知道叫什么地名的小城里降生和死亡;你告诉我说,凡是不相信这个神秘的事情的人都将受到惩罚。这些事情是相当的奇怪,所以不可能叫我仅仅凭一个我不认识的人的权威马上就相信的!既然你那位上帝一定要我知道那些事情,他为什么要使那些事情发生在一个离我很远的地方呢?难道说一个人因为不知道对跖地上发生的事情就算是犯了罪吗?我怎能猜想另外一个半球上有一个希伯来民族和耶路撒冷城呢?这等于是硬要我知道月球上发生的事情。你说,你来告诉我,但是你为什么不来告诉我的父亲呢?你为什么要因为这个善良的老人不知道这些事情就说他有罪呢?他,这样一个极其忠厚、极其仁慈、一心追求真理的人,应不应该因为你懒于告诉他而永受惩罚呢?请你公正地替我想一想,我应不应该单单凭你的见证就相信你所说的那些毫不足信的事情,就认为许多不公正的事情同你向我宣讲的公正的上帝的旨意是一致的。请你让我去看一看那出现了许多在此地闻所未闻的奇迹的遥远的国度,*请你让我去了解一下耶路撒冷的居民为什么会把上帝当成一个强盗来处置。你也许会说他们不知道他就是上帝。那么,我,只从你的口中才听说过上帝,又怎么办呢?你也许接着就会说,他们已经受到惩罚,已经被赶得四分五散,已经受到压迫和奴役,而且,他们当中从此就没有任何一个人再走到那个城市了。当然,他们是罪有应得,不过,今天的耶路撒冷的居民对他们的先辈钉死耶稣这件事情抱怎样的看法呢?他们否认这件事情,而且不把上帝当作上帝来看。他们同原先的居民的子孙是一个样子。

"怎么!上帝是死在那个城里的,但是就连那个城里过去和现在的居民都不认识他,而你竟要我,两千年以后才出生在相隔两千英里远的人,能够认识上帝!你未必不知道,这本书你虽然视为神圣,但我是一点也不懂得的,所以,在我对它表示信仰以前,我应当从别人而不从你口里弄清楚它是什么时候和哪一个人做的,它是怎样留传下来和怎样达到你的手中的;我应当弄清楚,那个地方的人虽然也像你这样十分了解你给我讲的这一番道理,但为什么会把这本书弃如敝屣呢?你要知道,我必须到欧洲、亚洲和巴勒斯坦去亲自考察一下,除非我是疯子,否则,在没有考察以前我是不会听信你所讲的话的。

---

* 在其他版本作:"……让我去看一看圣母在那里坐褥、神在那里诞生、饮食、受苦和死亡的奇异的地方;让我去了解一下……"

这一段不同的文字以及我们在第 440 页上所见到的不同的文字,都曾见于手稿,不过后来由作者把它们删掉,而代之以现在这种新的说法和 1801 年以前的版本上的说法。

"我觉得,这些话不仅是很有道理,而且我认为,所有一切明智的人在这种情况下都要这样说的,都要把传教士远远地赶开,要是他们在没有证实他们的证据以前就急于想教训他和给他施行洗礼的话。我认为,没有哪一个启示是不能用以上的或类似的道理像驳斥基督教教义那样加以有力的驳斥的*。由此可见,如果真正的宗教只有一种,如果所有的人都应该信奉这种宗教,否则就注定要遭受苦难的话,那么,大家就需要以毕生的时间把所有一切的宗教都加以深入的研究和比较,就需要游历信奉各种宗教的国家。没有哪一个人可以不尽他做人的首要的职责,没有哪一个人有依赖别人的判断的权利。所以,无论是以手艺糊口的工匠,还是不识字的农民、羞涩娇弱的少女或几乎连床都不能下的病人,都应该一无例外地进行研究、思考、辩论和周游天下,这样一来,就再也没有什么人能安然定居了,在全世界处处都可见到朝圣的香客,不惜巨大的用费和长途跋涉的劳苦,去亲自比较和考察各个地方所信奉的宗教了。因此,就再也没有什么人去从事各种手工、艺术、人文科学和社会职业了;除了研究宗教以外,就再也没有什么东西可研究的了;一个人即使是身强力壮、寸阴必争、善于运用理智和活到最高的寿数,到了晚年也很难知道他到底是信哪一种宗教才好;要是在临死以前,他能够明白他这一生应该信什么宗教的话,那就算很有收获了。

"如果你缩手缩脚地使用这个方法,让人的权威有一点可乘之机,那你马上就会一切听命于它的。如果说一个基督徒的儿子不

---

* "或类似的"这几个字在手稿或日内瓦版以前的各种版本中都是没有的。

经过一番公正无私和深入细致的考察就信奉他父亲所信奉的宗教，是做得对，那么，为什么一个土耳其人的儿子信奉他父亲所信奉的宗教就做得不对呢[†]？我敢断言，所有一切不容异教的人对这个问题都不能够作出可以使一个明理的人感到满意的回答。

"有一种人虽然被这些问题问得无言回答，但他们也宁可使上帝成为不公正的上帝，宁可让天真无辜的人为他们父亲的罪恶而受到惩罚，也不愿意放弃他们的野蛮的教义。另外一种人的办法是：见到任何一个极其愚昧然而还过着很好的道德生活的人就好心好意地派一个天使去教导他。想出这样一个天使来，这个办法真好！他们拿他们异想天开的东西来愚弄我们还觉得不够，还要使上帝感到他自己也需要使用他们发明的东西。

"所以，我的孩子，你看，当每一个人都自以为是，都认为只有他说得对而别人都说得不对的时候，骄傲和不容异说的做法将导致多么荒唐的事情。我以我所崇拜和向你宣扬的和平的上帝为证：我进行探讨的时候完全是诚恳的，而当我发现我这番探讨将永远得不到什么成果，发现我掉入一个无边无际的海洋的时候，我马上就回过头来，依旧按我原始的观念保留我的信仰。我绝不相信：我不成为那样博学的人，上帝就要罚我入地狱。因此，我把所有一切的书都合起来。只有一本书是打开在大家的眼前的，那就是自然的书。正是在这本宏伟的著作中我学会了怎样崇奉它的作者。

[†] 在其他版本作："……信奉他父亲所信奉的宗教就做得不对呢？有许多的人在罗马是很好的天主教徒，然而这些人要是生在麦加的话，也同样可以成为很好的回教徒的！反过来说，有许多诚实的人在亚洲是很好的土耳其人，他们要是在我们这里的话，也是可以成为很好的基督徒的！"

任何一个人都找不到什么借口不读这本书,因为它向大家讲的是人人都懂得的语言。要是我出生在一个荒岛上,要是我除我以外就没有看见过其他的人,要是我一点也不知道古时候在世界的一个角落里所发生的事情,那么,只要我能运用和培养我的理性,只要我好好地使用上帝赋予我的固有的本能,我就可以自己学会怎样认识上帝,怎样爱上帝和爱上帝创造的事物,怎样追求他所希望的善,怎样履行我在地上的天职才能使他感到欢喜。难道说人们的学问对我的教益比它对我的教益还大吗?

"谈到启示,如果我是一个高明的推理家或有学问的人,我也许能意识到它的真理,意识到它对那些幸而能理解它的人的用处;不过,虽说我看到了一些我无法反驳的论证它的证据,但另一方面我也看到了一些我无法解决的否定它的疑难。在论证和否定两方面都各有许多充分的理由,以致使我无所适从,因此,我决定:我既不接受启示,也不否认启示。只有一点我是要否认的,那就是有些人所说的人有相信启示的义务,因为,这个所谓的义务和上帝的公正是不相容的,而且,不仅不能排除阻止我们得救的障碍,反而使那些障碍成倍地增加,使它们变成了绝大多数人不能克服的难关。我在这个问题上将始终保持一种敬而疑之的态度。我不敢自认为是没有错的,所以,其他的人要相信我不相信的东西,那就让他们相信好了;我是为我自己而不是为他们推演这些道理的,我不责怪他们也不模仿他们:他们的判断也许比我的判断更正确,不过,如果说我的判断和他们的判断不一致的话,那也不能怪我。

"我还要坦率地告诉你:《圣经》是那样的庄严,真使我感到惊奇;《福音书》是那样的神圣,简直是说服了我的心†。你看哲学家的书尽管是这样的洋洋大观,但同这本书比较起来,就太藐小了!像这样一本既庄严又朴实的书,是人写得出来的吗?书中的故事所叙述的人,哪能是一个凡人?书中的语气像不像一个狂信者或野心勃勃的闹宗派的人的语气?他的心地是多么温柔和纯洁!他的教训是多么循循善诱!他的行为的准则是多么高尚!他的话说得多么深刻!他的回答是多么敏捷、多么巧妙和多么中肯!他对他的欲念是多么有节制!哪里有这样一个人,哪个圣者在自己做事、受苦和死亡的时候能够这样毫不怯弱和毫不矜夸?当柏拉图描绘他心目中所想象的一生虽蒙受罪恶的种种羞辱但确实理应享受美德的奖励的好人时①,他所描绘的人和耶稣基督是一模一样的,其间的相似之处是那样的明显,以致所有的神甫都可以感觉出来,都不会弄错*。一个人要多么有成见和多么糊涂††才敢同索福隆尼斯克❶的儿子和玛丽❷的儿子相比呢?他们之间的差别是多么大呀!苏格拉底在死的时候没有遭遇痛苦,没有蒙受羞辱,因此可以很容易地一直到最后都能保持他的人品。要不是因为他死得从容而使他一生受到尊敬,我们大可认为苏格拉底虽然是那样

---

† 在其他版本作:"我还要坦率地告诉你:《福音书》是那样的神圣,简直是说服了我的心,如果对它巧言答辩的话,我一定会感到后悔的。你看哲学家的书……"

①《理想国》,第1卷。

* 这里是总括柏拉图所著《理想国》前两卷的对话而说他们"相似"的。尤其是他通过他的对方所说的那一段话,最能说明这一点。

至于这里所说的神甫,主要指圣·朱斯汀及其著作《原辩》和亚历山大的圣·克累芒特及其著作《斯特罗玛塔》。

†† 在其他版本作:"一个人要多么糊涂或多么邪恶才敢……"

❶ 索福隆尼斯克,希腊哲学家苏格拉底的父亲。

❷ 玛丽,耶稣的母亲。

的睿智，但终究是一个诡辩家。有些人说他创立了道德，其实，在他之前已经有人把道德付之实践了；他只不过是把人家所做的事情加以叙述，把他们的榜样拿来教育人罢了。在苏格拉底还没有阐明什么叫'公正'以前，亚里斯泰提为人已经是很公正了；在苏格拉底还没有说爱国家是人的天职以前，勒奥尼达斯❶已经是为他的国家而牺牲了；在苏格拉底对做事谨严表示赞扬以前，斯巴达人已经是做事很谨严了；在苏格拉底还没有下'道德'的定义以前，在希腊已经是有许多德行素著的人了。但是，耶稣在他同时代的人中间，到哪里去找只有他才教导过和以身作则地实行过的这样高尚纯洁的道德呢①？在最疯狂的行为中，我们听到了最智慧的声音，坦白的英勇的道德行为使人类中最卑贱的人蒙受了荣光。苏格拉底在死的时候还能安详地同朋友们谈论哲学，所以他这种死法是最轻松的；至于耶稣，他临死的时候还在刑罚中呻吟，受尽了一个民族的侮辱、嘲笑和咒骂，所以他的死是最可怕的。苏格拉底拿着那杯毒酒的时候，向那个流着眼泪把酒杯递给他的人表示祝福；而耶稣在万分痛苦中还为屠杀他的残酷的刽子手祈祷。不错，如果说苏格拉底的一生是圣人的一生，他的死是圣人的死，那么，耶稣的一生便是神的一生，他的死便是神的死。我们能不能说《福音书》里的故事是为了消遣而虚构的呢？我的朋友，不是为了消遣而虚构的；苏格拉底的事迹虽然大家都不怀疑，但不如耶稣的事迹

---

❶ 勒奥尼达斯(公元前490—前480年在位)，斯巴达国王，亲率斯巴达三百战士扼守赛莫庇勒，抵抗波斯军队，终至战死。

① 他自己在登山训众时把摩西的道德和他的道德做了一个对比；参见《马太福音》，第5章，第21节以下。

那样确凿。其实,要回避难题就不能解决其中的疑难;说这本书是由几个人合起来†编造的,比说这本书是以一个人的事迹为其主题,更令人难以相信。犹太的著述家从来没有用过这样的语气和寓意,而《福音书》中的那些真实的人物是这样的伟大,这样的吸引人和这样的无法仿效,以致撰述这些人物的作者比书中的主人翁还令人惊异*。'尽管这样,在《福音书》中还是有许多的事情不可相信,还是有许多的事情违背理性,是一切明智的人不能想象和不能接受的。遇到这种种矛盾,你怎样办呢?'我的孩子,你始终要虚怀若谷;对你既不能理解又不能否认的东西,你要默默地尊重;对那唯一知道真理的伟大的上帝,你要谦卑。

"我所持的这些怀疑都不是故意的,不过这些怀疑并不使我感到痛苦,其原因是一则由于它们不涉及实践中的重大问题,再则由于我是十分坚持我应尽的天职的原则的。我要心地坦然地敬奉上帝,我要竭力寻求在我的行为中必须知道的东西。至于说到教义,由于它们既不能影响人的行为和道德,而且还使许多的人深受折磨,所以我对它们是一点心思都不花的。我把各种宗教都同样看作是有益的制度,它们在每一个国家中制定了一种公众一致采用的敬拜上帝的方法,它们在每一个国家的风土、政治、人民的天

---

† 在其他版本作:"……是由四个人合起来……"在这一句话的后面有这样一个注释:"我希望不要多算人数,因为四本《福音书》所说的只是耶稣基督的一生,而我们对他的一生是保存有许多文字的记载的。"

* 卢梭在1769年致德•某某先生的一封信里又谈到他对耶稣和苏格拉底所做的比较,他一方面并不认为那位希伯来的智者有什么神圣的特征和超自然的使命,另一方面又对这位希腊的智者表示了一番反对的意见;关于前者的言行,他还提出了一些崭新的看法。参见《卢梭全集》,第4卷,书柬部分。

才或其他因时因地使大家喜欢这种宗教而不喜欢那种宗教的地方原因中找到了它们存在的理由。只要大家在那些宗教中适当地敬奉上帝，我便认为它们都是好宗教。真正的崇拜是心的崇拜。只要是真心诚意地崇拜，则不论崇拜的形式怎样，上帝都是不会拒绝的。当我信奉的宗教叫我服务教会的时候，我就尽可能准确地恪尽教会给我的职责，如果在某一件事情上我明知故犯地不尽我的职责，我的良心就会谴责我。正如你所知道的，我的教职被停止了一个很长的时期之后，通过德·默拉勒德先生的力量，我才重新获得教会的许可，担当牧师，以维持生活。以前，我做弥撒的时候是很马虎的，因为，即使是最严肃的事情，只要做的时间太多了就会逐渐逐渐地草率了事的。然而，自从我明白了这些新的原理以后，我就毕恭毕敬地做弥撒了：我深深地思念至高的上帝的威严，思念他的存在，思念人类心灵的贫弱，对它的创造者是那样的无知。当我想到我要按一定的方式把人们的祈祷带给他的时候，我便仔仔细细地做礼拜，我十分留心地诵读经文；我全神贯注，即使是一个字或一段仪式也不遗漏；当我接近贡献圣体的时刻，我便聚精会神地按照教会和庄严的圣礼所要求的种种步骤去奉献神灵；面对着那至高的智慧，我竭力消除我的理性；我对自己说：'你是什么人，竟想衡量那无限的权能？'我恭恭敬敬地念诵圣礼的赞辞，我衷心相信，只要我心怀至诚，它们就会产生它们的效果的。不管这不可思议的奥秘结果怎样，我都不怕在末日审判的时候会因为我在心中亵渎过它而受到惩罚。

"尽管我的职位最低，但是，既然以这种圣职为荣耀，则一切使我不配担当这崇高职责的事情，我都不做，我都不说。我要向世人谆谆宣讲道德,我要时时勉励他们为善;如果可能的话,我要尽量地以身作则。能不能使他们觉得宗教可爱,不决定于我;能不能使他们对真正有用和人人都必须相信的教义具备坚定的信念,也不决定于我;不过,为了使上帝喜悦,我将永远不向他们传布不容异教的残酷的教义,我将永远不使他们憎恶邻人,不使他们对其他的人说:'你要受到惩罚;'不教他们说:'不入教会,就永不得救①!'如果我的职位更高一点,我不这样做就会给我招来一些麻烦;不过,我的职位是太低了,所以没有什么可担心害怕的,我的职位再降也不会降得比现在低的。不论发生了什么事情,我是绝不侮慢公正的上帝,绝不毁谤圣灵的。

"我很久以来就抱有掌管一个教区的志愿,而现在我还是抱有这种志愿,不过我没有得到这种职位的希望罢了。我的朋友,我再也找不到比做教区牧师更美的事情了。正如一个好的官吏是正义的使者一样,一个好的牧师就是慈爱的使者。一个教区牧师不会做什么坏事,如果他不能亲自动手去做好事,他恳求别人去做,也是可以做到的,只要他知道怎样赢得人家的尊敬,他就会常常达到他的目的的。唉!在我们这个山区里,只要我能掌管一个贫穷的教区,服务于善良的人,我就很高兴了,因为我觉得,我可以为我教区中的人创造幸福。我并不使他们个个都成为富人,然而我要同

---

① 一个人有信奉和喜爱他那个国家的宗教的义务,然而不能因此就连不容异教这种同善良道德相背驰的教义也一定要他相信。正是这个可怕的教义才使人类彼此以兵戎相见,使大家都成为人类的敌人。说政治上的容忍和神学上的容忍有所区别,那是无聊的,也是没有用的。这两种容忍是不可分开的,不能承认这种容忍而不承认那种容忍。不这样的话,即使是天使也是不能够同人类和平相处的,因为他们认为人类是上帝的敌人。

他们一块儿过穷苦的生活,我要替他们消除比穷困更难忍受的污辱和轻蔑。我要使他们热爱和气和平等,因为有了这两样东西就可以驱逐灾祸,就可以在灾祸来临的时候能够加以忍受。只要他们发现了我虽然并不比他们富裕,然而我对我的生活感到很满足,这时候,他们就懂得要以他们的命运安慰自己,要像我一样满足于自己的生活。在我讲道的时候,我将少讲教会的精神而多讲《福音书》的精神,因为《福音书》中的教义不仅简单,寓意高尚,而且谈到宗教行为的时候少,谈到慈善行为的时候多。在教导他们应当做什么事情以前,我要尽我的力量一再做那件事情,以便让他们看见我心里是怎样想,我就向他们怎样说。如果在附近或我的教区中有新教徒,我在基督徒的慈善事业方面,对他们也跟对我本教区的教徒一样,一视同仁。我将教他们平等地互相亲爱,教他们彼此看作是弟兄,教他们尊重一切宗教,教他们在各自的宗教中安宁地生活。我认为,勾引一个人离开他生来所属的宗教,无异是勾引他去做坏事,因此也无异是我自己在做坏事。在期待更无限光明的时候,我们要保守公共秩序;我们在所有的国家中都要尊重法律,不能扰乱法律规定的崇拜形式;我们绝不能叫那个国家的公民不服从它的法律,因为我们一方面不知道,叫他们抛弃自己的见解而采纳别人的见解,对他们是不是有好处,而另一方面我们又十分确切地知道,不服从法律是一件很坏的事情。

"我的年轻的朋友,我方才已经把上帝在我心中鉴察到的信仰自白向你照样地讲过一遍了。你是头一个听我做这番自白的人,也许,你也可能是唯一能听到我这样自我表白的人。只要在人类中还留存着一点点诚笃的信仰,就不要去扰乱那些宁静的灵魂,就不要拿一些疑难的问题去动摇头脑单纯的人的信念,因为那些疑难不仅他们不能解决,而且反使他们感到不安,不能从中受到启发。但是,一旦一切都动摇起来的时候,我们就应该牺牲树枝以保存树干。所有一切像你这样疑虑不安、快要泯灭的良心,都要加以激励,使它们焕发起来;为了在永恒的真理的基础上奠定人们的良心,就必须把它们迄今还以为是可以依赖的支柱通通拔掉。

"就你现在的年龄来说,你正处在最关紧要的时期,因为这时候,你的心灵最容易接受真理,你的心正在形成一定的形态和性格,你可以决定你一生是向善还是向恶。往后,心灵就僵硬了,就打不上新的印痕了。年轻人啊,在你还十分柔和的心灵上要打上真理的烙印。如果我对我自己的看法有更大的把握的话,我对你说话就会采用断然的语气;但是我是一个既无知又容易犯错误的人,所以,我有什么办法呢?我已经毫无保留地把我的心都打开给你看了,我把我认为确实可靠的事情都照实告诉你了:我有怀疑的地方,我就告诉你说我有怀疑;我有我自己的看法的地方,我就告诉你说我有我自己的看法;我也告诉了你我怀疑和相信的理由。现在要由你去判断了,你花了许多工夫,这种慎重的做法是很明智的,而且使我也对你有所好评。首先,你要使你的良心有接受启发的愿望。你对你自己要十分真诚。在我的看法中,你信服的就接受下来,其余的就抛掉好了。你还没有被恶习败坏到这样的地步,还不至于选择邪恶。我建议我们之间进行一番商榷,不过,一讨论起来,就往往会心情激动,就会掺杂浮夸和固执的成分,就不能开诚相见。我的朋友,我们别争论了,因为我们是不能够以争论来启发自己和启发别人的。拿我来说,我是经过了好几年的深思熟虑之后才采取这些看法的,我坚持我的看法,我的良心是很安宁的,我的心是很满意的。如果我要对我的看法重新进行一次考察的话,我也不会在考察的时候再产生更纯洁的对真理的爱;我的心灵已不如从前那样活跃,再也不能那样认识真理了。将来,我也一定要保持我现在这个样子,以免对沉思的爱好变成一种无益的思欲,不能促使我去履行我的职责,同时,也免得使我再陷入我当初那种绝对的怀疑,没有力量解脱它。我的一生已经过去一半多了;今后我必须充分利用我的后半生,我必须以我的德行弥补我的过失。如果我做错了,那也不是出自我的本心。洞察我内心深处的人都知道我并不喜欢我自己的那样愚钝。由于我不能以我自己的智慧摆脱这种愚钝的状态,唯一的办法就是过诚实的生活;上帝既然能够叫石头给亚伯拉罕生子孙,那么,一个人只要配享光明,他就有希望光明的权利。

"如果我这些看法能够使你像我这样思想,如果我的情感能够成为你的情感,如果我们都能表白同样的信念,那么,我就向你提供这样一个忠告:不要使你的生命屈从于穷困和失望的念头,不要屈辱地把你的生命交给外人摆布,从今不吃那令人发呕的施舍的面包。回到你的故乡,再信奉你的祖先所信奉的宗教,诚心诚意地信奉它,再也不要脱离,因为它是非常的朴实和神圣;我相信,在举世所有的宗教中,只有它的道德最纯洁,它的教理最能自圆其说。至于路费,你不必担忧,我会给你的。也不要害怕这样不体面地回去是可耻的,做了错事当然是可羞,然而弥补过错,那就没有什么可羞的了。像你这样的年龄,一切都是可以原谅的,不过以后就再也不能那样冒失地造成罪恶的行为了。只要你愿意倾听你的良心,即使有千百重虚幻的障碍,也阻挡不住它的声音的。你将感觉到,像我们这样怀疑,宁愿信奉其他的宗教而不信我们生来就隶属的宗教,那才是一种不可原谅的冒失行为,是一种虚伪的行为,口头上说信那种宗教,而实际上又不忠实地照那种宗教的话去做。如果你自甘堕落,你就会剥夺你自己在最高的审判面前受到宽恕的巨大权利。难道你不知道他能原谅我们在别人的教唆之下误入歧途,而不能原谅我们自己存心选择错误的道路吗?

"我的孩子,你要使你的灵魂时时刻刻都希望有一个上帝,而且对他不要抱丝毫的怀疑。此外,不管你最后的决定怎样,你都要记住:真正的宗教的义务是不受人类制度的影响的,真正的心就是神灵的真正的殿堂,不管你在哪一个国家和哪一个教派,都要以爱上帝胜于爱一切和爱邻人如同爱自己作为法律的总纲;任何宗教都不能免除道德的天职,只有道德的天职才是真正的要旨;在这些天职中,为首的一个是内心的崇拜;没有信念,就没有真正的美德。

"你要躲避那些借口解释自然而散布败坏人心的学说的人,他们在表面上做出怀疑的样子,其实他们比他们的对方还武断一百倍,虽然他们的对方在语气上显得很肯定。他们自高自大地说只有他们才见多识广和心地真诚,因此就可以不由分说地要我们听信他们那些尖酸刻薄的话,要我们把他们空想的不可理解的学说作为事物的真正原理。此外,由于他们把人类所尊重的一切东西都加以破坏和践踏,因此也就使受压迫的人们失去了他们苦难中的最后的安慰,使豪强和富有的人失去了克制他们欲念的唯一的羁绊;他们不仅从内心的深处消除了对罪恶的悔恨和对德行的希望,而且还自夸他们是人类的救星。他们说,真理对人是绝对没有什么害处的。这一点,我也像他们一样地相信,而且,我认为,这正是一个很大的证据,说明他们所讲的不是真理①。

"可爱的年轻人,你为人要真诚而不骄傲,要懂得如何保持你的浑厚的天真,这样,你才不会欺骗你自己或欺骗别人。万一你的才识使你能够向他人述说你的见解,你就应当始终按照你的良心去说,而不要计较是不是会受到人家的称赞。知识的滥用将产生怀疑。有学问的人都是看不起卑俗的看法的,他们每一个人都各持己见。正如盲目的信仰导致宗教的狂信一样,骄傲的哲学将导致傲慢的心理。要避免这样的极端,要坚持真理的道路,也就是说,要坚持在你单纯的心里看来是真理的道路,不要让你因为虚荣和软弱而离开这条道路。在哲学家当中要敢于承认上帝,在不容异己的人当中要敢于宣扬人道。也许,你是孤立的,但是在你自己的心里有一个见证,有了它,就可以无须要人的见证。不管他们是爱你或是恨你,不管他们是研究你的著作或是轻视你的著作,都没有什么关系。你要说真实的话,做正当的事;对人来说,重要的事情是要履行他在地上的天职;正是在忘记自己的时候,为自己做的事情才最多。我的孩子,利己之心使我们受到迷惑,只有正义的希望才不会使我们误入歧途。"

---

① 双方都互相攻击,再三再四地进行诡辩,所以要把他们的那些诡辩全都列举出来,实在是一件又艰巨又冒失的事情;只好在见到它们的时候提出几个来谈谈就够了。在哲学家这方面,最常用的诡辩之一就是:把假想为好哲学家的民族和假想为坏基督徒的民族对立起来;是不是陶冶有真正的哲学家的民族比陶冶有真正的基督徒的民族

我之所以把这篇东西抄写在这里,其目的并不是以它作为一种尺度来衡量我们在宗教问题上应该采取怎样的看法,而是以它作为

更容易呢?我不知道在个人当中是不是找好的哲学家比找好基督徒更容易,但是我知道,既然是民族问题,就需要假定有些民族在没有宗教的时候滥用哲学,正如我们这些民族在没有哲学的时候就滥用宗教;这样一来,我觉得,问题就大大地改变了。

培尔已经很清楚地证明宗教的狂热比无神论是更有害的,这一点确实是无可怀疑的,不过,他还小心翼翼地保留了一个同样真实的情况没有说出来,那就是:宗教的狂信尽管是容易导致血腥和残酷的行为,但不失为一种强烈的热情,它能鼓舞人心,使人把死亡不看在眼里,赋予人以巨大的动力,只要好好地加以引导,就能产生种种崇高的德行;反之,不相信宗教,以及一般的好辩的哲学风气,却在斫丧人的生命,使人的心灵变得十分脆弱,把所有的热情都倾注于低级的个人利益和卑贱的自身,一点一点地败坏整个社会的真正基础;因为个人利益一致的地方是这样的稀少,所以不能同它们互相冲突的利益保持平衡。

无神论之所以不造成流血的行为,并不是由于爱好和平,而是由于对善漠不关心;因为,只要那些自认为睿智的人能够安静地待在他们的书斋里,则无论发生了什么事情,都同他们没有关系。无神论的论点虽然不导致人和人的互相杀戮,但可以妨碍人的繁殖,因为它们破坏了使人类繁衍的风尚,离间了人和人的关系,把他们的一切爱都化为既严重地危害人类也严重地损害道德的秘密的利己之心。哲学家的漠不关心的态度,同专制制度统治下的国家的宁静是相像的,那是死亡的宁静,它甚至比战争的破坏性还大。

因此,宗教的狂信尽管在直接的后果方面比我们今天所谓的哲学风气更有危害,但在最后的后果方面,其危害却少得多。在书上列举一些好听的训条是很容易的,但问题在于要知道那些训条是不是符合他们的学说,是不是从学说中必然产生的,迄今还弄不清楚的,正是这个问题。此外,还需要知道,哲学家舒舒服服地坐在宝座上的时候,是不是能够克制人的虚荣、利欲、野心和无聊的欲念,他们是不是实际做到了他们舞文弄墨地向我们大事吹嘘的美妙的人道行为。

从理论上说,哲学给人类造成的好处,没有一样是宗教不能够更好地造成的;反之,在宗教给人类造成的好处中,有许多好处就是哲学所不能造成的。

从实践上说,那是另外一回事情了;不过,这还需要加以研究。一个人即使相信一种宗教,但他还是不能事事都听从他那种宗教的话的。一个事实是:大多数人几乎是不信教的,而且根本就不照他们所信奉的宗教的话去做;另外一个更确切的事实是:毕竟有一部分人是信宗教的,他们至少是部分地照那种宗教的话去做的。无可怀疑的是,有一些宗教的动机往往可以阻止他们去做坏事,促使他们具备美好的道德和作出值得称赞的行为,然而,要是没有这些动机的话,在他们身上也许就见不到这些道德和行为了。

例子,说明我们向学生讲解的时候应当抱什么态度,才不脱离我力图采取的方法。只要我们不屈从于人的权威,不屈从于我们所生

要是一个教士否认一笔存款的话,这除了表明把钱交给他的人是一个傻瓜以外,还能表明什么呢? 如果帕斯卡也这样否认的话,那恰恰证明帕斯卡是一个虚伪的人,而且没有什么比这更虚伪的。可他还是一个教士呢! ……以宗教为职业的人是不是真的相信宗教呢? 在教士当中发生的种种罪恶,也如同他人的罪恶一样,不能证明宗教是没有用处的,而只能证明真正相信宗教的人是太少了。

我们当代的各国政府之所以权力比较牢固,遭遇革命的次数比较少,毫无疑问是应当归功于基督教的;基督教已经使各国政府没有那样好杀了,我们把现今的政府同古代的政府一比,就可以看出这个事实。要是把宗教的狂信这一点暂时放下不谈的话,我们可以说,这人人熟知的宗教已经使基督徒的作风比较温和了。这种改变,不是文化的结果,因为,在文化灿烂的地方,人道并没有受到更大的尊重,这一点,根据雅典人、埃及人、罗马皇帝以及中国人的残酷行为,就可以得到证明。有多少慈善的事业是因《福音书》的教导而做的啊! 对信仰的表白丝毫没有使天主教徒表示赎偿他们的过失和表示谢罪啊! 在我们当中,许多人在领受圣餐的时候并未弃怨修好和捐助贫穷! 希伯来人的五十年节日怎么未能使掠夺者少些贪婪! 它也未能防止许多不幸事情的发生! 摩西律法中所贯穿的友爱精神团结了整个的民族,在他们当中看不到一个乞丐。在土耳其有无数的虔诚的宗教团体,所以在土耳其人当中也是看不到乞丐的:由于宗教的教义,他们即使对宗教的敌人也是很慷慨的。

据沙丹说:"回教徒认为,经过全人类大复活之后的考验以后,所有的人都要通过那跨越永恒的火焰的'报塞'桥;他们说,这座桥可以称为第三个和最后一个考验,可以称为真正的最后的审判,因为,正是在这座桥上,好人和坏人才能分开……"

沙丹接着又说:"波斯人是很迷信这座桥的,当一个人遭受了一桩在任何时候和用任何办法都无法昭雪的委屈时,他最后的安慰就是这样一句话:'好吧! 凭活神为证'在最后审判的那一天,你要加倍赔偿我的;你不先赔我的损失,你就无法通过报塞桥,我要拉着你的衣襟,抱着你的两腿不放你走的。'我曾经看见过许多显要的人物和各种行业的人,因为怕他们在通过这座可怕的桥的时候向他们这样喊叫,便请求那些对他们有怨言的人宽恕他们;这种情形,我自己就遇到无数次。有一些身份很高的人曾经再三强求硬要我做我不愿意做的事情,但过了一些时候,当他们认为我的怨气已经消失,便来对我说:'我请求你,把这件事情看作是合乎情理的。'有些人甚至还送我礼物和为我效劳,以便我能够原谅他们,对他们说我是心甘情愿地做的;他们之所以这样做,不是为了别的,只是因为他们相信,不对那些曾受他们压迫的人毫厘不爽地偿清债务,他们就不能通过那座地狱的桥。"(第7卷,12开本,第50页❶)

我想,既然认为这座桥能够昭雪许多人的冤屈,难道就不能拿这个观念来预防罪恶的发生吗? 如果从波斯人的头脑中消除了这个观念,叫他们相信根本就没有报塞桥

长的那个国家的偏见,在自然的状态中,单单凭理智的光辉就能使我们不超出于自然宗教;而我要向我的爱弥儿讲解的,也就是以自然宗教为限。如果他要相信另外的宗教,我就没有权利去指导他了,因此,要由他自己去选择了。

我们和自然的工作是相配合的,当它培养人的体格的时候,我们就致力于培养人的精神;不过,我们的进度是不一样的,当身体已经长得非常健壮有力,灵魂还是十分的嫩弱,不管人的办法有多么好,体质的发育总是走在理智的前面的。到目前为止,我们的注意力都集中在遏制后者而刺激前者,以便尽可能使这个人始终是一致的。在发展他的天性的时候,我们要减缓他的感情的成长,要采取培养理性的办法去控制它。理智的对象减弱了感觉的对象的印象。在追溯事物原理的过程中,我们要使他摆脱感官的支配,从而就易于使他从研究自然进而去寻求自然的创造者。

当我们达到这种境地的时候,我们就能找到控制我们的学生的新手段,就能找到说得他心悦诚服的新方法!只有在这个时候,他才能在没有旁人的监督和法规的强迫下真心实意地做好人和做好事,才能在上帝和他自己看来都为人公正,才能即使牺牲生命也要履行他的天职,才能把美德牢记在心;他这样做,不仅是为了爱秩序,每个人都总是宁可爱自己,而且是为了爱他的创造者;这种

或类似的东西替受压迫的人在强暴的人死后报他们的仇,那么,强暴的人就会满不在乎,不去安慰那些受苦难的人,这一点,难道还不明白吗?所以,虽然不能说这个教理是真理,但说它是有害的,那就不对了。

哲学家,你那些道德的法则的确是很漂亮的,不过,请你告诉我,它得到了谁的承认。你别那样转弯抹角地,请直截了当地告诉我,你用什么东西来代替报塞桥。

❶ 疑指沙丹所著《波斯和东印度旅行记》。

爱同自爱相结合,就可以使他在享受了今生的幸福之后,最终获得那良心的安宁和对至高的存在的沉思,允许他来生享受永恒的幸福。不这样,我认为人间就会都是不义、虚伪和狂妄的行为,因为,竞争的结果,必然是个人的利益胜过一切,促使每一个人给罪恶蒙上美德的外衣。让其他的人为我的幸福而牺牲他们的幸福,让一切都归我一个人,如果必要的话,让整个的人类都在穷困和苦难的境地中饿死,以免我有片刻的痛苦和饥饿,一切推理而不信上帝的人心眼里所想的就是如此。是的,我这一生都要坚持我这样的看法,那就是:凡是在心里说没有上帝而口头上又说有上帝的人,不是骗子就是疯子。

读者诸君,也许我这番气力都是白费的,我觉得,你们和我是不会拿同样的眼光去看我的爱弥儿的,你们以为他和你们的学生是相似的,也是那样的愚蠢、轻佻和浮躁,整日价花天酒地,玩了这个又玩那个,对任何事情都没有恒心。你们看见我要把一个正处在一生之中如花似锦的年岁的既热情活泼又性情刚强的青年造成一个耽于沉思的人,造成一个哲学家和真正的神学家,就觉得好笑。你们也许会说:"这位梦想家成天在那里胡思乱想,他既然要用他的方法去教育学生,所以他不只是在培养学生,而且是在创造学生,从他的脑子里创造一个学生;他老以为他是按照自然的法子去教的,其实是越教越不符合自然。"可是我,当我把我的学生同你们的学生加以比较的时候,我很难发现他们当中有什么共同之处。由于培养的方法这样不同,所以,要是他们在某些地方是相像的话,那才是一个奇迹咧。由于爱弥儿的童年是在你们的学生要到青年时期才能享受的自由中度过的,所以他到青年时期才开始遵守你们的学生在童年时期就已经遵守的那些规矩;这些规矩变成了你们的学生的桎梏,他们很恨它们,认为它们完全是老师之所以能一贯暴戾的原因;他们认为,只有摆脱这种束缚以后,才能脱离儿童的境地①;他们要想办法弥补他们在你的长期管束之下所受到的损失,正如一个囚徒解脱了锁链之后,要伸一伸腰,活动一下他的四肢。同你的学生相反,爱弥儿以他自己成为一个大人和服从日益成长的理智的约束而感到光彩;他的身体已经发育起来,不再需要那样多的运动,而且可以开始控制自己了,这时候,他的心灵正处在半成熟的阶段,竭力要寻求迅速的发展。因此,在你的学生看来,到了有理智的年龄正好大肆放荡,而在爱弥儿看来,恰恰在这个时候应该发挥理智的作用哩。

你们想知道,是你的学生还是他在这方面更符合自然的秩序呢?那就请你们研究一下离开自然秩序较远的人和离开自然秩序较近的人有什么区别。你们观察一下农村的青年,看他们是不是也像你们的青年那样性情乖张。勒博先生说:"我们发现野蛮人在童年时期都是十分活泼,成天不断地做各种各样运动身体的游戏,但是,一到他们刚刚长成为少年的时候,他们就变得很安静,很爱幻想,他们做游戏的时候,也净做很费劲的或者是有点危险的游戏。"②爱弥儿是在农村儿童和野蛮人所享受的那种自由中抚养起

---

① 没有哪一个人是像刚刚脱离童年生活的人那样轻蔑童年的,这种情形,正如在那些不平等现象并不十分严重的国家反而比任何一个国家都更讲究等级;在这样的国家里,每一个人都害怕同低于自己的人混在一起。
② 高等法院律师勒博先生奇遇记,第2卷,第70页。❶
❶ 疑指勒博所著《加拿大游记》一书。

来的,因此,当他一天天长大的时候,也就有他们那样的变化和举止。所不同的是,他的活动不只是为了玩或为了生活,他在工作和玩的过程中还学会了运用思想。既然他已经通过这条道路达到了这个阶段,他现在就随时可以走上我向他指定的道路。我叫他思考的那些问题之所以引起了他的好奇心,是因为那些问题本身就是很有意思的,对他来说是很新鲜的,而且也是他的能力可以理解的。反之,你们的孩子由于已经被你们那些枯燥的功课、啰唆的教训和无止无休的问答弄得极其厌腻和疲惫,因而心情也变得十分忧郁,在这种情况下,他们怎能不拒绝把他们的心思用去思考你们压在他们身上的那一堆教条,怎能不拒绝把他们的心思用去思考他们的创造者,何况你们还把他们的创造者说成是他们的欢乐的敌人呢?他们一想到这些就感到厌恶和烦恼,强制的做法已经使他们变得很颓丧。当他们今后开始安排自己生活的时候,应该怎样办呢?他们需要有新的东西才感到高兴,他们不再听你们对儿童们讲的那种语言。对我的学生来说也是这样:当他成为大人的时候,我对他说话就要像对一个大人说话的样子,而且说的净是一些新鲜的事物;恰恰是你们的学生感到厌腻的事物,他觉得很合他的口味。

延缓天性的发展以裨益理性,从而就可以使他取得双倍的时间。但是,我事实上是不是延缓了天性的发展呢?一点也没有,我只不过是不让想象力去加速它的发展罢了。我用另外一种教育去平衡年轻人在其他地方接受的过早的教育。当我们的习俗的潮流把他冲走的时候,我便用其他的办法把他拉向相反的方向,这样,就不仅不使他脱离原来的位置,而且还使他牢牢地保持在那里。

自然的真正的时刻终究是要到来的,它是一定要到来的。既然人要死亡,他就应当进行繁殖,以便使人类得以延续,使世界的秩序得以保持。当你通过我所讲的那些征兆而预料到这紧要关头就要到来的时候,你马上就要放弃你过去的口吻。他仍然是你的学生,但他已不再是你的小学生了。他是你的朋友,他是一个成人,你从今以后就应当这样看待他了。

怎么!当我最需要权威的时候,反而要我放弃我的权威吗?在成年人最不知道怎样做人和可能陷入最严重的错误的时候,竟要我让他自己管自己的事吗?当我最需要对他行使我的权利的时候,难道要我放弃我的权利吗?你的权利!谁说要你放弃呢?只不过在目前它们才开始为他所承认罢了。迄今为止,你的权利都是通过暴力或诡计得来的;他根本就不懂得什么叫权威和义务的法则,因此,必须对他进行强制或欺骗,才能使他服从你。可是你看,你现在使用了多少新的锁链去束缚他的心啊!理智、友谊、对人的感激之情和深厚的爱都在向他述说,它们的声音是不能不为他所理解的。恶习还没有使他败坏到对这些声音竟充耳不闻,因为他在目前还只是感到自然的欲念。第一个自然的欲念,即自爱,使他把自己交给你去管教,他的习惯也在促使他愿意听命于你。如果一时的迷醉使他脱离了你,忏悔的心又马上会把他带回到你的身边;他对你依依不舍的情谊才是唯一的永久不变的感情,其他一切的欲念都是转瞬即过,互相抵消的。你不让他变坏,他便终将乖乖地听从你的;只有在他已经变坏的时候,他才开始反抗的。

我敢断言,如果你对他的日益旺盛的欲念进行直接的干涉,糊里糊涂地把他目前所感到的新的需要看作罪恶,你还要他永久听从你的话,那是不可能的;只要你不遵循我的办法,我就不能向你担保今后的结果。你始终要想到的是:你是大自然的使者,而不是它的敌人。

那么,应该怎样办呢?在我看来,要么就让他的倾向滋长,否则就加以压制;要么就实行专制的办法,否则就放任不管;这两个办法都有极其危险的后果,所以不能不在选择的时候有所犹豫。

第一个解决这个困难的办法是赶快让他结婚,这个办法用起来当然是最可靠又最自然,然而我怀疑它究竟是不是最好的办法,是不是最有用的办法。我将在后面阐述我的理由,此刻,我同意青年人到了结婚的年龄就应该结婚。但是,他们结婚的年龄总是太提前了,其原因是我们使他们早熟,我们应当使结婚的年龄延迟到他们发育成熟的时候。

如果说问题只是听任他们的倾向发展,那还好办;不过,在自然的权利和社会的法律之间存在着这样多的矛盾,以致要调和它们,就必须不断地躲开矛盾和绕过矛盾,必须采用很多巧妙的办法才能防止一个生活在社会中的人变得十分虚伪。

根据上述理由,我认为,采用我所说的方法和其他类似的方法,我们就至少可以使青年人在二十岁以前不至于产生这种欲念,从而保持其官能的纯洁。的确,在日耳曼人当中,一个青年人要是在二十岁以前丧失了童贞的话,就会受到人们的羞辱的;所以,著述家有理由认为日耳曼人之所以体质健壮和子女众多,正是由于他们在青年时期是很节欲的。

我们甚至还可以把这个时期加以延长,几个世纪以前,甚至在法国这也是最普通不过的事情。在大家都熟知的许多事例中,且以蒙台涅的父亲为例来说明一下：他这个人为人之谨严和诚实，一如他的身体之长得强壮而有力气；他在意大利战争中服过长期的兵役之后，还发誓要到三十三岁的时候方才以童贞的身份结婚。我们在他的儿子的著作中可以看到，他在年过六旬的时候还保持着多么充沛的精力和快乐的心情。当然，反对我的人也许会硬说这是由于我们的风俗和成见使然，而不是由于一般人的经验。

现在，我且不谈我们青年时代的经验，因为这种经验对没有经历过它的人来说，是不说明什么问题的。既然大自然没有规定过不能提前或延迟的严格的期限，我便可以在不超越自然的法则的条件下，假定爱弥儿由于我的教育而一直到这个时候都还保持着他那种最初的天真，但是我发现这种快乐的时期不久即将结束了。由于他周围都是一天比一天危险的陷阱，所以，不管我怎样努力，他一有机会就要逃避我的管束，而这样的机会不久就会到来的；他将依着他感官的盲目的本能行事，而他能幸免失足的希望是千分之一。我对人类的道德做过极其深刻的考虑，所以不能不看到这开头的一刹那间将对他的一生产生不可磨灭的影响。如果我假装没有看见，他就会钻我这个缺点的空子；在他以为是瞒过了我，因此就会把我不放在眼里，而我也就成了一个促使他堕落的人。如果我想挽救他，那已为时太晚了，他已经不再听我的话了；他将把我看成一个讨厌的眼中钉，巴不得赶快把我拔掉。这时候，我只有一个合理的办法，那就是使他对他自己的行为负责，同时保护他不至于不知不觉间犯下过失，给他明明白白地指出他周围的危险。在此以前，我是利用他的无知去约束他的，而现在，就要通过他的智慧才能管住他了。

所有这些新的教育内容是很重要的,所以值得我们再从头来谈一谈。现在,可以说是到了我应该向他交代一下我的工作的时候了,我应该向他说明他的光阴和我的光阴是怎样利用的,向他说明他是怎样一个人和我是怎样一个人,说明我做了一些什么事情和他做了一些什么事情,说明我们彼此之间互相的义务,说明他所有一切的伦理关系、他所承诺的一切信约和人们同他订立的信约,说明他的官能的发展已经到了什么程度,说明他必须走什么样的道路,说明他在那条道路上将要遇到的困难和克服的方法,说明我在哪些事情上还可以对他进行帮助,哪些事情是他今后可以自己依靠自己去办的;最后,还要说明他现在正处在紧要的关头,说明他周围有哪些他以前没有遇到过的新的危险,说明他在听任他日益滋长的欲望的支配以前,为什么应该对自己保持警惕的种种理由。

你要知道,在教育成年人的时候,所采取的方法要和教育儿童的方法完全相反。你千万不要犹豫,而应当把你这样小心翼翼地隐瞒了如此之久的危险的神秘事情告诉他。既然他最后一定要知道这些事情,那就不能让他从别人那里知道,也不能让他自行知道,而只能从你这里知道;既然他今后不得不进行斗争,那么,为了使他不至于遭到突然的袭击,就应当使他了解他的敌人。

我们发现有不少年轻人对这些事情知道得很详细,但我们不知道他们怎么会了解得这样多,而他们能知道这些事情,也不是没有吃过一番苦头的。不聪明的教育方法既不能达到良好的目的,而且还要使接受这种教育的人的想象力受到败坏,使他们易于沾染施行这种教育的人的恶习。不仅如此,家中的仆人还要在这方面迎合一个孩子的心,取得他的信任,从而使他把他的老师看作一个心情忧郁的可厌的人;而且,他们私下谈话的时候还要诋毁他,把他作为闲谈的话题。当学生到了这种地步的时候,老师就可引退了,他已经没有什么办法可想了。

但是,孩子为什么要选择一些特殊信赖的人呢?其原因往往是由于管教他的人对他实行了专制的办法。如果没有什么不得不隐瞒的事情,他为什么要对管教他的人躲躲闪闪呢?如果他没有什么可抱怨的事情,他为什么要对他们满腹牢骚呢?他们自然而然地是他最初的知心人,我们根据他向他们谈心里话时的那种殷切样子就可以看出,直到他把他的想法告诉他们的时候,他还认为他对这些事情是一知半解的。可以肯定的是:如果孩子没有顾虑,不害怕受到你的教训和斥责,他是一定会把他的思想全盘告诉你的,谁也不敢叫他向你隐瞒,因为大家都知道他是不会向你隐瞒任何事情的。

我之所以这样信赖我的教育方法,是因为只要我尽可能严格地遵循这个方法,我就不会遇到什么事情使我在我的学生的一生中留下不愉快的印象。即使在他大发脾气、怒不可遏的时候,即使在他反抗这只阻挡他的手,想挣脱和逃避我的管束的时候,我在他那激动和盛怒的样子中仍然看到他还保持着他原来的天真;他的心和他的身体是一样的纯洁,既不懂得什么叫恶习,也不懂得什么叫虚伪;他不害怕别人的非难和讽刺,他从来不胆小如鼠,做出躲躲闪闪的样子。他保持着一颗白璧无瑕的坦率的心,他天真烂漫,无所猜疑,他甚至还不知道骗人有什么用处。我们从他的嘴上或眼睛中就可以看出他心灵的每时每刻的活动,而且,往往在他自己还没有觉察他心中的情感以前,我早就看出他有什么情感了。

只要他还继续向我这样坦率地以心相见,乐于把他心中的想法告诉我,我就没有什么可担忧的,眼前就没有什么危险;但是,如果他变得比往常腼腆,比往常拘谨,如果我在他的谈话中第一次见到羞羞涩涩的慌乱神情,可见他的本能就已经是发展出来了,其中已经是含有邪恶的观念了,我已经是到了刻不容缓的时候了;这时候,如果我不赶快告诉他,他就要不顾我的管束,自己去弄个明白的。

有些读者即使同意我的说法,也会这样想:在这种事情上,只要随随便便同这个青年谈一次话,问题就全部解决了。啊!要管住一个人的心,才不能采取这种办法咧!如果你不选好说话的时机,你说了也是白说的。在播种以前,应该先把土地锄好;道德的种子是很难生长的,必须要有长时间的准备,才能使它生根;说教之所以最没有用处,其原因之一就是它是普遍地向所有一切的人说的,既没有区别,也没有选择。听众在禀赋、思想、性情、年龄、性别、职业和见解上既然是这样千差万别,我们怎能认为同一个说教对他们全都是适合的呢?也许,你说给大家听的话,要适合于两个人都是办不到的;我们所有的一切情感都是这样不稳定,以致在每一个人的一生中要找出两个时刻对他所听的同一个说教产生同样的印象,也是不可能的。你可以判断一下,当火热的感官扰乱了你的理智和压抑着你的意志的时候,你还有没有心思去听那严肃的智慧的教训。所以,除非你已经使他处于明白事理的境地,否则,即使年轻人达到了有理智的年龄,你也不要同他谈什么理智。大多数教训之所以等于白说,是由于老师的过错而不是由于学生的过错。冬烘先生和教师所说的话都是差不多的；不过，前者是漫无目的地信口而说的，而后者则是在确有收效的把握的时候才说的。

正如一个梦游病者一样，当他昏昏沉沉地在一个深渊的边缘上徘徊的时候，如果突然一下把他叫醒的话，他就会掉到那个深渊中去的；我的爱弥儿就是这个样子，他在天真无邪的睡梦中反而能逃脱他看不见的危险，如果我突然叫醒他，他就会失足掉下去的。我们首先要使他离开那个深渊，然后才唤醒他，远远地把那个深渊指给他看。

读书、孤独、懒散、坐着不动的生活、同妇女和青年的交往，所有这些，都是他在这个年龄所要通过的危险的路径，它们不断地把他引到危险的边缘。我利用其他的事物去转移他的感官的注意，我给他的思想画出另外一条路线，以便使它离开它刚刚开始走上的道路；通过艰苦的体力劳动，就可以遏制那把他引入歧途的想象力的活动。当他的两臂紧张地工作的时候，他的想象力便处于静止；当他的身体十分疲乏的时候，他的心就绝不会冲动。最直截了当而又简便易行的办法是：不让他去接近危险的场所。我首先带着他离开城市，离开那些可以引诱他的东西。但是，这还不够；要到什么样的荒漠和旷野才能逃脱那些追逐他的形象呢？如果我不同时消除他对危险的事物的记忆，那也等于没有使他脱离那些事物；如果我没有办法使他摆脱这一切，如果我不能使他自己分散他自己的心，那也等于让他留在他原来的地方。

爱弥儿懂得一门手艺，但是我们在这个时候是不能利用这种手艺的；他喜欢农业，而且也会做庄稼活儿，但是只做农活儿还是不够的,因为他所熟习的工作已经变成老一套了,每天都那样干,那就等于什么也没有干;他心里在想另外的事情,脑子和手是各搞各的。必须找一种新的工作叫他去做,这种工作,要以它的新奇而引起他的兴趣,使他忙得不可开交,使他欢欢喜喜、专心专意地去做,使他热爱,并且把全副精力都投入这种工作。在我看来,现在似乎只有打猎才能一举而达到所有这些目的。如果打猎可以作为一种无害的娱乐,适合于成年人搞的话,那我们在目前就应当利用它了。爱弥儿具备了所有一切从事打猎的条件:他身体强壮,手脚灵巧,又有耐心,又不知疲劳。毫无疑问,他将对这种运动发生兴趣,他将把他这个年龄的一切劲头都投入这种运动;至少在一个时期内,他将失去由于生活舒适而产生的危险的倾向。打猎可以使他的心变得同他的身体一样的坚强,使他见惯流血和残酷的情景。人们说黛安娜[1]是爱情的敌人,这个比喻是很恰当的:爱情的缠绵完全是从舒适宁静的生活中产生的,激烈的运动将窒息一切温柔的情感。在森林和田野中,情人和猎人的感受是这样的不同,以致他们对相同的事物所产生的印象竟大相径庭。在前者看来是清凉的树荫,是小灌木林,是幽会之地,而在后者看来则是一片牧场,是野兽藏身之处;在这些地方,前者所听到的是笛声和黄莺的歌声,而后者所听到的则是号角声和狗吠声;前者在心目中好像是看到了森林女神,而后者则以为是看到了猎人、猎狗和马匹。你陪着这两种人去散步,听一听他们不同的语言,你马上就会明白这个世界的样子在他们看来是完全不同的,他们的思想也像他们的爱好一

---

[1] 黛安娜,希腊神话中的月神和女猎神。

样,是迥然两样的。

我当然知道怎样把这两种兴趣结合起来,怎样才能最终获得时间去领略它们。但是,青年人的热情是不能这样划分的:使他唯一去搞他所喜爱的事情,不久就会把其他一切完全忘掉的。不同的欲望产生于不同的知识,只有我们最初的喜好才能成为我们长期追求的目标。我不希望爱弥儿把他整个的青年时期都用去屠杀野兽,我更不赞许他热衷于这种残忍的行为,我的目的只是用它去延迟另外一个更加危险的欲念的到来,以便在我向他谈到这个欲念的时候,他能保持冷静,容许我从从容容地描述,而不使他的心里感到躁动。

在人的一生中,有一些时期是永远不能忘怀的。爱弥儿现在正在接受我所阐述的这种教育,这段时期,对他来说就是永远不能忘记的,它对他今后的一生都要产生影响。所以,我们要深深地把它印在他的脑子里,使它永不磨灭。我们这个时代的错误之一,就是过多地使用了冷静的理智,好像人除了理智以外,就没有什么可利用的了。由于我们忽视了影响想象力的表象的语言,我们便失去了语言之中最有力的语言。说话的印象总是很淡然的,我们通过眼睛比通过耳朵更能说动一个人的心。由于我们只讲一番道理,结果遂使我们的教训流为空谈,不能实践。单单凭理性,是不能发挥作用的,它有时候可以约束一个人,但很少能够鼓励人,它不能培养任何伟大的心灵。事事讲一番道理,是心胸狭窄的人的一种癖好。有气魄的人是有另外一种语言的;他通过这种语言,能说服人心,作出行动。

我发现,近几个世纪以来,人和人之间除了用暴力和利害关系互相控制以外，便没有其他的办法，而古代的人彼此间大都是采用劝导和心灵感召的办法的，其原因是他们知道利用表象的语言。所有一切的契约都是很庄严地达成的，以便使它们不至受到任何破坏。在实行暴力以前，神就是人类的主宰；在神的面前，人们订立条约，结成联盟，宣布他们的信约；地球的表面就是一部记载这些事情的书。岩石、树木和一堆堆的石头，由于经历了这些行为都变成为神圣的东西，受到野蛮人的尊敬；它们就是这本书的篇页，时时刻刻都展现在人的眼前。宣誓的井，活的和看得见人的井，芒布累的古老的橡树，作见证的石堆，所有这些，尽管是很简陋的纪念物，然而是很庄严的，象征着契约的神圣，没有哪一个人敢用犯罪的手去亵渎它们，这些无言的证人远比今天的严酷的空洞的法律更能坚定人的信念。

在政府的统治下，王权的威仪压制着人民。尊贵的表记，如王座、王笏、紫袍、王冠和纹章，在他们看来都是神物。用这些赫赫的表记把一个人装扮起来，就能受到他们的敬重。这个人不用军队和威胁的手段，只要一开口，人们就服从。现在，人们要取消这些表记①，这样蔑视的结果怎样呢？王室的威严将从所有的人的心中消失，国王只有使用军队才能得到人民的服从；臣民之所以尊敬

---

① 罗马的天主教士很巧妙地保存了这些表记，有几个共和国，如威尼斯，也在学他们的样子。尽管国家已经衰败，威尼斯政府在堂皇的古物的装点之下，仍然享受着人民的爱戴；除了戴三重王冠的教皇之外，也许在这个世界上就没有哪一个国王、哪一个显赫的人物或平民能够像威尼斯的执政那样，虽无权无势，但由于礼制的隆重而显得很神气，由于在公爵似的冠冕之下蓄着妇女的发式而受到尊敬。在基督升天节那天举行的同大海结婚的仪式虽引起愚人们的哄笑，但能使威尼斯的老百姓为了保持这个专制的政府而流他们的血。

他，完全是由于害怕受到惩罚。国王固然是再也用不着戴什么王冠，贵族也用不着戴什么显示他们的尊贵的标记；但是，要执行他们的命令，他们就非要有十万人的军队不可。这样做，尽管在他们看来也许还觉得更好一点，但是我们可以一目了然地看出，长此下去，终究对他们是不利的。

古代的人能倚仗他们的口才达到他们的目的，这一点固然是很奇妙的；但是，这种口才不仅表现在措辞的美，而且，从来就是说话的人所说的话越少，他所取得的效果反而越大。说话之所以显得生动，不在于说了些什么词，而在于使用什么符号来表达；不是说得生动，而是演得生动。把一个东西呈现在人的眼前，就能燃起他的想象，引起他的好奇，使他一心等着你要说些什么话；单单这个东西往往就能说明全部的问题。思腊西布路斯和塔昆尼乌斯割掉罂粟的果实，亚历山大在他所宠幸的人的嘴上盖上他的铃记，戴奥吉尼斯走在芝诺的前面，他们这样做，岂不是比发表长篇的演说更能说明他们的意图吗？要翻来覆去地说多少话才能把这些观念说得清楚呢？大流士在同西塞人以兵戎相见的时候，收到西塞王送来的一只鸟、一只青蛙、一只老鼠和五支箭。使者把这些礼物放下以后，一言不发地就转身回去了。要是在我们今天，这个人就会被大家当作疯子。大流士明白了西塞王的可怕的意思，赶快就收兵回国了。假使用一封信来代替这些东西，它愈说得气势汹汹，它就愈吓不倒人，大流士必然把它看作是虚张声势，一笑置之的。

罗马人是多么注意表象的语言啊！他们所穿的衣服，是随着年龄和身份的不同而有差异的；礼袍、长褂、锦衣、小金结子、缘饰、宝座、棍杖、权标、斧子、金冠、叶冠、花冠、小凯旋、大凯旋，所有这些在他们那个时候都是很考究的,都代表一定的意思和礼仪的,在公民的心目中都产生了一定的印象。国家所注意的是:人民是不是应该集中在这个地方而不集中在那个地方,是不是瞻仰过神殿,是不是倾向元老院,是不是选择在哪一天审议政事。被告人要另外换一身衣服,候选人也要穿另外一种衣服,战士不夸他们的战功而只显示他们的伤痕。在恺撒死的时候,我假想有这样一位当代的演说家,为了感动人民,一定会用尽所有一切陈腐的套语,以为这样就可以对恺撒的伤,对恺撒的血和尸体作一次动人的描写,然而安东尼尽管能言善辩,对这些却只字不提,他叫人把恺撒的尸体搬来,这才是美妙的修辞法啊!

我在这里又把话说到其他的事情上去了,我有好多次都是这样不知不觉地脱离了本题,我离题的次数也真是太多了,再讲下去,读者是忍耐不住的,所以,我现在还是言归正传,回到本题。

你千万不要干巴巴地同年轻人讲什么理论。如果你想使他懂得你所说的道理,你就要用一种东西去标示它。应当使思想的语言通过他的心,才能为他所了解。我再说一遍:冷冰冰的理论,只能影响我们的见解,而不能决定我们的行为;它可以使我们相信它,但不能使我们按照它去行动,它所揭示的是我们应该怎样想而不是我们应该怎样做。如果对成年人来说是这样的话,对青年人来说就更应该是这样了,因为,他们现在受着感官的蒙蔽,他们怎样想象就怎样认识的。

尽管是做好了我所讲的这些准备工作,我也并不突然一下走进爱弥儿的房间,把我要教育他的这件事情一本正经地讲一大套话。我要首先从触动他的想象着手,我要选择时间、地点和对象,我要它们能产生我所希望的印象;如果可以的话,我要叫整个的大自然来为我们的谈话作证;我要那永恒的存在——自然的创造者——证明我所讲的话是真理,我要他做爱弥儿和我之间的裁判;我要在我们谈话的地方打上记号,把我们周围的岩石、森林和山脉作为记载他的诺言和我的诺言的石碑;我将在我的眼睛、声调和姿势中表达我希望对他唤起的热情;到了这个时候,我才开始说,而他也才听我,我心情激动,而他也深受感动。由于我深深感到我的责任是十分的神圣,所以我也要使他觉得他的责任是最值得尊重的;我要用种种形象来使我的论点具有说服的力量,我绝不长篇大论和杂乱无章地讲什么枯燥的教条,但是我要流露出充沛的情感;我所讲的话都是很严肃和简洁的,但是我心中想到的事情怎样也说不完。当我把我为他所做的事情告诉他的时候,我要向他指出,所有这一切都好像是为我自己做的,他将在我深厚的情谊中看出我做这一切事情的理由。当我突然把话头一变的时候,我将使他感到多么惊奇和多么激动啊!我不谈他的利益,就不会使他的心感到紧张,反之,此后我只是谈我自己的利益,却更能打动他的心;我已经使他年轻的心中产生了友爱、慷慨和感恩之情的幼芽,看着它们成长是很愉快的,现在,我要用它们去激发他的心了。我紧紧地把他抱在怀里,让热情的眼泪流在他的身上,我将告诉他说:"你是我的财产,我的孩子,我的事业;我要等到你得到幸福的时候,我才能取得我的幸福;如果你使我的希望落空,你就窃取了我二十年的生命,使我到老年的时候遭受痛苦。"你向一个青年人这样讲,才能把你所讲的话深深地刻画在他的心里。

在此以前,我举了一些老师在遇到困难的时候应该如何教导学生的例子。我这一次也打算这样做,但是经过几番试验之后,我放弃了这个办法,因为我认为法国的语言是太细腻和雕琢了,不宜于用来在一本书中描述就某些事情所施行的初步教育的那种天真做法。

人们说,法语是语言之中最雅洁的语言;可是我,我却认为它是最污秽的语言;因为,我觉得,一种语言的雅洁不在于能避免粗俗的词汇,而在于没有那些词汇。实际上,你要避免它们,反而不能不把它们放在心中斟酌一番,而且,还没有哪一种语言比法语更难于干干净净地表达各种意思了。读者对作者所说的一切都感到吓然,大吃一惊,因为他轻易地就能发现猥亵的说法,然而要作者避免这些说法的话,那就困难了。一句话既然经过了不洁净的耳朵,又怎能不沾染污秽呢?反之,一个风俗敦厚的民族,不论表达什么事情,都是有适当的说法的,这些说法很正当,因为它们用就用得很正当。再也找不到哪一个人说的话比《圣经》上所说的话更朴实的了,其原因正是由于《圣经》上的话是出自一片天真的。要使《圣经》上讲的事情听起来不正经,只需把它们译成法文就行了。我要告诉爱弥儿的话,在他的耳朵听起来都是规规矩矩、正正派派的,然而要读者读起来也有这种感觉的话,那就要具备一个像他那样纯洁的心。

我甚至认为,当这件事情使我们谈到道德问题的时候,还应当考虑一下我们所讲的话是不是真正的文雅,是不是对罪恶故弄玄虚;因为,他在学会朴实的语言的时候,一定会同时学会严肃的语言的,所以,应当使他知道这两种语言为什么是这样的不同。不管怎样,我总认为,我们不应当过早地拿一些空洞的教条去塞年轻人的耳朵,以免他成长到正该应用这些教条的年岁时,反而对它们加以嘲笑;我们应当等待,等待他能够听懂我们的话的时候,我们才向他如实地阐述自然的法则,向他指出这些法则对人们施加的制裁表现在违背它们的人就要遭受肉体和精神上的痛苦;在向他讲到这个不可思议的生殖之谜的时候,我们除了让他知道自然的创造者使这种行为具有快感之外,还应当让他知道这种行为之所以微妙,是由于有专属的爱情,让他知道有许多忠贞的义务包围着这种行为,使这种行为在达到目的的时候将获得双倍的快乐;我不仅把婚姻描写为一切结合之中最甜蜜的结合,而且还描写为一切契约之中最神圣不可侵犯的契约,因此,我要着重说明为什么这种结合是这样神圣地受到一切人的尊重,为什么任何人如果敢玷污它的纯洁就要受到世人的憎恨和诅咒;我将向他描绘一幅触目惊心的真实的图画,说明荒淫无度的恐怖,说明他的兽行是多么愚蠢,说明在这条看不见的道路上一失足就要造成种种罪恶,就要把走这条道路的人拖入毁灭的深渊;我将有凭有据地向他指出崇尚贞洁,就能获得健康、精力、勇气、美德以及爱情的本身和人类的一切真正的财富;我认为,当我们已经使他希望保持贞洁的时候,我们将发现他的心就会倾听我向他讲解的保持贞洁的方法,因为一个人只要还保持着他的贞洁,他就会珍惜它,只是在他已经失去贞洁之后,他才会等闲视之的。

所以,说作恶的倾向是不可制服的,说我们不仅不能战胜它,而且还要屈服于它,是说得不对的。奥里利阿斯—维克托说,有几个爱女色爱迷了的人,为了和克利奥帕特拉欢度一宿,竟甘愿牺牲自己的生命,这样的牺牲,在患了色情狂的时候,是可能做出来的。

但是，现在假定有一个最疯狂、最不能控制其感官的人发现别人在准备刑具，并且确信一刻钟以后自己就要极其痛苦地死在刑具之下，从此刻起，这个人不仅马上会拒绝诱惑，而且还觉得要战胜它们也是不难的，因为，同诱惑相伴随的可怕的形象将立刻打消他接受诱惑的念头，由于接受诱惑的念头接连被打消，这种念头也就不会再产生了。我们之所以有这个缺点，唯一的原因是由于我们的意志薄弱，其实，我们从来就是有坚强的力量去实现我们的强烈的愿望的。"有毅力，就能克服困难。"啊！如果我们能够像爱惜生命那样痛恨罪恶，我们就能轻而易举地像克制自己不吃那放有毒药的美味的菜一样，不去犯那片刻之乐的罪。

在这件事情上，你对一个年轻人所施的一切教育之所以没有成效，那是由于你所施的这些教育还缺乏他那个年龄的人所能懂得的道理，而且重要的是，对任何年龄的人所讲的道理都要以一定的形式表述，才能得到他们的喜欢，这一点，你怎么不明白呢？如果必要的话，就用严肃的口气讲，但是，要让你所讲的话始终具有一种使他不能不听的魅力。我们不能干巴巴地说一些话来打消他的这些欲望，我们不能遏制而要引导他的想象，以免它产生可怕的结果。对他讲什么叫爱，对他讲妇女，对他讲快乐的事情；要使他在你的谈话中能发现使他年轻的心感到高兴的美妙的事物；要千方百计地使你成为他的知心人，因为只有在你变成了他的知心人的时候，你才能真正做他的老师。所以，别担心你的话会使他感到厌烦，他要求你告诉他的话，比你想谈的还多。

如果我按照这些原理采取了一切必要的预防措施，并且在我的爱弥儿年岁日增，到了这个紧要关头的时候，我把所有这些应该告诉他的话都告诉了他,我深深相信,他将在我预定的时刻迫不及待地自己来要求我的保护。当他发现他周围的危险时,他将怀着他那个年龄的满腔热情来向我说:"啊,我的朋友,我的保护人,我的老师!请你再行使你想放弃的管教我的权能,因为目前是我最需要你管教的时候;在此以前,只因我的能力柔弱,你才管教我;而现在,则是出自我的心愿,要求你行使这种权能,而我也将比以往对它更表示尊重。请你保护我不受我周围的人的毒害,而且特别要保护我不为我自身的敌人所陷害;请你关心你自己的事业,使它适于享受你的令名。我愿意服从你的规矩,我愿意始终服从,这是我永恒不变的心愿;万一我有不服从你的地方,那是因为我遇到了我身不由己的事情。所以,请你保护我不受我的情欲的蹂躏,从而使我恢复我的自由;你要防止我变成它们的奴隶,要使我做我自己的主人,不服从我的感官,而服从我的理性。"

当你使你的学生达到了这种地步(如果不能达到的话,应该归咎于你),你要注意,不可过分地相信他所说的话,以免在他觉得你对他管得过严的时候,埋怨你出其不意地对他施加控制,从而认为他有权逃避你。正是在这种时刻,一言一行都要斟酌和谨慎,尤其是因为这是他第一次看见你对他采取这种态度,所以对他的影响特别深远。

你对他说:"青年人,你轻率地作出了一些难以遵守的诺言,在作出诺言以前,你应当对它有一番了解,因为你还不知道情欲将多么凶猛地把人们拖入那些掩盖在快乐的情景之下的罪恶的深渊。你的心灵并不卑贱,这我是知道的;你不会违背你的信约,但你将一再后悔你承诺了这样的信约!你将一再责骂那个爱你的人,因为他为了替你解除那些即将降临到你的身上的痛苦，不得不使你感到伤心！尤利西斯被茜林❶的歌声打动之后，便叫开船的人解开他身上的束缚，同样，你被快乐的外衣迷惑之后，也想挣断你身上的锁链的；你将再三再四地抱怨我，当我最关心你的时候，你反而责备我对你实行专制；我一心一意地为你寻求幸福的时候，反而遭到你的仇恨。啊，我的爱弥儿，如果我在你的心目中变成了一个可恶的人，我将感到万分痛苦的，即使是为了你的幸福，这个代价也是太大的。可爱的年轻人，因为你答应服从我，所以就使我不能不教导你，不能不为了你而忘记我自己，不能不拒绝听你的种种抱怨，不能不继续不断地使你的欲望和我的欲望作斗争，这一切你难道不明白吗？你加在我身上的这个担子，比你自己肩负的担子还重。在承担这种担子以前，要好好地估计我们的力量；你花一些时间去考虑一下，同时让我也花一些时间去考虑；你要知道，我们愈是慢慢地确定我们遵守的信约，我们的信约便愈是能够得到忠实的遵守。"

你自己还需知道的是，你愈是对信约想得困难一些，你的信约便愈是容易付诸实施。应当使你的学生知道他答应遵守的诺言是很多的，而你答应遵守的诺言比他还多。当时机到来的时候，也就是说他在契约上签过字之后，你就应当改变语气；你原来说要管得尽量的严格，而现在却要做得尽量的宽和。你告诉他说："我的年轻的朋友，你还缺乏经验，所以我要使你能保持你的理智。你现在已经有能力处处看出我的行为的动机，所以你只要保持冷静的头

---

❶ 茜林，希腊神话中的海上女妖，常以美妙的歌声诱使航海的人投水自溺。

脑，就可以明白我的动机何在。你首先要服从我，然后才问我为什么要命令你那样做的原因，一旦你能够理解我，我随时都可以向你解释其中的道理，我绝不害怕你来做你和我之间的裁判。你答应服从我的管教，而我则答应只利用你的服从来使你成为人类当中最幸福的人。我可以拿你以前所过的生活来证实我的诺言。只要你能找到另外一个像你这样年纪的青年享受过你这样美好的生活，我就不再向你提什么诺言了。"

树立了我的威信之后，我首先注意的是：要怎样才能避免使用这种威信。我想方设法地渐渐得到他对我的信任，以便成为他在寻求快乐中的知心人和决定人。我不仅不打击他那样年纪的倾向的发展，我反而要熟习它们的发展的情况，以便加以控制；我要了解他的观点，才能对他进行指导；我绝不牺牲他现在的快乐去寻求什么遥远的幸福。我不希望他有一时的快乐，但是，如果可能的话，我希望他有永久的快乐。

有些人为了不让青年人掉入情欲的陷阱，就想一本正经地教育他，想使他对爱情产生厌恶，甚至想使他认为在他那个年龄一产生爱情的念头便是犯罪，好像爱情只是老年人的事一样。大家的心里都明白这种教法是错误的，是不能说服人的。青年人在可以信赖的本能的引导下，对这种晦气的教条虽然是假装接受，但在暗中是要取笑的，一有机会，就会把它们束之高阁。这种教法完全是违背了自然。我采取相反的教法，反而能更有把握地达到同样的目的。我不怕促使他心中产生他所渴望的爱情，我要把爱情描写成生活中的最大的快乐，因为它实际上确实是这样的；我向他这样描写，是希望他专心于爱情；我将使他感觉到，两个心结合在一起,感官的快乐就会令人为之迷醉,从而使他对荒淫的行为感到可鄙;我要在使他成为情人的同时,成为一个好人。

把一个年轻人的日益滋长的欲望完全看成理性教育的障碍,这是多么狭隘的眼光啊!我,我则认为这种欲望恰恰是使他乖乖地服从理性教育的手段。我们只能够以欲念来控制欲念,我们必须利用它们的威力去抵抗它们的暴虐,我们始终要从天性的本身去寻找控制它的适当的工具。

爱弥儿生来不是为了永远过独居的生活的,作为社会的成员,他要为社会履行他的义务。既然他要同人们一起生活,他就应当对他们有所认识;他已经一般地了解人类,但是他还需要分别地了解个人。他已经知道人在世界上要做些什么事情,但是他还需要知道人在世界上应当怎样生活。对于这个巨大的舞台,他已经知道其中的内幕,现在是到了应该把它的外部的情景告诉他的时候了。这时候,他不仅不会像一个鲁莽的青年那样对它没头没脑地羡慕,而且要用严正的思想去辨别它的真相。毫无疑问,他的情欲可能对他有所摧残;听任情欲的摆布,怎能不受到它的摧残呢?但至少是,他绝不受别人的情欲的欺骗。当他看见别人产生情欲的时候,他将以智者的眼光去看他们,既不会学他们的样子,也不会受他们的偏见的诱惑。

正如人生中有一个年龄是适合于用来研究学问一样,在人生中也有一个年龄是适合于用来研究社会的习惯的。一个人要是过早地了解这个习惯,他就会不假分别、不假思考地终生遵从这种习惯,因此,尽管是遵从得很好,但他始终不知道他做的事情有什么意义。但是,如果一个人既了解这种习惯,又明白这种习惯的道理，他就会有分别地遵从，因此也遵从得更恰当、更真诚。你把一个一无所知的十二岁的孩子交给我，到他成长到了十五岁，我再把他交还给你，这时候，我敢保证他同一个从幼儿时期就开始受你的教育的孩子相比，他所学得的知识同你的孩子学得的知识是一样多的；所不同的是，你的孩子的知识表现在他心里记得的东西多，而我的孩子的知识则表现在他能进行判断。同样，我们也可以用这个方法教育一个已经步入社会的二十岁的青年，只要我们善于教导，一年以后，他同一个从童年时期起就一直生活在社会环境中的青年相比，他一定是更加可爱和更加大方的，其原因是：前者能够分别情况，对年龄、地位和性别不同的人采取合乎社会习惯的办法，能够把种种情况归纳成原则，并且把它们应用于意料不到的事情；反之，后者成天都是那样死板板的照章行事，而一到了没有章法可循的时候，就会弄得手足无措了。

  法国的少女个个都是在修道院受教育一直到结婚的。我们知不知道她们是很难懂得这些在她们看来是十分新奇的方法呢？我们能不能够把巴黎的妇女之所以那样窘态毕露和不了解社会习惯说成是因为她们没有从小就在社会中生活呢？这种偏见来之于世俗的男人的本身，因为他们不知道除了这个小小的理由以外，还有更重要的原因，所以就错误地认为早入社会，就能了解社会。

  在另一方面，我们当然也不应该等得太久。一个人的青年时期如果全都是在远离社会的地方度过的，则他以后到社会中去，便会终生都带有那种拘拘束束的样子，说话也总是说得不得体，举止也很生硬，而且，即使他已经习惯了社会的生活，他也无法改掉这些笨拙的地方，反而愈改愈闹笑话。每教导一件事情，都要选择一个适当的时间,都要避免它带来的危险。特别是我们现在所教导的这件事情,更是危险重重,所以我绝不让我的学生毫无防范地去冒这种危险。

如果我的方法能够完全成功地达到一个一贯的目标,如果它在避免一个困难的过程中又能同时防止另一个困难的产生,那么,我就可以断定它是一个好方法,断定我在运用它的时候也运用得很正确。我认为,在目前这件事情上,我按照我的方法而采取的策略就是如此。如果我采取严酷和冷淡的态度对待我的学生,则我就会失去他的信任,不久以后他就会躲避我。如果我事事依从他的心意或闭着眼睛不管,我又怎能做他的保护人呢?我只是在他放肆胡闹的时候才对他使用我的权威,牺牲我的良心去挽救他的良心。如果我唯一无二地是抱着教育他的目的才使他进入社会,则他所受的教育,将比我预期的还多。如果我使他同社会隔离一直隔到底,则他从我这里又能学到什么东西呢?也许他能学到种种的学问,但最为每一个人和公民所需要的学问他却没有学到,这种学问就是:怎样跟他的同胞一起生活。如果我在这方面对他的教育进行得太早,则他将把我的话当成耳边风,因为无论在什么时候他都是只注意他眼前的事情的。如果我只满足于使他得到快乐,那对他有什么好处呢?他将日趋萎靡,得不到任何教育。

以上这些都不是我的目的。我的计划是在于为这件事情做好种种准备。我将对这个年轻人说:"你的心需要一个女伴,让我们去寻找一个适合于你的伴侣,也许我们是很不容易找到她的,真正优秀的人始终是很少的,但是,我们既不着急,也不畏难。毫无疑问,总是有这样一个真正优秀的人的,到最后我们总会找到她,或者至少也会找到一个同她差不多的人的。"我用这样一个使他满怀希望的计划,就可以把他带入社会。我还用得着多费唇舌吗?你看我这样讲,岂不是把一切都说清楚了吗?

当我向他描述我替他寻找的情人是什么样子的时候,请你想一想我是不是能够使他倾听我讲的话,我是不是能够使他觉得我所讲的品质确实是可爱,我是不是能够使他领会他应该追求或逃避哪些情感。如果我不能够使他预先渴望找到一个什么样的人,那我也许就要算是人类当中最愚笨的人了。向他描绘的对象只不过是想象的,但问题是要使他厌恶那些可能诱惑他的人,要他到处进行比较,从而使他宁可要他幻想中的人而不要他所看见的真正的人,因为真正的爱情如果不是虚构和梦想的,它本身有什么意义呢?我们想象中的人总是比我们实际追求的对象更可爱的。如果我们发现我们所爱的对象不过就是那个样子,那么,世界上就不会再有爱情了。当我们停止了爱,尽管我们所爱的人仍然同从前一样,我们也觉得她没有什么可爱的;庄严的面纱一旦掉落,爱情就消失了。我在描绘想象的对象的时候,我要进行比较,作出判断,从而就可以轻而易举地防止他对真正的人物产生幻象。

我绝不因此就向青年人描绘一个根本不存在的十全十美的模特儿,我绝不采取这个办法去骗他,但是,我要这样来挑选他的情人的缺点,要她的缺点同他相适合,为他所喜欢,而且还要以她的缺点去改正他的缺点。我也不向他说假话,硬说我所描绘的人确实是有的,但是,如果他喜欢我所描绘的样子的话,他就会希望很快地得到这个样子的人。从希望到想象,这个过程是很容易走过的,因为,只要你巧妙地描绘,突出显著的特征,就可以使他想象的人物具有很大的真实感。我甚至可以给这个想象的人物取一个名字；我将笑着对他说："我们给你未来的情人取名叫'苏菲'❶，'苏菲'是一个吉祥的名字；如果你所选择的对象本来不叫'苏菲'，她至少也要配得上我们称她为'苏菲'；现在我们可以预先把这个光荣的名字给她。"讲了这些话以后，如果我既不肯定，也不否认，而是找一些事情把话引到一边去，就会使他的怀疑变成信心；他就会认为我们故弄玄虚地不把他将来的妻子告诉他，而且认为时间一到他就会看到她的。只要他有了这样的想法，只要我们好好地选择了我们向他描绘的特点，则其他的一切就好办了；我们让他出入于社交场合也不至于有什么危险，我们只需保护他的感官不受毒害就行了，他的心是很安全的。

但是，不管他是不是把我向他描绘得这样可爱的模特儿想象成哪一个人，只要这个模特儿描绘得很清楚，就既不会使他对所有同它相像的人减少爱恋之情，也不会使他对那些不像它的人不保持疏远，因为在他看来，这个模特儿好像是真有其人似的。这是多么便利的一个办法啊！采用这个办法，我们就可以保护他身临危险而心不受危险，就可以利用他的想象去控制他的感官，就可以把他从那些女人的手中挽救出来，因为她们要他花极高的代价才能学到这些知识，她们为了培养一个青年的礼貌，竟牺牲他的诚实。苏菲是这样的平凡！所以，当其他的妇女向他走来的时候，他将以什么眼光去看她们呢？苏菲是这样的质朴！他怎么会喜欢她们那种神气呢？他所想的同他所看到的差得太远了，所以他是永远不

---

❶ "苏菲"，聪慧之意。

会受到她们的危害的。

　　所有那些主张对孩子加以管束的人，都是根据同样的偏见和同样的教条而得出这种看法的，因为他们对孩子们的观察就没有观察得深刻，他们对孩子们的想法更是错误的。青年人之所以开始走上歧途，不是由于他们的体质或感官的发育，而是由于人的偏见。如果这里有几个在寄宿学校受过教育的男孩子和在修道院受过教育的女孩子，我可以当着他们的面证明这一点；因为他们最初学习的东西，唯一能够学会的东西，就是种种的恶习；使他们遭到败坏的，不是他们的天性，而是人们的榜样。现在，我们且不去管那些在寄宿学校和修道院的男孩子和女孩子，让他们去受那不良的风气的败坏，他们已经到了不可救药的地步了。我在这里只谈一谈家庭的教育。现在假定有一个青年人是在他父亲的外省的家中受过良好的教育的，让我们看一看他到了巴黎，或者说，看一看他进入社交场合的时候是什么样子，你将发现他心中所想的都是正当的事情，他的意志和他的理智是同样的健康；你将发现他对罪恶的事情表示轻蔑，对花天酒地的生活感到害怕；只要一提娼妓的名字，你就会发现他的眼睛中流露出天真无邪的恶感。我认为，如果青年人了解她们的目的和穷困境遇的话，他们是绝不会自己走进那些可怜的人的幽暗的屋子的。

　　六个月以后，当你重新见到这个青年的时候，你就再也不认识他了；要不是他向你嘲笑他过去是多么老实，要不是由于你告诉他说他原来是一个朴实的人因而使他感到羞愧，要不是从这两点上看出他确实是那个青年，看出他对自己的行径感到赧颜的话，你根据他那些放肆的语言、时髦的套语和轻浮的样子，还以为他是另外一个人哩。唉,在多么短的时间中他就变成了这个样子啊!为什么会产生这样突然和这样巨大的变化呢?是由于他的体质的发育吗?他在他父亲的家庭中不也是在这样地发育吗?而且我们断定,他原来是没有这样的说话的语气和套语的。是由于感官开始领略到享乐的味道吗?恰恰相反。当一个人开始寻欢作乐的时候,他是感到羞怯不安的,他要躲避光明和喧嚣的人声。最初几次肉体的快乐总是很神秘的,贞洁的心使这几次放浪的行为更有乐趣,想把它们隐瞒起来。头一个情人将使他感到胆怯,而不会使他变得不知羞耻。由于这个年轻人被这种如此新奇的情景所迷醉,因此他总是悄悄地去享受,生怕把它们失掉了。如果他把这些事情拿出去乱说,则可见他既不是一个色鬼也不是一个钟情的人;他愈是吹嘘,便愈见他不懂得爱情的乐趣。

这种前后判若两人的情况,完全是思想方法改变的结果。他的心还是那个心,可是他的想法已经变了。他的感情的变化尽管是比较慢,但最后也将由于思想方法的改变而改变;只要一到这种地步,他就真正的堕落了。他刚刚进入社交场合,就在其中受到一种同他原来的教育截然相反的教育,结果,就使他轻视他原先看重的东西,而看重他原先轻视的东西,别人将使他把他父母和老师的教训看作是陈腐的废话,把他们谆谆教导他的天职看作是孩子们应该遵守的规矩,而他现在已经长成大人,便可以把这些规矩不放在眼里了。他认为,为了自己的体面,不能不改变自己的做法;即使他没有那种欲念,他也要去大胆胡为;他以为,不胡闹一阵反倒不好意思。他还没有领会善良风俗的意义,就竟然看不起这些风俗;他以花天酒地的生活感到自豪,而不知道他已经变成了淫荡的浪子。我永远不能忘记一个瑞士卫队的军官所说的一句坦率话，他虽然是讨厌他的伙伴们的那种胡闹的寻欢作乐的生活，但是又不敢不跟他们同流合污，为的是怕受到他们的嘲笑，因此他说："我跟着去寻欢作乐，正如我不喜欢卷烟也跟着抽烟一样，一搞惯了就尝到其中的滋味了，一个人总不能老是像一个孩子似的。"

所以，对一个进入社会的青年来说，应该提防的不是色欲而是虚荣；因为，他将听从别人的倾向的支配而不听从自己的倾向的支配，他之所以这样放荡，是由于狂妄的心理而不是由于爱情。

如果承认这一点的话，我就要问，在抵抗一切可能伤害他的道德、情操和元气方面，这个世界上还有哪一个人比我的学生具有更好的武装，还有哪一个人比他更能抵抗风暴的袭击，因为，他对哪一种引诱没有防御的能力呢？如果他的欲念促使他去接近妇女，他在她们当中将找不到他所寻求的人，因而他已经有所归属的心将使他裹足不前，同她们保持疏远。如果他的感官使他心慌神乱，燃起了欲火，他又怎样去满足他的感官呢？通奸和寻花问柳的可怕的后果将使他远离娼妓和已婚的妇女，因为青年人的放荡行为往往是由这两种妇女当中的一种妇女开始引起的。一个未婚的女子也可能是很风骚的，但是她不可能是脸皮很厚的；即使一个青年男子认为她乖巧伶俐，想娶她为妻，她也不会自动去搂着他的脖子的，何况还有人监护着她哩。从爱弥儿这方面来说，他也不会完全听从自己的情欲的支配；他们两个人至少是怀着胆怯和害羞的心的，因为这种心理是同最初的欲念分不开的；他们绝不会一下子就亲热到了极点，他们也不能毫无阻碍地从从容容地逐渐亲热起来的。如果不是这样的话，那他就已经学会了他的伙伴们的榜样，学会了他们那样嘲笑自己的节制，硬要模仿他们的行径。但是，在世界上还有哪一个人比他更讨厌模仿别人的行为呢？像他这个自己既没有偏见也不为别人的偏见所左右的人，怎会像其他的人那样一听到别人嘲笑就变了样子呢？我已经花了二十年的工夫使他具有抵抗冷嘲热讽的人的能力，他们要愚弄他的话，不是一天、两天可以办得到的，因为在他看来，嘲笑不过是愚人们的语言，要不为他人的嘲笑所动，就要鄙弃他们的偏见。对于他，要采取讲道理而不采取嘲笑的方式，才能打动他的心；只要是讲道理，我就不害怕孟浪的年轻人把他从我身边夺走，我有良心和真理为我的后盾。即使他产生了偏见，二十年的情谊也将发挥它一定的作用：任何人都不能够使他相信我曾经拿一些没有用处的教育折磨过他，在一个正直和富于情感的心中，一个忠实的朋友的声音将压倒二十个引诱者的叫嚣。由于现在的问题只是向他指出他们在欺骗他，向他指出他们在假意把他当作成人看待的时候，实际上是把他当作小孩子，所以，我说话的时候，始终要语气严肃，说得恳切，以便使他明白只有我才把他当作成人。我将对他说："你知道，由于你的幸福就是我的幸福，所以我才说这番话的，我不能不这样说。可是那些年轻人为什么要来劝说你呢？那是因为他们想引诱你，他们并不是爱你，他们也不是关心你；他们唯一的动机是想陷害你，因为他们看见你比他们高尚；他们想使你也堕落得像他们那个卑贱的样子，他们之所以骂你听我的管束，为的是好让他们来管束你。你相信不相信不由我而改由他们来管束你，对你有好处？难道说他们比我还高明？难道说他们对你一天的情感比我对你的情感还深？要说明他们的嘲笑有他们的道理，那就要说出他们有什么依据,他们凭什么根据说他们的行为准则比我们的行为准则好？他们只不过是在模仿其他的轻浮的人的样子,而现在又要你模仿他们的样子。为了摆脱他们所说的他们的父亲的偏见,他们就去听从他们的伙伴的偏见。我不明白他们这样做有什么用,但是,我发现他们肯定地会失去两个巨大的好处:其一是父母的爱,而父母的忠告总是很诚恳的;其二是经验,而经验是使我们能够判断我们所知道的事物的,当父亲的人都曾经经历过小孩子的生活,而小孩子则未经历过父亲的生活。"

"你相信不相信他们是真正按照他们那些荒谬的说法行事呢？不是的,亲爱的爱弥儿,他们为了欺骗你,竟对他们自己也说假话;他们的表里是不一致的,他们的心在不断地揭露他们的虚伪,他们的话往往同他们的行为相矛盾。他们当中有些人把老实的人作为谈笑的材料,但是,要是他们的妻子也像他们那样取笑老实人的话,他们就会感到不愉快。他们当中有些人对道德不道德满不在乎,甚至对他们未来的妻子的不道德行为,或者,在丧尽了廉耻之后,对他们已经结婚的妻子的不道德行为也等闲视之;但是,再说下去,谈一谈他们的母亲,看一看他们会不会为了冒改姓名,为了盗窃另一家人的嫡亲的继承者的财产,而甘心做一个同人苟合的行为不端的女人的儿子,看一看他们在被别人当作私生子的时候,是不是不动声色。他们当中哪一个人愿意他的女儿也蒙受他使人家的女儿所蒙受的那种羞辱呢？如果你把他们教你的那些法则应用于他们自身的话,他们没有一个不把你置于死地的。这就可以看出他们是言行不一致的,他们当中没有哪一个人是相信他自己所说的话的。我要阐述的道理就是这些。亲爱的爱弥儿,如果他们也有他们的道理的话,你便把他们的道理拿来想一想,并且同我的道理比较一下。如果我也像他们那样采取冷嘲热讽的做法,你将看到,他们可揶揄的地方比我还多。我是不怕严格的考验的。嘲笑者的胜利是暂时的,真理仍然是真理,他们狂妄的笑不久就会消失的。"

你认为爱弥儿长到二十岁的时候是不可能还是那样的温顺。我们的看法简直是大相径庭!我,我却认为他在十岁的时候才很难管教哩,因为他在那个年龄,我凭什么东西去控制他呢?为了获得我现在对他的这种控制,我花了十五年的苦功。在这期间我不是在教育他,而是在使他做好接受教育的准备。现在他已经受到了足够的教育,所以才这样温顺;他已懂得友情的声音,懂得服从理智。不错,我在表面上是让他独立的,但实际上他是受到了严格的约束的,因为,正是由于他愿意受我的约束,所以他受到的约束是最严格不过的。以前,我只能控制他的身,而不能控制他的心,所以我对他是寸步不离的。现在,我有时候就离开他,让他自己去做自己的事,因为我随时都是控制着他的。当我离开他的时候,我拥抱着他,满怀信心地对他说:"爱弥儿,我把你托付给我的朋友,我把你交给他诚实的心,他将对你的一切向我担负责任。"

要打破从来没有败坏过的健康的感情,要消除从理性深处直接产生的准则,不是一下子可以办得到的。如果在我离开的期间发生了什么变化,由于我离开的时间不长,他也不可能那样严密地隐瞒我,不可能使我在危险发生以前看不出危险,或者来不及补救。由于他不至于一下子就变得十分堕落,所以他也不至于一下子就学会骗人的手段;如果在人类中确有那样一个人是拙于玩弄欺骗的伎俩的话，那就是爱弥儿了，因为他平生还没有碰到过使用这种伎俩的机会。

经过这些教育之后，我相信他是有充分的把握，不受奇异的事物和庸俗的语言的影响的，因此，我宁可让他到巴黎最坏的场合去，也不愿意他一个人待在他的房间或花园里，沉浸在他那样年纪的忧虑不安的心情中。尽管所有一切可能危害青年的敌人都来攻击他，也休想损害他的毫毛，他唯一要提防的敌人是他自己。这个敌人之所以那样厉害，完全是由于我们的错误，因为，正如我已经说过千百次的，我们的官能完全是由于我们的想象的刺激才开始躁动的。肉欲并不是身体上的需要，说它是一种真正的需要，是不对的。如果我们的眼睛没有看到过淫秽的事物，如果我们的心中没有产生过不洁的观念，我们是不会感觉到有这种所谓的需要的，因此，即使没有别人的教导，没有自己的努力修养，我们也将始终保持贞洁的。人们不知道是哪些环境和哪些景象在青年人的血液中引起那样严重的暗暗的躁动的，甚至他自己也看不出这种忧虑不安的原因，这种不安的心情是很不容易镇静下来的，而且是不久以后又要重新产生的。至于我，我愈是对这个紧要关头和它的近因及远因进行思考，我便愈是认为，一个在荒野中成长起来的孤独的人，要是他不看什么书，不受什么教育和接触什么女人，不管他活到多大的年龄才死，他死的时候也是童身。

但是，我们在这里所讲的并不是这样一个野蛮人。我们在人群之中为社会培养一个人，是不可能，而且也不应该始终把他放在一种浑浑噩噩的境地中培养的；何况求知识，最坏不过的是求个一知半解哩。对我们的眼睛所见到的事物的记忆和我们所获得的观念,在我们孤单独处的时候将浮现在我们的心中,使我们不能不产生许多比真实的事物更有诱惑性的形象,因此,孤单独处之有害于心中怀有这种形象的人,一如它之有利于过惯了孤独生活的人。

因此,你要十分注意地观察青年的行动;他能够保护他不受别人的危害,但是你要保护他不受他自己的危害。你无论白天或黑夜都不要离开他,无论如何你要睡在他的房间里,他不困乏到极点,你不让他上床,他一醒来,你就叫他离开床铺。只要你教育他的东西超出了本能的范围,你就不要相信他的本能:当他单独一个人的时候,他的本能是好的,一旦他涉足社会,他的本能就值得怀疑了。但是,我们不能消灭他的本能,我们要对它加以控制,控制它也许比消灭它还难咧。当你的学生受着本能的驱使而滥用他的感官,从而想寻找机会去满足它的时候,那就非常危险了。只要他曾经遇到过一次这种危险的机会,他就完全葬送了,他的身子和心从此就要时常受到摧残。在一个青年人可能沾染的习惯中,这个习惯是最恶劣的,他将把这个习惯的不良后果一直带进他的坟墓。当然,最好还是……如果你不能克服你那火热的情欲的话,亲爱的爱弥儿,我就觉得你很可怜了;但是,我绝不犹豫,绝不能让大自然的目的化为泡影。如果需要一个暴君来压制你的话,我便宁可把你交给这个暴君,因为我能够把你从他的手中解放出来。不管怎样,我从女人的手中挽救你,远比从你自己的手中挽救你还容易得多。

在二十岁以前,身体一直是在成长,需要使用他的全部的精力;因此,在这个时期节制情欲,是由于自然的法则使然的,违反这个法则,就不能不损害身体。二十岁以后,克制情欲就是一种道德的行为了，其目的是为了教导一个人怎样律己，怎样做自己的欲念的主人。但是，道德的行为有可以变通的地方，有例外的情形，有它们自己的法则。当人类的弱点使我们不能不在两害当中选择其一的时候，我们总是选择那个程度较轻的害处的；因为，我们宁可做一件错事，而不愿意染上一种恶习。

请你记住，我在这里说的不是我的学生而是你的学生。由于你让他的情欲躁动，结果使你也无法管束，干脆就听任他的情欲发展，并且不掩饰他已经取得了胜利。如果你能够如实地把他的胜利的情况告诉他，他将感到羞耻而不会感到骄傲，从而使你取得在他走入迷途的时候对他加以指导的权利，这样做，至少可以使他不至于掉进深渊。重要的是，学生无论做什么事情，甚至做坏事，老师都应该知道和加以监督；老师同意学生做一件坏事，或者自己做错一件事情，总比受学生的欺骗和学生做了坏事而自己一点也不知道好一百倍。谁要是想对某些事情闭着眼睛不管，他不久即将发现，他对任何事情都不能不闭着眼睛不管的。他做第一件坏事的时候，如果你容忍他，他就要去做第二件坏事的，这样接二连三地做下去，到最后必然是打乱整个秩序，践踏一切法规的。

另外一个错误的做法，我曾经批判过，但心胸狭隘的人仍然是老犯这种错误：做老师的人经常在那里假装一副师长的尊严样子，企图让学生把他看作一个十全十美的完人。这个做法的效果适得其反。他们怎么不明白，正是因为他们想树立他们的威信，他们才反而摧毁了他们的威信；怎么不明白要别人听他们所讲的话，他们就应当设身处地地为听话的人想一想，要打动别人的心，自己的行为就必须合乎人情！所有这些完人是既不能感动别人也不能说服别人的。人们往往认为,由于他们没有情欲,所以由他们去克制学生的情欲,是一件很容易的事情。如果你想纠正你的学生的弱点,你就应当把你自己的弱点暴露给他看,就应当让他在你身上也发现他所体验到的斗争,使他照你的榜样学会自己克制自己,使他不至于跟着其他的人说:"这个老头子,因为自己不能过年轻人的生活,就打算把青年人看作老年人;因为他自己的欲火已完全熄灭,便把我们的欲火当作一种罪恶。"

蒙台涅说,他有一次问德郎盖爵士在同日耳曼人谈判的时候,曾经有几次因为替国王效劳而醉得迷迷糊糊的。我要问某一个青年人的老师曾经为了他的学生的缘故到那些肮脏的地方去过几次。几次?我说错了。如果第一次没有打消他那个浪子再到那些地方去的念头,如果那个浪子没有悔恨和羞愧的样子,没有泪如泉涌地向他哭泣,他就应该马上离开他;他是一个怪物,要不然,你就是一个傻瓜,你对他再也起不到什么作用了。不过,我们是不采取这些极端的手段的,因为它们的后果很不好,也很危险,在我们所实行的这种教育中是用不上的。

一个青年人尽管其天性良好,但是,我们仍须在做好许多周密的准备工作之后,才能让他去接触我们这个时代的污秽的风气!这些工作做起来是很吃力的,然而是不能不做的,因为在这方面倘有疏忽,就会葬送一个青年。有些人之所以堕落,之所以变成今天这个样子,正是由于他们在少年时期做了不名誉的行为。他们在不道德的行为中已经变得性情疏懒和卑鄙,他们的心胸极其狭隘,因为他们丧失了元气的身体很早就被败坏,他们剩余的精力已经不足以使他们奋发起来。他们滑头滑脑的样子正好说明他们的心缺乏刚毅,他们不能体会高尚和伟大的情感,他们既失去了天真也没有活力,他们在任何事情上都是很下贱、很卑鄙可恶的,他们只能够做小小的瘪三和骗子,他们甚至还没有足够的勇气去做赫赫有名的大强盗。在青年时期耽于色欲的人就会变成这样可鄙的;如果在他们当中有一个人知道对自己的行为加以节制,他即使同他们厮混在一起,他也能保住他的心、他的血液和他的德性,不受他们的熏染;到了三十岁的时候,他就可以打败所有那些小人,如果他想控制他们的话,甚至比控制自己还容易。

姑且不论爱弥儿的出身和命运怎样,如果他想成为这样的人的话,他是可以做到的;但是,他太看不起他们了,所以是不屑于去使役他们的。现在,让我们来看一看他在他们当中将保持怎样的样子,因为,他之所以进入社交场合,不是为了在其中大出风头,而是为了对它有所认识,想在其中寻找一个配得上他的伴侣。

不论他出生在什么等级的人家,不论开始的时候是进入哪一种社交场合,他都是朴朴实实不露锋芒的。但愿上帝保佑,别让他在社交场合中太出色了!所有那些乍看起来是很优秀的品质,他是没有的,他也不希望有那种品质。别人如何说法,他是毫不在乎的,因此不为他们的偏见所左右;在别人不了解他以前,他也不管别人是不是尊重他。同别人见面的时候,他的态度既不羞怯也不傲慢,而是自自然然和真真实实的;他既不感到拘束,也不会做出一副装模作样的样子;他在大庭广众之中,同他单独一个人的时候完全是一样的。他是不是因此就会变得很粗鲁、自大和看不起人呢?恰恰相反;既然他单独一个人的时候他不轻视别人,他同他们相处在一起的时候怎么会小看他们呢?他之所以不喜欢学他们的样子而宁愿保持他原来的样子,是因为他并不认为他们比他高明,但是他也不会对他们表示一种毫不在意的态度,因为他根本就没有这种态度。如果说他不懂得一套外表的礼节的话,他却懂得人对人的关心。他是不忍心看见人家遭受痛苦的,他绝不虚情假意地把自己的位子让给另外一个人,但是,如果他看见另一个人受到了人们的忽视,而且在他看来那个人的确因大家的忽视而感到十分难过,这时候,他就会出自一片好心地把他的位子让给那个人;因为,我的学生认为,与其看见别人迫不得已地站在那里,还不如自己站起来把位子让给他,反而舒服一些。

从大体上说,尽管爱弥儿是不把别人估计得很高的,但他对他们丝毫不表示轻蔑,因为他对他们是很同情和关心的。当他不能够使他们领会真正的善的时候,他就让他们保持他们所喜欢的口头的善,以免他们丧失了这种善而陷于更坏的境地。因此,他既不同他们争论,也不对他们进行辩驳;他不讨好什么人,也不拍谁的马屁;他在表示他的看法的同时,他也不压制别人的看法,因为他爱自由甚于爱一切,而坦率就是自由的最好的表现形式之一。

他很少说话,因为他并不希望引起人家对他的注意;也是因为这个缘故,他要说就只说有意义的事情,否则,他又为什么要说呢?爱弥儿教养有素,所以绝不会成为一个碎嘴子。我们之所以唠唠叨叨说个不停,究其原因,或者是由于我在后面即将谈到的自命不凡的心理,或者是由于对鸡毛蒜皮的事情也斤斤计较,愚蠢地以为别人也同我们一样地把这些事情看得很重要。一个人如果对事情有足够的了解,从而能恰如其分地对它们作出估计,是绝不会说过多的话的;因为他能够同时判断别人是不是会注意地听他,是不是对他所说的话感兴趣。一般地说,知识少的人,讲话讲得特别多;知识多的人,讲话反而讲得很少。这个道理很简单,因为无知的人总以为他所知道的事情是很重要,应该见人就讲。但是,一个有教养的人是不轻易炫耀他肚子里的学问的,他可以讲很多的东西,但他认为还有许多的东西是他讲不好的,所以他就闭着嘴巴不讲。

爱弥儿不仅不对别人的礼貌抱抵触的态度,反而自己顺着他们的礼貌去做,其目的并不是为了显示他好像是懂得那些规矩,也不是为了假装一副斯文的样子,相反地,他是害怕引起别人的注目,害怕别人看出他与众不同;因为,只有在别人不注意他的时候,他才感到舒服。

尽管他已经踏入了社交场合,他对其中的做法还是绝对地一无所知的,但是他并不因此就感到害羞和胆怯;他之所以躲在别人的后头,其原因绝不是由于他感到局促,而是由于他要好好地观察他们,就不能让他们看见他。别人对他抱怎样的看法,他是不介意的;别人的嘲笑,他是一点也不害怕的。因此,他能够经常保持平静的心灵和清楚的头脑,不至于因为不必要的顾虑而弄得自己不安。不管别人是不是注意他,他始终是尽他的力量去做;同时,由于他可以时时刻刻聚精会神地观察别人,因此,他能够洞若观火地看出他们的那些做法的意义;这一点,是那些受俗见愚弄的人办不到的。我们可以说,他之所以能够很快地懂得他们的做法,恰恰是因为他对那些做法根本不以为然的缘故。

你不要错看了他的风度,你不能把他的风度拿来同那些纨绔子弟的风度相比。他的表情泰然自若而不妄自尊大,他的态度从容而不傲慢。粗暴的样子是做奴隶的人才有的,独立自主的人是一点也不矫揉做作的。我从来没有看见过哪一个心灵高尚的人把他的高尚显露于言表的；装模作样的神气是心地邪恶和空虚的人才有的，因为他们除了这种神气以外，就没有其他的东西可显示的。我曾经在一本书*中看到，有一天，有一个外国人走到著名的舞蹈家马塞耳的客厅里，马塞耳便问他是哪一国的人，"我是英国人，"那个外国人回答道。"你是英国人！"马塞耳又说道，"你来自那公民可以参与国家大事，公民是主权的一个组成部分①的岛国吗？不，先生，看你这低着头、目光羞怯和举措不安的样子，说明你只不过是一个在名义上称作选民的奴隶而已。"

我不知道这些话是否可以表明他对一个人的性格和外表之间的真正的关系了解得很清楚。至于我这个没有舞蹈大师那样体面的人，看法正好相反。我要说："这个英国人并不是一位吹牛拍马的人，我从来没有听说过哪一个吹牛拍马的人是低着头和举措不安的；在一个舞蹈家的客厅中显得很羞怯的人，到了众议院就不见得是这个样子了。"毫无疑问，这位马塞耳先生把他本国的同胞个个都视为罗马人了。

当我们爱别人的时候，我们也希望别人爱我们。爱弥儿爱他

---

* 《论精神》❶，第2篇，第1章。
① 这好像是说有些公民不是市民，不能以这样的资格参与主权似的！但是，法国人认为他们有资格窃取公民这个光荣的称号，而这个称号，以前是属于高卢人的城市的市民的；法国人窃取了这个称号以后，就改变了它所含的观念，以至我们再也不明白它的意思了。有一个人最近写了许多荒唐的文章批评我的《新哀洛伊丝》，并且在文章的署名上还添加了一个头衔："潘伯夫的公民"，以为这样就向我开了一个很有风趣的玩笑。

❶ 十八世纪法国哲学家、机械唯物主义的代表人物爱尔维修的主要著作。

的同伴，他也希望他的同伴爱他。此外，由于一个更重要的理由，他还想讨取妇女们的欢心；他的年龄、他的品德和他的目的，这一切都在促使他产生这个愿望。我之所以说到他的品德，是因为他的品德在这方面将起很大的作用；有性格的人才是真正尊重妇女的人，他们不像别人那样鹦鹉学舌似地说一大堆献殷勤的风流话，但他们具有一股出自内心的十分真实和温存的热情。在一个青年妇女的身边，即使混杂着千百个酒色之徒，我也能够把那个同他们站在一起的有品德和自制能力的人认出来。既然爱弥儿一方面是怀着这样火热的一颗心，另一方面又具有那么坚强的抵抗欲念的理智，我们想一想他将有怎样的表现！为了接近她们，我相信他有时候将感到害羞和不安的；但是，这种不安的样子绝不会惹得她们不喜欢，心术不坏的女人十之八九也觉得这种样子很可爱，而且会想办法使他更加具有这种样子的。此外，他那热情的表现也将随对方的身份的不同而有显著的改变的。他对已婚的女人就表现得十分稳重和尊敬，他对未婚的女子便比较活泼和温柔。他绝不会忘记他所寻求的目标，他所注意的始终是那些同他的目标相像的人。

　　再没有哪一个人能够比爱弥儿更得体地按照自然的秩序和良好的社会的秩序而对人表示其尊敬了；不过，他始终是先按自然的秩序而后按社会的秩序去尊敬人的；他对一个比他年长的平民，比对一个跟他同年的官员更尊敬。作为社交场合中的年轻人之一，他始终是极其谦虚的，其原因不是由于想在表面上做得谦卑，而是由于他具有一种以理性为基础的自然的情感。他不像那些假装聪明的年轻人一样做出一副傲慢无礼和通晓世事的样子；这些年轻人为了取悦同伴,谈起话来声音比聪明有识的人谈话的声音还高,而且在老年人讲话的时候往往插嘴进去,打断他们的话头;路易十五曾经问一个年老的绅士是喜欢他那个时代还是喜欢现在这个时代,那个老年人回答道:"陛下,我年轻的时候要处处尊重老年人,而现在我到了老年,又要处处尊重年轻人了。"在爱弥儿看来,他并不认为这个年老的绅士回答的话是说得对的。

他具有一颗对人体贴入微的心,但是他从来没有被一般的俗见所左右过,尽管他乐于使别人感到高兴,而别人是不是对他表示器重,他是毫不介意的。因此,我们可以说,他对人是一片真情而不只是彬彬有礼,他绝不会盛气凌人和装模作样;你对他关怀一次,比对他说千百句恭维话更能打动他的心。由于同样的理由,他也注意他的仪表和举止,他甚至还可能讲究一下他的服饰,其原因不是想装作一个高雅的人,而是在于使他的仪表更加可爱;他不需要穿一身锦绣,他绝不让华丽的服装损害他的风度。

大家可以看到,所有这些是用不着我教他的,这完全是他幼年时候所受到的教育的结果。人们给社会的风尚涂上一层浓厚的神秘的色彩,好像一个人即使到了应该懂得这些风尚的年岁,也不能自然而然地懂得似的,好像在一个诚实的心中是不存在有这些风尚的基本法则似的!真正的礼貌表现在对人的善意:怀着善意的人,是不难于表达他对人的礼貌的;只有那些不怀善意的人才要在外表上强做礼貌的样子。

"习俗的礼貌的最大的坏处是,它告诉人们一个不实际按照它奉为圭臬的道德去做的方法。要是在教育我们的时候,启发了我们的人道和善意的精神,我们对人就会有礼貌的,或者说,我们是用不着做作礼貌的样子的。

"虽说我们没有那种表现温文尔雅的礼貌,但我们有表现诚实的人和公民的礼貌,我们是用不着玩弄虚假的。

"为了得到人家的喜欢,是用不着那样地矫揉造作,只要我们为人善良就行了;对于别人的弱点,我们用不着说一番假话去敷衍,只要我们采取宽容的态度就行了。无论什么人,只要我们用这种办法去对待他,就既不会使他感到骄傲,也不会使他趋于腐败;他将感激我们的这种做法,并从而变得比以前更好的。"①

我想,如果某一种教育能够产生杜克洛先生在他这一段文章中所要求的礼貌的话,那就是我从开头到现在所一贯主张的这种教育了。

我认为,采用这样不同的教育方法,爱弥儿将培养成一个跟世人完全两样的人,但愿上帝保佑他永远不要跟世人一个样子!不过,他虽然跟别人有所不同,但他绝不会引起人家的讨厌和取笑:不同的地方也许是很显著的,然而是不会使别人感到不快的。如果你高兴的话,你可以把爱弥儿看作一个可爱的外邦人。起先,大家是原谅他的奇特的地方,说"将来是可以把他教好的"。往后,大家对他的做法完全习惯了,发现他并没有什么改变,所以仍然是原谅他,说"他生来就是这个样子"。

他不像一个风流潇洒的人物那样受到大家的追捧,但大家仍然是喜欢他,虽然说不出喜欢他的道理;大家虽不夸他有多大的才学,但却心甘情愿地请他去判断有才学的人之间的争论;他的学识

---

① 杜克洛:《论本世纪的风俗》。

也许是很单纯和有限的,但他的头脑是很清晰的,他的判断是很准确的。他绝不标新立异,因此他不向别人夸耀他的聪明。我已经使他了解到:所有一切健康的和真正有益于人的观念,是人类最初所知道的那些观念,它们在任何时候都是社会中的唯一的真正的纽带,而野心勃勃的人想使自己显得不平凡,就只好散布一些毒害人类的观念了。这样一种博取他人尊敬的办法,他是不会采取的;他既知道在什么地方可以找到他的幸福,也知道怎样去增进人家的幸福。他的知识的范围只涉及于有益的事物。他所走的道路是很窄的,然而是很明确的;由于他没有离开这条道路的企图,所以,即使同大伙儿混在一起,他也不会迷失方向或大出风头。爱弥儿是一个身心健康的人,他不想做什么了不起的人;因为大家想拿这个称号侮辱他,而他始终认为有这个称号是很光荣的。

他抱有使别人快乐的愿望,所以他对别人的说法并不是绝对地一点也不重视的;不过,在别人的意见中,他只重视同他个人有直接关系的部分,对于那些任意的胡乱的说法,他是不管的,因为这种说法完全是受时尚和偏见的支配的。他很自尊,无论做什么事情都尽力去做,而且希望比别人做得好:赛跑时,脚步要跑得最轻快;角斗时,体力要比对方强;工作时,技术要比别人巧;游戏时,要玩得比同伴们好,比同伴们熟;他不想胜过别人则已,如果想胜过别人的话,他就一定要使他优胜的地方能够从事实的本身一眼就看出来,而不必等别人来评判,例如评判他是不是比另一个人更聪明,是不是更会说话或更有学问,等等;他更不希望他优胜的地方是优胜在一些身外的东西,例如出身比别人高贵,比别人富有,比别人有声望,比别人在外表上更神气。

他爱所有一切的人，因为他们同他一样是人；但是他特别爱那些同他最相像的人，因为他认为他是一个善良的人；同时，由于他在判断别人是不是同他相像的时候，是根据那个人对道德的行为的看法是不是同他一致，因此，在一切需要有良好的性格才能作出的事情上，他是非常喜欢受到人们的称赞的。他不会对自己说："我很高兴，因为大家都称赞我"；但是，他要这样对自己说："我很高兴，因为大家都称赞我做的事情是一件好事；我很喜欢这些人的称赞，因为他们自己就是值得称赞的人；他们的判断既然是十分明智，所以能得到他们的器重当然是很好的。"

他从前在读历史的时候是根据人的欲念去研究人的，而现在进入了社会，他就要根据人的风尚去研究他们了，他将时常对人们所喜悦或厌恶的风尚进行思考。现在，他要对人类审美的原理作哲学的研究，他在目前这个时期正是适合于做这种研究的。

我们愈是要深入探讨审美力的定义，我们便愈弄愈糊涂；审美力是对大多数人喜欢或不喜欢的事物进行判断的能力。不这样来看，你就无法明白审美是怎样一回事情。但不能因此就说有审美力的人占多数；因为，尽管多数人对每一件事物能作出明智的判断，但很少有人对所有的事物都是像多数人那样判断的；而且，尽管最大多数人的爱好综合起来就是良好的风尚，但懂得风尚的人是很少的，正如：尽管最共同的特点综合起来就是美，但美丽的人毕竟还是很少的。

需要注意的是，这里的问题并不是说：我们爱什么东西是因为它对我们有用，我们恨什么东西是因为它对我们有害。我们的审美力是只用在一些无关紧要的东西上，或者，顶多也只是用在一些有趣味的东西上,而不用在生活必需的东西上的,对于生活必需的东西,是用不着审美的,只要我们有胃口就行了。正是这个缘故,我们在审美方面要作出纯正的判断是很困难的,而且好像是十分任性的,因为,审美力是听命于本能的,除了本能以外,我们是找不到它那样判断的原因的。我们还要区别它在精神的领域中的规律和它在物质的领域中的规律。在物质的领域中,审美的原理好像是绝对地无法解释的†。但须注意的是,在一切模仿的行为中,是包含着精神的因素的①,这样就可以解释为什么"美"在表面上好像是物质的,而实际上不是物质的。我还要补充一点,审美的标准是有地方性的,许多事物的美或不美,要以一个地方的风土人情和政治制度为转移;而且有时候还要随人的年龄、性别和性格的不同而不同,在这方面,我们对审美的原理是无可争论的。

审美力是人天生就有的,然而并不是人人的审美力都是相等的,它的发展的程度也是不一样的;而且,每一个人的审美力都将因为种种不同的原因而有所变化。一个人可能具有的审美力的大小,是以他天赋的感受力为转移的;而它的培养和形式则取决于他所生活的社会环境。第一,我们必须在好几种社会环境中生活过,才能作许多的比较。第二,还需要有娱乐和消闲的场所,因为在事业的往来中我们不是按兴趣而是按利害关系去做的。第三,还需

---

† 在其他版本作:"……无法解释的,例如:谁能给我们解释为什么是这个歌而不是那个歌最受到人们的喜欢?谁能给我们阐明颜色调配的原理?谁能告诉我们为什么一般人总爱使草地成椭圆形而不成正圆形,而喷水池却要成正圆形而不成椭圆形?"

① 这一点,我在《论语言的起源》这篇文章中已经阐述过了,读者可以在我的集子中找到这篇文章。

要有这样的社交场合：在这种场合中,不平等的现象既不显著,偏见的压力也不太大,而且,在这种场合中人们所追逐的是声色而不是虚荣；因为,在相反的情况下,一时的时髦将压倒人们的爱好,使他们在选择东西的时候,不问那个东西是不是他们所喜欢,而只问它能不能使他们引人注目。

在后面这种情况下,如果还说良好的风尚就是大多数人的喜好,那就不对了。为什么呢？因为目的变了。因此,大多数人的看法并不是他们自己的看法,而是他们认为比他们高明的人的看法；那些人怎样说,他们就跟着怎样说；他们之所以称道某一个东西,并不是因为它好,而是因为那些人在称道它。在任何时候,让每一个人有他自己的看法,这样,大多数人所称道的东西其本身便必然是好的。

在人做的东西中所表现的美完全是模仿的。一切真正的美的典型是存在在大自然中的。我们愈是违背这个老师的指导,我们所做的东西便愈不像样子。因此,我们要从我们所喜欢的事物中选择我们的模特儿；至于臆造的美之所以为美,完全是由人的兴之所至和凭借权威来断定的,因此,只不过是因为那些支配我们的人喜欢它,所以才说它是美。

支配我们的人是艺术家、大人物和大富翁,而对他们进行支配的,则是他们的利益和虚荣。他们或者是为了炫耀财富,或者是为了从中牟利,竞相寻求消费金钱的新奇的手段。因此,奢侈的习气才得以风靡,从而使人们反而喜欢那些很难得到的和很昂贵的东西。所以,世人所谓的美,不仅不酷似自然,而且硬要做得同自然相反。这就是为什么奢侈和不良的风尚总是分不开的原因。哪里崇尚奢侈,哪里的风尚就很糟糕。

特别是在男女的交往中,审美力不论或好或坏都容易表现出来;它的陶冶是必然要受到在这种交往中所接触的对象的影响的。但是,由于男女交往的种种便利条件冲淡了喜悦对方的心,审美力就一定会因之退化的;我觉得,我们在这里又找到了另外一个最能说明良好的风尚取决于良好的道德的原因。

在有形的和需要凭感官判断的事物方面,应当斟酌妇女们的爱好去做;在精神的和需要凭智力判断的事物方面,应当斟酌男子们的爱好去做。当妇女们确实做到像一个女性的样子的时候,她们就只是过问她们有能力过问的事情的,而且作出的判断往往是很正确的;但是,当她们硬要指指点点地批评文学,说这本书做得好、那本书做得不好,而且还要把她们所有的精力用来做书的时候,她们的看法就会一无是处的。做书的人如果拿他的著作去请教于女学士,那一定会弄得很糟糕的;讲时髦的男子如果去请妇女们指点他们的打扮的话,那一定会打扮得很可笑的。我不久就会谈到妇女们的真正的才干,谈到培养她们的才干的方法,谈到在哪些事情上应当听取她们的意见。

当我和爱弥儿谈论在他目前所处的环境和他所从事的研究工作中他不能不注意的事情时,我就把以上这几个基本的论点作为原则。谁能说这种事情同他没有关系呢?不仅是需要别人帮助的人应当了解什么样的东西能够使人感到喜欢或不喜欢,而且那些帮助别人的人也应当在这方面有深刻的了解;你首先要使他感到喜欢,然后才能够对他进行帮助;只要你著书立说是为了阐发真理,则讲求表达的方法就绝不是一件无聊的事情。

如果是为了培养我的学生的审美力,而必须在一些审美观尚未形成的国家和审美观已经败坏的国家之间进行选择的话,我选择的次序是颠倒的;我先选择后面这种国家,而后选择前面那种国家。这样选择的理由是:审美观之所以败坏,是由于审美审得过于细腻,专门挑选大多数人看不到的地方来欣赏。过分细腻,就会引起争论;因为,我们对事物的区别愈细,则需要区别的地方就愈多,这样一来,对美的看法就会穿凿入微而很难一致。因此,有多少人便会产生多少种审美观。对个人的爱好进行争论,就会扩大哲学和人的知识范围,从而就可以学会如何思考。只有广泛地涉足于各种社会场合的人才能细腻地审美的,因为要把所有的美的样子都看过以后,才能注意到细微的差别,至于那些不常到稠人广众的场合中去的人,他们审美的时候是只看一个大样子的。也许在现今世界上还找不到哪一个文明的地方是像巴黎的一般人的风尚这样如此糟糕的,然而良好的风尚也正是在这个首都形成的;似乎,在欧洲受到人们重视的书籍的作者没有一个不是在巴黎受过教育的。谁要是以为只要看一看在巴黎出版的书就够了,那是一定会上当的;因为,我们同作者谈一次话,比读他们的书还能了解到更多的东西;何况对我们最有教益的人还不是著作家哩。必须依靠社会的精神才能使一个有思想的头脑得到开展,才能使他的眼力尽量地看得深远。如果你有一点天才的话,请到巴黎去住一年,你马上就能充分地发挥你的天才,否则你就会一事无成的。

我们可以在风尚不良的地方学会怎样运用我们的思想，但是我们绝不能同那些已经沾染了不良风尚的人抱同样的看法；不过，如果我们长期同那些人在一起的话，是很难做到这一点的。我们应当借他们的思想来改进我们作判断的时候所使用的工具，只不过是要避免他们那种用法罢了。我将十分注意地培养爱弥儿的判断力，以免使它受到败坏；当他的眼力已经是相当的敏锐，能够认识和比较人们的种种爱好的时候，我将引导他把他的审美力集中地用来鉴赏那些比较单纯的事物。

为了保存他健康的和纯洁的审美力，我还要由浅处着手慢慢地循序进行。在这乱糟糟的放荡的人群中，我要找机会同他进行有益的谈话；而我所谈的，始终是他感到喜欢的事情，我要很留心地使我所讲的话既有趣味也有教育的意义。现在是阅读有趣的书籍的时候了，现在是教他分析语句和欣赏口才和措辞的美的时候了。为说话而学说话，是没有什么意义的；说话的用处并不像人们想象的那样大，但是，对说话的方法进行研究，就必然会进而研究一般的文法。要学好法文，就必须学好拉丁文；必须研究这两种语言，并且把它们互相加以比较，才能很好地懂得说话的艺术的规律。

此外，还有一种十分朴实的说话的方法是很能打动人心的，这种朴实的方法现在只有在古人的著作中才能找到了。爱弥儿发现，古人的辩词、诗歌和各种各样的文学著作，也像他们的史书一样，既富于内容，而且还慎于下论断。反之，我们当代的著述家做起文章来，话是说了一大堆，但内容却很少。一再把他们的论断当做法律似地硬要我们接受,这不是培养我们自己下论断的办法。在所有的纪念碑上,甚至在墓碑上,就可以看得出这两种风格的不同。在我们的墓碑上写满了一大篇歌颂之辞,而在古人的墓碑上,是只谈事迹的:

> 过客啊,请停下来追思这位英雄。

当我在一个古代的墓碑上看到这个墓志铭的时候,我也许起先会把它当作是当代的人写的,因为在我们这个时候,再没有什么东西比英雄更多的了,而在古人当中,英雄是很少的。他们不说一个人是英雄,他们只说明他做了些什么事情而成为这样一个人的。同上面那个英雄的墓碑相比,我们且看一看懦弱的萨德纳佩路斯的墓碑:

> 余以一日之功而建塔尔斯与昂其耳二城,而今余身故矣。

据你看,哪一个墓碑的意味深长?我们的碑文,尽管洋洋洒洒地写了一大堆,其实是只适宜于用来吹捧小人的。古代的人是按照人的本来的面目来描写他们的,因此可以看得出他们确实是人。色诺芬在追忆万人大撤退中被奸细出卖而牺牲的几个战士时,称赞他们说:"他们死了,但在战争和友爱中没有留下任何的污点。"这就是他所说的话。不过,请你想一想,在如此简短的一句赞辞中,作者的心中是充满了什么感情。谁要是看不出它的美来,谁就太可怜了!

在赛莫庇勒的一个石碑上刻着这么一句话:

> 过客啊,去告诉斯巴达人,我们是遵照他的神圣的法令而在此长眠的。

一眼就可以看出,这句话不是出自研究碑文的学者之手的*。

我的学生虽然把怎样措辞说话看成是一件不足轻重的事情,但如果他不一下子就注意到这些差别,如果这些差别对他选择读物不发生影响,那也表明我在这里的做法错了。当他被狄摩西尼的雄辩迷着了的时候,他一定会说"这个人是一个演说家";而在读西塞罗的著作时,他又会说"这个人是一个律师"。

一般地说,爱弥儿是更喜欢读古人的著作而不喜欢读我们今人的著作的,唯一的原因是:古代的人既生得早,因而更接近于自然,他们的天才更为优异。不管拉·莫特和特拉松神甫怎样说,人类的理性是没有取得什么真正的进步的,因为我们在这方面有所得,在另一方面便有所失;所有的人的心都是从同一点出发的,我们花时间去学别人的思想,就没有时间锻炼自己的思想,结果,学到的知识固然是多,但培养的智力却少。同我们的胳臂一样,我们的头脑也习惯于事事都要使用工具,而不靠自己的力量去做了。封特讷耳说,所有一切关于古人和今人的争论,归纳起来不过是:

---

* "过客啊,请停下来……"这个墓志铭是为日耳曼的将军弗朗索瓦·德·梅尔西作的;这位将军阵亡后,就埋在诺德林根的战场上。见伏尔泰:《路易十四时代》,第3章。

色诺芬对那几个因奸细出卖而遭到杀害的希腊战士所说的话,见他的历史著作第2卷的末尾;关于死在赛莫庇勒的斯巴达人的墓志铭,见希罗多德的著作,第7卷,第228段。

至于萨德纳佩路斯的墓志铭,是斯特拉波这样说的;但是,在斯特拉波的著作中,这个墓志铭要长得多,而且其文字也跟卢梭在这里所引述的不同。这个墓志铭是这样说的:"萨德纳佩路斯,阿纳森达腊克西斯之子也,仅以一日之功而建塔尔斯与昂其耳二城。过往诸君,且请畅饮饱餐,及时行乐,盖舍此数端,余皆弹指即过、不足挂怀之事也。"

从前的树木是不是比现在的树木长得更高大。如果农耕这件事有了变化的话,提一提这个问题也不能说不对。

我使爱弥儿追溯了纯文学的来源之后,还要告诉他现代的编纂者们是通过哪些途径而储蓄其知识的;报刊、翻译作品、字典,所有这些他都要瞧一下,然后就把它们束之高阁。为了使他快乐一下,我也让他到学院中去听学人们如何夸夸其谈地瞎说一通;我将使他看出:他们当中每一个人如果都自己单独研究的话,其作用是比同大伙儿一起研究更好一些的;我让他自己根据以上几点,对所有那些堂皇的机关的用处得出一个结论。

我带他去看戏,其目的不是为了研究戏中的寓意,而是为了研究人们的爱好;因为,正是在戏场中,人们的爱好最能赤裸裸地展现在一个有思想的人的面前。我将对他说:"戏中的箴言和寓意,且不去管它;我们在这里要学习的,不是这些东西。"演戏的目的不是为了表述真理,而是为了娱乐;我们在任何学校都不可能像这里一样如此透彻地学会使人喜悦和打动人心的办法。研究戏剧,就必然会进一步研究诗歌;这两者的目的是完全相同的。如果他对诗歌有一点儿兴趣的话,他将多么高兴地去学习诗歌的语言:希腊文、拉丁文和意大利文!研究这些语言,他将获得无限的乐趣,而且对他是只有好处的;当他长到这样的年龄和处在这样的环境,对所有一切触动他的心弦的美是这样神迷的时候,他将觉得研究这些语言是很愉快的。请你假想在这边是我的爱弥儿,在那边是一个在学校念书的顽童,他们都同样读《伊尼依特》第4卷,或者读提步路斯的诗,或者读柏拉图的《筵话篇》,请你想一想他们的感受将有多大的差别!在爱弥儿看来是如此动人的东西,对那个孩子竟一点影响都没有！"啊，可爱的年轻人！等一等，把你的书收起来，我看你太激动了；因为，我所希望的是，爱的语言将使你感到快乐，而不是使你感到迷醉。你固然是要做一个有感情的人，但也要做一个有睿智的人。如果你只能做这两种人当中的一种人，那你是算不得什么的"。此外，他在研究那些死的语言以及研究文学和诗歌的时候是不是能取得成就，在我看来是没有什么关系的。即使他对这些东西一点也不懂，他也不会因此就有什么不好，我拿这些东西来教他，其目的并不在于要他研究这些消闲的玩意儿。

我的主要的目的是：在教他认识和喜爱各种各样的美的同时，要使他的爱好和兴趣贯注于这种美，要防止他自然的口味改变样子，要防止他将来把他的财产作为他寻求幸福的手段，因为这种手段本来就是在他的身边的。我在前面已经说过，所谓审美，只不过就是鉴赏琐琐细细的东西的艺术，它的确是这样的；不过，既然人生的乐趣有赖于一系列的琐细的事物，那么，对它们花这样一番心思也不是毫无意义的；我们可以通过它们去学习利用我们力所能及的东西所具有的真正的美来充实我们的生活。我在这里所说的，并不是道德上的美，因为这种美是取决于一个人的心灵的良好倾向的；我所说的只是排除了偏见色彩的感性的美，真正的官能享受的美。

为了更好地表述我的思想，请允许我暂时不谈爱弥儿，因为他纯洁的和健康的心是不能用来作为衡量他人的尺度的；所以，让我在我自己的心中找一个更明显的和更符合于读者的性情的例子。

有一些社会职业似乎可以改变人的天性，可以把从事那种职业的人重新铸造成好人或坏人。一个胆小鬼到了纳瓦尔的兵团就会变成一个勇士。一个人不只是在军队中才能养成这种团体精神，而且一个人所受到的团体精神的影响也不见得一定是好的。我曾经怀着恐惧的心情想过一百次：如果我今天真是不幸在某个国家从事这样一种职业的话，我明天就几乎是不可避免地要变成暴君，变成徇私舞弊和残害人民的人，变成危害国王的人，变成专门同人类、正义和美德为敌的人。

同样，如果我是富翁的话，我必然是曾经为了做富翁而采取过一切发财致富的必要的手段的：我上逞下骄，锱铢必较地只顾我个人，对所有一切的人都冷酷无情，对下层社会的人的疾苦冷眼旁观；我之所以称穷人为下层社会的人，是因为我想使别人不了解我曾经是他们那个阶级的人。最后，我要利用我的财富去恣意享乐；到了这个地步，我就同其他的人一个样子了。

在享乐方面，我跟他人不同的是：我好声色而不好虚荣，我要尽情地讲求舒适的享受而不炫耀于浮华的外表。我甚至不好意思向人家显示我的富有，我好像时时刻刻都听见那些不如我阔绰的人在妒忌我，悄悄地向他们旁边的人说："瞧那个家伙，他生怕人家看不出他很阔气。"

在这盖满了大地的许许多多的财富中，我将寻求我最喜欢和最能占有的东西。为此，我的财富的第一个用场是用来买得闲暇和自由，其次是用来买得健康，如果健康可以用钱买得到的话。由于要买得健康就必须节制欲念，而没有健康，就没有生活的真正乐趣，因此，我要节制我的肉欲。

我时时刻刻要尽量地接近自然，以便使大自然赋予我的感官感到舒适，因为我深深相信，它的快乐和我的快乐愈相结合，我的快乐便愈真实。我选择模仿的对象时,我始终要以它为模特儿;在我的爱好中,我首先要偏爱它;在审美的时候,我一定要征求它的意见;在菜蔬中,我将选择已经由它添加了美味、从而尽可能少经人手的烹调便能送上餐桌的食物。我要提防弄虚作假的花招,我要直接享到美味的乐趣。即使我放开肚子大吃,也不能使饭馆老板发我的财,他休想拿毒药当山药来敲我的竹杠❶;我的桌子上绝不会摆什么样子虽然好看不过是发恶臭的东西,绝不摆从远地运来的腐肉;为了满足我的肉体的快乐,我是不怕任何麻烦的,因为这种麻烦的本身就是一种快乐,能够使我们所预期的快乐大为增加。如果我想尝一尝远在天边的一份菜,我将像阿皮希乌斯那样自己走到天边去尝,而不叫人把那份菜拿到我这里来,因为,即使拿来的是最好吃的菜,也总是要缺少一种调料的,这种调料,我们是不能够把它同菜一起端来的,而且也是任何一个厨师没有办法调配的:这种调料就是出产那种菜的地方风味。

　　由于同样的理由,我也不学有些人的样子:他们总觉得其他的地方比他们目前所在的地方舒服,因此,总是逆着季候干,使风土和季候不相调和;他们在冬天偏要过夏天,在夏天偏要过冬天,到意大利去乘凉,到北方去取暖。在他们看来,以为是逃过了季候的酷烈,殊不知到了那些地方,他们不知道怎样防备,反而会更觉得

---

❶ 这句译文同原文略有出入。原文直译为:"他休想高价把毒药当鱼卖给我;"在法文中,"毒药"(poison)和"鱼"(poisson)是两个形似和音近的字;卢梭选用这两个容易混淆和误认的字,是含有诙谐的意思。为了尽可能保存原文的风趣,故译文略有变动,译为:"他休想拿毒药当山药来敲我的竹杠";取"毒药"和"山药"这两个词中都有一个"药"字,在字面上有一点近似。

季候酷烈难受。至于我,我却要待在一个地方,而且同他们的做法恰恰相反:我将尽情地享受一个季节中一切令人赏心悦目的美,享受一个地方独具一格的特殊风味。我的爱好是多种多样的,我的习惯是互不相同的,然而它们都始终是合乎自然的;我将到那不勒斯去消夏,到彼得堡去过冬;有时候我将侧着身子躺在塔兰特的人迹罕到的岩窟中呼吸清风,有时候我跳舞跳疲乏了,便气喘吁吁地去看明亮的水晶宫。

至于我的餐桌和房间的陈设,我将用极其朴素的装饰品把季节的变化表现出来,我要把一个季节的美都一点不漏地尽情享受;这个季节没有过完,我绝不提前享受下一个季节的美。打乱了自然的秩序,是只会带来麻烦而不会带来乐趣的;当大自然不愿意给我们东西,而我们硬要向它索取的话,它是给得很勉强的,是有怨言的,这样的东西质量既不好,而且也没有味道,既不给人营养,也并不爽口,再也没有什么东西比提早上市的果子更淡而无味的了;巴黎的富翁花了很多的钱用火炉和温室培养,结果一年四季摆在他们桌上的蔬菜和水果都是很劣等的。尽管我在霜天雪地的时候有许多樱桃,或者在隆冬的时候有几个琥珀色的西瓜,但这时候,我的口既不需要滋润也不需要提味,我吃起樱桃或西瓜来,又有什么意思呢?在三伏天吃热炒栗子舒服不舒服?难道说大地不用我花多少气力就给我提供了那么多鹅莓、草莓和各种鲜果,而我不吃,却偏偏去吃刚出锅的热栗子么?正月间,在壁炉架上摆满了人工培养的绿色植物和暗淡而没有香味的花,这不仅没有把冬天装扮起来,反而剥夺了春天的美;这等于是不让自己到森林中去寻找那初开的紫罗兰,不让自己去窥看那胚芽的生长,不让自己欢天喜地地喊道:"世人啊,你们不要灰心,大自然还活着咧!"

为了把我的生活料理得很好,我只用很少的几个仆人。这一点我在前面已经说过了,不过现在再说一遍也有好处。一个市民虽只用一个仆人,却比一个公爵周围有十个跟班使唤还侍候得周到。我曾经想过一百次:要是在进餐的时候,杯子就摆在我的旁边,我想喝就可以喝;反之,如果我讲究排场的话,那就要二十个人接连传呼"斟酒!"之后我才能解我的渴。凡事要别人替你做,那一定会做得很糟糕的。我不叫别人到商店去代我买东西,我要亲自去买;我自己去,就免得我的用人和商人勾搭,而且可以选得好一点,价钱便宜一点;我自己去,也可以散散心,看一看外面的情景;这样做,既有趣,而且有时候还可以增长见识;最后,我还可以借此机会散散步;总之,这样做是有好处的。我们之所以觉得厌倦,是由于待着不动的时候太多了;如果常常去走动,就不会觉得生活枯燥无味的。一个门房或跟班总是不能很好地表达你的意思的;我不喜欢他们插身在我和其他的人的中间,我也不愿意老是坐着马车叮叮当当地在街上走,好像怕被人家挨着似的。一个人的两条腿就是他的两匹马,安步当车随时都可以到外面去走;他比谁都清楚这两匹马是不是累了或病了,绝不怕车夫为了偷懒,就借口马儿生病,使你出不了门;在路上即使遇到千百种障碍,你也不会着急,也不会在你巴不得想飞快地赶路的时候,偏偏要因为马不能走而不得不停下来。最后,既然我们自己比谁都能够更称心如意地办好自己的事情,那么,即使我们论权势赛过亚历山大,论财富胜过克里苏斯,我们也只有在自己确实不能做的时候,才要别人帮忙。

我不愿意修一座宫殿来做我的住所,因为大厦千间,夜眠不过八尺,公用的屋子是不能算作某一个人的;我的每一个仆人的房间,也好像我的邻居的房间一样,跟我是不相干的。东方人尽管是放纵声色,但他们的居室都是非常简朴的。他们把人生看作旅行,把他们的家看作逆旅。这个道理,对那些企图长生的富翁来说,当然是不起作用的;不过,我另外有一个理由将使我采取东方人的那种做法。我认为,要是我在一个地方摆设了很多的东西,那等于是不让我到别的地方去,等于是把我囚禁在我所谓的宫殿里了。这个世界其本身就是一个相当漂亮的宫殿:一个阔气的人要讲求享受的话,不是随处都可以享受的吗?"凡是有福可享的地方,便是我的家乡。"他应当拿这句话作为他的座右铭。哪一个地方是金钱万能,哪一个地方就是他的家;哪一个地方能够放他的保险箱,哪一个地方就是他的国土,正如菲力浦所说的,不论什么地方,只要他那匹驮着银子的骡子能够进得去,就可以做他的家①。我们为什么要把自己关在几堵墙和几扇门里,好像是永远不越雷池一步呢!如果发生了一场瘟疫或战争或暴动,使我不得不离开一个地方而到另一个地方,我将发现,我还没有到达那个地方,那里就已经给我准备好旅舍了。既然是走遍天涯到处都有人为我准备旅舍,我为什么又要自己去修盖一个旅舍呢?我为什么要这样忙忙碌碌,放着今朝的福不享,硬要等到以后呢?一个人处处同自己过不去,是不能过愉快的生活的。所以,恩珀多克利斯责备阿格里仁托说,他们一方面把享乐的东西堆存起来,好像他们只有一天的命

---

① 有一个穿得很漂亮的外邦人,在雅典有人问他是哪个国家的人,他回答说:"我是一个有钱人。"我觉得,这句话回答得很好。

好活似的,而另一方面又在那里大兴土木,好像他们是要长生不死似的*。

此外,尽管房子大,但没有多少人住,没有多少东西放,对我又有什么用处呢?我的家具也同我的爱好一样,是很简单的,即使我爱读书和爱看画,我也不要画房和书房。我知道收藏书画是永远也收藏不完的,倘使残缺不全,那是比一无所有还感到难过的。在这一点上,富裕反而是痛苦的根源,没有哪一个收藏家没有这种体会。当你体验到这一点的时候,你就不会去收藏什么东西了。如果你懂得怎样利用你的珍藏,你是不会拿去向人家显示的。

赌博,不是有钱人可以去搞的,它是那些没有事干的人消遣的玩意儿;我的爱好是多种多样的,所以我没有时间拿去搞这种坏事情。如果我是一个孤单的穷人,我是绝不会去赌的,顶多也只是偶尔下一盘棋,而这已经是玩得过度了。如果我很富有的话,我更难得去赌了,即使去赌也只能下很小的赌注,以免自己或别人因输赢太大而感到难过。一个人在富裕的时候是不会产生赌钱的动机的,因此,要不是他的心术变坏了的话,他是不会视赌如命的。有钱的人赢几个钱也算不了什么,而一输了钱就一定会感到恼火的;在小赌中赢得的钱到最后也要输光,通常都是输的多赢的少;因此,如果他好好地明白这个道理,他对这种十之八九是要倒霉的玩意儿是绝不会发生浓厚的兴趣的。有些人妄想去碰一碰自己的运气,那就到更激动人心的事情中去碰运气好了;命运的偏向在小赌和在大赌中都是一样地可以看得出来的。一个人之所以喜欢赌

---

* 蒙台涅:《论文集》,第 2 卷,第 1 章。

博,是由于他的贪婪和生活的无聊;这种爱好是只有那些心灵空虚和不用头脑的人才有的;我觉得,只要我有高洁的情操和丰富的知识,就绝不会拿这样一种事情来消磨我的时间。有思想的人都是不喜欢赌博的,因为一爱好赌博,就会使他丧失运用思想的习惯,或者,使他把他的思想用之于那些毫无意义的事情。专心于学问,其结果之一(也可能是唯一的结果)是可以稍稍扼杀这种贪鄙的欲念;他即使去赌,也是为了实验赌博的用途而不是醉心于赌。至于我,我要在赌徒们当中同赌博斗争,我看见他们输钱,比我亲自赢他们的钱还感到痛快。

我无论在私生活或同世人的交往中都是始终如一,并无两样的。我希望我的财富处处给我以舒适,同时又不使人觉得他们同我不平等。杂七杂八的装饰品,从任何一方面说来都是很不舒服的。为了在人群当中尽量保持我的自由,我穿的衣服要使各种身份的人看来都适合我的地位,而不显得特殊,从而使我省得装模作样地做作一番,既可以在酒吧间里同普通人厮混,也可以在宫廷中同贵族们周旋。这样做,我就可以更好地支配我自己的行动,从而可以领略一切社会地位的人的乐趣。据说,有一种女人一见到穿普通衣服的人就给以闭门羹,她们是只招待衣服华丽的人的;果真是这样的话,我就到别的地方去消磨时间好了;不过,如果这种女人确实是生得又年轻又俊俏的话,我也偶尔会穿上一身锦绣到她们那里去的,但顶多只同她们混一个晚上。

我和我所交往的人之间的唯一的联系是:互相友爱、兴趣一致和性情相投;我将以成年人而不以有钱人的身份同他们交往;我不容许在我和他们交往的乐趣中掺杂有利害关系的毒素。如果我的财富使我还保持有几分博爱的心肠,我将广泛地为他人效劳,为他们做好事;我希望我周围的人是一群同伴而不是趋炎附势之徒,是朋友而不是食客;我希望他们把我看作一个好客的主人而不看作一个施主。独立和平等使我同他们的关系是非常的真诚坦率;在这种关系中是不包含有义务和利害关系的成分的,它所遵循的唯一法则就是兴趣和友谊。

我们是不能用金钱买得一个朋友或情人的。只要舍得花钱,当然是容易得到女人的,但用这个办法便不能得到一个忠实的女人。爱情不仅不能买卖,而且金钱是必然会扼杀爱情的。任何一个男人,即使他是人类当中最可爱的人,只要他用金钱去谈爱,单单这一点就足以使他不能够长久地受到女人的爱。不用多久,他花了一阵钱,结果是在替别人养女人,或者说得更确切一点,另外一个男人将得到他的金钱;在这种以金钱和淫乱构成的双重关系中,既谈不上爱情,也谈不上荣誉和真正的快乐;那既不忠实又很可怜的贪婪的女人是怎样受到他所供养的流氓的对待,也将怎样对待那个给她的金钱的傻瓜,因此,她对这两个人都是没有爱情可言的。对我们所爱的人手面大方,只要不是在做交易,那是一件很好的事情。我认为,只有一个办法可以满足这种对女人的欲望而又不使爱情受到损害,这个办法就是:把你的全部家产都给她,然后再由她来供养你。需要斟酌的是,我们对什么样的女人不能采取这个办法。

有人说:"是我占有莱斯❶,而不是莱斯占有我",这句话实在

---

❶ 莱斯,古代希腊有名的才貌双全的妓女。

是说得没有意思。占有如果不是双方互相占有的话，那等于是没有占有，顶多是占有她的肉体，而未占有她那个人。在爱情上既不讲道德，又何必小题大做，说什么占有不占有呢？要找女人，那是最容易不过的事了。在这一点上，一个赶骡子的人比百万富翁还幸福得多。

唉！如果一个人能够洞察这种弊害，那么，当他获得了他所希望的东西时，他将发现它同他的希望是差得很远啊！为什么要那样迫不及待地败坏一个人的天真？一个青年人是应该受到我们的保护的，要是他第一步路走错了，就不可避免地要掉进苦难的深渊，使他除死亡以外就无法摆脱苦难的折磨。既然这样，我们为什么要使他沦为牺牲呢？其原因无他，是人的兽性、虚荣、愚蠢和谬误在作怪。这样一种享乐，其本身就是不符合自然的；它产生于人的偏见，产生于以一个人的自暴自弃为开端的最卑劣的偏见。当一个人觉得自己是最糟糕的时候，他是害怕同任何人进行比较的，他事事想争第一，以减轻他讨人憎恨的程度。试看那些贪恋这种片刻之乐的人是不是值得喜爱，是不是即使显得执拗也能加以原谅的青年。不是的，一个人有了品貌和才情，是不害怕他的情人是一个情场老手的，他将大胆地对她说："你知道寻欢作乐，这算不得什么，我的心将告诉你，你是根本不懂得什么叫乐趣的。"

一个被酒色淘空了身子的老色鬼，既不讨人喜欢，也不会体贴别人，而且脸皮又厚，不知羞耻，所以，任何一个女人只要懂得什么样的人可爱，她就不会爱他的；这种老色鬼知道要弥补他的这些缺点，就要赶快趁一个无知的少女没有经验的时候使她冲动春情。他的最后一招就是利用这种事情的新奇来讨取对方的欢心。毫无疑问，这种荒唐行为的秘密动机就在于此；但是，他的想法完全错了，因为，正如他能够刺激对方的自然的情欲一样，他也将引起对方的自然的恐怖。在他的这种愚蠢的企图中还疏忽了一点，那就是对方的自然的恐怖心将促使她维护她的权利。一个出卖自己的少女即便已经委身于他人了，在委身于她所选择的人的时候，她要作一番比较，而他正是害怕她把他同别人加以比较的。因此，他所买得的快乐是一场空，而且还不能不因此受到对方的厌恶。

至于我，尽管我的财富使我的为人有所改变，但有一点我是永不改变的。即使我改变得一点儿仁义道德之心都没有了，我至少能保持几分审美力，保持几分良知和谨慎细致的心，有了这些，就可以防止我上人家的当，不至于以我的财产去追求一场空梦；防止我把我的金钱和精力浪费于教导孩子怎样欺骗我和嘲笑我。如果我很年轻，我就要寻求青年人的乐趣；既然要尽量享受肉体上的快乐，我就不能以富人的身份去追逐这种快乐。如果我仍然是我现在这个样子，那又是另外一回事情了，我将小心谨慎地只追求适合于我这个年龄的人享受的快乐，我将培养我能够欣赏的爱好，而抛弃一切必然给我带来痛苦的爱好。我决不让我的灰白的胡子去受年轻的姑娘们的奚落，我决不拿我索然寡味的温情去招惹她们的厌恶，使自己成为她们的笑柄，我不敢设想她们像描写老猴贪淫似地说我对她们也是那样地淫虐。如果我的习惯没有很好的纠正，从而使我原来的色欲变成了一种需要，我也可能去满足这种需要，不过，我的内心将感到十分羞愧的。我要从我的需要中剔除好色的成分，我要尽量选择一个最好的情人，而且钟情于她，我不能让我的弱点再行发展，而尤其重要的是，我只能让一个人知道我有这个弱点。即使我们在这方面得不到乐趣，人的生活在其他方面也是有它的乐趣的。由于我们徒然去追逐那些转瞬即逝的快乐，我们反而丧失了同我们常相伴随的快乐。我们要随着我们年龄的增长而改变我们的兴趣，正如我们不能违背四时的季节行事一样，我们也不能违背年龄的大小行事；在任何时候都要克制自己，而不能一反自然，枉费心机地去寻欢取乐，将消耗我们的生命，使我们不能充分地享受。

一般的人很少有闷闷不乐的时候，他们的生活是很紧张的；他们娱乐的花样虽然不多，然而是非常有趣的；辛苦了许多日子之后，他们快快乐乐地过几天是感到很舒服的。长时间的劳动之后，来一个短期的休息，从而使他们觉得他们的工作是很有趣的。对有钱的人来说，最感到恼火的就是他们的生活索然寡味。尽管花了许多的钱去寻欢作乐，尽管有许多的人在争相取悦他们的心，但他们仍然觉得百般无聊，腻得要死；他们拼命地逃避生活的厌倦，然而仍旧时时刻刻感到闷闷不乐，十分难受；尤其是妇女，她们既不会生活，又不会寻乐，成天忧忧郁郁地过日子；对她们来说，生活的无聊已经变成了一种可怕的疾病，使她们有时候失去理性，而且到终致丧失生命。在我看来，再没有什么人比一个巴黎的美妇人的命运更可怕的了；而数了她的命运以后，就要数那个依恋她的美少年的命运可怕了，因为他也变得像一个懒散的女人，加倍地丧失了他的男子的地位，当他自诩为一个走运的人的时候，他实际上是在过着任何人都不能忍受的漫长的痛苦的日子。

我们之所以讲求礼法、时髦和规矩，其原因在于崇尚奢侈和外表，而结果，遂使我们的生活总是那样死气沉沉千篇一律。想使别人看起来我们是很快乐,反而会弄得一无是处:无论是自己或别人都毫无乐趣可言的①。一般的人是最害怕受到人家的嘲笑的,结果反而处处都受到人家的笑话,弄得苦恼不堪。一个人之所以可笑,完全是由于做法太死板的缘故;善于变换环境和兴趣的人一到了今天就会抹去昨天的印象,他在别人的心目中好像是没有这个人似的;不过,他是很快乐的,因为他每时每刻和在每一件事情上都是照着他自己的意思去做的。我也要唯一无二地永久采取这种方式,我到了一个环境,就过那个环境的生活而不问其他的环境如何;我每一天都按当天的情况去做,好像它同昨天和明天毫不相干似的。正如我以一个普通人的身份同普通人混在一起一样,我一到了田间就要像一个农民,谈起庄稼活儿来,不会在庄稼人面前闹笑话。我不到乡间去过城市的生活,我不在我外省的住宅前面修一座提勒里宫似的大门。我要在一个树木成荫的小山坡上修一间小小的白墙绿窗的农家房子;尽管用茅草盖屋顶,住起来一年四季都是很舒服的,但是我要把屋顶盖得漂亮一点;不过,我不用暗淡的薄石片盖,而要用瓦盖,因为用瓦盖,看起来比较干净和鲜艳,同时,因为我家乡的房子都是用瓦盖的,所以一看见瓦屋顶,就会引起我回忆少年时代的快乐生活。我要把我的院子用来做家禽饲养场,我不修马厩,但要修牛棚,以便取得我非常喜欢的牛奶。我的

---

① 有两个广为交际的妇女,为了使别人看起来她们是很快乐的样子,竟定了这样一条规矩:不到清晨五点钟不上床睡觉。在严冬的时候,她们的仆人在大街上等她们一直等到深夜,简直没有办法使他们不挨冻。有一天晚上,或者说得更确切一点,有一天早晨,有人走进这两个乐得不晓得天日和时辰的人的房间里,结果发现,房间里不多不少恰恰就是她们两个人,在沙发上睡大觉咧。

菜园就是我的花园，我的美丽的果园就是我的公园，它的样子同我在后面即将谈到的果园是一样的。树上的果子，过路的人爱吃就吃，我的园丁既不去数它们，也不去收摘它们；我不愿意在果园的四周围上一道漂亮的树墙，让人家看了不敢去动它。尽管这样小小地奢侈一下花钱不多，但因我所住的地方选择在偏远的省份，在那里，银钱少而食物多，富人和穷人都一般地过日子。

在那里，我将结交一批人，不过我结交的时候，要有选择而不图人多；他们当中，有喜欢游玩而且也懂得游玩的朋友；也有一些妇女，她们能够走出房间到田野去做游戏，而且有时候还能放下她们织布的梭子和纸牌，去钓鱼，去捕鸟，去拾柴和摘葡萄。在那里，我要把城市的习气忘得一干二净，在乡下就得像乡下人的样子；我们有各种各样有趣的事情好玩，而且其花样之多，竟使我们到了晚上不知道明天选哪一种东西来玩才好。运动和活泼的生活使我们的胃口大开，吃什么东西都有新鲜的滋味。我们的每一餐都等于一次宴会，我们所喜欢的是食物丰富而不是味道美不美。愉快的心情、田间的劳动和活泼的游戏，这三者可以说是世界上的第一流的厨师；在那些太阳一出就忙得上气不接下气的人看来，吃东西要那么样考究味道实在是可笑的。我们吃东西的时候也不讲究先吃什么后吃什么，餐具也不求其精美；处处都可以做我们的餐厅：在花园中，或者在小船上或树荫下，哪里都成；而且有时候还远远地离开家屋，到流动的泉水旁边，到绿茵茵的草地上，到赤杨和榛树丛中去吃；一大群会餐的人高高兴兴地带着饮食，一边走一边还唱着歌；草地就是我们的桌子和椅子，喷泉的石岸就是我们的餐具架；餐后吃的果子就悬挂在树上；我们先吃哪一道菜或后吃哪一道菜,一点也没有关系,只要有胃口,就可以省得那样拘泥。每一个人都大大方方地先给自己拿菜,同时也喜欢看到别人像他那样先拿给自己然后才拿给他。我们这样又亲切又随便,既不粗鲁,也不虚伪和拘束,说说笑笑地争着吃,其乐趣反而比斯斯文文地讲礼貌还浓厚一百倍,而且更能融合大家的心。没有任何一个讨厌的仆人来偷听我们说些什么话,或者悄悄地批评我们的做法,以贪婪的目光数我们吃了多少东西,故意要我们等好一阵工夫才拿酒来给我们喝,而且还抱怨我们一餐饭要吃那样长久。我们自己做自己的仆人,以便成为自己的主人;每一个人都可以得到大家的侍候;究竟过了多少钟点,我们也不去管它;进餐的时间就是休息的时间,以便躲过一天的炎热。如果有一个农民干完了活儿,扛着锄头从我们旁边走过,我就向他说几句好听的话,敬几杯美好的酒,振奋他的心,使他更能快乐地忍受他的辛苦;而我自己也感到内心激动,十分愉快,我悄悄地对自己说:"我也是一个人。"

如果当地的乡亲们聚在一块儿过什么节日,我将跟我的同伴头一个赶去赴会;如果我的左邻右舍有人举行婚礼(他们的婚礼当然比城里人的婚礼更能得到上帝的祝福),他们将邀请我去参加,因为他们都知道我是喜欢看到人家的欢乐的。我将给这些善良的人带几件像他们那样朴朴实实的礼物去,增加他们的喜庆的乐趣,而他们转赠给我的,则是我的同辈们不能理解的无价的好东西:自由和真正的快乐。我坐在长桌子的一端,同他们高高兴兴地一块儿进餐;我将同他们再三再四地合唱一首乡间的老歌曲,我在他们的院子里跳舞,比在歌剧院跳舞还跳得高兴。

也许有人会向我说:"以上所说的都很好,可是打猎的事情又怎样呢？是不是在乡村中就不打猎了呢？"我的意思是：我只是希望有一块小牧场，不过我的说法是不对的。我假定我是一个富人，我需要有一些唯我独享的快乐，我要从伤害动物中取得乐趣；此外，我还需要许多其他的东西。我所需要的是：土地、树林、看守庄园的人、地租和绅士的荣誉，我尤其是需要人们的巴结和奉承。

好得很。不过，我们周围的邻居一方面是既要保护他们的权利，另一方面又是巴不得侵占别人的权利的；我们的园丁彼此之间会发生争执，也许主人之间也会发生争执；于是，就要吵嘴，就要闹架，就要互相仇恨，说不定还要打官司，这些事情是很不愉快的。我的佃户看见我的兔子吃他们的麦子，看见我的猪吃他们的蚕豆，是很不高兴的，他们眼看着这些东西糟蹋他们的庄稼也不敢打死它们，只好把它们赶出他们的田地。他们白天种地而到了晚上还得看守，他们要用狗来看守，他们要敲鼓，要吹号角和摇动铃铛，所有这些乱七八糟的声音将打扰我的睡眠。我情不自禁地想到这些可怜的人的苦境，责备我给他们带来了许多麻烦。如果我贵为王侯的话，对这一切我就不在乎了；可是我，一个刚刚发迹的富翁，我的心还是同大家的心差不多的。

事情还没有完：野物一多，就会引诱很多的人来打猎。我要惩罚那些来偷着打猎的人，我要准备几间禁闭室和看守禁闭室的人，来看管他们和罚他们做苦工。这样做，我觉得是够残酷的了。这些可怜的人的妻子将围着我的大门，哭哭啼啼地闹得我很不安宁；要么就把她们赶走，否则就要用粗野的办法去对付她们。有些穷人并没有偷偷地来打猎，但因我的树林中的野禽野兽糟蹋了他们的庄稼，是一定要来向我诉他们的苦的。前面那种人因为偷猎我的野禽野兽而要受处罚,后面这种人又因为没有来偷猎我的野禽野兽而遭到巨大的牺牲,来偷猎当然要倒霉,不来偷猎也要倒霉!我在我周围所见到的都是凄凉的景物,所听到的都是呻吟的声音,这简直是大煞风景,使人不能痛快地去猎取成群的松鸡和近在脚边的野兔。

  如果你希望你的快乐中不带丝毫的苦味,那你就不要排除他人而独自一个人享受,你愈让大家来共享你的快乐,你就会愈觉得你的快乐完全不带一点儿苦味。因此,我绝不会照我刚才在上面所讲的那样去做,我一方面既不改变我的爱好,另一方面又要在寻求乐趣的时候尽量地减少麻烦。我在乡间的住所要修建在任何人都可以自由打猎的地方,在那里,我可以高兴地玩而不遇到什么惹人烦恼的事情。可猎的野禽野兽也许不多,所以,在寻猎的时候就需要有更多的技巧,这样一来,在猎到它们的时候,便可以使人更感到高兴。我记得我父亲看见第一只松鸡飞起来的时候,心里真是高兴得蹦蹦地跳;当他发现那只他追寻了一个整天的野兔时,简直是乐得发狂。是的,我认为,当他单独一个人牵着狗,扛着枪,背着猎袋和杂七杂八的用具以及一只小小的猎获物,在黄昏时候精疲力竭地带着满身被荆棘刺破的伤痕回到家里,其喜悦的心情远远超过了一般对打猎很外行的人,因为他们尽管骑着骏马,有二十个人扛着装好了弹药的猎枪跟着他们,但只能用了一支再换一支,必须等野物跑到他们身边的时候才能开枪打它们,既没有技术,也不光彩,甚至连运动都谈不上。因此,当我们不需要看管土地,不需要处罚偷偷打猎的人和折磨穷人的时候,我们既未因此而减少我们的乐趣,而且还可免除一切的麻烦。我之所以宁可过这样的生活,其理由就在于此。不管你怎样做,你老是那样折磨别人,自己是不能不同时遭到某些麻烦的;大家常常诅咒你,早晚会使你的野味吃起来很苦的。

再说一下,排除他人而独享乐趣,反而会使乐趣化为乌有。只有同人家分享的快乐,才是真正的快乐;要想独自一个人乐,是乐不起来的。如果我在花园周围修建的墙使它变成一块凄凉的禁地,那么我花了很多的钱反而使自己失去了散步的乐趣,使我不得不到远处去散步。财产这个魔鬼,摸着什么东西就要败坏什么东西。一个有钱人到哪里都想做主人,但他一做了主人反而得不到快乐,只好时时刻刻地到处逃避。至于我,即使我发了财,我也要保持我贫穷时候的做法。现在我可以享用别人的财产,从而使我比只享用我自己的财产更加富有;在我的附近,我觉得哪块地方好,我就把它据为己有。任何一个征服者都没有我做事这样果断,甚至王室的土地我也要侵占;所有的空地,只要我喜欢,我就不加分别地把它们占领下来,并且给它们取一个地名;我把这块空地作为我的花园,把那块空地作为我的草坪,于是它们就归我所有了;从此以后我就可以在其中大摇大摆地走来走去了,我要经常去看一看,以便保持我的所有权;凡是我路过的地方,我爱怎样利用就怎样利用;如果有人说,我所侵占的这块土地的正式的主人用这块土地出产的作物卖得了金钱,所以他从这块土地上得到的益处比我得到的益处大,我认为是说得不对的。即使他们挖沟筑篱来阻挡我,那也没有关系,我把我的花园扛起来就走,我把它安放到别处去;在附近有的是地方,我要对我的邻居掠夺一个很长的时期之后,他们才不能容忍我。

以上是我试图指出在愉快的闲暇时候如何选择真正的有趣的消遣,我们要玩就得按这种精神去玩,其他的一切玩法都不过是胡闹妄为和愚蠢的无聊的事情。任何一个人,只要他脱离了这些原则,不论他多么有钱,多么会挥金如土,他也领略不到生活的意义。

毫无疑问,人们会反对我说,这样的娱乐法是谁都会的,照着这些办法去玩,就不一定非要有钱不可了。这句话,正是我要得出的结论。只要你想得到快乐,你就可以得到快乐;只因习俗的偏见,才使人觉得一切都很困难,把摆在我们眼前的快乐也全都赶走了;要得到真正的快乐,比在表面上假装快乐还容易一百倍。一个善于欣赏和真正懂得逸乐的人,是不需要有金钱的,只要他有自由和自己做自己的主人就行了。任何一个身体健康、无冻饿之虞的人,只要他抛弃了他心目中臆想的财富,他就可以说是一个相当富有的人了,这就是贺拉斯所说的"以中庸为贵"。金银满库的人啊,另外想一个使用你们财产的办法吧,因为在寻求快乐的时候,金钱是没有用的。爱弥儿所知道的东西并不比我所知道的东西多,但是,由于他有一颗更纯洁和健康的心,所以他在这方面的见解比我的见解还好些,全世界的人都不能不说他的种种看法是对的[†]。

在这样消磨时间的过程中,我们一直在寻找苏菲,可是找不着她。正是由于不应该很快就把她找到,所以我们才到我明明知道

[†] 在其他版本作:"……说他的种种看法是对的。这样一种培养兴趣的办法,比采用读书去培养兴趣的办法好得多。贺拉斯和肖利厄对他也没有什么更好的办法可讲的。我再说一下,我们需要了解的是,这些方法这时候用起来是不是索然寡味和收不到效果,或者对他是十分相宜的。"

没有她的地方去找她①。

　　时间已经很紧迫了；现在是应该马上把她找到的时候了，以免他把另外一个女人当成是她，等到发现认错了人便后悔不及了。巴黎，你这驰名的城市，你这闹闹嚷嚷、充满了乌烟瘴气的城市，你这以妇女不爱体面、男子不爱美德而著称的城市，再见吧。巴黎，再见吧；我们现在要寻找爱情、幸福和天真；我们离开你是越远越好的。

---

　　① "才德的妇人，谁能得着呢？她的价值远胜过珍珠。"见《旧约全书·箴言》，第31章，第10节。

第 五 卷

现在,我们已经演叙到青年时期的最后一幕了,不过,还没有到大功告成的时候。

一个成年人单独一个人生活,那是不好的。爱弥儿现在是一个成年人了,我们曾经答应过给他一位伴侣,现在应该把她给他了。这个伴侣就是苏菲。她躲藏在什么地方?我们到哪里去找她?必须认识她,才能找到她。我们首先要知道她是怎样一个人,然后才能更好地估计她住在什么地方;即使我们已经把她找到了,事情也还没有完。洛克说:"既然我们这位年轻的绅士即将结婚,那就把他交给他的情人好了。"写到这里,他的著作就宣告结束了。至于我,我可没有培养什么绅士的荣幸,所以,我在这方面决不学洛克的样子。

苏 菲
或
女 人

如同爱弥儿是一个成年的男子一样,苏菲应当是一个成年的女人,也就是说,她应当具备所有一切成年的女性的特征,以便承担她在身体和精神方面应当承担的任务。现在,让我们从男性和女性的异同着手，进行一番研究。

就一切跟性没有关系的东西来看，女人和男人完全是一样的：她也有同样的器官、同样的需要和同样的能力；身体的结构也是一样的，身上的各个部分和它们的作用也是相同的，面貌也是相像的；不管你从哪一方面看，女人和男人之间的差别只不过是大小的差别罢了。

就一切涉及性的东西来看，女人和男人处处都有关系，而处处也都不同，要把他们加以比较，是很困难的，因为在男女的体格方面很难确定哪些东西是属于性的，哪些东西不是属于性的。通过比较解剖学，甚至单单凭肉眼的观察，我们也觉得他们之间的一般的区别好像是不在于性，然而它们跟性是确有关系的，只不过是我们看不出它们跟性发生关系的脉络罢了；关于这些脉络，我们还不知道它们散布的范围有多么大。我们确切知道的唯一的一件事情是：男人和女人共同的地方在于他们都具有人类的特点，他们不同的地方在于他们的性。从这两个观点来看，我们发现他们之间既有那样多相同的地方，也有那样多相反的地方，以致我们可以说，大自然把两个人既做得这样相像，又做得这样不同，确实是奇迹之一。

所有这些相同和相异的地方，对人的精神道德是有影响的；这种影响是很显著的，而且大家都是亲身经验得到的，所以我们用不着争论到底是男性优于女性，还是女性优于男性，或者两种性别的人是相等的，因为，每一种性别的人在按照他或她特有的方向奔赴大自然的目时，要是同另一种性别的人再相像一点的话，那反而不能像现在这样完善了！就他们共同的地方来说，他们是相等的；就他们相异的地方来说，是无法比较的。说一个成熟的女人和一个成熟的男人相似,是说他们的外貌相似,而不是说他们的精神相似;如果说要完全相似的话,那就连大小的差别也不许有了。

在两性的结合中,每一种性别的人都同样为共同的目的而贡献其力量,不过贡献的方式是不同的。由于方式不同,所以在两性的精神上也就产生了一个显而易见的差别。一个是积极主动和身强力壮的,而另一个则是消极被动和身体柔弱的,前者必须具有意志和力量,而后者只要稍为有一点抵抗的能力就行了。

如果承认这个原理的话,我们就可以说,女人是特地为了使男人感到喜悦而生成这个样子的。如果倒过来说,男子也应该使女人喜欢的话,那也只是一种不太直接的需要,因为,他的长处是在于他的体力,只要他身强力壮,就可以使她感到欢喜。我同意有些人所说的:这样的欢喜不是爱情的法则在起作用,但是,这是比爱情的法则更由来久远的自然的法则在起作用。

如果说女人生来是为了取悦于和从属于男人的话,她就应当使自己在男人看来觉得可爱,而不能使他感到不快。他对她之所以那样凶猛,正是由于她有动人的魅力;她应当利用她的魅力迫使他发现和运用他的力量。刺激这种力量的最可靠的办法是对他采取抵抗,使他不能不使用他的力量。当自尊心和欲望一结合起来的时候,就可使双方互相在对方的胜利中取得自己的成功。所以,一方是进行进攻,另一方是采取防御;男性显得勇敢,女性显得胆怯,直到最后拿出大自然赋予弱者制伏强者的武器——娇媚害羞的样子。

谁敢这样说:大自然是毫无差别地要两性的色欲都是同样的亢进,而且要性欲最先冲动的一方首先向对方作出要求满足色欲的表示？这种看法真是怪糟糕的！既然性行为对两性产生的结果是这样不同，那么，如果双方都同样大胆地去做这种行为，是不是合乎自然的道理呢？在共同的行为中，双方的负担既然是这样的不平等，那么，如果一方不受羞耻心的制约，另一方不受自然的克制，则不久以后双方都要同归于尽，而人类也将被本来是用来保存自己的手段所毁灭，这一点，难道还不明白吗？由于妇女们容易刺激男子的感官，燃起他们心中即将熄灭的欲火，因此，如果在世界上的某一个糟糕的地方，特别是在女多于男的热带地方，这种看法要是普遍流行的话，则男子们在妇女的淫欲的摧残之下，一个个都没有办法抵抗，不能不被她们所牺牲，被她们拖向死亡。

如果雌性的动物没有这种羞耻心，会产生怎样的结果呢？它们会不会像女人那样摆脱这种作为色欲的制约的羞耻心而贪淫无度呢？雌性的动物只有在需要的时候才产生性欲的，需要一满足，性欲也就停止；它们不是那样假情假意地推开雄性的动物①，而是干脆利落地一下子就拒绝的；它们的做法和奥古斯都的女儿的做法完全相反，当船只已经装满了货物的时候，它们就不再接纳乘客了。即使在它们听任性欲摆布的时候，它们心甘情愿地进行性行为的时间也是很短暂的，不久就会过去的；它们受本能的推动，也受本能的制约。如果你使妇女们丧失了这种羞耻心，她们用什么东西来代替这种消极的本能呢？在没有这种本能的情况下，如果你还希望女人不想男人，那等于是希望男人个个都成草包。

---

① 我曾经说过，所有的女性差不多都会做这种假情假意半推半就地拒绝的样子，甚至雌性的动物在它们已是十分心甘情愿的时候，也会这样做作一番的；只有从来没有看见过她们这种装模作样的样子的人才不同意这一点。

至高的上帝在任何事情上都希望人类具有荣誉心,他在把无限的欲望赐予人类的同时,又赐予调节欲望的法则,以便使人类既能自由,又能自己控制自己;他使男人既有旺盛的色欲,又使他具有克制色欲的理智;他使女人既有无限的春情,也使她具有节制春情的羞耻心。此外,在人类正当地运用其性能力的时候,他还使人类获得一种当时即能享受到的赏赐,那就是,如果人类按照他的法则而诚实地从事的话,就会得到乐趣。在我看来,所有这些是可以起到动物的本能所起的作用的。

　　不论女人是不是像男人那样发生了性欲,也不论她是不是愿意满足他的欲望,她总是要表示推辞和进行防卫的,不过推辞和防卫的程度是不一样的,也不是始终都是那样坚决和同样成功的。攻者要取得胜利,被攻者就要允许或指挥他进行进攻,有多么多巧妙的办法刺激进攻者拼命进攻啊！最自由和最温柔的动作是绝不容许真正的暴力的,大自然和人的理性都是反对使用暴力的。大自然之反对使用暴力,表现在它使较弱的一方具有足够的力量,想抵抗就能够抵抗;理性之反对暴力,在于真正的暴力不仅是最粗野的兽行,而且是违反性行为的目的的,因为一则是由于这样做,男人就等于是向他的伴侣宣战,从而使她有权把侵害者置于死地,以保卫她的人身和自由,再则是由于只有妇女才能独自地判断她自己的处境,同时,如果任何一个男人都可窃夺做父亲的权利的话,则一个孩子便无法辨认哪一个人是他的父亲了。

　　这样,我们可以根据两性体质的差异而得出第三个结论,那就是:较强的一方在表面上好像是居于主动,而实际上是要受较弱的一方的支配的;其所以如此,并不是由于男子惯于向妇女献小殷勤，也不是由于他以保护人自居，表现得宽宏大量不拘细节，而是由于一种不可变易的自然的法则，因为这种法则使妇女可以很轻易地刺激男人的性欲，而男人要满足这种性欲，就比较困难，从而使他要依对方的兴致为转移，并且不得不尽力地取悦对方，以便使她承认他为强者。对男人来说，在他取得胜利的时候，他最感到甜蜜的是他不知道究竟是弱者向他的强力让步，还是她心甘情愿地投降；而妇女又往往很狡猾地故意使他和她之间存在着这种疑团。这在一点上，妇女的心眼和她们的体质完全是一致的：她们不仅不以她们的柔弱为可羞，反而以之为荣；她们柔嫩的肌肉是没有抵抗力的，她们承认连最轻便的东西也负担不起；要是她们长得粗壮的话，也许反而觉得不好意思咧。为什么呢？这不仅是为了显得窈窕，而且是为了更好地进行防卫，她们要事先给自己找个借口，以便在必要的时候取得弱者的权利。

我们从自己的罪恶行为中逐步地获得了许多知识，从而大大地改变了我们在这个问题上的旧看法；我们现在是很少听说有强奸的行为了，因为这种行为已经不大需要，同时世人也不再相信有这种行为①；但是，在上古的希腊人和犹太人当中常常听说有这种事情，因为它们是符合朴实的自然生活的，而后来只因我们日趋放荡，所以大家才不提这种事情了。现在，人们之所以较少地谈到强奸的事，当然不是由于男子们更能克制，而是由于人们已不再那样地相信；从前，向人家诉说强奸的事情，是能够说得心地朴实的人

---

① 要在年龄和体力上极不相称，才能说是真正的强奸；不过，我在这里是按照自然的秩序来论述两性的相对的地位的，所以我把男女两性都放在构成这种地位的共同的关系中来阐述。

相信的，而在今天就会招致别人的取笑，因此，倒不如不说还好些。在《申命记》*中有一条法律规定，如果奸淫的事发生在城里，则被奸的女子也要跟诱奸的人一同受到惩罚；但是，如果发生在乡间或人烟稀少的地方，则只惩罚男子。据这条法律说，这是"因为那女子已经喊叫，但是没有人听见"。这种宽大的解释，教育了女子们不要到人多的地方去，以免遭到意外。

由于人们的看法有了改变，因此对风俗也产生了显著的影响。现今的男子个个都向妇女大献殷勤，就是这种影响的结果。男子们发现，他们要得到快乐，便要依靠女性的自愿，而且依靠的程度比他们所想象的还大得多，他们必须采取体贴对方的做法，才能满足自己的愿望。

所以，我们可以看出，我们是怎样在不知不觉中由肉欲而达到道德观的，是怎样由粗俗的两性结合中逐渐产生温柔的爱情的法则的。女子之所以能够驾驭男人，并不是由于男人愿意受她们的驾驭，而是由于大自然要这样做：她们还没有在表面上制伏男子以前，就已经是在驾驭男子了。海格立斯想凌辱塞士庇斯的五十个女儿，但是却不得不在奥姆伐尔的脚边去纺纱；参孙的力量虽大，也大不过德利拉。妇女们是有这种威力的，而且是谁也不能剥夺的，即使她们滥用这种威力，我们也没有办法；如果她们有失去这种威力的可能的话，她们早就失去了。

至于说到性行为对两性的影响，那是完全不平等的。男性只不过在某些时候才起男性的作用，而女性终生都要起女性的作用，

---

* 《旧约全书·申命记》，第 22 章，第 23 至 27 节。

至少她在整个的青年时期要起女性的作用；任何事情都可以使她想起她的性别，同时，为了很好地起到她的作用，她就需要一套同她的性别相适应的做法。她在怀孕期间需要得到照顾，她在坐褥期间需要休息；她在授乳期间需要过一种安适而少活动的生活；为了抚养孩子，她应当性情温柔和有耐心，她应当具有一种不为任何事物所挫折的热情和爱；她是孩子们和父亲之间的纽带，只有她才能使他爱他们，使他相信他们确实是他的。为了使全家的人亲密相处，需要她做出一些多么细致的安排啊！妇女们之所以能这样做，并不是因为这些事情是一种美德，而是因为其中含有乐趣，没有这种乐趣，人类是不久就会消灭的。

　　两性之间相互的义务不是也不可能是绝对相等的。如果妇女们在这个问题上抱怨男子做得不公平的话，那是不对的；这种不平等的现象绝不是人为的，或者说，至少不是由于人们的偏见造成的。它是合理的，在两性当中，大自然既然是委她以生男育女的责任，她就应当向对方负责抚育孩子。毫无疑问，任何人都是不容许背信弃义的，任何一个不忠实的丈夫，如果在他的妻子尽到了女性的艰巨的责任之后，竟剥夺了她应当享受的唯一的报酬的话，他便可以说是一个不正直的野蛮人；但是，如果妻子不忠实，则后果就更糟糕了，她将拆散一个家庭，打破自然的一切联系；由于她给他养的是一些私生子，所以她既出卖了丈夫，也出卖了孩子；她不仅不忠实，而且还不贞洁。我还没有发现哪一次乱伦和犯罪的事情同不忠实的女人是没有牵连的。如果说世界上确有一种可怕的处境的话，那就是一个倒霉的父亲的处境了：他不敢信任他的妻子，从而也不敢尽量发抒他内心的甜蜜的情感，当他拥抱他的孩子的时候,他怀疑他所拥抱的那个孩子是不是别人的,是不是他的耻辱的象征,是不是篡窃他嫡亲的子女的财产的盗贼。在这个家庭中,尽管那个犯罪的女人强使家中的人做出相爱的样子,但实际上是在挑使他们互相成为暗中的仇敌,所以,哪里能说他们是一家人呢?

因此,问题不仅是做妻子的人本人应该是很忠实的,而且她在她的丈夫、她的邻人以及所有一切的人看来都是忠实的;她应当态度谦逊、举止谨慎,而且还略略含羞;她在别人的眼中看来,也要如同她在她自己的良心看来一样,不愧为一个有品德的人。如果说做父亲的人应该爱他的子女,则他便应该尊敬他们的母亲。由于这种种原因,所以妇女们一方面有许多应尽的义务,另一方面也要求她们必须像保持贞操一样地保持一个很好的名声。根据这些原理,我们不仅可以推论出男性和女性应有的品德为什么不同,而且可以推论出:在妇女们的天职和习俗方面还有一种新的动力促使她们要极其谨小慎微地注意她们的行为和态度。只是笼统地说两性平等,说他们的义务是一样的,那等于是在说空话,不针对上述这些问题来说,那就是说了也等于白说。

举出一些例外的情形来反驳有实实在在的依据的普遍法则,这哪里说得上是一种实事求是的推理方法呢?你也许会说:"妇女们哪里是常常在生孩子呢?"不错,她们不是常常在生孩子,但是,她们本来的目的是要生孩子的。怎么!仅仅因为在这个世界上的百十来个大城市中,妇女们过着淫荡的生活,因而所生的子女很稀少,你便以这一点为依据说妇女们的天职是少生子女!穷乡僻壤的妇女们过着十分朴实和贞洁的生活,要不是她们来弥补城市中的太太们生育稀少的后果的话,你想一想那些城市将变成什么样子?在好些省份中,一个妇女如果只生四个或五个孩子的话,还会被人家看作是生殖力不强的女人咧①!这个或那个女人少生几个孩子,这有什么要紧呢?难道说因此就能断定妇女们的天职不是做母亲吗?大自然和人类的伦理难道就因此不通过普遍的法则把这种天职赋予她们吗?

不管你把两次怀孕期之间的间隔拖多么长,一个妇女是不是因此就能够毫无危险和毫无困难地断然变换另外一种生活方式呢?她能不能够今天做乳母,明天去做战士呢?她能不能够像变色的蜥蜴一样改变她的气质和爱好呢?她能不能够一下子就不干家务工作,到野外去栉风沐雨地干重活和拼着性命打仗呢?她能不能够时而胆小②,时而勇猛;时而娇弱无力,时而身强力壮呢?如果说在巴黎成长起来的年轻人都感到军人的生活很苦,那么,从来没有晒过太阳,连走路都觉得吃力的女人,在过了五十年的舒适生活之后又去当兵,是否吃得消呢?她们在这种年龄(男子们在这种年龄就应当退伍了)能不能去从事这种艰辛的职业呢?

我知道,在有些国家里,女人生孩子的时候几乎没有什么痛苦,而且用不着操多大的心就能把孩子抚养起来;但是,也正是在这些国家里,男人一年四季都能裸着半个身子,而且还能同猛兽格

---

① 如果不是这样的话,人类就必然要绝灭;为了要保存人类,每一个妇女差不多要生四个孩子才能完全补足这种缺额,因为在出生的孩子中,几乎有一半在他们自己还不能生育子女以前就死了,所以必须剩下两个人来接替父亲和母亲。因此,请你想一想:我们能不能够依靠城市来保持这样一个人口数字。

② 妇女们的胆子小,这也是一种自然的本能,以便她们在怀孕期间防备双重的危险。

斗,能把一只独木船扛在肩上就像扛一个背包,能跑七八十里路去打猎,能在露天地里睡觉,能忍受难以想象的疲劳,而且几天不吃东西也能够生活。女人长得强壮的时候,男人就会长得更加强壮;但是,如果男子的身体变得衰弱了,则女人的身体就会更加衰弱;当被减数和减数都相应地改变的时候,差数仍然是一样的。

我很清楚:柏拉图在《理想国》中主张女人也要做男子所做的那些运动。他在他所主张的政治制度中取消了家庭,但又不知道怎样安置妇女,所以他只好把她们改造成男人。这个天才优秀的人把各方面都论述得很详细,对所有各种问题都阐发了他的见解,甚至任何人都没有向他提到的一些难题他都想到了,不过他对别人已经提到的一些疑难并未很好地解决。我现在不打算谈那种所谓的妇女团体,在这个问题上要是像一般人那样一再责备他的话,那恰恰证明责备他的人没有读过他的著作;我打算论述的是社会上男女混杂的情形;由于男女混杂不分,所以两种性别的人都去担当同样的职务,做同样的事情,结果是必然会产生一些不可容忍的弊端的;我要论述最温柔的自然的情感的消灭,它们被一种必须依靠它们才能存在的虚伪做作的情感所吞噬。难道说不需要自然的影响就能形成习俗的联系!难道说我们对亲人的爱不是我们对国家的爱的本原!难道说不是因为我们有那小小的家园我们才依恋那巨大的祖国!难道说不是首先要有好儿子、好丈夫和好父亲,然后才有好公民!

当我们论证了男人和女人在体格和性情上不是而且也不应当是完全相同之后,我们便可由此得出结论说:他们所受的教育也必须有所不同。他们固然应当遵循自然的教训,在行动上互相配合,但是他们不应当两者都做同样的事情；他们工作的目的是相同的，但是他们工作的内容却不一样，因此促使他们进行工作的情趣也有所差异。我们已经尽了一番力量把男子培养成一个天性自然的男子，现在，为了使我们的工作达到完善，且让我们探讨一下怎样培养妇女，使她们适合于这种男人。

如果你想永远按照正确的道路前进，你就要始终遵循大自然的指导。所有一切男女两性的特征，都应当看作是由于自然的安排而加以尊重。你一再说："妇女们有好些这样或那样的缺点，而这些缺点我们是没有的。"你这种骄傲的看法将使你造成错误；你所说的缺点，正是她们的优点；如果她们没有这些优点，事情就不可能有目前这样好。你可以防止这些所谓的缺点退化成恶劣的品行，但是你千万不能去消灭它们。

妇女们也不断在那里发牢骚，说我们把她们培养成徒具外表的撒娇献媚的人，说我们老是拿一些微不足道的小玩意儿去取悦她们的心，以便使她们容易受我们的控制；她们说我们责备她们的那些缺点是由我们造成的。简直是在那里胡说！男人们是从什么时候起才开始插手女子的教育的？谁阻碍过做母亲的人按她们的意愿去教养女子？"她们没有学校可上！真糟糕！"啊！但愿上帝也不让男孩子去上学校好了！这样做，他们是更能培养成有感情和心地诚实的人的。谁强迫过女孩子们硬要把她们的时间浪费去搞那些琐琐碎碎的事情？谁要她们去学你的样子把一半的时间拿去搞梳妆打扮？谁阻拦过你，不让你按照你的心意去教育她们和请人教育她们？如果她们长得美丽，因而讨得我们喜欢，如果她们笑眯眯的样子使我们感到引诱，如果她们从你那里学来的巧妙办法使我们心醉神迷,如果她们穿得漂亮,使我们喜欢欣赏,如果我们让她们从从容容地使用那些可以使我们甘拜下风的武器,能不能怪我们做得不对呢?好吧,你就像培养男子那样培养她们好了,男人们一定是衷心赞成的。因为,她们愈是想学男人的样子,她们便愈不能驾驭男人;这样一来,他们才会真正地成为她们的主人哩。

所有一切男女两性同样具有的能力,并不是双方具有的程度都是相等的;但从总的方面说来,他们和她们的能力是互相补充的。妇女以妇女的身份做事,效果就比较好,如果以男人的身份去做,效果就比较差;无论在什么地方,只要她们善于利用她们的权利,她们就可以占据优势;但如果她们要窃取我们的权利,她们就必然会不如我们的。这是一个普遍的真理,我们不能像偏袒女性的风流男子那样,单单用一些例外的情形把这个真理驳倒。

如果在妇女们的身上去培养男人的品质,而不去培养她们本来应该具备的品质,这显然是在害她们。狡黠的女人把这一点看得很清楚,所以是不会受这种做法的欺骗的;她们在企图窃取我们的权利的同时,一点也不放弃她们的权利;然而这样做的结果是,由于这两种权利是互不相容的,所以这两种权利她们都得不到,她们不但不能达到我们的地位,反而达不到她们本来应该达到的地位,使她们的价值损失了一半。贤明的母亲,请你相信我所说的这一番话,不要违反自然把你的女儿造就成一个好男子;你应当把她培养成一个好女人,这样,对她自己和对我们都有更大的好处。

是不是因此就可以得出结论说,应当使她对一切事物都蒙昧无知,只能够让她们经管家务呢?一个男人应不应该把他的伴侣当作奴仆呢？他会不会不让她去享受社交的乐趣呢？为了更好地使役她，他会不会使她没有一点思想和知识呢？他会不会把她造成一个十足的机器人呢？不会的，当然不会的；大自然使妇女们具备了那样聪慧和那样可爱的心灵，所以它绝不会抱这样的主张的；相反地，它希望她们有思想和有眼光，希望她们有所爱和有所认识，希望她们像培养身体那样培养她们的心灵；所有这些就是它赋予她们的武器，以弥补她们体力的不足，并支配我们的体力。她们有很多的东西需要学习，但是她们只能学习那些适合于她们学习的东西。

我无论是从女性特殊的天职方面去考虑，还是从她们的倾向或义务方面去观察，都同样地使我了解到什么样的教育才适合于她们。妇女和男子是彼此为了双方的利益而生的，但是他们和她们互相依赖的程度是不相等的：男子是由于他们的欲望而依赖女人的，而女人则不仅是由于她们的欲望，而且还由于她们的需要而依赖于男人；男人没有女人也能够生存，而女人没有男人便不能够生存。她们想要获得生活的必需品，想要保持她们的地位，就必须要我们愿意供给她们的生活必需品，就必须要我们愿意保持她们的地位，就必须要我们认为她们配享受这些东西；她们要依赖于我们的情感，依赖于我们对她们的功绩的估计和对她们的品貌的尊重。由于自然法则的作用，妇女们无论是就她们本身或就她们的孩子来说，都是要听凭男子来评价的。她们不仅是应当值得尊重，而且还必须有人尊重；她们不仅是要长得美丽，而且还必须使人喜欢；她们不仅是要生得聪明，而且还必须别人看出她们的聪明；她们的荣耀不仅在于她们的行为，而且还在于她们的名声；一个被人家看作是声名狼藉的女人,其行为不可能是诚实的。一个男人只要行为端正,他就能够以他自己的意愿为意愿,就能够把别人的评论不放在眼里;可是一个女人,即使行为端正,她的工作也只是完成了一半;别人对她的看法,和她实际的行为一样,都必须是很好的。由此可见,在这方面对她们施行的教育,应当同我们的教育完全相反:世人的议论是葬送男人的美德的坟墓,然而却是荣耀女人的王冠。

首先要母亲的身体好,孩子的身体才能好;首先要女人关心,男子才能受到幼年时期的教育;而且,他将来有怎样的脾气、欲念、爱好,甚至幸福还是不幸福,都有赖于妇女。所以妇女们所受的种种教育,和男人都是有关系的。使男人感到喜悦,对他们有所帮助,得到他们的爱和尊重,在幼年时期抚养他们,在壮年时期关心他们,对他们进谏忠言和给予安慰,使他们的生活很有乐趣,所有这些,在任何时候都是妇女们的天职,我们应当从她们小时候起就教育她们。只要我们不根据这个原理去做,我们就会远离我们的目标,而我们教她们的种种训条,既无助于她们的幸福,也无助于我们的幸福。

不过,尽管所有的妇女们都希望而且也应当使男子们感到喜悦,然而怎样使有才德的人和真正可爱的人感到喜悦,和怎样使那些有辱男性和处处模仿女性的花花公子感到喜悦,在做法上是迥然不同的。无论天性或理性都不可能使一个妇女爱男人身上跟她相同的地方,反过来说,她也不应该为了取得男人的爱就学男人的样子。

所以,如果妇女们抛弃了淑静的态度,而去学那些傻头傻脑的男人样子,则她们不是在遵循而是在违背她们的天职;她们在自己剥夺自己应享的权利。她们说:"如果我们不这样做,我们就不会讨得男子的欢心。"这简直是在胡说。只有糊涂的女人才喜欢胡闹的男人;如果她们想吸引这样的男人,那就表明她们是非常的愚蠢。如果世界上没有轻薄的男子的话,糊涂的女人也许还巴不得制造几个轻薄的男子咧;妇女使男子产生的轻薄行为,远远多于男子使妇女产生的轻薄行为。一个妇女如果爱真正的男子和想讨取他们的欢心,她就应当采取一些适合于她的意图的手段。妇女们由于身份的关系,所以是很风骚的;但是,她们卖弄风骚的方式和目的,是要随着她们的看法不同而有所变化的。我们使她们的看法符合自然的看法,妇女们就可以受到适合于她们的教育了。

小小的年轻姑娘也是很喜欢装饰品的。她们不满足于她们长得美,而且还希望别人发现她们的美;我们在她们小小的面孔上就可以看出她们已经有了这种心思,一到她们能够听懂我们向她们所讲的话,我们只需告诉她们说别人在怎样谈论她们,就可以把她们管束得好好的。然而,如果你糊里糊涂地同样向男孩子们说别人在怎样谈论他们,就不可能取得那种效果。只要他们能够自由自在地玩,别人怎样说他们,他们是满不在乎的。要使他们受这个法则的约束,那是要花很多时间和精力的。

女孩子们的这种最初的教育,不论是从哪里得来的,总之是一种很好的教育。既然是身体先精神而生,则我们就应当首先培养身体,这个次序对男人和女人来说都是一样的。但是,培养的目的是不同的:在男人是培养它长得壮而有力,在女人则是培养它长得灵巧;这并不是说男性只能唯一无二地具有男性的品质,女性只能唯一无二地具有女性的品质,这只是说这些品质在每一种性别的人的身上应当有主有次;女子也必须有足够的体力,做起活来才感到轻松;男子也必须相当的灵巧,做起活来才觉得容易。

妇女的体质要是过于柔弱,也会使男子的身体日趋柔弱的。妇女们不应当像男子那样粗壮,但是也要强壮得同他们相配合,才能生育像他们那样健康的孩子。在女修道院寄宿的女子,吃的虽然是普通的饮食,但是由于在户外和花园中蹦蹦跳跳游玩的时候多,所以从这一点上说,在女修道院比在自己家里好,因为在自己的家里,一个女孩子吃的虽然是精美的饮食,然而由于时而受到大人的夸奖,时而又受到大人的斥责,并且成天都在一间关得紧紧的房间里坐在母亲的面前,不敢起来走一走,不敢说话或闹嚷,也没有片刻的自由去玩、去跑、去跳、去叫,随她们那个年龄的活泼的天性去做,结果对她们不是过于娇生惯养就是不适当地管得过严,没有一样是做得合乎道理的。青年人的身心之所以遭到败坏,其原因就在这里。

斯巴达的女孩子也像男孩子一样地做军操,其原因并不是为了去打仗,而是为了将来生育一些能够忍受战争的艰苦的儿子。我倒不认为,为了给国家生养士兵,就一定要母亲们背着步枪去学普鲁士的兵操;但是我认为,从大体上说来,希腊人在这方面的教育方法是很有道理的。青年女子经常出现在公共场合,只不过是女孩子同女孩子聚在一起,而不同男孩子们混起来的。在任何一个节日、集会或祭神的典礼中都可看到一队一队的优秀的公民的女孩子,她们戴着花冠,提着花篮,捧着花瓶和祭品,载歌载舞地玩着,使希腊人的迟钝的感官接触到一种动人的情景,抵消他们粗笨的体操所产生的不良效果。不管这种风俗对男子产生了什么影响,它总是能通过轻松活泼的运动使女子在青年时期练成一副良好的体格,通过使人喜欢的殷切愿望培养她们的兴趣,而又不损害她们的性情。

这些年轻的姑娘们一旦结了婚,就再也不在公共场合露面了;她们待在家里,把她们的全部精力用来管理家务。大自然和理性给女性安排的生活方式就是如此。这样的母亲所生育的儿子才是地球上最健美的男子;尽管有几个岛上的人的名声不好,然而,在全世界,甚至在包括罗马人在内的所有一切民族中,只有古代希腊的妇女才是那样既聪明又可爱,既贤淑又长得漂亮的。

我们知道,希腊人的衣服很宽大,一点也不束缚身体,因而使他们的男子和妇女的身材个个都长得像他们的雕像那样匀称优美;在我们中间,由于自然的体态已经被弄得不像原来的样子,再也找不到那样匀称的身段,所以现今在艺术上还要拿他们的雕像作为模仿的模特儿。所有一切哥特式的紧身衫和把我们周身四肢捆得严严实实的花边带,古代的希腊人是绝对没有见过的。他们的妇女也没有穿过鲸尾式裙子,可是我们现今的妇女却被这种东西弄得身材不像个样子,使人一点也看不出它们的轮廓。这样一种不好的服式在英国竟流行到了一种难以置信的程度,我不能不设想其结果是必然会败坏他们的民族的;我认为,他们之所以喜欢这种服式,正是由于他们的风尚不好的缘故。一个妇女像黄蜂似地切成两段,是一点也不好看的,这是有碍观瞻和使人一想到那种样子就感到不痛快的。同所有一切其他的事物一样,身材的窈窕也有它一定的比例和限度,超过这个限度,就肯定是一种缺点;这种缺点在裸体的时候看起来是极其刺目的,难道说用衣服把它罩起来就好看么?

我真的不敢研究是什么理由使得妇女们硬要把自己像穿铠甲似地束缚起来;我承认:一个二十岁的女人要是乳房下垂和腰身粗大,确实是很难看的,但是,如果在三十岁的时候是这个样子的话,那就一点也不难看了;不管我们愿不愿意,我们在任何年龄都要长得合乎自然,人的眼睛在这一点上是看得清清楚楚的,所以,不管什么年龄的女人在有了这种缺陷的时候,样子固然是不好看,但总比傻头傻脑地把自己装扮成一个四十岁的大姑娘好看得多。

所有一切妨碍和束缚天性的东西都是由于风尚不好而造成的,就身体的装饰和心灵的修养来说,确实是这样的。生命、健康、理性和舒适,应该是压倒一切的,不舒适的事物绝不会显得优美;苗条并不等于瘦弱,为了讨得人家的爱,就不应当有一副不健康的样子。一个人生病的时候固然是可以引起人家的同情,但是,要想得到人家的喜欢,就必须长得活活泼泼,身体健康。

男孩子和女孩子有许多共同的游戏,这是很应该的,他们长大以后,不是也应该在一块儿玩的吗?他们也各自有适合于自己的爱好。男孩子喜欢运动和吵闹,喜欢打鼓、抽陀螺和推小车;而女孩子则喜欢好看和用来化妆的东西,喜欢镜子、珠子、花边,尤其是喜欢布娃娃,布娃娃是女孩子特定喜欢的东西,从这一点就显然可以看出她的爱好是切合她的使命的。打扮的要点在于怎样使用化妆品,这种艺术是孩子们可以学会的。

你看:一个女孩子成天玩她的那个布娃娃,她不断地给它装饰,无数次地给它穿衣服和脱衣服,不论她善于挑选或是不善于挑选,她总是接二连三地给它佩戴一些新的装饰;她的手指很笨,她也没有养成一定的爱好,但是她的倾向已经显露出来了。她玩布娃娃玩得没有个完,时间也不知不觉地过去了,究竟玩了几点钟,她也不知道,甚至连吃饭都忘记了;她如饥似渴地寻找的是化妆品而不是食物。你也许会说:"她所打扮的是她的布娃娃而不是她本人。"当然,她注意她的布娃娃而没有注意她自己,她对她自己还不能做任何事情,她还没有长大成熟,她既没有才能也缺乏体力,她什么都不懂,她整个的心思都贯注在她的布娃娃的身上,她把她所有一切可爱之处都转移在它的身上。她不会永远都停留在这种情况的,她在等待她自己成为一个布娃娃的时刻。

可见这是必然要形成的一个倾向,你只需注意它的发展,加以指导就行了。当然,这个小女孩心中所想到的只是怎样打扮她的布娃娃,怎样给它打蝴蝶结子和小围脖儿,怎样给它扎花边,所有这些她都一定要依靠别人帮她的忙,因此她觉得要是她自己会做就好了。人们之所以开头第一样就教她学做这些东西,其原因就在于此;这些东西并不是人们规定她非做不可的工作,而是好心好意地拿给她去玩的。实际上,几乎所有的小女孩都是不愿意学习读书和写字的;但是,当她们把针线拿在手里的时候,她们就学习得很起劲。她们以为自己已经长成大人,高高兴兴地想象着她们终有一天会用这些本领打扮自己。

把这第一条道路打开之后,就容易前进了;跟着,她们就会自己去学做琐琐碎碎的化妆品,学绣花和打花边。挂什么窗帘,她们是不太过问的;用什么家具,她们也是不管的。这些东西对她们没有什么关系,别人爱怎样安排就怎样安排。成年的妇女才喜欢考究窗帘和壁纸之类的东西,年轻的姑娘对它们的兴趣是不大的。

像这样自觉自愿地学习这些东西,很容易促使她们去学画图画,因为绘画这门艺术同考究穿扮是很有关系的;不过,我不希望她们去学画风景,更不希望她们去学画人物。学着画一画花草、果木和各种图案就够了,因为这些画可以增加她们的服装的美,使她们在找不到合适的花样时,可以自己画出来刺绣。一般地说,如果男子只应该研究对他有用的学问的话,则妇女尤其应该把她们研究的范围限制于对她们有用的事情,因为,尽管妇女的生活没有那样劳累,但她们做事一般是比男人更加勤奋的,而且常常还要穿插着做许多其他的事情,所以不容许她们按各人的才能去自由选择,因而不能很好地尽她们的本分。

不管那些爱说风凉话的人怎样说,男女两性都是具有同样的良知的。女孩子一般都是比男孩子更温顺一些的,而且,正如我在后面即将谈到的,我们可以管她们管得严一点;但是,不能因此就得出结论说我们可以强迫她们做她们不明白其用处的事情;做母亲的人要善于向她们指出我们叫她们做的事情有什么用处,由于女孩子的智力比男孩子的智力成熟得早,所以要做到这一点是比较容易的。根据这个原理,女孩子和男孩子不仅不应该去研究那些既没有什么好处,而且也不可能使从事研究的人感到愉快的无聊的学问,甚至连那些他们在目前这个年龄还不明白而必须等到年岁稍长以后才能明白其用途的学问,他们也是不应该去研究的。既然我不愿意强迫一个男孩子读书,所以我尤其不愿意在没有使女孩子们明白读书的用处以前就硬要她们去啃书本;何况我们平时向她们解释读书的用处时,我们是按照我们的观念而不是按照她们的观念解释的哩。总之,一个女孩子有什么必要在那样小的年纪就要学读书和写字呢?难道说马上就要叫她去管理家务吗?在她们中间,很难找出几个人是不滥用这种有害的学问的,何况所有的女孩子都极其好奇,所以,只要她们一有余暇和机会,她们用不着你去强迫,也是要学读书和写字的。也许,她们首先是应该学会算术,因为再也没有什么东西是像算术那样不仅时时都有用处和需要更多的练习时间,而且还容易发生错误。如果一个女孩子非要做一次算术题才能吃到樱桃的话,我敢担保,她很快就能学会计算数字的。

我认识一个小女孩,她是先学写字然后才学识字的,而且开头是用针写然后才用笔写的。在所有的字母中,她起先只喜欢写"o"。她不断地写了大"o"又写小"o",写了粗笔画"o"又写细笔画"o",在一个"o"字中间又写另外一个"o",而且总是反着笔顺写"o"。可惜,有一天,当她正在做这个有意义的练习的时候,她在一面玻璃镜里看见了自己的样子;她觉得这种别扭的姿势很难看,于是就像米讷瓦❶似地把笔扔掉,从此就不写"o"了。她的弟弟也跟她一样,不学写字了,不过,使他讨厌写字的原因,是他觉得写字是受罪,而不是学她的样子。大家另外想了一个办法才使她又重新练习写字;原来这个小女孩是很娇气的,她不喜欢把她的衣服拿给她的妹妹穿;从前,家里的人在她的衣服上都打了记号,而以后就不替她打记号了,所以她只好自己学打记号。她以后进步的情况如何,大家是可以想象得到的。

---

❶ 米讷瓦,即希腊神话中的雅典娜。

你必须把你叫女孩子去做的事情的意义给她们讲清楚，但是一定要她们把那些事情做好。懒惰和桀骜不驯是女孩子的两个最危险的缺点，而且，一有了这两个缺点，以后就很难纠正。女孩子们应当做事细心和爱劳动；这还不够，她们从小还应当受到管束。如果这样做对她们是一种苦楚的话，这种苦楚也是同她们的性别分不开的；而且，要是不受这种苦楚，她们将来一定会遭受更大的痛苦的。她们一生都将继续不断地受到最严格的约束：种种礼数和规矩。必须首先使她们习惯于这种约束，她们才不会感到这种约束的痛苦；必须使她们习惯于控制她们种种胡乱的想法，以便她们自己能使自己顺从他人的意志。如果她们成天都想干活的话，我们还应当在某些时候强迫她们一点事情也不做。如果她们最初有了不良的爱好和爱做什么事情就做个没有完的话，她们就容易产生轻佻放荡和反复无常这些缺点。要防止这种弊病，最重要的就是要教育她们自己克制自己。在我们现在这种麻木不仁的社会情况下，一个诚实的妇女的一生，就是不断地同她自己斗争的一生；妇女们来分担她们给我们造成的痛苦，这是很公平的。

　　要防止女孩子们厌弃工作而只知玩乐。采取一般的教育方法便容易使她们产生这种贪玩而不愿干活的缺点，因为，正如费讷龙所说的，这种教育方法一方面使女孩子们感到十分厌腻，另一方面又使她们只贪图快乐。如果大家遵守前面所讲的法则，这两种缺点当中的第一个缺点便只有在她们不喜欢她们周围的人的时候才会发生。一个小女孩如果喜欢她的母亲或她的朋友，则她终日同她们在一起工作，也不会感到厌倦；单单是同她们聊天，就足以消除她心中所感到的束缚。但是，如果她觉得管理她的人是一个眼中钉,则她在那个管理人面前做任何事情都是做得不痛快的。有些女孩子觉得同母亲在一起不如同别人在一起快乐,这样的女孩子是很难变成好孩子的;不过,要判明她们真正的情感,就必须对她们的情感进行研究,而不能单凭她们所说的话,因为她们会甜言蜜语地说一番假话来掩饰她们的思想的。我们也不能够规定她们硬要爱她们的母亲,不能说由于女孩子有服从母亲的义务因而必然要对母亲产生爱的,在这方面是一点也不能勉强的。只要母亲不使得她的女儿讨厌她,则她对女儿的爱护、照顾和平日的习惯,就会使她的女儿爱她的。做母亲的人即使管束她的女儿,只要管得恰当,则不仅不会减少反而会增加她对母亲的爱的,因为,既然妇女生来就处在隶属他人的地位,所以女孩子们也会懂得她们是应该服从别人的。

由于女孩子只能够有很少的自由,所以她们往往过分地使用人们让她们所享受的那点自由;她们处处都表现得很极端,甚至做游戏的时候也比男孩子做得起劲,这就是我刚才所说的第二个缺点。这种缺点必须加以制止,因为它将造成妇女们所特有的几种恶习,例如任性和入迷,一个女人如果有了这些恶习,则她今天虽然喜欢一样东西喜欢得不得了,而一到了明天,也许连瞧都不瞧它一眼了。对她们来说,好恶无常同做事过分一样,是极其有害的,而这两种缺点都是由同一个原因引起的。我们不应该不让她们欢欢喜喜、笑笑闹闹地做顽皮的游戏,但是我们要防止她们为了去做另一种游戏便厌弃这一种游戏;必须使她们在一生之中时时刻刻都要知道有所约束。要经常使她们玩得正高兴的时候,可以马上停止,毫无怨言地去做另外的事情。要做到这一点,只要养成习惯就行了,因为习惯可以变成第二天性。

由于养成了受约束的习惯,结果就会使一个妇女形成一种她终生都必须具备的品质:温顺;她之所以必须具备这种品质,是由于她始终要永远听从一个男人或许多男人的评判,而自己又没有办法不受他们的评判的影响。一个女人应当具备的第一个重要的品质是温柔,因为,她既然是生成要服从有那样多恶习和缺点的男人,则她从小就要知道她应当毫无怨言地忍耐一个丈夫不公正的行为和错误。她之所以要这样温柔,不是为了他,而是为了她自己。做妻子的人如果泼辣和顽强的话,其结果是只会增加她的痛苦和丈夫的错误行为的;如果她们要想征服他们,就不能使用这种武器。天老爷并不是为了使她们变成爱吵吵闹闹的人才长得那么巧言令色地善于说话的;也不是为了使她们能够颐指气使地横蛮行事才长得那样柔弱的;也不是为了叫她们骂人才长有那样一副好听的嗓子的;也不是为了使她们能够横眉怒目地大发脾气才长有那样俊秀的面孔的。当她们怒容满面的时候,她们就失去了她们本来的样子了;尽管她们常常有发牢骚的理由,但如果她们大发雷霆地骂人,那就不对了。男性应当保持男性的态度,女性也应当保持女性的态度;一个丈夫如果太懦弱,就会使他的妻子变得很跋扈;不过,除非男人是一个怪物,否则一个女人的温柔的性情迟早是会使他俯首帖耳地拜她的下风的。

但愿女孩子们常常都是那样乖乖地听话的,但是做母亲的人是不应该老是那样不通人情的。我们不应当为了使一个小女孩变得很温顺就采取折磨她的办法,也不应当为了使她变得彬彬有礼就对她采取粗暴的态度;相反地,要是她有时候玩弄一下狡猾的手段,我也是不生气的,只要她玩弄这种手段的目的不是为了逃避我们对她不服从的行为所给予的惩罚,而是为了摆脱我们的管束。问题不在于硬要使她可怜地依赖于人,而是在于使她意识到她必须依赖他人就够了。狡黠是女性的一种自然的禀赋,我深深相信所有一切自然的倾向其本身都是很正当的;我认为,我们也应当像培养她们的其他的天性一样地培养她们的这种禀赋,问题只是在于怎样防止她们滥用这种禀赋。

我呼吁所有一切善良的人仔细地研究我这个看法的真理。我不希望大家在成年的妇女们的身上去研究这个问题,因为,我们的种种清规戒律已经逼使她们变得十分的奸诈了。我希望大家去研究女孩子,去研究小姑娘,因为她们可以说是刚刚才出生不久的人,希望大家把她们跟年纪相同的男孩子加以比较;如果他们跟她们比起来不显得迟钝和笨拙的话,那就说明我的看法完全错了。现在,且让我从孩子们十分天真的做法中举一个例子来谈一谈。

在吃饭的时候不准孩子们要什么东西,这是一个极其平常的规矩,因为人们认为,不拿一些毫无意义的规矩压在他们身上,就不能够把他们教好,所以一个可怜的孩子想要一样东西而不做出想得要命的样子,就不马上给他或不给他[①]。大家都知道,一个懂得这个规矩的小男孩如果在餐桌上没有人理他的话,他会多么巧妙地向大人要一点盐或其他的东西。我不认为人们会因为他表面上要的是盐而实际上要的是肉,就说他不对;大家不理他,这种做

[①] 当一个孩子发现再三再四地强要可以达到目的的时候,他就会纠缠不休地索取;不过,如果你说不给他就硬是不给他,他就不会再向你要那个东西了。

法是极其残酷的,所以,要是他索性打破这个规矩,直截了当地说他肚子饿了,我不相信人们就可以因此而惩罚他。我亲眼看见过一个六岁的小女孩就是这样做的,而且是在十分为难的情况下采取这种做法的,因为,除了她家的人从来都是严格禁止她直接地或间接地要东西,不容许她不听大人的话以外,而且那一餐饭所有的菜她都吃过了,只有一份菜大家忘记给她,不过这一份菜恰恰是她很想吃的。

这个小女孩为了使得大人忘记给她的菜而又不戴上不听话的罪名,她用手指头依次指着所有的菜盘,一边指一边大声地说:"这份菜我吃过了,那份菜我吃过了。"但是指到她没有吃过的那份菜的菜盘时,她一声不吭地把手指头挪过去了,而且在挪的时候故意使人看得清清楚楚,于是大家就问她:"这一份菜你没有吃过吗?""啊!没有,"这个小小的贪吃的女孩一边把头低下去,一边很小声地这样回答。我不再多说了,请你自己把小女孩的这种机灵的做法同小男孩的机灵的做法对比一下吧。

凡是自然存在的东西都是好的,没有哪一个普遍的法则对人类是有害的。上帝使女性长得那样特别机灵,从而就极其公平地补偿了她在体力方面的不足;没有这种机灵,女人就不是男人的伴侣,而是他的奴隶。正是由于她的才智优越,所以她才能保持她的平等的地位,才能在表面上服从而实际上是在管理他。女人有许多不利的地方,例如男人的缺点,她本身的羞怯和柔弱;对她有利的,只是她的才能和美丽的容貌。她培养她的才能和修饰她的容貌,不是很应该的吗?不过,美丽的容貌并不是每一个女人都有的,而且这种容貌由于许多意外的事情将遭到毁伤,由于年龄的增长而日益消逝，由于风俗习惯的不同将损害它的美的效果。所以只有机智才能作为女性所有的真正的资本；不过，我们所说的机智，并不是社交场合中所赞赏的那种无助于幸福生活的机智，而是善于适应其地位的机智，是利用我们的地位并通过我们的优点来驾驭我们的艺术。一般人都不知道妇女们的这种机智对我们有多大的用处，不知道它使男女两性的交际多么的富于魅力，不知道多么能遏制孩子们的乖戾和约束粗野的丈夫，不知道它多么能使一个家庭管理得井井有条；要是没有它，一个家庭便会弄得混乱一团的。狡猾的坏女人将滥用这种机智，这一点我知道得很清楚；不过，哪一种东西不遭到世人的滥用呢？我们不能够因为这种创造幸福生活的手段有时候对我们有害，便把它加以毁灭。

　　一个女人可以用化妆品来使她出一出风头，但要获得别人的喜爱，还是要依赖她的人品。我们的穿戴打扮并不等于我们的本身，由于穿的和戴的东西太考究，往往反而更加难看，何况使穿戴装饰品的人之所以能引人注目的，是那些最不为人看重的东西咧。人们在这方面对女孩子施行的教育是完全错误的。他们用装饰品来奖励她们，促使她们喜欢华丽的衣装；当她们五光十色地打扮起来的时候，人们对她们说："多么美丽啊！"恰恰相反，我们应当教她们懂得，她们所用的装饰品只要能掩盖她们的缺点就行了；真正的美，是美在它本身能显出奕奕的神采。爱好时髦是一种不良的风尚，因为她的容貌是不因她爱好时髦而改变的；她的面貌既然永久都是那个样子，所以，一种化妆品只要是曾经一度使她显得好看，就可以永久地使用它。

　　当我看见一个年轻的女孩子用艳丽的服饰来打扮自己的时

候,我就对她那种怪里怪气的样子感到忧虑,担心别人将对她那种样子抱不好的看法;我将说:"她穿戴这样多的装饰品,真是太累赘了;你看她是不是可以少穿戴一些?她没有这样或那样的装饰品,不也是够美的吗?"也许她会主动地要求别人把她穿戴的那些装饰品取掉之后再评判她是不是美,要是她这样做了,那真是值得庆贺的。只有在她穿扮得很简单的时候,我才夸奖她的。如果她了解到化妆品的作用是在于弥补她的姿色之不足,如果她了解到使用了化妆品就等于默默地承认她必须穿戴着这些东西才能讨得人家的喜欢,那么,她不仅不会以她的穿扮而感到骄傲,她反而会感到不好意思的;当她比平时穿扮得花哨的时候,她一听见别人说:"她多美呀!"她便会羞得脸儿发红的。

此外,尽管有一些人是需要一点装饰,但没有哪一个人是非要穿华丽的衣服不可的。女人之所以过分地打扮,是由于上流社会浮华的风气,而不是由于她们个人的爱好虚荣,她们完全是听别人怎样说就怎样打扮的。要打扮得真正的娇艳,有时候也需要用心思考究一番,然而是一点也用不着奢侈品的,朱诺❶实际上比维纳斯❷穿扮得还好看。"由于你不能把她的样子画得很美,你就把她画成一个穿扮华丽的人。"阿贝利斯向一个蹩脚的画家这样说道,因为这个画家在海伦❸的身上画了许多穿戴的东西*。我也曾经说过,珠光宝气的装饰品正好表明穿戴它们的那个女人是很丑的,

---

❶ 朱诺,丘比特的妻子,婚礼之女神。
❷ 维纳斯,即希腊神话中的爱与美的女神。
❸ 海伦,希腊神话中斯巴达王梅尼拉乌斯之妻,是一个绝色的女人。
* 克累芒特·亚历山大:《教育学》,第2卷,第12章。

用这些东西打扮,是最愚蠢不过的事情。一个年轻的姑娘如果会审美,如果能鄙弃时髦,那么,即使你不给她宝石、彩缎和花边①,而只给她一些丝带、罗纱、细布和绣花,则她做的衣服,穿起来也比别的女人用拉杜沙所有的绫罗绸缎做的衣服还漂亮一百倍。

  由于好看的服装始终是好看的,而且也应当尽可能穿最好看的衣服,所以,凡是了解自己穿什么样的服装才适合的妇女,总是会选择好看的衣服的,而且选定之后就经常穿它的;由于她们并不是每天都要换一个样式的衣服,所以她们在服装方面就不像那些不知道穿什么样式衣服好的女人那样花费许多的时间。要打扮得真正好看,只需稍稍梳妆一下就可以的。年轻的姑娘们本来是没有什么可打扮的,她们一天的时间应当用在她们的工作和功课上,然而一般的姑娘除了不抹胭脂以外,却同结了婚的太太一样爱打扮,而且一谈起打扮,往往比已婚的妇女还谈得起劲。妇女之所以过分地打扮,是由于生活无聊而不是像人们所说的是由于爱好虚荣。一个在化妆室花六个小时打扮的女人,是完全知道她并不比一个只用半小时打扮的女人好看的,然而她可以借此机会花去许多厌倦的时间,用这个办法消一消遣,总比一事不做好得多。如果不把时间用去梳妆打扮,从中午一直到晚上九点钟又做什么事情呢?找几个妇女来侍候自己,拿一些麻烦的事情给她们做,这也是一个消遣的办法;更妙的是,本来是只有在这个时间才看得见丈夫的,但现在就可以借口打扮不同他见面了;于是,卖旧货的商贩、小

---

  ① 有些女人的皮肤本来是相当白的,因而是不需要在衣服上衬花边的,然而,如果她们不用花边的话,反而会惹得人家说闲话。几乎每一次都是丑陋的女人开始穿某一种式样的服装,从而使那些本来是很美丽的妇女也傻头傻脑地跟着学她们的样子。

白脸、小作家、小诗人和小歌唱家就可以一个接一个地到她们那里去,若是没有梳妆打扮这一回事,是不可能把这些人聚集在一起的。她们这样做,唯一的好处据说是她们在梳妆打扮时比穿着礼服时更好看一些,不过,这个好处并不是像她们想象的那样大,爱梳妆打扮的女人是得不到她们所说的好处的。你必须毫不犹豫地要女人受女人的教育,使她们喜欢女性的工作,使她们为人谦逊,使她们勤于持家,这样,她们就自然而然地不去浓妆艳抹地打扮,而且在穿着方面反而会更加雅致好看。

正在向上成长的女孩子们,应该了解的第一件事情是:光有美丽的化妆品,而她们本身不美丽,那是不够的。她们是不可能把自己打扮得漂亮的,也不可能一下子就长成一副婀娜多姿的样子的,但是她们是能够做到风度优娴、声音动人、步履轻捷、举止大方,而且处处显示她们的优点的。只要她们声音响亮、口齿清楚、两臂丰满、行动稳健,不管她们怎样穿扮,都是能够引起人家的注目的。从这个时候起,她们就不能光是会做针线活儿了,她们应当具备一些新的才能,并且已经了解到那些才能的用处。

我知道,严肃的教师是不愿意教女孩子们学唱歌、跳舞或任何其他的艺术的。这在我看来是很可笑的。他们打算叫谁去学这些东西呢?叫男孩子去学吗?把这些艺术教给男人还是教给女人?"谁都不教,"他们回答道,"唱鄙俗的歌曲等于是犯罪;跳舞是魔鬼想出的花招,一个年轻的女子只能够拿工作和祈祷作为她消遣的内容"。一个十岁的孩子拿这些东西来消遣,真是奇怪!至于我,我很担心,如果硬要这些小小的圣徒把她们的童年时期拿去祈祷上帝,到了青年时期就会完全两样的,她们结婚之后,就一定会想方设法地弥补她们在童年时期损失的时间的。我认为，正如我们应当考虑什么东西适合于她们的性别一样，我们也要考虑什么东西适合于她们的年龄；一个小小的女孩子是不能够像她们的祖母那样过日子的，她应当活泼地玩耍、唱歌和跳舞，一切适合于她那个年龄的天真无邪的游戏，都应该让她去做，因为她们应当态度稳重和举止端方的时候，很快就要到来了。

　　不过，在态度和举止上是不是非改变不可呢？这种改变未必不是由于我们的偏见造成的？由于我们硬要诚实的妇女受到一些清规戒律的束缚，结果便使婚姻生活失去了一切可以使男人感到愉快的地方。如果他们觉得家里冷冷清清，因而不愿意待在家里，或者说，如果说他们对这样一种索然寡味的情景毫无兴趣，这有什么奇怪呢？由于基督教的教义过分地强调了这些清规戒律的重要性，结果便使它们变成不能实践的空话；禁止妇女唱歌、跳舞和做种种有趣的事情，结果就使她们在家中变成一个忧忧郁郁、动不动就吵闹、令人难以忍受的人。任何一种宗教都没有给婚后的生活加上那些严格的戒律，也没有哪一种宗教对这样神圣的结合是如此蔑视的。大家采取了许多办法硬不让妇女变成可爱的人，硬要使丈夫变成冷漠无情的男子。有些人说，不会有这种情形；我很明白这种说法的意思，不过我认为，既然基督教徒也是人，那就一定会产生这种情形的。我个人认为，正如一个阿尔巴尼亚的少女为了做伊斯帕亨的嫔妃就学会许多技艺一样，一个英国的女孩子也应当为了使她未来的丈夫感到喜悦而学会许多优良的本领。有些人说，做丈夫的人反而觉得他们的妻子没有那些本领才好哩。不错，我也认为是这样的，如果妇女们不用那些本领去取悦丈夫，那就是用它们去勾引一些年轻的浪子到她们家里去做丑事。不过，你想一想，要是一个聪慧可爱的妇女具有那些才能，并且用它们去使她的丈夫感到欢喜，这岂不是可以增添他的生活的乐趣吗？这岂不是可以防止他在工作房里昏头昏脑地过了一天之后，到外边去寻求快乐吗？在许多有这种多才多艺的妇女的幸福家庭中，每一个人都可以为共同的快乐而贡献其才能。这样的家庭，大家不是都见过的吗？在这种共同的快乐中，可以使家中的人彼此信任和亲睦，从中领略到天真无邪的温情，这岂不是比那些闹哄哄的公共场合中的娱乐好吗？

　　人们使各种技艺太偏重形式了，太一般化了，弄得处处都很呆板和做作，以致年轻人十分讨厌这些在他们心目中本来是认为非常生动活泼的游戏。我想，最可笑不过的，是一个年纪很大的舞蹈或唱歌教师愁眉苦脸地走到那些只知道嬉哈打笑的年轻人跟前，用一种比冬烘先生讲课的口气还慎重的声调传授他所知道的那一点儿肤浅的学问。举例来说，唱歌是不是一定要看乐谱呢？即使是一个音符也不认识，难道就不能把声音唱得柔和而准确，难道就不能唱得很有风味，就不能合着别人唱吗？同样的歌，是不是什么人都可以唱呢？同样的唱法是不是所有的人都适合呢？我怎么也不能够相信：同样的表情、步法、动作、姿态和舞蹈既适合于一个活泼调皮的棕色头发的小姑娘表演，也适合于一个心情忧郁的金色头发的美妇人表演。如果我看见一个老师把相同的功课一模一样地拿去教这两种人，我认为，这个人是只知道照章行事，根本就不懂得他所从事的那门艺术的。

　　有人问：女孩子们应该是请男老师教还是请女老师教？这一

点,我可不知道;不过,我认为,她们用不着请男老师也用不着请女老师;我希望她们爱学什么就自由自在地去学什么,我希望不再看到穿扮得花花绿绿的走江湖的艺人在我们的城市中溜来溜去。这些人所教的那些东西即使是对女孩子有用,但我很难相信,同这些人交往不给女孩子们带来更多的害处,我很担心他们胡说八道的那些话以及他们的态度和语调会使他们的学生一开头就喜欢学他们的那些无聊的玩意儿;那些无聊的玩意儿既然被他们说得了不起,所以女孩子们也就会跟着他们拿它们做独一无二的学习内容。

在所有一切以娱乐为唯一目的的艺术中,任何人或任何东西都可以做女孩子们的教师;她们的父亲、母亲、弟兄、姐妹、朋友、保姆、镜子,特别是她们自己的兴趣,都可以做她们的教师。你千万不要说你要教她们学这样或学那样,而应当由她们自己向你请求。你不要使一件有趣味的事情变成了一件苦事,特别是学这些东西,只要有学好的愿望,就算是取得了第一个成功。如果说非要正规地学习不可,我在请男教师或女教师这个问题上还没有一定的看法。我不知道一个男舞蹈教师是不是可以握着一个女学生的白嫩的手,是不是可以叫她提起裙子,是不是可以叫她把两只眼睛抬起来看他,是不是可以叫她张开两臂,把怦怦跳动的胸脯挨近他的身子;不过,我敢说,在这个世界上还没有什么东西可以引诱我去担任这种教师。

只要有热心和才能,就能养成一种审美的能力;有了审美的能力,一个人的心灵就能在不知不觉中接受各种美的观念,并且最后接受同美的观念相联系的道德观念。也许,这就是女孩子为什么比男孩子能更早地具有规矩和羞耻的观念的原因之一;要是你认为这种早熟的观念是由于女教师的教育的结果,那正表明你对她们的教育的方式和人类心灵的发展是非常无知的。在一切使人喜悦的艺术中,说话的艺术占第一位,只有通过它才能使被习惯钝化了的感官获得新的乐趣。心灵不仅使身体富有生气,而且还能使它恢复一定程度的青春;由于感情和观念继续不断地产生,我们的面容便显得活泼和有变化;通过发自心灵的语言,可以使人把连续的注意力长久地集中于同一个目标。我认为,正是由于这些缘故,女孩子们才能很快地学会一些讨人喜欢的话语,才在她们还不知道语句的意思以前,说起话来就是那样地有声有调,而男子也乐于倾听她们的语言,甚至在她们还不能够理解他们的心意以前,他们就在窥察这种才智开始显现的时刻,以便了解她们什么时候开始流露她们的情感†。

妇女的舌头是很柔和的,她们开始学说话的时间比男人早,而且说起来也比较容易,也比较好听;有些人责备她们说话说得多,这也许是事实;不过,我不仅不责备她们,反而要称赞她们,因为她们的嘴和眼睛所进行的活动是相同的,而且是由于相同的理由而进行相同的活动的。男人说他所知道的话,而女人则说她使别人喜欢的话;前者说话需要具备知识,而后者说话则需要具备风趣;前者说话的主要目的是讲述有意义的事情,而后者说话的目的则是讲述有趣味的事情。两者说话的共同点应当是:说话要说得真

---

† 在其他版本作:……甚至在她们还不能够理解他们的心意以前,可以说他们就已经是在窥察女孩子们什么时候具有辨别的能力,以便了解他们什么时候可以爱她们;因为,不管你怎样说,我们是希望使那些讨我们喜欢的人感到高兴的,万一我们对她们感到失望了,我们就不可能再长久地喜欢她们了。

实,除了这个共同点以外,在其他地方就应当有所不同。

因此,我们不能像对付男孩子一样,用"有什么用处?"这么一句生硬的话去堵塞女孩子的唠唠叨叨的嘴,而应当换一句同样难答的话去问她们:"会产生什么效果呢?"在那既不能分辨善恶又不能判断别人心意的幼年时期,她们应当牢牢地记住这个法则,即同别人说话的时候,只能够说使人喜欢的话;这个法则要实践起来是很困难的,因为它必须从属于第一个首要的法则,即千万不能撒谎。

在这一点上,我发现还有许多其他的困难,不过那些困难要等到年龄稍大以后才遇到罢了。至于目前,只要女孩子注意到:不因说实话而显得粗鲁;从天性上说,她们对粗鲁的行为也是很厌恶的,通过教育,就可以轻易地教会她们怎样避免这种行为。一般地说,在人和人的交往中,男人的礼貌表现在予人以帮助,而女人的礼貌则表现在对人体贴。其所以有这种区别,绝不是因为社会的习惯使然,而是自然而然产生的。男人好像处处都想为你效劳,而女人则处处都想使你感到欢喜。因此,我们可以说,不论我们对女人的性情怎样看法,她们的礼貌总是比我们的礼貌更为真挚,这种礼貌是产生于她们原始的本能的;当一个男人伪称把我的利益看得比他的利益还重的时候,不管他用了什么样的花言巧语来掩饰他这种假话,我也看得出他是在撒谎的。所以,要妇女们做到彬彬有礼,要教育女孩子们学会礼貌,是用不着费多大的力气的。第一个教她们对人有礼的,是她们的天性,我们所能做的,只不过是顺着天性的发展,继续对她们进行教育,使她们按照我们的习惯而表现其对人的礼貌。至于女人对女人的礼貌,那是另外一回事情了;

她们互相之间显得很拘束和冷淡，彼此都感到别扭，以致大家都索性不掩饰这种别扭的心情，不装模作样地做作一番，从而在虚假中反而显得真诚。然而，年轻的女孩子们彼此之间有时候也是存在着真诚的友谊的。在她们那样的年龄，快快乐乐的活泼心情可以起善良的天性所起的作用；她们喜欢自己，从而也就喜欢所有的人。这一点确实是事实，即在男人们面前的时候，她们彼此亲吻和互相拥抱就显得格外热情和亲切，虽然她们明明知道这种亲热的样子会使男人感到妒忌，但她们却以她们能够用这种样子引起男人的艳羡而引为骄傲。

既然我们不应当让男孩子问一些乱七八糟的问题，我们便更应当禁止女孩子问，因为，不论我们是满足了她们的好奇心或是煞费苦心地避开了她们的好奇心的注意，都将产生严重的后果，何况她们善于猜测我们所隐藏的秘密，善于发现那些秘密究竟是怎样的一回事情哩。不过，我虽然不喜欢她们问这问那的，但我主张我们应当多多地向她们提问题，想办法使她们多多谈话，使她们常常练习，以便在谈话的时候态度从容，巧于应付，并且在这不至于发生什么不良后果的时候启发她们的心灵和口才。这些谈话始终要很轻松愉快地进行，只要善于安排和引导谈话的内容，就会使年轻的女孩子们感到非常有趣，并且把她们一生都须遵循的最基本和最有用的道德教育贯注在她们白璧无瑕的心中；表面上是在同她们谈一些有趣的和琐碎的事情，实际上是在告诉她们要具备哪些品质才能够真正地赢得男子的尊重，要怎样才能够使一个诚实的妇女获得光荣和幸福。

如果说男孩子们没有树立任何一个真正的宗教观念的能力的

话，则女孩子们更是不能理解任何一个真正的宗教观念了，这一点，我们大家都是知道得很清楚的；正是由于这个缘故，我才主张趁早把宗教的观念灌输给她们，因为，如果说要等到她们能够有条有理地谈论这些深奥的问题的时候才告诉的话，则我们也许就永远也不能够告诉她们了。女人的理性是一种实践的理性，这种理性虽然可以使她们能够很巧妙地找出达到既定的目的的手段，然而却不能够使她们发现那个目的。两性的社会关系是很美妙的，由于有了这种关系，结果就产生了一种道德的行为者，女人便是这个道德的行为者的眼睛，而男人则是它的胳臂，但是，由于他们二者是那样的互相依赖，所以女人必须向男人学习她应该看的事情，而男人则必须向女人学习他应该做的事情。如果女人能够像男人那样穷究种种原理，而男人能够像女人那样具备细致的头脑，则他们彼此将互不依赖，争执不休，从而使他们的结合也不可能继续存在。但是，当他们彼此和谐的时候，他们就会一起奔向共同的目的；我们不知道他们当中哪一个人出的气力多一些，每一个人都受对方的驱使，两个人都互相服从，两个人都同样是主人。

正是由于这个缘故，妇女的行为要受舆论的约束，她们信仰什么要完全凭他人来决定。所有的女孩子都要信她母亲所信的宗教，所有的妇人都要信她丈夫所信的宗教。即使那种宗教是虚伪的，但由于驯良的禀性使母亲和女儿都服从自然的秩序，因而也就可以使上帝不至于把她们信仰虚伪的宗教看作是罪恶。她们自己既然没有判断的能力，所以她们应当把父亲和丈夫的话作为宗教的话来加以接受。

妇女们既然不能自己推演信仰的法则，她们便不能拿证验和理性的法则来限制信仰；但是，由于她们受到了千百种外力的影响，她们往往要在这方面或那方面脱离真理。她们总是趋于极端的：要么就一点不相信宗教，否则就是一个十分虔诚的信徒；她们不知道怎样才既能明辨真伪又能虔诚地信仰。弊病的根源不仅在于女性的性格，而且还在于我们男性错误地运用了我们的权威；骄奢淫逸的风气使宗教遭到轻视，悔罪的恐惧又使它被人们看作暴君；人们对宗教的信仰为什么不是过多就是过少的原因就在于此。

既然妇女们信什么宗教要听凭他人的权威决定，所以，与其向她们讲解信仰的理由，倒不如直截了当地告诉她们应当信什么宗教；因为对模糊的观念给予信仰，是使她们流为盲信的第一个原因，如果硬要她们信仰荒唐的事物，结果不是导致狂热就是导致怀疑。我们用问答法讲授教义，最终将使她们变成不信教的人还是变成狂热的信徒，这我可不知道；但是，我深深相信，采用教义问答法是必然会使她们成为这两种人当中的一种人的。

首先，当你向女孩子们讲解宗教的时候，千万不要使宗教在她们的心目中变成一种阴森森的和使人感到厌烦的事物，千万不要告诉她们说信仰宗教是她们的一项义务或天职，因此，也千万不要叫她们背诵任何讲述宗教的书，甚至连祈祷文也不能叫她们背诵。你只需当着她们的面按时做你的祷告就行了，切不可强迫她们同你一起做。要按照耶稣基督的教训，把祷告的词句说得简短，念祷告词的时候，精神一定要集中，态度要相当的庄重；你要知道，既然要上帝注意地听我们的祷告，我们自己就必须对我们所做的祷告加以注意。

女孩子们是不是从小就懂得宗教，这一点并不重要，重要的是，她们应当对宗教有正确的理解，特别重要的是她们应当爱宗教。如果你使她们感觉到信仰宗教是一个繁重的负担，如果你一再告诉她们说上帝对她们很生气，如果你借宗教的名义硬要把千百种艰难的义务强加在她们的身上，而她们发现这些义务就连你自己也从来没有履行过，这时候，她们将怎样想呢？她们岂不把学习教义和祈祷上帝看作是小女孩子的事情，岂不想自己赶快长成大人，以便同你一样地摆脱这种种拘束吗？要树立榜样，要树立榜样！不以身作则，你就不可能成功地教好孩子。

当你向她们讲解宗教信条的时候，你应当采取直接教授而不应当采取一问一答的形式。她们所回答的话，应当是她们自己心里想出来的而不是别人告诉她们的。教义问答教授课本中的那些答案，其效果是适得其反的，是学生倒过来教育先生；既然老师讲解的那些东西他们都不懂，但是又硬说他们相信他们根本不相信的东西，所以那些答案从孩子们口中说出来就成了十足的谎话。请你告诉我，在知识渊博的聪明的成年人当中，哪一个人在讲述教义问答的时候没有撒谎。

在我们的教义问答课本中，第一个问题是："是谁创造你并把你带到这个世界上来的？"小女孩子虽然明明知道是她的妈妈，但她却毫不犹豫地回答说是上帝。在这个问题上，她心里只明白这一点，那就是她对这样一个似懂非懂的问题，作了一个连她自己也根本不懂的回答。

我希望一个真正了解儿童心灵进展的人替他们写一本教义问答课本。这样一本书，也许会成为我们一切著作中的最有用的一本书，而且在我看来，它会给它的作者带来极大的荣誉。毫无疑问,这本书如果要写得好,那就要写得跟我们目前这本教义问答课本完全不同。

这样一本教义问答课本,只有在孩子对其中的问题能够自行回答而不必事先学习书中的答案的时候,它才可以得到良好的效果;当然,有时候也应当让孩子们提他想问的问题。为了使大家明白我的意思,我应当做出一个样子,可是我觉得,要做这样一个样子,我的能力还是不够的。我姑且试一试,以便使大家对它有一个大致的概念。

要得出我们教义问答课本中第一个问题的正确答案,我想,新的教义问答课本大体上应当以如下的问法开始:

阿姨:你还记得你妈妈当女孩子的时候吗?

小女孩:记不得了,阿姨。

阿姨:你的记忆力那样好,为什么记不得呢?

小女孩:因为那时候我不在这个世界上咧。

阿姨:那就是说你还没有出生?

小女孩:没有。

阿姨:你会不会永远活下去呢?

小女孩:会的。

阿姨:你现在是年纪轻还是年纪老?

小女孩:我很年轻。

阿姨:你的奶奶是年轻还是年老?

小女孩:她年纪老了。

阿姨:她是不是曾经有过年轻的时候?

小女孩:有过的。

阿姨:她为什么现在就不年轻了呢?

小女孩:因为她已经老了。

阿姨:你将来会不会像她一样的年老呢?

小女孩:我不知道①。

阿姨:你去年的衣服到哪里去了?

小女孩:已经把它们拆掉了。

阿姨:为什么要把它们拆掉呢?

小女孩:因为我穿起来太小了。

阿姨:为什么你穿起来太小了呢?

小女孩:因为我长大了。

阿姨:你还要往上长吗?

小女孩:啊!还要往上长的。

阿姨:女孩子长大了,会变成什么样的人呢?

小女孩:会变成妇人。

阿姨:妇人会变成什么样的人呢?

小女孩:变成妈妈。

阿姨:成了妈妈以后又怎样呢?

小女孩:以后就老了。

阿姨:你也会老吗?

小女孩:等我当了妈妈的时候。

阿姨:年纪老了以后又会变成什么样子呢?

---

① 虽然我用的是"我不知道"这几个字,实际上那个小女孩讲的是另外一个意思;应当斟酌她回答的话究竟是什么意思,并且叫她好好地解释一下。

小女孩:我不知道。

阿姨:你的爷爷是怎样的呢?

小女孩:他死了①。

阿姨:他为什么会死呢?

小女孩:因为他已经老了。

阿姨:老年人的结果怎样呢?

小女孩:他们都会死掉的。

阿姨:当你老了以后,你……

小女孩(打断阿姨的话):啊! 阿姨,我不愿意死。

阿姨:孩子,谁都不愿意死,可是谁都要死的。

小女孩:怎么! 妈妈也要死吗?

阿姨:同大家是一样的。女人和男人一样,也是要老的,女人年老了以后,就要死的。

小女孩:要怎样才能够多活一些时候才老呢?

阿姨:在年轻的时候老老实实地生活。

小女孩:阿姨,我以后一定要老老实实。

阿姨:好极了。不过,你是不是以为你能永久活下去呢?

小女孩:当我很老,很老……

阿姨:什么?

---

① 这个小女孩之所以能够这样回答,是因为她听见人家这样说过;但是,需要追究一下她对死亡是不是有一个正确的观念,因为这个观念并不是如人们想象的那样简单和为小孩子所理解。我们在《阿伯尔》这首短短的诗歌里可以看到一个怎样教她理解死亡的例子。这一首优美的诗歌洋溢着我们可以用来充实自己的心灵以便同孩子们交谈的那种可爱的天真想法。

小女孩：当一个人年老以后，你说他一定会死的。

阿姨：你是不是只死一次呢？

小女孩：唉！是呀。

阿姨：你的前一辈人是谁？

小女孩：我的爸爸和妈妈。

阿姨：他们的前一辈人又是谁呢？

小女孩：他们的爸爸和妈妈。

阿姨：你的后一辈人是谁呢？

小女孩：我的孩子。

阿姨：他们的后一辈人又是谁呢？

小女孩：他们的孩子，等等。

顺着这条线索，通过具体的归纳推理，我们就可以像寻找任何事物的起源和结束一样，找到人类的起源和结束，也就是说，找到不是由父母生养的父亲和母亲，并找到以后不再生养子女的孩子①。只有把一长串这样的问题问过之后，才算是有了充分的准备，可以问教义问答课本中的第一个问题了；只有在这个时候，我们才能问这个问题，而孩子也才能了解这个问题。从这个问题到第二个涉及神性的定义问题，中间还隔着多大一段距离啊！要什么时候才能走完这段距离呢？上帝是一种精灵！什么叫"精灵"？我要不要使一个孩子把她的心思用来探究这个连大人也摸不着头脑的晦涩的形而上学？这些问题，不能够由一个小小的女孩子来

---

① 永生的观念是不能同神的应许一起用来解释人类的生殖的。从数字上一代一代地这样连续数下去，同这个观念是矛盾的。

解答,顶多只能够由她提出来。所以我将简单地告诉她说:"你问我什么叫上帝,这是很不容易讲清楚的,上帝是我们听不见、看不见和摸不着的,我们只能够通过他所做的事去认识他。为了要弄清楚他的存在,那就要先知道他做了些什么事情。"

即使说我们所有的教义都是同样的真实,但不能因此就说它们是同样的重要。是不是在任何事物上都要看出上帝的荣耀,这关系不大;对人类社会和社会的每一个成员来说,重要的是:所有的人都要认识到上帝的法律要求他必须对他的邻人和他自己尽种种的义务。我们彼此之间应当时时刻刻互教的,就是这一点,尤其是做父母的人更应当拿这一点来教育他们的子女。是不是一个处女做了造物主的母亲,是不是她生的上帝,或者是她单单生了那么一个男人,而上帝进入了这个男人的身体同他合而为一;圣父和圣子的本质是相同的还是相似的;圣灵是来自圣父还是来自圣子,或者是来自他们两者;所有这些问题,在表面上看起来尽管是很重要,但是我认为,对人类来说,能不能够解决这些问题,其重要性并不是就超过了他们是不是知道哪一天该纪念复活节,是不是知道应该做祷告、守大斋和小斋,在教堂里是说拉丁语还是说法语,在墙壁上是不是要挂圣人的画像,是不是要做弥撒或听弥撒,是不是要娶妻子。对以上这些问题,一个人爱抱怎样的看法就抱怎样的看法,别人是一点也管不着的;至于我,我对它们是一点也不感兴趣的。对我和跟我相同的人来说,重要的是每一个人都应当知道人类的命运有一个主宰,我们大家都是这个主宰的儿子,他要求我们为人公正,彼此相爱,而且对人要善良和仁慈,要遵守我们同一切人的信约,即使同敌人订立的信约,我们也应当遵守;我们今生的表面的幸福是虚假的,我们过了今生还有来生,在来生中,至高的存在对善良的人要给予奖赏,对恶人要给予惩罚。应当拿这些教义和类似的教义来教育年轻人和劝导公民。毫无疑问,谁要是违反这些教义,就应当受到惩罚;这样的人将扰乱整个秩序,成为社会的敌人。谁要是鄙弃这些教义,硬要我们拿他个人的看法作为我们的看法,其结果也是一样的;为了要按照他的方式建立秩序,他就要扰乱和平;他妄自尊大,自命为上帝的代言人,以上帝的名义硬要人们对他表示服从和尊敬,从而把他自己放在上帝的地位。这样的人,即使我们不把他当作一个不容异说的人而处罚他,也应当把他当作一个亵渎上帝的人来惩办的。

因此,你要把那些神秘的教义束之高阁,因为它们对我们来说只不过是一些没有意义的空话;白白地费一阵力气去研究那些荒唐无稽的教义,就会使研究的人忽略道德的修养,结果,不仅没有使他们变成好人,反而使他们都成了疯子。必须使你的孩子们始终只学那几条涉及道德修养的教义,必须使他们相信,只有那些教导我们行为端正的教义才对我们有所裨益,值得学习。切不可把你的女儿培养成什么神学家和诡辩家;关于天上的事情,你只把其中可以增进人类智慧的部分告诉她们就行了;要使她们经常意识到上帝就在她们的面前,要她们以上帝作为她们的行为、思想、美德和欢乐的见证;要使她们因上帝爱善而诚心为善,要使她们因为上帝将补偿她们所受的痛苦而毫无怨言地忍受痛苦;总之,要使她们在一生当中都要保持她们将来出现在上帝面前的那种快乐的心情。这才是真正的宗教,有了这样的信仰,才不会产生邪恶和狂妄的弊病。别人要传布什么崇高的信仰就让他们去传布好了;至于我，我的信仰就只有以上阐述的几点。

此外，需要提到的是，只要女孩子们还不能够运用她们的理智，只要她们日益增长的情感还未启发她们的道德心，只要她们还没有长到这样的年岁，对她们来说，是好是坏就全看她们周围的人是不是这样做的。吩咐她们做的事情都要是好事情，禁止她们做的事情都要是坏事情，她们对那些事情不应当知道得太多。从这里我们可以看出，对她们周围的人和管教她们的人进行选择，比选择男孩子周围的人和管教男孩子的人，还重要得多。她们开始自己判断事物的时刻终于要到来的，因此，现在是改变她们的教育计划的时候了。

到现在为止，也许我在这方面所说的话是说得太多了。如果我们不拿一般人的偏见作为妇女们应该遵守的法律，我们怎么会降低她们的地位呢？女性是管理我们的人，如果我们不败坏她们，她们会增加我们的光荣的，因此我们不应当把她们贬低到这种地步。就全人类来说，在还没有产生人类的偏见以前就是存在着一条法则的，所有一切其他的法则都应当以这条法则一定不移的方向为依归，因为它对人类的偏见要进行裁判，而人类的看法只有在同它相吻合的时候，才能得到我们的尊重。

这个法则就是内在的良知。我在前面讲过的话，就不再重复了；现在我只提出这一点，如果不同时从这两方面去教育妇女，则她们所受的教育始终是有缺陷的。仅仅有良知而不尊重他人的评论，就不可能使她们产生善良的心灵，以自己美好的行为去赢得世人的称誉；仅仅尊重他人的评论而不听从自己的良知，结果便会造成一些虚伪和不体面的妇女，这样的妇女是爱外表而不爱美德的。

因此，她们应当培养一种能够平衡这两方面的影响的才能，这种才能既可以不让她们的良知走入歧途，又可以纠正偏见的谬误，这种才能就是理性。可是，一提到理性二字，就会引起多么多的问题啊！妇女们有没有健全的推理能力呢？她们需不需要培养理性呢？她们能不能把理性培养得好呢？培养理性是不是有助于她们去承担她们所负的任务呢？培养理性同她们应当具有天真的心是不是相符合呢？

由于研究和解决这些问题的方式不同，因此形成了两个相反的极端，有些人主张女人只能够督促女仆纺纱和缝纫，从而把她们变成男人的第一个仆人；另外一些人则觉得她们现有的权利还不够，因此还要使她们来夺取我们的权利；在一切适合于女性具有的身份方面让她们占我们的上风，而在其他方面又使她们同我们相等，这岂不是把大自然赋予丈夫的优势转交给妇女了吗？

男人虽然是因为有了理性才认识到他的天职，但他的理性并不是十分健全的；女人也是因为有了理性才认识到她的天职的，而她的理性则比较单纯。她对丈夫的服从和忠实，她对子女的爱和关怀，是这样自然和这样明显地因她的地位而产生的，所以，只要她没有什么坏心眼，就不能不听从良知的支配，只要她的天性没有败坏，就不可能对她的天职产生不正确的理解。

我绝不毫无区别地责备一个妇女仅仅做她女性的工作，也不责备人们让她除了女性的工作以外，对其他一切就一无所知；要做到一无所知，还需要有很朴实和健康的风俗，或同人很少往来的生活方式哩。在大城市中，因周围有许多德性败坏的男人，所以一个妇女是很容易受到引诱的；她能否保持她的美德，往往要看她所处的环境。在这个哲学的世纪,她必须具备一种经得住考验的美德,她必须事先知道人们可能对她说些什么,和她对人们所说的话应当抱怎样的看法。

此外,她的为人既然要由男人来评判,她就应当取得男人的尊重,而且,特别是要取得她的丈夫的尊重;她不仅应当使他爱她这个人,而且还应当使他认可她的行为;她应当在公众面前证明她无负于他的选择,她应当通过人们给予妇女的光荣而替她的丈夫增光。如果她对我们的社会一无所知,如果她不懂得我们的习惯和礼数,不明白人们做评判的依据,不明白是哪些情绪在左右他们做出这样或那样的评判,她又怎能做到上面所说的那几点呢?她既然要按照她自己的良心又要按照人们的舆论行事,她就应当懂得怎样把这两者加以比较和调和,而且要懂得只有在它们互相冲突的时候她才应当按照她自己的良心去做。对于他人的评判,她应当有所取舍,她必须知道什么时候应当接受,什么时候应当反对。在拒绝或接受他人的偏见以前,她应当把它们加以衡量,找出它们产生的根源,预见它们的后果,使它们有利于她自己;当她尽她的天职的时候,她就可以避免人们的责难,所以她应当注意,千万不要给人以责难的口实。如果不使她的心灵和理智得到陶冶,她是不能够把以上几点做得很好的。

我经常想到我的第一个原理,它可以帮我解决一切困难。我对目前的情况进行研究,我要寻求它们的原因,我最后发现目前的情况是很好的。我去拜访一些男主人和女主人都同样是十分好客的人家。他们两个人都受过同样的教育,对人都同样地彬彬有礼,都同样地兴致勃勃、谈笑风生,都同样地希望好好地款待客人,要使每一个人回去的时候都对他们感到满意。男主人对所有一切都经管得十分周到:他来来往往地招待客人,一点不嫌麻烦;事无巨细,他都是十分注意的。女主人坐在她的位子上,尽管有一些人在她的周围绕成一个圆圈,好像是不让她看见其余的人,然而屋子里的事情没有一件她不知道;离开屋子的客人,没有一个她没有同他谈过心;所有一切能够使客人高兴的事,她绝无一些疏漏;她没有向任何人说过一句不愉快的话;她一方面既不打乱尊卑的次序,另一方面还做到了使客人当中最小的人也要和最大的人一样受到同等的款待。主人请客人进餐,大家到餐桌就座。男主人因为懂得谁和谁坐在一起最合适,就按照他所知道的情况去安排客人的席位;女主人虽然不懂得这些,但也不会弄出差错;她已经从大家的脸色和举动上看出应该怎样安排才对,所以每一个人都觉得他的座位很合他的心。送菜的时候,从来没有遗漏过任何一个人。男主人依次给大家送菜,当然不会漏送;而女主人则能看出客人喜欢吃什么菜,就把那份菜给客人送去;当她同她身边的人谈话的时候,她的眼睛还同时注视着坐在桌子的另一端的客人;她看得出哪一个客人是因为肚子不饿,所以一点东西也不吃,哪一个人是因为手脚笨拙或腼腆害羞而不敢自己取菜或向主人要东西。在离开桌子的时候,每一个人都觉得她对他是特别地照顾,每一个人都觉得她忙得连一口饭菜都没有吃,而实际上,她比谁都吃得多。

客人们走了以后,两位主人就谈起当天经过的情形。男主人谈到客人向他讲了些什么事情,谈到同他聊天的人说了些什么话和做了些什么事。女主人虽说在这方面不很留心,但她却猜得出客人们在大厅的另一端低声细语地说些什么,看得出某一个人心里在想什么,看得出某一句话或某一个姿势含有什么意思;客人刚一露出某种神态,她马上就可以了解他的心意,而且几乎每一次都了解得合乎实际的情形。

一个社交界的妇女有了这样的心灵智慧,就可以善于治家、善于待客;一个妖娆的妇女有了这样的心灵智慧,就可以使向她求婚的人个个都感到欢喜。卖弄风情比怎样保持礼貌更需要讲究分寸,因为,一个有礼貌的妇女如果对大家都是那样地彬彬有礼,她在任何时候都不会出什么差错;但是,如果一个风骚的女人对任何人都是那样卖弄风情的话,她不久就会失去控制男子的魅力的;如果她想使所有的情人都皆大欢喜,结果反而会使他们个个都对她感到厌恶。她在社交场合中同男人交际的方式,是不容许她去讨好每一个男人的;只要她好好地对待每一个人,别人也不会那样仔细地去计较她对谁是不是有偏心;可是在爱情上,对人的爱是专属的,如果有一次对另外一个人表现得更亲切,就会伤害感情的。一个敏感的男人,宁可单独一个人受女人的恶劣对待,也不愿意同其他的人一起受她的恩爱。在他看来,糟糕的是:他同别人一样,在情人的眼中没有什么显著的分别。因此,如果一个女人想同时保有几个情人的话,她就必须使得他们每一个人都相信她对他是特别的好,而且,还要当着众人的面使他相信这一点,而众人在他面前也同样地相信自己是她所专爱的人。

如果你想看一个左右为难的人是怎样一个样子的话,你就把他放在两个同他有秘密关系的女人中间,这时候,你就可以看到他将现出一副怎样的傻相。同样,把一个女人放在两个男人中间,其效果就更好了,你将惊奇地发现她是多么巧妙地欺骗他们两个人,使他们每一个人都得意地嘲笑对方。如果这个女人对他们都同样地表示相信,都同样地做出亲热的样子,她又怎么能够使他们受片刻的欺骗呢?如果拿同样的态度对他们,那岂不表明他们对她有同样的权利么?啊!她才不这么做咧!她不仅不拿同一个样子对他们,反而会假装在他们两个人之间是有厚薄的分别的;她假装得那么像,以致一方面使那个受她甜言蜜语地奉承的人认为她对他很温存,另一方面又使那个受她冷落的人认为她说的那一番好话是在挖苦那个人。于是,双方都得意洋洋,老以为她爱的是他,其实,她对谁都不爱,她爱的是她自己。

既然是想使人人都感到欢喜,则卖弄风情也应该采取类似的手段;轻浮任性如果做得不恰当,将引起大家的反感;应当用巧妙的手段去掩饰轻浮的做法,才能够更牢固地束缚她的奴隶。

  她使用了种种巧妙的花招
  去一个一个地勾引新的情人;
  她不是对一切人都是那副脸孔;
  她要因人因时而变换她的面容[*]。

这种巧妙的手段的秘密何在呢?如果她不是继续不断地和细致地观察男人,她怎能时时刻刻了解男人内心的思想,怎能运用一种力量去遏制或刺激她所发现的隐蔽的动机呢?这种巧妙的手段是不是人人都可以学得到的呢?不,它是妇女们所特有的,她们个个都会,即使男人去学,也达不到她们那种程度的。这是女性显著的特征之一。机智、透彻和细致的观察是女人的一门学问,她们有没有才能,就表现在她们是不是能善于运用这门学问。

---

[*] 塔索:《解放了的耶路撒冷》,第4篇,第87节。

事情就是这样的，而我们也阐述过它为什么是这样的道理。有些人说妇女们是很虚伪的。她们是后来才变成那样虚伪的。老天爷赋予她们的是手腕而不是虚伪。就女性的真正的倾向来说，即使她们在说谎的时候，她们也没有对人虚伪的意思。表达她们内心思想的既然不是她们的嘴，你又何必对她们所说的话那样认真呢？你要察看她们的眼睛，察看她们的脸色，察看她们的呼吸和羞羞答答、半推半就的样子，这是大自然叫她们向你表达的语言。她们口头上总是说"不"，而且只能说"不"，但她们说"不"字的时候，其语气并不是始终不变的，这种语气是没有半点虚假的。女人的需要和男人的需要是一样的，然而她们哪里具备表明她们有同样的需要的权利呢？即使她们的愿望是合情合理的，然而要是她们没有其他的方法表达她们不敢说出的话，她们的命运就会落得十分的悲惨。难道说行为端正就非做出一副可怜的样子不可吗？难道说她们不应该用一个巧妙的办法，在不公开吐露的情况下表达她们的心愿吗？她们需要具备多么高明的手腕才能使男人看出她们急于倾吐的热情啊！她们需要经过多么艰苦的学习，才能一方面既可打动男人的心，另一方面又要在表面上显得对他们满不在乎！加拉太的苹果和她那样笨头笨脑地逃跑的样子，替她说了一番多么动人的话啊！她还有什么要补充的呢？那个牧羊人在柳林中追逐她，她要不要去告诉他说她是故意逃跑，以便勾引他去追她呢？我们可以说她是表里不一的，因为她并没有告诉他说她是在勾引他。一个女人的做法愈是含蓄，她的手段就愈是高明，即使对她的丈夫也是这样。是的，我认为卖弄风情如果卖弄得不超过限度，就是一种淑静和真实的表现，就合乎正当的行为规律。

在反对我的人当中，有一个人说道德是一个整体，这句话是说得很好的；我们不能把它分割为二，不能承认一部分而抛弃另一部分。如果你爱它，你就必须完完全全地爱它；对于你不应当具有的那些情感，如果可能的话，就必须把它们从你的心中排除掉，而且时时刻刻都要绝口不提它们。道德的真理并不是存在的事物，而是良好的事物；不好的事物是不应当存在的，更不应当得到我们的承认，尤其是我们一加承认，就能使它们得到不应当得到的效果的时候，我们更不应当承认它们。如果我受到了什么东西的引诱，想去偷窃，如果我把这个意图说出来，因而引诱了另外一个人做我的同犯，那么，当我去引诱他的时候，那岂不说明我已经先屈服于事物的引诱么？你为什么说女人害羞的样子是一种虚伪的表现呢？难道说丧失了羞耻心的女人反而比害羞的女人更真诚么？不，这样的女人比其他的女人还虚伪一千倍。她们之所以那么堕落，是由于沾染了种种恶习，有了恶习不改，而且还做了些鬼鬼祟祟的事情使恶习愈来愈有害于人①。反之，那些还知道羞耻的女人，不以自己的缺点为骄傲的女人，甚至向爱她的人也隐藏其心愿的女人，男人要经过一番很大的困难才能得到她的垂青的女人，才是最真

---

① 我知道有些女人在某一点上公然决心要那样做，她们以为她们的这种直率的做法是可取的，并且硬说，除了这一点以外，她们的一切行为都是值得尊敬的；在我看来，除了傻子以外，她们的这种说法是谁也不相信的。大自然对女性施加的最严厉的约束一取消之后，还有什么东西可以管束她们呢？她们既然抛弃了女性固有的荣誉，还有什么荣誉可以得到她们的重视呢？只要有那样一次听任了情欲的摆布，她们就再也没有抵抗的决心了。"女人一度丧失了廉耻，便来者不拒，什么事情都干得出来了。"＊没有哪一个著述家比说这句话的人对两性的心理了解得更透彻了。

＊ 塔西佗:《编年史》，第4卷，第3章。

诚和忠实于自己的信约的人，才是我们一般最信赖的人。

就我所知，只有德·郎克洛小姐是例外，不符合上面所说的情形，这位德·郎克洛小姐是被大家看作一个非凡的人物的。据说，她轻视女性的道德，一切要按照我们男性的道德去做。大家夸她为人坦率，是一个可靠的伙伴和忠实的朋友；最后，为了把她描绘成一个很光彩的人，大家说她已经变成了男子。妙极了。不过，尽管她有那样高的声望，但是，正如我不愿意要她做我的情人一样，我也不愿意要这样一个男子做我的朋友。

以上所说的，从表面上看来好像是同我们不相干似的，其实同我们是很有关系的。当现今的哲学把女性的羞耻心和所谓的虚伪作为嘲笑的材料的时候，我便看出了这种哲学将产生什么样的结果；我发现它肯定要使我们这个时代的妇女所仅有的一点荣誉也要完全丧失的。

根据以上的阐述，我认为我们大体上就可以确定妇女们适合于受什么样的教育，她们从青年时期起应该思考一些什么问题。

我已经说过，女性承担的义务在表面上看起来是很容易的，而实际上要恪尽这些义务，那就很困难了。她们首先应当认识到那些义务对她们有好处，从而才能对承担那些义务感到喜欢，这是使她们易于履行那些义务的唯一办法。每一种身份和每一种年龄的女人都是有她的义务的。只要她乐于承担，她就能够很快地认识到她有哪些义务。你要尊重你的妇女的地位，不论上帝使你生下来是什么身份的人，你都要始终做一个善良的女人。重要的是，要按照大自然的安排而生活；妇女们是能够极其容易地成为男子所喜欢的人的。

抽象地和纯理论地探求真理,探求原理和科学的定理,要求探求的人能够把他的概念做综合的归纳,那是妇女们做不到的;她们应当研究实际的事物,她们应当把男人发现的原理付诸应用,她们应当仔细观察,以便使男人们能论证原理。在一切同妇女们的天职无直接关系的事物上,她们看问题的时候应当斟酌男人的心理,应当着眼于以人们的爱好为唯一目的的有趣味的事物;因为,在需要运用思想的事物上,她们是没有理解的能力的,她们也没有相当精细的头脑和集中的注意力去研究严密的科学;至于说到有形的事物,那是应当由比她们活跃,比她们见多识广,比她们体力强而且比她们更经常地使用其体力的男性去判断可以感知的事物和自然法则的关系的。妇女们的体力很弱,对于外界的事情也很少见闻,因此她们只能够估计和判断她们可以加以运用的动力,以补她们体力之不足,这种动力就是男人的欲念。她们的做法比我们的做法优越,她们的一举一动都可以激动人们的心。所有一切她自己无力去做而且对她来说又是必须做或喜欢做的事情,她都需要用巧妙的办法使我们产生做那些事情的愿望;因此,她对男人的心理应当有一个透彻的了解;不是抽象地了解一般男人的心理,而是了解她周围的男人的心理,了解她或因法律或因舆论而一定要受其制约的男人的心理。她应当学会如何通过他们的言语、行为、神色和姿势而洞若观火地看出他们的感情。她应当通过她自己的言语、行为、脸色和姿态使他们产生她所喜欢的情感,而又不露出她有使他们产生这种情感的意思。他们比她们对人心有更透彻的研究,然而她们却比他们更能看出人心的内部的活动情景。妇女们可以说是负有发现"实验道德"的责任,而男人则应当把她们所发现的实验道德做系统的归纳。妇女的心思比男人的心思细致,男人的天才比女人的天才优厚;由女人进行观察,由男人进行推理,这样配合,就能获得单靠男人的心灵所不能获得的更透彻的了解和完整的学问。一句话,就能获得我们能够加以掌握的对自己和对他人都确实有用的知识。艺术之所以能不断地使大自然赋予我们的工具臻于完善,其道理就在于此。

妇女们周围的人就是她们应该阅读的书;如果她们读得不好,那是因为她们有缺点,或者是因某种欲念蒙蔽了她们的眼睛。然而,要真正地尽到做母亲的责任,她们不仅不应该抛头露面地出去交际,而且还应该像女修道院中的修士一样过着深居简出的生活。因此,我们应该像对待那些送入女修道院的女子那样对待未出嫁的少女。在她们未断绝念头,远远地离开她们不应该享受的娱乐以前,让她们去看一看那些娱乐的情景,以免它们的假象有朝一日使她们的心灵不得安宁,扰乱她们幽静的生活。在法国,少女们都住在修道院里,而已婚的妇女则常常出入于社交场合。在古代,情况恰恰相反。正如我已经说过的,少女们在公众面前游戏取乐的时间是很多的,而妇女们则常常待在家里。这种习惯是比较合理的,是更有助于保持良好的风俗的。未婚的少女是可以做一点儿撒娇的样子的,玩耍就是她们主要的事情。已婚的妇女有她们的家务事,是不需要再出去物色丈夫的;可是,她们看不出这种做法对她们的好处,而不幸的是,她们又爱出时新的风头。做母亲的人啊,你们无论如何都要以你们的女儿做你们的伴侣。你们要使她们具备一个清晰的头脑和诚实的心,然后把纯洁的眼睛可以看到的一切事物都让她们去看。跳舞、集会、运动,甚至戏剧都应当让她们去看一看；所有一切在轻浮的少年以错误的眼光看来感到入迷的东西，在健康的眼睛看来是没有什么危险的。愈是让她们去好好地看一看那些闹闹嚷嚷的玩意儿，她们便会愈早地对它们感到厌恶。

我当然知道有些人会起来反对我。哪一个女孩子看到这种有害的例子而不受它的影响呢？她们只要一看到社交界的情形就会心慌意乱，就没有一个人愿意离开那种场合。事情很可能是这样的。但是，在让她们看到这种迷惑人的情景以前，你是不是做了充分的准备，使她们看到那种情景而不动心？你是不是好好地向她们阐明了它所显示的事物？你是不是已经如实地向她们描绘了那些事物的样子？你是不是充分地给了她们抵抗虚荣的幻象的武器？你是不是已经使她们幼稚的心喜爱那种在喧嚣的场合中寻找不到的真正的快乐？你采取了哪些预防的办法和措施去防止她们产生一种将使她们走入歧途的不正当的爱好？你不仅没有采取任何步骤，使她们的心不受一般人的偏见的影响，反而在她们的心中散布人们的偏见；你老早就使她们对她们所看到的种种无聊的玩意儿产生喜爱之心了。你让她们去搞那些玩意儿，她们当然是喜欢的。有一些进入社交界的女孩子，除了她们的母亲以外，便没有其他的人管她们，然而她们的母亲往往比她们还疯狂得多，只能够教她们的女儿照她们那个样子去看待各种事物。母亲的榜样是比理性更能影响孩子的，因此使她们认为跟着妈妈去做就是对的，做母亲的人在女儿的心目中是有威信的，她们的话是无可争辩的。所以，如果说我主张一个做母亲的人应该把她的女儿带到社交场合中去看一看，那是根据了这样一个假定才这样主张的，这个假定是：她要使她的女儿看到社交场合中真正的情景。

其实，女孩子们早就开始变坏了。女修道院倒是真正的培养女孩子们卖弄风情的学校，不过，不是培养我所讲的那种风情，而是使妇女们日趋下流的风情，是促成女孩子们成为浪荡的小妖精的风情。当她们从女修道院出来，一下子进入乌烟瘴气的社交场合的时候，便觉得这种场合很合她们的口味。她们已经受过在社交场合中厮混的教育，因此，她们对那种场合很感兴趣，这有什么奇怪呢？我很担心我在后面阐述的看法是出于偏见而不是根据研究的结果；我觉得，一般地说，在信奉新教的国家中，能够比信奉天主教的国家中找到更多的可爱的家庭和称得上贤妻良母的妇女；如果是这样的话，我们就可以毫无疑问地断定：其所以有这种差别，一部分原因是女修道院的教育。

要能够对恬静的家庭生活感到喜爱，就必须对它有所认识，就必须从童年时期起领略到这种生活的甜蜜。只有在父母家才能学会怎样爱自己的家；如果做母亲的人在这方面没有对她们进行教育，她们将来也是不喜欢教养她们的孩子的。可惜的是，在大城市中，没有人对女孩子们进行家庭教育了。大城市中的社交场合是那样的多和那样的乱，以致再也找不到一个清闲的地方过安静的生活，甚至在自己的家里也如同在公共场合一样。由于她经常同其他的人厮混，她就等于是没有家了，甚至连她的父母也几乎不认识了，她把他们看作外人，质朴的家庭气氛和使家庭趣味无穷的亲密情感都一起化为乌有了。所以，女孩子们在吃奶的时候就从母乳中吸到了这个时代的所谓享乐和人们所奉行的行为准则了。

有些人硬要女孩子们在表面上显得很拘谨的样子，以便使那些凭外表取人的傻瓜娶她们做妻。但是，对这样的女孩子们一加研究，你就可以发现，在忸忸怩怩的样子下面，她们已经露出了那种正在吞噬她们的火热的欲念，你从她们眼睛的表情就可以看出她们一心要模仿她们的母亲。她们的心意不是在得到一个丈夫，而是在得到一张结婚的证书。既然有许多的办法可以使她们在没有丈夫的情况下过那种生活，她们又何必要那样一个丈夫呢？不过，她们还是需要一个丈夫，以便她们在采取那些办法的时候做一个掩护①。她们表面上显得很正经，而骨子里却非常的淫荡，假正经的样子本身就是一个淫荡的标志；她们之所以要这样假装一番，正是为了使她们能够更早地抛弃这种正经的外表。巴黎和伦敦的妇女们，我请求你们原谅我。任何地方都可能出现一些奇迹，不过，拿我来说，我是一个奇迹也未曾看到过的；如果在你们当中真能找到一个心地纯洁的人的话，我就承认我对我们的社会是一无所知。

　　所有现今的种种教育方法，其结果都将同样地使年轻的女孩子对豪华世界的玩乐发生兴趣，而且，由于有了那种兴趣，不久以后就会产生享受那种玩乐的欲望。在大城市中，一个女孩子一开始生活，跟着也就开始败坏，而在小城市中，则是在她能够运用理性的时候才开始败坏的。外省的女孩子因为学了别人的样子，看不起她们可爱的朴实的风俗，便急于到巴黎来分享我们风气中的腐败味；她们游历巴黎的唯一目的，就是在学习那些美其名为才艺

---

① 一个人在青年时期所走的道路，是圣人所不能理解的四件事情之一；而他所不能理解的第五件事情是淫妇的脸皮为什么那样厚，"她吃了，把嘴一擦，就说：我没有行恶。"《旧约全书·箴言》，第30章，第20节。

的恶习,而且,当她们发现自己在放荡的行为方面不如巴黎的贵妇时,她们还觉得不好意思,巴不得自己赶快成为一个首都地方的人。在你看来,是在什么时候开始糟糕的?是开始在她们有那种打算的时候,还是开始在她们达到了目的的时候?

  我不希望一个贤明的母亲把她的女儿从外省带到巴黎来看这些对外省人极其有害的情景;我认为,即使要来,那就在她的女儿已经受到不良的教育之后才来,或者在这些情景对她的女儿已经没有什么危害性的时候才来。一个女孩子如果有很好的鉴赏能力和清醒的头脑,并且喜欢做正当的事情,则她纵然看到巴黎的有害的情景,那也不会像其他的人那样受它们的迷惑。在巴黎,你可以看到一些轻浮的女孩子急急忙忙地要在六个月内学会那一套时髦的作风,好让人家骂她们一辈子;不过,是不是也有一些女孩子因为不喜欢那些闹闹嚷嚷的场合,把她们在外省的生活和其他的人所艳羡的巴黎生活做一番比较之后,又回到她们在外省的家,这样的女孩子是不是有人看见过呢?我就看见过许多的青年妇女,被她们好心的丈夫和老师带到首都之后,又自动地回到外省去,而且她们要回去的心情远比要来巴黎的心情还切;她们在离开巴黎的前夕,很温存地对她们的丈夫说:"唉!还是让我们回到我们的茅屋去住吧,住在茅屋里比住在这里的皇宫还舒服得多!"我不知道还有多少好人没有跪拜过偶像,而且还蔑视人们对它的无意义的崇拜。只有愚蠢的人才是到处闹闹嚷嚷的,聪明的妇女是绝不会做什么耸人听闻的事的。

  尽管一般人都日趋堕落,尽管大家都普遍地抱有偏见,尽管对女子实施的教育不好,但总有一些妇女还仍旧保持着一种不为外力所左右的判断能力的,既然是这样,那么,当这种判断的能力受到了适当的教育的培养,或者说得更确切一点,当这种判断的能力没有受到不良教育的败坏的时候,如果我们要着眼于保持或培养自然的情感的话,我们该怎样做呢?为了要做到这一点,是用不着那样啰啰唆唆地说一长串话来使年轻的女子听了感到厌烦的,也用不着那样一五一十地向她们讲一篇干巴巴的道德经的。向男孩子和女孩子讲解道德,那等于是在消灭他们所受的一切良好教育的效果。像那样冷冰冰地教训一阵,其结果必然会使他们对说教的人和他们所讲的话产生反感。同年轻的女孩子们讲话的时候,千万不能拿她们所负的天职去吓唬她们,也不能把大自然加在她们身上的束缚说得那样严重。你向她们阐述她们的天职时,话要说得简明,说得中肯,不要使她们以为履行那些天职是一件不愉快的事情,你切不可有一点儿不高兴或盛气凌人的样子。所有一切要她们动脑筋思考的问题,我们也应该动脑筋思考一番之后才说;如果用问答的方式对她们讲解道德,则其内容也要像教义问答那样的简单和明了,但是说话的语气不要那样严肃。必须向她们指出,这些义务就是她们的欢乐的源泉和权利的根据。你要爱别人,才能得到别人的爱;你要幸福快乐地生活,就必须使自己成为一个为人家所喜欢的人;你要人家听从你的话,就必须使自己值得人家的尊敬;你要爱惜自己的体面,才能得到人家的称誉。要做到这几点,是不是很困难呢?妇女的权利是多么光荣!是多么值得尊重!当一个妇女善于行使她的权利的时候,男人的心将对那些权利表示多么的关切啊!一个女子是不一定非要等到有了相当的年龄或已经衰老的时候才能享受那些权利的。只要她有美德,她就可以开始行使她的权利；一到她长得亭亭玉立的时候，她凭她的温柔的性格就能够树立威信，使男子看到她那种淑静的样子感到敬畏。如果一个十六岁的女孩子长得又聪明又可爱，平时寡言鲜笑，善于理解别人，同时，态度又是那样的温柔，语言又是那样的诚恳，美丽的容貌又显示了她的女性的青春，羞怯的样子又使人感到喜悦，她尊重别人，从而也赢得了人家的尊重；见到这样一个少女，哪一个粗野无礼的人还敢不收藏他那傲慢的气焰，还敢不检点他的行为呢？

所有这些，虽说是一个女孩子形之于外的表现，但我们绝不能把它们看作是无关紧要的表现；它们之所以有魅力，不仅要以感官的美做它们的基础，而且还要我们从心眼里认为妇女是我们男子的良好行为的天然评判者。谁愿意受到女人的轻视呢？在世界上是没有哪一个人愿意受女人的轻视的，即使是不喜欢妇女的人，也是不愿意受到她们的轻视的。你们以为我这个向她们阐述如此严酷的事实的人就不重视她们的评判吗？不，在我看来，她们的话比你们的话更值得重视，读者啊，你们往往比她们还显得一副娘儿们气哩。我虽然是看不起她们的脾气，但我仍然要称颂她们的公正；只要我能够使她们不得不尊重我，即使她们恨我，那也没有什么关系。

如果我们善于运用她们的积极性，我们将完成多么多的伟大的事业啊！可惜在现今这个时代，妇女们有力的影响已经丧失，她们的话男人已不再听从，这是多么可悲的时代！这真是堕落到了极点。所有一切风俗敦厚的民族对妇女都是很尊重的。你看一看斯巴达，看一看日耳曼，看一看罗马，如果在这个世界上曾经有过光荣和美德荟萃之处的话,那就是罗马。在罗马,妇女们所歌颂的是伟大的将军的战功,妇女们所哭泣的是丧失了国家的元老;她们的夸赞和诉愿是神圣的,是对共和国事业的最庄严的裁判。所有一切巨大的变革都是由妇女发端的:是一个妇女使罗马获得自由的,是一个妇女使平民成为执政的,是一个妇女结束了十人团的暴政的,是妇女们把被围困的罗马从流放的反叛者手中解救出来的。风流的法国人啊,当你们以嘲笑的眼光瞧着一群妇女走过去的时候,你们抱怎样的看法呢?你们也许还会跟在她们后面奚落她们哩。同样的事物,由于你们跟我的眼光不同,所以我们的感觉也完全两样!也许我们各人有各人的理由。如果以漂亮的法国太太们排成这样一个队伍的话,我认为简直就不成体统;但是,如果以罗马的妇女排成这样一个队伍的话,你们就需要拿伏尔斯人的眼光去看她们了,就需要像科里奥兰努斯❶那样在心里想一想怎样办了。

我还要补充一下,我认为美德之能够巩固爱情,犹如它之能够巩固自然的权利,如果一个情人具有美好的道德,她就可以像做妻子和做母亲的人那样行使同样的权能。凡是真实的爱,都是充满着热情的,其所以那样地充满热情,是因为在想象中始终存在着一个真正的或虚幻的完美的对象。如果在情人的眼中看来那个完美的对象是没有什么价值的,是一个只供官能享乐的工具,在他的心

---

❶ 科里奥兰努斯,传说中的公元前五世纪罗马将军,曾大败罗马的敌人伏尔斯人,为国家立下战功;后来遭到放逐,遂投奔伏尔斯人,并率领他们围困罗马。在即将攻陷罗马时,元老院请他的母亲到他的军营中去,以母子之情打动他的心,遂解罗马之围。

目中哪里还能燃起一股激烈的热情呢？如果是抱有这种看法的话，他的心是热不起来的，是不会去追求那使情人心醉神迷、情意缠绵的高尚的乐趣的。我承认爱情是空幻的，只有情感才是真实的，是情感在促使我们去追求使我们产生爱情的真正的美。有人说，这种美在我们所爱的对象的身上是不存在的，它是因我们的错觉而产生的。啊！这有什么关系呢？我们是不是因此就可以不那么热烈地把我们所有的世俗的情感奉献给这个想象的模特儿呢？是不是因此就可以不拿淳厚的心对待我们所钟爱的人呢？是不是因此就可以不抛弃我们卑劣的欲念呢？一个男人不愿意为他的情人牺牲生命，这哪里是一个真心的情郎？而一个愿意为爱情而死的人，他心里还有什么粗俗的肉欲？我们嘲笑旧时的骑士，其实只有他们才是真正地懂得爱情的人咧，至于我们，我们只知道贪图色情罢了。传奇式的爱情观之所以在我们看来觉得可笑，并不是因为我们有了理性，而是因为我们有了不良的风俗。

不论在哪一个时代，自然的关系都未曾改变过，由自然的关系中产生的或好或坏的影响也始终是一样的，尽管人们用"理性"这个词来掩饰他们的偏见，那也只是在表面上改了个名称罢了。对自己进行克制，始终是一个很高尚的行为，即使是因为听从荒唐的说法而克制自己，那也是很高尚的；只要有真正的爱好荣誉的心，有见识的妇女就会按她的地位去寻求她一生的幸福。对一个心灵高尚的美丽的女人来说，保持贞操是一个极为可贵的道德。她看见整个的世界都在她的脚下，她战胜了一切，也战胜了她自己。她自己的心就是一个宝座，所有的人都来向它表示敬拜；为两性所尊重的温柔和专一的情感，以及世人的敬重和她的自尊心，不断地使她感到她在某些时候进行的斗争是光荣的。她所遭遇的艰苦是转瞬即逝的,然而她在艰难困苦中获得的荣誉是永不磨灭的。一个高尚的妇女,当她以自己优良的品德和俊秀的容貌而引为骄傲的时候,她心里是多么愉快啊!一个钟情的女人是比莱斯和克利奥帕特拉更能领略肉体快乐的美的;即使将来她的容颜消失了,她的光荣和快乐的心情仍然是存在的;只有她才能够在回忆往事的时候感到快乐。[†]

所负的天职愈艰巨,则我们之所以要担负这些天职的理由便愈加鲜明。道貌岸然地用一本正经的话来谈这些极其重大的事情,年轻的女子是听不进去的,是不能够把她们说得口服心服的。由于这种语言同她们的思想状况太不相称,她们背地里就会把那些话当成耳边风,一点也不重视,所以,结果是反而容易使她们听任她们的倾向的发展,而不能够从事情的本身中找出她们必须抵抗她们的倾向发展的理由。毫无疑问,如果我们采用良好的教育方法去培养一个女孩子,则她就可以获得抵抗各种引诱的武装,如果我们只拿一些一本正经的话去灌注在她的心里,或者说得更确切一点,灌注在她的耳朵里,则她一碰到一个狡猾的引诱者,她就肯定会变成他的牺牲品的。人们说,一个年轻而漂亮的女孩子绝不应当轻贱她自己的身子,她应当认真地悔恨她的美色使男人犯了巨大的罪恶,她必须诚心诚意地向上帝忏悔她成了男人贪婪的

[†] 在其他版本作:"……感到快乐。如果我所描绘的这条道路是值得你们喜欢的话,那就很好了;它是一条康庄大道,它符合于自然的秩序;你只有采取这条道路,才能达到你的目的。"

对象，她必须相信她自己心中的那一片柔情蜜意是魔鬼虚构的。我们应当针对她们本身举出一些切实的理由，因为以上所说的理由是不能够打动她们的心的。更坏的做法，而且也是人们常常采用的做法是：使她在思想上产生矛盾，先是说她的身体和美丽的容貌已经沾染了罪恶的污点，从而使她感到羞辱，然后又要她把这样可轻可贱的身子当做耶稣的圣殿似的加以尊重。过高和过低的观念都同样是不足以说服人的，是不能够自圆其说的；因此，必须举出一些能够为女性，并且能够为她那样年纪的女孩子所能懂得的理由。只有在你说明了她之所以要尽那些天职的理由之后，你才能够使她重视她的天职：

"只因不准许，她才未犯错误，而最终她是非犯错误不可的。"*

毫无疑问，只有奥维德才能作出这样一句一针见血的论断。

如果你想使年轻的女子喜欢良好的品行，那你就不要再三再四地向她们说，你们要规规矩矩，而应该使她们意识到规规矩矩的行为将给她们带来巨大的利益，应该使她们认识到规规矩矩的行为的全部价值，而且使她们喜欢这种行为。仅仅给她们指出在遥远的将来要获得这种利益，那是不够的，必须马上从她们那样年岁的人所有的种种关系中，从她们的情人的性情中使她们看到这种利益。必须向她们描述有品德的男子是什么样子，教她们怎样识别这样的人，怎样爱他，怎样为了自己的利益而爱他；要向她们证明，只有这样的男人才能把她们看作朋友、妻子和情人，使她们得到幸福。要通过理性去培养她们的美德；要使她们认识到，女性能否树立威信和获得优越的地位，不仅取

---

* 奥维德：《恋歌》，第3篇，第4首。

决于她良好的行为和性情,而且还取决于男人的良好行为和性情;此外,还要使她们认识到,她们对卑鄙恶劣的人是没有办法的,不尊重道德的人是不会尊重他的情人的。可以肯定的是,当你向她们讲述我们这个世代的风俗的时候,你将使她们对这种风俗产生一种内心的厌恶;如果你把时髦的人物指给她们看,她们便会对那些人表示轻视的;她们将鄙弃他们的种种说法,厌恶他们所表现的种种情感,看不起他们的虚伪的殷勤;她们将产生一种高贵的雄心——要赢得伟大的和坚强的男人的尊重,要成为斯巴达式的妇女,要指挥男子。一个脸皮很厚和诡计多端的女人,只知道用撒娇耍赖的办法去勾引情人,只知道用笼络的办法去保有情人,因此,只能够在一些普通的小事情上把她的情人当奴隶使用,至于在重大的事情上,她就不能驾驭他了。至于一个长得又聪慧又可爱的诚实的妇女,能够使她周围的男人不得不尊重她的女性,平时寡言鲜笑十分端庄的妇女,一句话能够取得男人的尊敬和爱的妇女,只要她做一个手势,就可以把他们差遣到天涯海角,就可以叫他们到她所指定的地方去作战,去争取荣誉,去牺牲生命①。

---

① 布朗托姆说,在弗朗斯瓦第一时代,有一个年轻女子的情人是一个爱讲话的碎嘴子,后来她硬不准他讲一句话,要他无限期地保持绝对的沉默,而那个男子也就忠实地在整整的两年间一句话也没有讲,以致大家都以为他因为生病而变成哑巴了。有一天,有很多人聚在一起,他的情妇(那时候谈情说爱还是很秘密的,所以大家还不知道她是他的情妇)夸口说可以马上把他的哑病治好,而且只用了"说话"两个字就叫他说起话来了。在这样的爱情中是不是有某种伟大的和英雄的行为存在呢?毕达哥拉斯的哲学即使讲得天花乱坠,难道还能够比她的办法更灵验吗?今天的妇女,即使付出了她可能付出的一切代价,但是不是能够使她的情人也像那个人一样地在一天之中不说一句话呢†?

† "今天的妇女……"这句话在手稿中是没有的。在手稿中是:"你想象不到有神力的人只消一句话就可以使一个人有讲话的机能吗?而我是怎么也不相信一个美而无德的女人能够做出这样的奇迹。所有巴黎的美妇,尽管手段高明,但在今天要她的情人一句话也不说,是很难办到的。"

645

在我看来,这种威信是崇高的,是值得花一番心血去获得的。

我们便是按照这种精神培养苏菲的,我们培养她的时候,做法是十分的仔细,但又没有花太多的力气,我们是顺着而不是逆着她的爱好去做的。现在,让我们按照我向爱弥儿所讲的形象,按照爱弥儿自己所想象的能够给他带来幸福的妻子的形象,简单地描述一下苏菲的人品。

我将不厌其烦地一再说明,我不是在培养什么神童。爱弥儿不是神童,苏菲也不是神童。爱弥儿现在已经长成为成年的男子,而苏菲也长成为成年的女人;他们可以骄傲的,就是这一点。在我们目前这种男性和女性混杂不清的情况下,能够像样地做一个男子或一个妇女,那差不多就是一个奇迹了。

苏菲出生在一个良好的人家,她的天性很善良,她的心很敏感,这颗极其敏感的心有时候会使她产生很难平静的想象。她对事物的观察是非常正确的,但不怎么深刻;她的心情很悠闲,然而是不平衡的;她的样子长得很普通,但是是讨人喜欢的,从她的相貌就可以看出她为人是十分的忠厚;你刚接近她的时候也许觉得她没有什么特殊的地方,但在离开她的时候你心里就不能不有所感触。别人有一些良好的品质是她没有的,而她自己的好品质,也许在程度上还不如别人;但是,要一个人把一些良好的品质配合起来形成一副很好的性格,那就谁也不如她了。甚至连她的缺点,她也知道怎样去利用;如果她长得十全十美的话,也许她反而不如现在这样令人喜欢了。

苏菲并不美丽,但男子们一到她身边就会忘掉比她更美的女人,而美丽的女人一到她身边就会觉得自己并不怎么美。乍看一眼,她虽不漂亮,但你愈看就愈觉得她长得好;有些东西,她那样长法就好看,而别人那样长法就不好看,至于她长得好看的地方,那就确实好看,谁也赶不上她了。也许别人的眼睛比她的漂亮,嘴巴比她的乖巧,样儿比她的吸引人,但是,别人的身材不如她的匀称,肤色不如她那样好看,手没有她那样白嫩,脚没有她那样小巧,目光没有她那样柔和,相貌没有她那样动人。她使你看到她的时候感到喜欢,但是不会使你心里入迷;她使你一看到她便感到动心,但是又说不出你动心的道理。

　　苏菲很爱打扮,而且也懂得怎样打扮;她的母亲除她以外,就再没有用收拾房间的仆人;她有很高的审美力,所以总穿扮得很好看;不过,她是很讨厌华丽的衣服的,她的衣服又简朴又淡雅;她所喜欢的不是那种花花绿绿的衣服,而是合身的衣服。她不懂得什么颜色的衣服合乎时髦,但是她很清楚什么颜色的衣服才合乎她的身子。没有哪一个年轻女子像她那样在表面上对装饰品很不讲究,而实际上是花了一番工夫的。她没有一件装饰品是随随便便穿戴在身上的,但是在每一件装饰品上你都看不出她精心配搭的痕迹。她的穿扮在表面上显得很平常,但实际上是十分好看,引人注目的。她不仅不炫耀她迷人的美,她反而把它掩饰起来,但她愈掩饰,便愈是使人在心里回味。当你看到她的时候,你会说她是"一个朴实的聪明的女孩子",但是,如果你在她身边待久了,你的眼睛和心就会一刻不停地老是去看她和想她,这时候,你会感觉到,她身上的服饰之所以那样朴实,正是为了使你逐件逐件地通过它们去想象穿戴那些服饰的人。

　　苏菲有一些天生的才能,这一点她自己是知道的,而且是充分地加以利用了的；不过，由于她还不知道怎样培养那些才能，所以她只知道用她清脆的声音节拍准确而谐和地唱歌，用两只灵巧的脚轻松活泼地练习走路；在任何场合都能毫无拘束和大大方方地向人家行礼。她唯一的唱歌教师是她的父亲，她唯一的舞蹈教师是她的母亲；住在邻近的一位风琴师教她弹过几次风琴，以后她就自己单独去练习了。起初，她只想多弹黑键子*，后来，她发现风琴的清脆的声音可以使声调听起来更加美妙，才逐渐逐渐地学习和声；最后，在她长大的时候，她便开始领略到音乐的美，对音乐感到喜欢了。不过，喜欢音乐只能说是一种爱好，而不能说是才能，她现在还不能看着谱子就会唱歌。

苏菲最喜欢的而且也是大家花了一番很大的工夫教她学习的，是女性专长的工作，甚至连大家原来不打算要她做的剪裁和缝制衣服之类的工作，她也是非常喜欢的。没有哪一门针线活儿她不会做或不乐于做，但她最喜欢的是做花边，因为，只有做花边的时候姿势最好看，最能使手指头越练越灵巧。她对所有一切家务事情都是很专心细致地做的。她也会做菜和做一切杂事，她很熟悉各种食物的价值和质量的优劣，她很会计数算账，她简直就是她母亲的管家。由于她自己将来一定是要做一个家庭主妇的，所以她在经管她父母的家庭的时候，就可以学会怎样经管她自己的家；她能够帮助家中的女仆们做事，而且经常是自动地去帮助她们做的。任何事情，只有在你自己会做的时候，你才能够有效地指挥别

---

* 在我们的客厅中，钢琴已经取风琴的地位而代之，自从有了钢琴以后，再这样练习就太笨了；制造乐器的人已经改变了键盘上的两种颜色的次序，较显著的键子用象牙，不太显著的键子用乌木。

人去做。她的妈妈之所以要她这样做家中的事情，其原因就在于此。就苏菲来说，她心里是考虑不到这些的；她的第一个天职是做一个好女儿，她在目前唯一要履行的就是这个天职。她心中所考虑的是怎样侍奉她的母亲，怎样尽心竭力地替她分担一部分劳苦。因此，她在做家务工作的时候，并不是那么平均地样样都喜欢的。举例来说，尽管她喜欢吃精美的饮食，但她并不喜欢到厨房去做菜；在烹调饮食的过程中，有几样事情是她很感厌烦的，在她看来是不清洁的。她在这方面是极其考究的，这样一种过度的考究已经变成了她的缺点之一：她宁可让一餐的饭菜都烧焦煮烂，也不愿意弄脏自己的衣袖。由于同样的理由，她也不愿意去整治菜园。她认为泥土是很不清洁的，她一见到肥料就觉得闻到了一种不好的气味。

　　这个缺点，是由她的母亲对她的教育造成的。照她的母亲看来，在妇女们应当做到的许多事情中，最重要的事情之一就是保持清洁，保持清洁是大自然一定要妇女们非做到不可的特别重要的事情。在世界上，最令人感到恶心不过的是一个肮脏的妇女，如果她的丈夫讨厌她的话，那是讨厌得很有道理的。她从苏菲的童年时候起，就一再地向她讲解这一点；她十分严格地要求她的女儿要保持个人的清洁，她的衣服、寝室、所做的一切东西和梳妆用具都要那样干干净净的；注意清洁已经是她的一种习惯，每天要占去她的一大部分时间，而且首先是搞完了清洁工作然后才搞其他的事情。在她看来，东西做得好不好是次要的，而最重要的是做得干净。

　　然而，所有这一切并没有使苏菲因此就养成一种装模作样的神气,也没有使她养成一股娇气;她在这方面的考究是不花一文钱的,她房间里用的水全都是普通的水,她所知道的独一无二的香气是花香,将来,她的丈夫要想闻到什么甜蜜的气味的话,那就只能去闻她的呼吸了。总之,她在注意个人的仪表上尽管花费了一些心思,但她并没有因此就忘掉她应当把她的生命和时间用之于更高尚的事情。她不会,或者说她不愿意因为过分地讲究身体清洁而玷污了灵魂;与其说苏菲很清洁,不如说她很善良、很纯洁。

我在前面说过苏菲是很贪吃的,她天生的食量就是很大的;不过,由于她已经养成了良好的习惯,所以她对饮食是很有节制的,而且在目前,由于她有了很好的道德修养,所以在饮食上是更有节制了。我们对女孩子是不能像对男孩子那样利用她们贪吃的习惯对她们进行一定程度的控制的。贪吃的习惯对女性是有很大的影响的,如果让她们贪吃的话,那是极其危险的。在童年时候,小小的苏菲如果是单独一个人走进她妈妈的房间的话,没有哪一次是空着两只手走出来的,她一看到糖果和糕点就经不住考验,总要口里发馋,拿几个来吃的。她的妈妈一再地当场捉住她、惩罚她,让她挨饿。最后,她的妈妈终于使她明白糖果对牙齿是有害的,而且吃得太多会使身体发胖的。这样,苏菲就改正了这个缺点,到她一天天长大的时候,她就有了其他的爱好,因而使她改掉了这种贪口腹的习惯。妇女和男子一样,只要她们的思想一旦活跃起来,贪图口腹就不再成为一个支配她们行动的恶习了。苏菲保持了女性特有的爱好,她喜欢吃奶制品和甜食,喜欢吃发面食品和一碟一碟的小菜,但是肉是吃得很少的,她从来没有喝过酒或其他的烈性的饮料;此外,她吃任何东西都是很有节制的,女人的劳动量没有男人的劳动量大，所以用不着吃那么多东西去补偿她们身体的消耗。不论什么东西，只要味道好她就喜欢吃，而且她也善于品尝饮食的味道；食物的味道即使不好，她也能够吃，而且吃起来也没有什么感到不舒服的地方。

苏菲的头脑很聪明，但还说不上是十分的敏慧；她的思想很健全，但还说不上是十分的深刻；大家之所以没有议论过她的才情是不是优异，是因为大家都觉得她既不比人家聪明，也不比人家愚蠢。她具有的才情足以使同她谈话的人感到很有乐趣，虽然按照我们所理解的妇女的文化程度来看，她的措辞并不是特别优美；她所说的事情不是从书上学来的，而完全是从同她的父母的谈话中领会到的，是从她自己的思考和对她所接触的为数不多的人的观察中归纳出来的。苏菲天生就是很活泼的，而且在童年的时候还有点儿调皮；不过，她的妈妈后来就有意识地一点一点地制止她那种轻浮的样子，以免到了非改掉这种样子不可的时候才突然叫她改，那就不好改了。因此，在她还没有到非改不可的时候，她已经就变得相当的稳重了；现在，她已成长为大姑娘了，她觉得保持这种稳重的样子，比在不知其所以然的情况下去学习这种样子，还容易得多。有时候，看见她由于原来的习惯没有完全改掉而仍然表现出童年时候的活泼样子，但跟着又规规矩矩地，闭着嘴，低着头，脸儿羞得通红。看到她这种样子，真是令人感到十分的喜悦。她处在这成年和童年之间的时期，所以这两种人的样子都有一点。

苏菲的心太敏感了，所以她的脾气很难保持平衡；不过，由于她为人是十分的温柔，所以即使在脾气发作的时候也不会使别人感到难堪；她只是让她自己难过一阵罢了。如果你说了一句伤害她的话,她也不会生气,不过她心里是很激动的,她将跑到另外一个地方去哭泣。在她哭得很伤心的时候,只要一听到她的父亲或母亲叫她,她便马上擦干眼泪,憋着啜泣的声音,笑着玩着地跑到他们的跟前。

她并不是一点任性的心情都没有的;由于她的脾气有些过于急躁,所以她对人家所说的话喜欢表示反抗,因而每每使她自己不能约束自己。但是,只要你在一段时间内不去管她,让她的心情恢复平静,则她为了弥补她的过失而采取的办法,那简直就是一种美德的表现了。如果你惩罚她,她也乖乖地忍受。你将看到,她感到羞愧的不是受到惩罚,而是做错了事情。即使你一句话也没有说,她也会自动去弥补她的过失,而且在这样做的时候,态度是那样的坦率和开朗,以至使你不可能对她怀抱恶意。即使你当着仆人的面责备她,她也坦然接受而没有任何狼狈不堪的样子;一到你对她表示宽恕的时候,你从她喜悦的面孔上就可以看出她心中解除了多么大的负担。总之,对于别人的过失,她可以耐心地忍受;而对于自己的过失,则乐于改正。女性的天性,如果没有受到我们的败坏,就是如此可爱的。女人对男人是能够表示忍让的,甚至对他们的不公正的行为也是能够容忍的。可是,如果你要像约束女孩子那样地约束男孩子,那就办不到了;他们将对不公正的行为表示反抗,因为大自然并没有要求他们一定要容忍这种行为:

> 格雷文的
> 倔强的儿子怀着冲天的愤怒[†]。

[†] 贺拉斯:《颂诗》,第 1 卷,第 6 首。

苏菲是有信仰的,不过,她的信仰是很合理的,而且是很简单的;既没有什么教条,也很少做什么祈祷;说得更确切一点,她只知道最重要的事情是实践道德,她将做一切善良的行为,以便在做这种行为的过程中将她整个的生命奉献给上帝。她的父母在这方面给她的种种教训,其目的都在于使她养成恭谨而谦逊的习惯;他们经常向她说:"我的女儿,在你这样的年龄,是不可能理解宗教的,将来,等你到了能够理解的时候,你的丈夫会告诉你的。"此外,她们从来没有啰啰唆唆地向她讲什么对宗教要虔敬的话,他们的办法是以身作则,使自己的榜样深深地刻画在她的心里。

　　苏菲是很爱美德的,这种爱已经变成了支配她的一切行为的力量。她之所以爱美德,是因为任何事物都没有美德那么美;她之所以爱美德,是因为美德能够使妇女获得光荣。她认为,一个德性优良的妇女就等于是一个天使。她爱美德,是因为她把美德看作是得到真正的幸福的道路,是因为她认识到一个不诚实的妇女一生中必然要遭遇贫穷,必然要被人们遗弃,必然要受到许多痛苦,必然要做出可耻的和不名誉的行为。最后,她之所以爱美德,是因为她可敬的父亲和温柔而严肃的母亲热爱美德,他们不只是满足于以自己的美德而获得幸福,他们还要为了她的幸福而爱美德;而她最大的幸福是:实现她为他们创造幸福的愿望。正是因为她抱有这些看法,所以她的内心中才有一股热情激励着她的心,使她的一切不良的倾向都受制于这个崇高的愿望。苏菲的终身都将是一个贞洁和诚实的妇女,她在她的内心深处已经发誓要做到这一点,而且,她是在她已经明白这个誓言是值得遵守的时候,才发这个誓的。这个时候,如果她贪恋官能的快乐,她是可以毁掉这个誓约的,然而她最终还是发誓要做到这一点。

幸运得很,苏菲还不是一个风流的法国女人。一个风流的法国女人生性是很冷酷的,由于爱好虚荣而经常那样妖艳地打扮;她心中所想的是怎样使自己大出风头而不是怎样使别人感到喜悦,她所追求的是玩乐而不是娱乐。苏菲心中所考虑的是怎样去爱别人,这种想法竟使她在许多欢乐的场合也分散了她的心,甚至还使她感到苦恼。她已经不再有原来那种活泼的样子了,她已经不再是从前那样嘻嘻哈哈地玩了;她不仅不害怕孤单独处会感到无聊,而且还想方设法地要过这种孤独的生活;她在这种生活中想到了那样一个人,他可以使她感到孤独生活是一件很甜蜜的事情。所有一切同她不相干的人,她都感到讨厌;她所需要的不是献殷勤的人,而是情人;她愿意使一个诚实的人感到喜欢,感到永久的快乐,但不愿意去博取众人的称赞,说她很时髦,因为这种称赞只能够给她一天的体面,而第二天就会变成笑柄,受到人家的指责。

妇女的判断力比男子的判断力发展得早。由于她们从童年时候起就处于防御的状态,有一个很难保守的宝物,因此,她当然是很早就需要认识什么是善和什么是恶的。苏菲是一个十足的早熟的女孩子,由于她禀赋的气质使她更早地成熟,所以她的判断力也比其他同年纪的女孩子发展得快。这是一点也不奇怪的,因为成熟的时间和程度并不是人人都是相同的。

人们曾经教过苏菲,女性和男性各有一些什么义务和权利。她既知道男子有哪些缺点,也知道妇女有哪些恶习;同时,她也知道男子和妇女有哪些相对应的品质和德性,而且把所有这一切都牢牢地熟记在心的。任何人所想象的诚实的妇女,都没有她所想象的那样高尚；妇女的形象要高尚，这一点她是不感到奇怪的；而她感到欣慰的是，她理想中有一个为人诚恳和行为端正的男子；她认为她就是为了这样一个男子而生的，她配得上他，她能够使他得到幸福，而她也将从他那里得到同样的幸福，她相信她一看见这个男子就可以把他认出来，因此，现在的问题只是怎样去寻找他。

正如男子是妇女的品行的评判人一样，妇女也是男子的品行的天然评判人，这是他们之间相互的权利，男女双方都是十分知道的。苏菲知道她有这种权利，而且也知道运用这种权利，不过，由于她知道她很年轻，知道她没有经验，知道她自己的地位，所以她在运用这种权利的时候是很有分寸的，她懂得什么才评判什么，而且也只有在她能够从其中得出某种有意义的论点的时候，她才进行评判的。当某人不在场的时候，她一谈到他，说话就极其谨慎，如果那个人是妇女，则她说话就尤其谨慎了。她认为，正是因为妇女们自己谈论女人的事情，她们才彼此都说怪话和互相讥讽。但是，只要她们把话题限制于谈论男子的事情，则她们说话就会很公正的。所以苏菲是只谈男人的事情的。对于妇女们，她只是在知道她们做了好事，应该加以表扬的时候，她才谈论她们的。她认为，为了尊重女性，是应当这样做的；当她对有些妇女没有什么表扬的话可说的时候，她就一点也不谈论她们；她不谈她们，那就可以明白她对她们的看法了。

苏菲是一点世故的气息都没有的，但她对人是十分的亲切、殷勤，而且无论做什么事情都是温雅的。在为人做事方面，她那种快乐的天性对她的用处，比许多巧妙的手段对她的用处还大。她对人是有一定的礼貌的，不过，她对人的礼貌既不落俗套，也不拘泥于时尚,不因时尚的变化而变化,而且还不是因袭习惯而照章行事的;她之所以对人有礼,完全是出于一种真诚的使别人感到高兴和愉快的愿望。她一句无聊的奉承话都不会说,也不会咬文嚼字地去恭维人;她从来不向人家说她对他感激得不得了,说人家对她太抬举了,请别人不要为她再辛苦了,等等。她尤其是不喜欢转弯抹角地说话的。对别人给予她的关心,对别人向她表示的尊敬,她也以礼相待,或者简单地对那个人说"谢谢你",不过,这句话从她口中说出来,那就是很真实的了。对于别人诚恳地给予她的帮助,她是感激在心里的,因此也就听不到她口头上表达什么谢意了。她从来不拘泥于法国人的习惯,硬要那么装模作样地做作一番,例如从这个房间走到那个房间的时候,把手伸过去让一个六十开外的老年人扶着她,反之,她倒是很想去搀扶那个老年人。如果是一个花花公子冒失地伸手去扶她的话,她就让那个人的手落个空,去摸着楼梯的扶手;同时,她一边三脚两步地跑进房间,一边向那个人说她不是跛子。尽管她的身材不高,她也不愿意穿高跟鞋;她的脚是相当的小,用不着穿这种鞋子。

她不仅在已婚的妇人面前是那样沉默寡言,对她们表示尊敬;而且,在已婚的男人或年纪比她大得多的人面前,她也是这样;她从来不坐在他们的上手,除非他们叫她坐,她才只好坐,而且,只要情况一许可,她马上又会回到她在下手的座位的;她之所以这样做,是由于她知道:妇女固然是应该受到尊重,而年纪大的人则更应该受到尊重,因为年长的人照理说来都是很贤明的,所以比任何人都应该受到大家的尊敬。

至于对那些同她年纪差不多的人,那又是另外一回事情了,她要采取另外一种做法使他们不能不尊敬她；她知道要怎样才既不失去跟她相称的谦逊态度，而同时又显得威严。如果他们本身一举一动都很谨慎，她就愿意拿青年人所有的亲热态度去对他们；他们天真无邪的谈话也许是很可笑的，不过是很正派的。如果他们所说的话很庄重，她认为那是很有意义的；然而，如果他们所说的话很胡闹，她就马上制止他们，因为她特别讨厌那种毫无意义的话，她认为这种话是有辱女性的。她知道她所寻求的那个人是不会说这种无聊话的，那个人的性格已深深地印在她的心里，因此，不适合于那个人说的话，她也不容许另外一个人说。由于她对女性的权利极其尊重，由于她的纯洁的感情使她的内心产生了一种骄傲，由于她本身的种种美德使她感到了一种力量，使她认为自己是值得尊重的，因此，如果别人甜言蜜语地向她说奉承话，她就会很生气的。不过，她的脸上并不露出生气的样子，而只是向那个甜言蜜语的人说一句表面上夸赞而其实是讽刺的话，或者突如其来地用一句冷冰冰的话去堵住他的嘴。如果有那么一个美如太阳神的男子向她做出一副温文尔雅的样子，很有风趣地称赞她十分的贤淑，称赞她十分的美丽和潇洒，并且说只要能够使她感到快乐，他自己也感到快乐，这时候，她会打断他的话头，很有礼貌地向那个人说："先生，这些事情我恐怕比你知道得更加清楚，如果我们没有什么有趣的事情好谈的话，我想，我们的话就谈到这里吧。"她一边说一边行礼，远远地走开；她在这种情况下就是这样做的。你去问一问你们那些风流的小白脸，对这样一个不喜欢听那种夸夸其谈的话的人，是不是可以随随便便老是在她的跟前唠三叨四地讲。

这并不是说她不喜欢人家称赞她，只要称赞她的话说得恰到好处，只要她认为你称赞她是出自诚心，她也是喜欢听你的称赞的。为了表明你确实在称赞她的长处，你首先就要把她的长处指出来。实事求是的称赞，她高尚的心是喜欢听的；吹吹捧捧的称赞，她一听到就起反感的；苏菲生就那么一副性格，是学不会那种小丑的本领的。

由于她的判断力是那样的成熟，由于她在各方面都长得像一个二十岁的女孩子，所以，苏菲一满十五岁，她的父母就不再把她当作一个小孩子了。他们刚刚在她身上第一次发现青年人特有的激动不安的现象，就赶快做好应付这种发展的准备，他们对她说话的时候，语气既很温柔，内容也颇有意义。他们那种富于感情和内容的话，是很适合于向她那样年纪和性格的人说的。如果她的性格是我所想象的那种性格，她的父亲一定会向她这样说：

"苏菲，你已经成长为一个大姑娘了，你不久就要成长为大人了。我们希望你将来会得到幸福，我们之所以这样希望，是为了我们自己，因为我们的幸福是有赖于你的幸福的。一个好女孩子的幸福是寄托在一个好男子的幸福之中的，因此，我们必须考虑你的婚姻问题，这个问题应当及早考虑，因为，一个人的婚姻可以决定一个人一生的命运，所以必须用充分的时间去考虑它。

"再没有什么事情比选择一个好男人更难的了，如果说真有比选择好男人更难的事情的话，那就是选择一个好女人了。苏菲，你将来就要成为一个这样可珍可贵的女人，你将成为我们一生的光荣，给我们的晚年带来幸福；不管你有多大的长处，在这个世界上总可以找出比你的长处更多的人的。没有哪一个人不以娶你为荣，而同你结婚之后可以使你更感到荣耀的人，也是很多的。现在的问题是:怎样在这些人当中寻找一个同你相配的人,怎样去认识他,怎样使他认识你。

"婚姻是否能取得最大的幸福,在很多方面要取决于男女双方是不是相配,不过,要想在各个方面都相配的话,那是十分愚蠢的。所以,我们只能首先注意到在主要的方面是不是相配,如果在其他方面也相配,那当然是更好,如果不相配,那也没有关系。十全十美的幸福在世界上是不存在的;然而最大的痛苦,即我们本来可以避免而没有避免的痛苦,是由于我们的过错而遭遇的不幸。

"在有些方面是就自然的情况来说是相配的,而在另外一些方面是就社会制度来说是相配的,在还有一些方面则完全是按照世人的舆论说来是相配的。做父母的人可以判断男女双方是不是符合后面这两种相配的情形,至于第一种相配的情形,只能由孩子们自己去判断。由父母做主的婚姻,纯粹是就社会制度和舆论来考虑双方是不是相配的;他们所取的不是人,而是社会地位和财产;然而社会地位和财产是可以改变的,只有人才是始终如一,没有什么改变,他在任何情况下都是那个样子;尽管一方很有财产,然而婚姻之是否幸福,完全取决于两个人的关系。

"你的母亲是有社会地位的,我是很有钱的;我们的父母之所以使我们两人结婚,纯粹是从这两点上考虑的。我失去了我的财产,而她也失去了她的地位,她被她家中的人遗忘了,高贵的门第今天对她有什么用处呢?在我们苦难的日子中,我们唯一的安慰是我们的心紧紧地结合在一起;由于我们的爱好一致,所以才选择了这种深居简出的生活;尽管我们很贫穷,然而我们生活得很愉快,我们彼此把对方看作是自己的一切。苏菲是我们共同的财产,我们感谢老天爷使我们失去了其他的财产而获得了这个财产。你看，我的孩子，上帝是怎样安排我们的：我们原来是由于门当户对而结婚的，可是现在门第和财产都化为乌有了；而我们之所以能够生活得这么幸福，完全是依靠了一般人根本不加考虑的男女双方自然相配的地方。

"丈夫和妻子应当互相选择。他们必须以共同的爱好作为第一个联系。他们应当首先听从他们的眼睛和心的指导，因为结婚之后，他们的第一个义务就是彼此相爱，而彼此相爱或是不相爱，是并不取决于我们的，所以要履行这个义务，就必须具备另外一个条件，那就是在结婚以前双方就是彼此相爱的。这是自然的法则，这个法则是任何力量都不能够废除的；有些人之所以想用许多法律去限制它，是因为他们只考虑到社会的秩序而未考虑到婚姻的幸福和公民的道德。亲爱的苏菲，我们向你所讲的这些话并不是什么难以实践的德行。它只是要求你自己能做自己的主人，要求我们把选择丈夫的权利交还给你。

"我们把所以要让你享受完全的自由的道理讲过之后，也必须向你讲一讲你必须很明智地运用你的自由的道理。我的女儿，你是一个很善良和有头脑的人，你的心地很端正和虔敬，你具有一个诚实的女人应当具有的才能，你的相貌也是很好看的，不过你是很贫穷的，你有最珍贵的财产，但是你没有人们最重视的财产。因此，你只能够希望得到你可能得到的人，而且在决定你的高尚的心愿的时候，你不能够根据你的意思或我们的意思，而必须根据人们的舆论。如果说问题只在双方的品德要相等的话，那我们就没有理由来限制你的愿望；但是绝不能够使你的愿望超出了你的财产可能达到的范围,同时不要忘记你的财产是很少的。尽管一个配得上你的男子不至于把财产上的不平等看成是婚姻的障碍,但是你应当考虑到他未曾考虑到的问题;苏菲,必须效法你的母亲,只能够同一个以娶你为荣的男子结婚。你没有看见过我们富裕时候的光景,你是在我们已经贫穷的时候出生的,有了你,我们觉得贫穷的生活也很甜蜜,你跟我们一同度过了困难的日子而没有叫过一声苦。苏菲,你要相信我所说的话,千万不要去追求我们感谢老天爷从我们手中夺去的那笔财产;我们只有在失去那些财富之后,才真正领略到幸福的甜蜜。

"你是那样的可爱,所以任何人都不能不喜欢你;你虽然很贫穷,但并不是贫穷到竟使一个正直的男子觉得有了你反而是一个累赘。有一些人将向你求婚,不过这些人也许是配不上你的。如果他们是老老实实地以本来的面目出现在你的面前的话,你是可以看出他们真实的品德的,他们浮夸的做法是不可能长久地瞒住你的;不过,尽管你有很好的判断力,尽管你能够看出他们的品德,但是你毕竟缺乏经验,你不懂得世人的伪装有多么巧妙。一个狡猾的坏人很可能对你的爱好进行一番研究,以便想办法来引诱你,在你的面前吹嘘他有种种的美德,其实他是没有那些美德的。苏菲,也许你还来不及发现你上了他的当,你就被他毁灭了,等到你发现你的错误的时候,已经是悔之不及了。我们的感官给我们造成的陷阱是最危险的,而且也是我们的理性很难避免的;万一你不幸而掉入了这个陷阱,则你所看到的便都是虚幻的情景,你的眼睛将感到迷惑,你的判断的能力也无法发挥,你的意志将受到败坏,你甚至还觉得你所犯的错误是值得艳羡的;这时候,即使你了解到那是不对的,你也舍不得改正了。我的女儿,我希望你听从你的理智,我不愿意你受你心中的倾向的摆布。只要你的头脑很冷静,你就可以判断你自己的行为;但是,一到你有了情人,你就必须争取你的母亲对你的关心。

"我现在向你提出一个既能表达我们对你的尊重又能证明我们之间的自然秩序的条件。习惯的做法是:父母替他们的女儿选择丈夫,而只是在形式上问她是不是同意。我们的做法要同习惯的做法完全相反,由你去选择,而只是在形式上征求一下我们的意见。苏菲,你要使用你的权利,你要自由地和明智地使用你的权利。应当由你自己去选择同你相配的人,而不能由我们去选择;不过,你在双方相配的条件方面是不是选错了,那就要由我们来判断,我们要判断你是不是在不知不觉中按照着你自己的愿望去选择的。出身、财产、社会地位和人们的舆论,我们是用不着去考虑它们的。你要选择一个诚实的男人,他的人品要能够使你感到喜欢,他的性格要同你的性格相适合;不管他是什么人,我们都愿意以这样的人做我们的女婿。只要他有干活的能力,只要他有好的品行和爱他的家,他就可以算是一个有相当的财产的人。如果他能以自己的美德使他的职业受到人们的尊重,他的社会地位就是很光荣的。即使全世界的人都责备我们,那有什么关系呢?我们所考虑的并不是别人是否赞同,而是你的幸福。"

读者诸君,我不知道这样一番话将对那些按照你们的方法培养起来的女子产生什么影响。至于苏菲,她对这一番话是无言回答的,羞怯和温柔的心使得她很难把她的想法加以表述;然而,我充分相信,这一番话将深深地刻画在她的心里;如果说对于人的决心是可以相信的话,那我们就应当相信这样一种决心了,即决心要成为一个值得她的父母尊重的人。

即使把事情说得坏一点:假定她的性情很急躁,觉得这样长时间的等待是一件很痛苦的事情,我认为,她的理智和她的常识、爱好、审慎,特别是童年时期在她心中培养的感情,是可以抵制她的急躁的心情和战胜她的感官的,即使不能战胜,至少也能抵抗一个很长的时期。她宁可做一个烈女而死,也不愿意因为嫁给一个没有品德的人,因为误选配偶而遭到种种痛苦,使她的父母感到伤心。正是由于她的父母让她享有完全的自由,因此她才更加注意于培养她的心灵,才更加苛于选择她的丈夫。尽管她像一个意大利女人那样热情,像一个英国女人那样敏感,但她在控制她的心情和感官方面却像一个西班牙女人那样自尊,在寻找情人的时候很不容易找到一个她认为是配得上她的人。

并不是所有的人都能意识到热爱诚实的事物就可以使人的心灵获得巨大的动力,意识到为人恳切和行为端正就可以使一个人从他的本身获得巨大的力量。有一些人认为一切伟大高尚的事物都是空幻的,这些人的卑微和邪恶的头脑永远也认识不到正是因为爱道德爱得入了迷,所以才能控制人的欲念。对于这些人,只能拿实际的事例去教育他们;如果他们硬不承认我所说的事例是正确的,那他们的结果是会更糟糕的。如果我告诉他们说苏菲并不是一个想象出来的人物,只不过她的名字是由我取的罢了;她所受到的教育,她的脾气和性格,甚至她的面貌,都是真真实实确有根据的,而且现在还有一个忠厚人家的人一回想到她就伤心流泪;毫无疑问,如果我这样向他们讲,他们对我所说的一切是不相信的;

不过,如果我把一个同苏菲这样相像的女孩子的故事在这里照实地讲出来,如果大家不感到奇怪,从而把这个故事看作是她的故事,那对我有什么妨害呢?大家相不相信这个故事是真实的,那没有什么关系;如果大家愿意的话,就把我讲的故事看作是虚构的小说好了,不过,我的意图是在于阐述我的方法,而我的目的终究是要达到的。

这个少女不仅具有我希望苏菲具有的那种气质,而且在许多方面也是那样地像苏菲,所以我们索性就用苏菲这个名字叫她,她也是当之无愧的;现在我就把这个名字给她好了。她的父母同她谈过了我在上面所记述的那一段话之后,觉得是不可能有求婚的人来到他们所居住的那个小村庄的,因此在有一年的冬天就把她送到城里的一个姑母的家中,并且把到城里去的目的秘密地告诉了她的姑母,因为自尊的苏菲在心灵深处是很骄傲的,是能够克制自己的情感的,不管她多么地需要一个丈夫,她也宁可终生不嫁,而不愿意由她去找他。

为了满足她的父母的愿望,她的姑母带着她去拜访别人的家,带着她进入社交场合和热闹的场所,让她看一看各种各样的人,或者说得更确切一点,让各种各样的人看到她,因为苏菲对所有那些狂欢狂乐的事情是根本不感兴趣的。她的姑母发现,她见到那些容貌俊秀举止稳重的青年并不躲避。她那种端庄的样子,本身就有吸引他们的魅力,其效果同撒娇卖俏是差不多的;但是,她同他们谈过两三次话之后,便不理睬他们了。不久以后。她就改变了这种似乎是硬要人家膜拜的神气,而代之以比较谦和的态度和冷冷淡淡的礼貌。她经常是十分注意自己的行为的,她绝不让他们找到一点点为她效劳的机会,这一切就充分地说明了她不愿意做他们当中的任何一个人的妻子。

聪明有识的人是不喜欢闹闹嚷嚷、玩玩乐乐的事情的,只有那些没有思想的人才喜欢这种无聊的事情,才认为糊糊涂涂地过日子是幸福的。由于苏菲找不到她所要寻找的人,很失望地发现她所见到的人不过如此,所以她对城市便感到厌腻。她深深地爱她的父母,任何东西都不能够消除她因为见不到他们而感到的苦恼,任何东西都不能够使她忘记他们;因此,预定的回家的日期还没有到,她很早就提前回家了。

当她回到父母的家里又重新做她原来所做的那些事情时,大家就发现:尽管她还保持着她原先的做法,但是她已经改变了她的心情。她显得精神涣散,急躁不安,忧忧郁郁,精神恍惚,而且还时常躲在一边哭泣。起初,大家还以为她有了情人,因此才感到不好意思;可是一问她,她又极力否认。她说她根本就没有看见过一个能够打动她的心的人,苏菲是从来不撒谎的,从来是说实话的。

她愈来愈显得憔悴,她的健康开始败坏。她的母亲对这种变化很感不安,决定要弄清楚其中的原因。她把苏菲带到一边,用那种只有温柔的母亲才有的疼爱和动人的语言说:"我的女儿,我在我的腹中孕育过你,我心里无时无刻不是想到你的,所以你要把你的秘密向你的母亲诉说。有什么秘密的事情不能让母亲知道的呢?除了你的父亲和我以外,谁能同情你的痛苦,谁能分担你的痛苦,谁能减轻你的痛苦?啊!我的孩子,你愿意让我为你的痛苦整天操心,而不让我知道你的痛苦究竟是怎样一回事情吗?"

年轻的苏菲不仅不隐瞒她的忧虑和痛苦,反而认为母亲来安慰她和做她的知心人实在是再好不过的事情；不过，由于她感到羞怯，所以不好意思讲，不知道用什么话来描述那种同她极不相称的情形，尽管她竭力控制自己，结果仍然是感官激动，心绪不宁。最后，还是她那种羞怯的样子提醒了她的母亲，她使她吐露了她心中难过的原因。她的母亲不仅不无端地责备她，反而给她以安慰和同情，搂着她哭泣。她的母亲极其贤明，绝不会把她的痛苦看作是犯罪，因为，正是由于她本身素重道德，所以才使她这样伤心的。既然要解除这种痛苦是极其容易的，而且又是合法的，那么，我们要问，她为什么要这样毫无必要地忍受这种痛苦呢？她为什么不运用他们赋予她的自由？她为什么不接受人家的求婚？她要什么人才中意？难道说她不知道她的命运可以由她自己独立地掌握，而且，不管她选择什么人，她的父母没有不同意的，何况她所选择的人一定是一个诚实的人呢？她的父母把她送到城里去，可是她不愿意留在那里；曾经有好几个人来向她求婚，她都拒绝了。她还在等待什么呢？她还有什么要求呢？这种矛盾真是令人难以解释！

其实，其中的道理是很简单的。如果说问题只是在于找一个年轻的伙伴，那马上就可以选择一个人的；不过要选择一个终生的伴侣，就不是那么容易的；何况双方都要互相选择，所以必须等待，而且往往在找到一个可以终生相处的人以前，不能不白白地浪费一些青春。苏菲的情况就是这样的，她需要一个情人，而且这个情人是配做她的丈夫的；不过，说到要称她的心意的话，那样一个情人和那样一个丈夫差不多都是同样难找的。所有那些漂亮的青年，只是在年纪上同她是相当的，至于在其他方面，那就不相当了；

由于他们显得很轻浮、爱好虚荣和说杂七杂八的废话,而且一举一动都没有规矩,互相模仿那种装腔作势的样子,所以她很不喜欢他们。她要寻找的是一个人,可是所遇到的尽是猴子;她要找一个高尚的灵魂,可是一直没有找到。

"我是多么不幸啊!"她对她的妈妈说:"我需要寄托我的爱情,可是找不到一个我所喜欢的人。那些人尽管引起了我的注意,但是我的心是讨厌他们的。我还没有见到过一个使我产生而不使我打消希望的人;相爱而不相敬,是不能持久的。唉!这样的人,你的苏菲是不要的!她所喜欢的人的形象早就深深地刻画在她的心里了。她只爱这样一个人和使他得到幸福,而她也只有同他在一起才能过愉快的生活。她宁可虚度年华,宁可不断地同自己的感情斗争,宁可痛苦地然而是自由地死去,也不愿意同一个她不喜欢的人在一起,使自己灰心失望、极度痛苦;她宁愿死,也不愿意活受罪。"

苏菲的母亲听了这些话便大感惊异,她认为苏菲的这些想法是太奇怪了,所以使她不能不怀疑这当中必然有某种秘密。苏菲从来不是一个装腔作势的可笑的人。既然从小就对她进行了种种教育,以便使她将来能够适应同她一起生活的人,能够把必然要做的事情看作是好事,那么,她为什么又会产生这种过分挑剔的想法呢?她对这个可爱的人是这样地着迷,而且在话里一再地谈到他,因此使她的母亲猜想:她之所以这么任性,必然还有她所不知道的原因,她心里的话还没有全部说完。这个可怜的女孩子沉浸在她秘密的痛苦中,巴不得能够找到一个人,向他吐露真情。她的母亲催促她讲,她还显得有些犹豫;最后她竟沉默不语,一言不发地走了出去，过了一会儿才走回来，手里拿着一本书说："可怜你不幸的女儿吧，她的痛苦是没有办法医治的，她的眼泪是永远也流不完的。你想知道这当中的原因，唉！原因就在这里。"她一边说一边把书扔在桌子上。她的母亲把那本书打开一看，原来是一本《太累马库斯奇遇记》❶。起初她的母亲还不懂得这个谜，经过一番盘问之后，最后才惊奇地（这种惊奇的心情是很容易理解的）从她女儿含含糊糊的回答中发现，她的女儿一心要做欧夏丽❷的情敌。

　　苏菲爱太累马库斯，而且对他的爱情的热烈是没有什么东西可以阻止的。当她的父亲和母亲一知道她这种狂热的爱以后，就笑了起来，并且充分相信他们可以讲一些道理使她的头脑恢复清醒。他们的想法完全错了，因为不只是他们才能讲出一番道理，苏菲也有她的道理，而且能够用她的道理去说服他们。她有好几次把他们说得哑口无言，用他们自己的道理去反驳他们，给他们指出这些痛苦都是他们造成的，说他们培养她的目的本来就不是为了嫁给一位这个时代的人，说要么她必须采取她的丈夫的思想方法，否则她就要他采取她的思想方法，说由于他们对她的教养，已经使

---

❶　《太累马库斯奇遇记》是费讷龙在1699年发表的一本小说，表面上是为了教育路易十四的孙子布果涅公爵写的，实际上是通过对异国风土人情和政治设施的描述，批评路易十四在他统治下的法国的种种社会弊病。

　　太累马库斯是希腊神话中伊撒克王尤利西斯的儿子。当他的父亲去参加特洛伊战争的时候，太累马库斯还是一个小孩子。后来，他长大成人以后，就在他的老师门特的指导和陪同下，出国去寻找他的父亲。

❷　欧夏丽，其前身即《奥德赛》中峨吉矶岛上的女神卡利普索。尤利西斯的船遇难后，卡利普索把他接到岛上去住了七年。在《太累马库斯奇遇记》中，卡利普索又以"欧夏丽"的名字出现，迎接尤利西斯的儿子。关于太累马库斯和欧夏丽相遇和相爱的故事，参看《太累马库斯奇遇记》，第7卷。

她认为要她采取她的丈夫的思想方法是不可能的,因此必须要她的丈夫按照她的思想方法去做。她说:"假使有一个具有我这种想法的人,或者有一个我可以使他采取我这种想法的人,我就同他结婚;不过在没有找到这样一个人以前,你们为什么要责备我呢?你们应当同情我。我是心里有痛苦而不是发了疯。人的心不是以意志为转移的吗?这不是爸爸亲口说过的吗?如果没有我所爱的这样一个人,那能怪我吗?我不是一个好空想的人,我并不是想嫁给一个王子,我不是在寻找太累马库斯,我知道太累马库斯是一个虚构的人物,我所寻找的是一个同他相像的人。既然世界上有了我,而我觉得我的心和他的心又是这样的相像,那么,怎么会没有他呢?不,不要这样看不起人类,不要以为一个可爱的和有道德的人完全是幻想出来的。他是生存在这个世界上的,也许他也在寻找我,他要寻找一个爱他的心。不过,他是谁呢?他在什么地方呢?这些我都不知道,在我所遇到的那些人当中,是没有这样一个人的;毫无疑问,在我将来遇到的人当中,也是见不到他的。啊,我的母亲!你为什么要使我这样地爱美德?如果说我只爱美德而不爱其他的东西的话,那不能怪我,而应当怪你。"

我是不是会把这个伤心的故事讲到最后说它以悲惨的结局告终呢?我是不是要说它在悲惨的结局发生以前有一连串的斗争呢?我会不会把那位母亲描写成一个没有耐心的人,描写她一改当初疼爱女儿的样子而变得很严峻呢?我会不会说那位父亲竟大发雷霆,忘记了他当初的信约,把一个最有品德的女儿当成疯人呢?最后,我会不会描写这个可怜的女孩子尽管是因为爱一个臆想的人物而遭到父母的迫害,但她反而更加爱那个臆想的人物,因此她将慢慢地走向死亡,在正是应当把她引到圣坛举行婚礼的时候,她反而掉进了坟墓呢?不,所有这些凄惨的事情,我都要加以抛弃。我用不着那样去描写,我无须用我认为是如此动人的一个例子来说明。尽管由于我们这个时代的风俗使人们产生了许多偏见,但在爱善和爱美方面女子并不比男人差,在大自然的培育之下,她们也能够像我们一样做种种的事情。

说到这里,也许有人会打断我的话头问我:是不是大自然硬要我们花那么多气力去克制我们放纵无度的欲望。我的回答是:不,而且我们之所以有这样多放纵无度的欲望,也不是大自然赐予我们的。只要不是它赐予我们的东西,都是同它相违背的,这一点,我已经证明过千百次了。

现在,让我们把苏菲还给爱弥儿,让我们使这个可爱的女孩子复活起来,使她的想象力不再是那样的奔放,然而要使她的命运更加幸福。我要描写一个普通的女人,由于我要培养她的灵魂,所以我扰乱了她的理智,连我自己也走入了歧途。现在,我们要回到我们原来的道路。苏菲在平凡的心灵中也只有一种良好的天性,而她胜过其他妇女的地方是受过良好的教育。

————————

我准备在这本书里阐述一切可能做到的事情,以便让每一个人按他的理解在我所说的好事情中去加以选择。一开始,我就曾经想到从小就对爱弥儿的伴侣进行培养,要为爱弥儿培养她,同时也要为她而培养爱弥儿,而且还打算把他们两个人放在一块儿培养。不过,一加考虑之后,我就发现这样过早地安排是不好的,而且,在没有弄清楚他们的结合是不是合乎自然的秩序,没有弄清楚他们之间是不是有适合于结合的条件之前,就预先确定这两个小孩将来要匹配成婚,那是十分荒唐的。我们不能把在野蛮的状态下是自然的事情,和在文明的状态下是自然的事情混为一谈。在前一种情况下,任何一个妇女对任何一个男人都是适合的,因为男人和女人都只是具有原始的和共同的个性;而在后一种情况下,由于每一个人的性格受各种社会制度影响而得到发展,由于每一个人的思想不仅是因为他所受的教育,而且还因为天性和教育之间正确的或错误的配合,使人形成了特有的个性,因此,男女双方要进行选择的话,便只有把他们互相介绍,让他们自己看一看在各方面是不是彼此相宜,或者,至少让他们作出对彼此都最为适合的选择。

不幸的是,社会生活一方面发展了人的性格,另一方面也使人分成了等级;由于性格的发展和等级的划分是不一致的,所以等级的划分愈细,不同等级的人便愈容易混淆。正是由于这个原因,才产生了许多不相配称的婚姻和败坏秩序的事情;很显然,人们愈不平等,自然的情感就愈容易败坏;等级的差距愈大,婚姻的联系便愈松弛;贫富愈悬殊,父亲和丈夫便愈是没有恩情。不论是主人或奴隶,他们都不再爱他们的家了,他们所看重的是他们的等级。

如果你想防止这些弊病和获得美满的婚姻,你就必须摒弃偏见,必须把人类的社会制度忘得一干二净,而只按照大自然的意思去做。如果一个男人和一个女人只是在一定的条件下是相配的话,那他们是不能结婚的,因为将来条件一变,他们彼此就不再相配了;但是,如果两个人不论是处在什么环境,不论是住在什么地方,不论是占据什么社会地位,都是彼此相配的话,那他们就可以结成夫妻了。我的意思并不是说在婚姻问题上可以不考虑社会关系,我的意思是说自然关系的影响比社会关系的影响要大得多,它甚至可以决定我们一生的命运,而且在爱好、脾气、感情和性格方面是如此严格地要求双方相配,所以一个贤明的父亲(即使他是国王或君主)不应当有丝毫的犹豫,必须为他的儿子娶一个在这些方面相配的女子,尽管那个女子是出生在一个不良的人家,尽管她是一个刽子手的女儿。是的,我认为,这样一对彼此相配的夫妇是经得起一切可能发生的灾难的袭击的,当他们一块儿过着穷困的日子的时候,他们比一对占有全世界的财产的离心离德的夫妻还幸福得多。

因此,我没有在爱弥儿幼小的时候就给他选定一个妻子,我等待着,要为他找一个同他相配的人。其实,根本就不是我这样主张,而是大自然这样主张的;我的任务只是去发现大自然替他选择的配偶罢了。我之所以说是我的任务而不说是他的父亲的任务,是因为他的父亲在把他交给我的时候,就同时把父亲的地位让给我了,并且把父亲的权利也交给我了,爱弥儿的真正的父亲是我,是我把他教养成人的。如果我不能按照自然的选择,也就是说按照我的选择为他主持婚事的话,我也许已经拒绝担任培养他的工作了。我感到快乐的是:我使他成了一个幸福的人,这种快乐可以补偿我为了使他成为这样一个人而花费的许多心血。

但是,不要以为我在替爱弥儿寻找配偶这件事情上一直是很拖延的,不要以为我会拖延到叫他自己去寻找她。我之所以要这样叫他去寻找一番,只不过是借此机会使他对妇女有所认识,以便他能够了解同他相配的那个女人有哪些优点。苏菲早就是找到了的,也许爱弥儿已经看见过她了;不过,只有在时机成熟的时候他才能够认识她。

尽管在婚姻问题上并不是非要双方的社会地位相等不可,但是,如果双方的社会地位相等,再加上他们在其他方面也相配,那么,平等的社会地位就可以使其他相配的因素具有更多的价值;相等的社会地位是不能抵消任何一个相配的因素的,但是,如果双方在各个方面都是相等的话,那他们是否适于结婚,就要看他们的社会地位是否相等了。

即使一个人是君主,他也是不能想娶什么等级的女人就娶什么等级的女人的,因为,尽管他没有偏见,但别人有偏见,所以,虽然一个女子同他是相配的,他也将碍于人们的偏见而不娶她的。因此,一个贤明的父亲在为他的儿子选择女人的时候要采取谨慎的做法,要受到限制。他不要想为他的儿子攀一门门第比他们高的亲事,因为这是不能由他做主的。即使可能的话,他也不应当去高攀;因为高贵的门第对年轻人,特别是对我所培养的这个年轻人来说,有什么好处呢?如果这个年轻人果真高攀了一门亲事,则他本身将遭遇千百种痛苦,终其生都将受害的。我特别要提到的是,像高贵的地位和金钱这样一些性质不同的事,是不可能弥补他的损失的,因为它们给他带来的好处,还不如他从它们当中受到的害处多;而且,即使你想使好处和害处两相平衡也是不可能的,何况每一个人都为自己打算,结果势必给两个家庭,甚至给两夫妻埋下倾轧不和的伏机。

一个男人同比自己高贵或比自己低微的家庭联姻,对婚姻之是否美满是有很大的关系的。同比自己的等级高的女人结婚,是完全不合道理的;同比自己等级低的女人结婚是比较合理的。既然一个家庭只能通过它的家长和社会发生联系,所以家长的社会地位是可以决定全家人的社会地位的。当他同一个等级比他低的女人结婚的时候,一方面他既没有降低自己的身份,另一方面又提高了他的妻子的身份;反之,如果同等级比他高的女人结婚,他既降低了他的妻子的身份,而自己的身份也一点都没有得到提高。所以,同等级比自己低的女人结婚有好处而无坏处,同等级比自己高的女人结婚有坏处而无好处。再说,按照自然的秩序来看,妇女也是应当服从男子的。因此,如果他娶一个等级比他低的女人的话,自然的秩序和社会的秩序便彼此吻合,万事都很顺利。但是,如果他娶了一个等级比他高的女人,情况就恰恰相反了;他就必须在后面这两种情况之间选择其一:不损害他的权利就损害他的恩情,不做负义的人就做受轻贱的人。在这种情况下,女人必然要觊觎男人的权威,必然要作威作福地对待男人;这样一来,家长反而变成了奴隶,变成了人类当中最可笑和最可轻的人。同亚洲国家的皇帝的女儿结亲的人,就是这样一副可怜相:他一方面因同皇家联姻而感到光荣,另一方面也因此而受到种种的折磨,据说,他们去同妻子睡觉的时候,也只能够从床脚那一边上床。

  我想,有许多读者一回忆起我曾经说过女人天生就是有一种驾驭男人的才能,就会责备我在这里又说出自相矛盾的话了;他们把我的意思完全弄错了。拥有指挥的权利和管束指挥的人,这两件事情是完全不同的。女人管束男人的方法是用温情去管束,是用巧妙的手腕和殷勤的态度去管束;她是采取关心男人的方式去命令男人做事的,她是采取哭泣的方式去吓唬男人的。她应当像一位大臣那样统治他的家,从而才可以想做什么就命令男人去做什么。从这一点上说,我可以担保,凡是治理得井井有条的家,也就是女人最有权威的家。但是,如果她不理解她的男人的思想,如果她想窃取他的权利,想对他发号施令的话,就会把一个家庭弄得乱七八糟,造成许许多多痛苦和可羞可耻的事情的。

所以,要选择的话,就只能够在同自己的等级相等和低于自己的等级的人之间加以选择;我认为,在选择后者的时候,还需要受到某些限制,因为在下层社会的人群中是很难找到一个能够使诚实的男人得到快乐和幸福的女人的。其所以如此,并不是由于下层社会的女人比上层社会的女人坏,而是由于她们没有善和美的观念,是由于上层社会的人做了许多不正不义的事情,从而使她们竟把她们的种种恶习也看作是正当的行为。

人类本来是不大用脑筋思想的,正如他学会了其他的艺术一样,用脑筋思想也是他后来才学会的,不过是经过了一番困难才学会的。无论就男性或女性来说,我认为实际上只能划分为两类人:有思想的人和没有思想的人;其所以有这种区别,差不多完全要归因于教育。有思想的男人是不应当同没有思想的女人结婚的,因为,如果他娶了这样一个女人的话,他就只好一个人单独去用他的思想,从而便缺少那种共同生活中的最大的乐趣。成天为生活劳碌的人,他们心中所想的完全是他们的工作和利益,他们的精神似乎全都灌注在他们的两只胳臂上了。这种无知的状态是无碍于他们的诚实和道德的,反而常常还有助于他们的诚实和道德;我们对于我们的天职往往是想得多,但结果只是说了一番空话而不实行。良心是哲学家当中最明智的哲学家,为了要做一个忠厚的人,倒不一定先要把西塞罗的《论职分》这本书研究一番；世界上最诚实的妇女也许是最不明白什么叫诚实的。千真万确的是：只有同有教养的人交往才有乐趣；一个做父亲的人即使很喜欢他的家，但如果在家里的时候只有他自己才了解他自己，如果他心里的事情谁也不明白的话，这确实是大煞风景的。

　　此外，一个女人如果没有运用思想的习惯，她又怎能培养她的孩子呢？她怎能判断什么事情是适合于她的孩子去做呢？连她自己都不懂得什么是美德，她又怎能教她的孩子去爱美德呢？她只会宠爱或吓唬孩子，不把孩子们养成专横的人便会把孩子们养成胆怯的人，不把孩子们养成模仿大人的猴子便会把他们养成鲁莽的顽皮儿童，在她手里是不可能养出聪明可爱的儿童的。

　　因此，一个受过教育的男人是不宜于娶一个没有受过教育的女人的，他不应该到没有受教育机会的阶层中去选他的妻子。不过，我倒是十分喜欢朴实和受过粗浅教育的女子，而不喜欢满肚皮学问和很有才华的女子的，因为她将把我的家变成一个由她主持的谈论文学的讲坛。对丈夫、孩子、朋友、仆人以及所有其他的人来说，有才华的女人都是灾祸。由于她认为她有很高的才情，所以她看不起妇女们应尽的天职，并且硬要照德朗克洛小姐那样把自己变成一个男人。她一到社会上去，就会做出许多可笑的事情，使自己受到人家理所应当的批评，因为，一方面只要她不守她的本分，她就一定要变成一个可笑的和受人家批评的人，另一方面她想学男人的样子也是学不会的。一个有大才的女人是只能够吓唬傻瓜的。我们知道当她们作画或做文章的时候，实际上是有另外一个男画家或男朋友在替她们执笔的，有一个不露面的文学家在暗中指点她们的。一个诚实的妇女才不屑于搞这种吹牛的骗人的花招咧。即使她有一些真正的才能,但要是她自命不凡的话,那也是有害于她的才能的。她的尊严在于不为人知,她的光荣在于她的丈夫对她的敬重,她的快乐在于她一家人的幸福。读者诸君,我要请你们自己去判断,请你们老老实实地告诉我,当你们走进一个女人的房间的时候,是什么东西使你们对她作出更高的评价,是什么东西使你们怀着敬意走到她的身边;是看见她忙于针线活儿,忙于料理家务,周围摆满了孩子的衣服,还是看见她在梳妆台上作诗,周围是各种各样的小书和五颜六色的小纸片,更使你们对她心怀敬意?要是地球上的男人个个都是头脑很清醒的话,这样一种满肚皮学问的女子也许会终其身都是一个处女咧:

"嘉拉,你问我为什么不愿意娶你吗?因为你说话太斯文了。"①

谈了以上几点之后,就应该谈一谈女人的相貌了。首先引起我们注目的是相貌,然而我们应当放到最后才考虑的也是相貌,不过,我们不能因此就说相貌好不好是不要紧的。我觉得,不仅不应当追求而且还应当避免讨一个花容月貌的女人做妻子。当你一占有了一个女人的时候,你不久就会觉得她的姿色是不美的;六个星期之后,尽管在你看来她的姿色不过如此,但只要她这个人还存在,她就会给你带来许多的危险。除非一个美丽的女人是天使,否则她的丈夫将成为人类当中最痛苦的人;再说,即使她是一个天使,她怎能不使他时时刻刻都处在敌人的包围之中呢?如果说极其丑陋的相貌不是那么令人厌恶的话,我倒是宁可选极其丑陋的

---

① 马希埃利斯:《讽刺诗》,第11篇,第20节。

女人而不选极其美丽的女人的；因为，用不着过多久的时间，丈夫就会觉得美或丑是无所谓的，美人会招来麻烦，而丑陋的人反而会带来好处。不过，如果丑得令人讨厌的话，那就最糟糕不过了；讨厌的感觉不仅不会消失，而且会不断地增加，以致最后会变成怨恨的。这样的婚姻无异于是地狱，娶了这样的女人，还不如死了的好。

　　对一切事物，都求它一个中等；就拿美色来说，也不例外。清秀而楚楚可人的容貌，虽然不能引起你的爱恋，但能讨得你的喜欢，所以我们应当选择这种容貌；这种容貌的女人一方面对丈夫既没有什么损害，另一方面对双方都有好处。温雅的风度是不会像姿色那样很快就消失的，它是有生命的，它可以不断地得到更新；一个风度温雅的女人在结婚三十年之后，仍能像新婚那天一样使她的丈夫感到喜悦。

　　正是因为考虑到这几个方面，所以我才选择了苏菲。她也像爱弥儿那样是一个大自然的学生，她长得比任何一个女子都更配得上他，她就是他将来的妻子。她在出身和各种长处方面同他是相等的，而在财产方面则比他略逊一筹。乍看起来她并不漂亮，但你愈看就愈觉得喜欢。她巨大的魅力是逐渐地发生作用的，而且是要同她亲密相处才能看得出来的，在世界上只有她的丈夫才能最深刻地体会这一点。她所受的教育既不深也不浅，她有一些无一定目的的爱好，有一些缺乏技巧的才艺，有一定的判断能力，但她的知识还不够多。她心中没有什么学问，但是她受过研究学问的训练，好比一块经过仔细耕耘的土地，只要你播下种子，就一定有收成的。除了巴勒姆做的算术书和偶然落在她手中的《太累马库斯奇遇记》以外,她就没有读过其他的书;但是,一个能对太累马库斯表示深情厚爱的女孩子,难道还会具有一颗无情的心和缺乏智力的头脑么?啊,可爱的天真的姑娘!将来要担任她的教师的人是多么幸福!她不是她的丈夫的老师,而是他的学生,她不仅不硬要他按照她的兴趣去做,而且自己还愿意照他的兴趣去做。要是她是一个女学士的话,她还不如她现在这个样子对他更有用处,他将来是很愿意教导她的。他们见面的时刻终于到来了,我们赶快设法使他们相会吧。

我们怀着忧郁和沉思的心情离开巴黎。这个乱哄哄的城市不是我们活动的中心。爱弥儿对这个大城市轻蔑地瞟了一眼,以愤懑的语气说:"我们在这里枉自寻找了好些日子!啊!我称心的妻子是不会在这里的。我的朋友,这一切你是知道得很清楚的,可是你对我的时间一点也不爱惜,你对我的痛苦一点也不动心。"我两只眼睛紧紧地注视着他,很冷静地对他说:"爱弥儿,你想一想你说的这些话对不对?"他一下子就蹦过来抱着我的脖子,表现很难过的样子,紧紧地搂着我,一句话也没有说。当他发现他做错了事情的时候,他总是这样表白他的心的。

我们走过原野,真是像两个游侠,不过,我们并不是像他们那样为的是去闯江湖、历奇险;恰恰相反,我们是采取离开巴黎的办法,避免遇到那些奇怪的事情;然而我们还是要仿照他们那样东游西荡,飘忽不定,时而快速前进,时而缓步慢行。由于他是按照我的办法培养的,所以他能够领略这当中的旨趣,我想,没有哪一个读者会那么呆板,以为我们两个人会在一辆门窗紧闭的舒适的驿车中打盹儿,什么都不看,什么都不瞧,从起点到终点这一段路等于白过，在趱程前进中反而浪费了我们本来想节省的时间。

人们说生命是很短促的，我认为是他们自己使生命那样短促的。由于他们不善于利用生命，所以他们反过来抱怨说时间过得太快；可是我认为，就他们那种生活来说，时间倒是过得太慢了。由于他们时时刻刻都在想望一个目标，所以他们常常是那样伤心地看到他们和目标之间隔着一段距离，这个人希望明天怎样生活，那个人希望下个月怎样生活，另一个人又希望十年以后怎样生活，其中就没有哪一个人在那里考虑今天怎样生活，没有哪一个人满足于当前这一小时的情景，所以大家都觉得这一小时实在是过得太慢了。他们抱怨说时间过得太快，这完全是胡说；他们是自己愿意花钱去促使时间加速流过的，他们是自己愿意用他们的财产去消耗他们的生命的；其实，如果一个人能够随意消除他所感到的烦恼，能够随意消除他那种使他急切等待他所想望的时刻尽快到来的心情，如果能够做到这些的话，也许大家都是愿意把寿数缩短成几个小时的。从巴黎跑到凡尔赛，从凡尔赛又跑到巴黎，从城市走到乡村，从乡村又回到城市，从这个区走到那个区，他一生的一半的时间就是这样消磨的，要是他没有这么一套浪费时间的秘诀，特地把自己的事情放下来，然后又忙忙碌碌地去找事情做，也许他还拿着他的时间发愁哩。他认为这样是争取时间，不这样，就不知道怎样做才好；恰恰相反，他是为了奔波而奔波，坐驿车来的目的只是为了照样跑回去。世人啊，难道说你们硬要不断地毁谤自然么？既然人生不可能按照你们的心意尽量缩短，你们为什么又要抱怨它太短促呢？如果在你们当中有一个能节制欲望的人，不希望时光赶快流过的话，那他是一点也不觉得人生太短促的；在他看来，生活和享乐是同一回事情；即使他年纪很轻就死去了，他也是活够了他的天年才死的*。

即使说我的方法只有这么一点好处，我也愿意单单因为这点好处而采取我的方法，不采取其他的方法。我之所以培养爱弥儿，并不是为了叫他希望或等待什么未来，而是为了使他享受现在；当他的希望超过了现在的时候，他的心情也没有那么着急，绝不会抱怨说时间过得太慢了。他不仅要享受希望的乐趣，而且还要享受去寻求他所希望的目标的乐趣；而他的欲望是这样的有节制，以致他享受现在的乐趣都享受不完，哪里还会再想望什么未来。

因此，我们在路上不是像驿夫那样追赶路程，而是像旅行家似的沿途观赏。我们心中不只是想到一个起点和终点，而且还想到起点和终点之间相隔的距离。对我们来说，旅行的本身就是一种乐趣。我们沿途并不像两个囚犯那样忧忧郁郁地坐在一辆关得严实的小笼子里。我们也不像女人那样舒舒服服地走一阵歇一阵。我们要冒着大风，要观赏周围的景物，爱看什么就看什么。爱弥儿从来不到驿站上去坐下休息，而且，除非是为了赶路，他也绝不坐驿车。不过，爱弥儿怎么会有赶路的理由呢？理由只有一个，那就是享受生活。除此以外，我还可以补充这样一个理由，即只要可能，是不是做一些有意义的事情？是的，因为做有意义的事情，其

---

* "把每时每刻都用在自己的事业上的人，是不想望明天……也不害怕明天的。这就是为什么不论寿数多少，对他来说都是足够的；当末日来临的时候，睿智的人会毫不犹豫地去迎接死亡。"见塞涅卡：《论生命的短促》，第7、11章。

本身就是对生活的享受*。

就我所知,只有一个办法比骑马旅行还要愉快,这个办法就是步行。我要走就走,要停就停,爱走多少路就走多少路。我可以观察各地的风土人情,我爱向左走就向左走,爱向右走就向右走;我觉得什么东西有趣味就去看什么东西,凡是风景优美的地方我就停下来欣赏欣赏。遇到小溪,我就沿着它的岸边漫步;遇到茂密的森林,我就到树荫下去乘凉;遇到岩洞,我就进去看一看;遇到矿场,我就去研究它含的是什么矿物。我觉得哪个地方好,我就在哪个地方歇息。歇息够了,我就继续前进。我既不依靠马匹,也不依靠马夫。我用不着非走大道不可,也用不着硬要选平坦的小路;只要一个人能够走过去,我就可以从那里走;凡是一个人能够看的东西,我就可以去看,我可以随心所欲地享受完全的自由。如果天气不好,不能前进,或者,如果我走累了,我就骑马。如果我太疲乏了……可是爱弥儿是永远也不觉得累的,他的身体很壮,所以,他怎么会感到疲乏呢?他是一点也不着急的。即使他停了下来,哪里就能说他感到厌腻了呢?他到处都能找到一些有趣的事情。他可以走进一个手工匠人的家,去为他干活,他可以借这个锻炼胳臂的机会歇一歇他的脚。

要徒步旅行,就必须仿照塞利斯❶、柏拉图和毕达哥拉斯那样

---

* "我觉得,旅行是一种有益的运动……如果认为走右边那条路不舒服,我就走左边那条路。如果我有什么东西漏看了,我就再回头去看一看;我总是往前走的……大多数人都是原路去原路回来;他们悄悄地坐在车子里,不同外界接触,生怕自己沾染了什么新鲜的空气。"蒙台涅:《论文集》,第3卷,第9章。

❶ 塞利斯(公元前640—前546),古希腊哲学家和数学家,自发的唯物主义的米利都学派的奠基人。

去旅行。我很难想象一个哲学家会采取另外一种旅行的方式,不去研究摆在他脚下和眼前的琳琅满目的东西。凡是对农业有一点兴趣的人,谁不想研究一下他所经过的地方有哪些特产和哪些耕作的方法？喜欢自然科学的人,见到一块土地哪有不去研究的？见到一块岩石哪有不去敲它几下的？见到丛山哪有不去采集植物的？见到乱石哪有不去寻找化石的？待在城市里的博物学家在研究室里研究自然科学,他们也收集了一些标本,知道那些东西的名称,可是就是不了解它们的性质。爱弥儿的研究室里的东西比国王的研究室里的东西还丰富得多,他的研究室就是整个的地球,每一种东西在那里都安排得恰到好处,主管这个研究室的自然科学家把一切东西都摆得很有条理,即使是多邦通❶也不见得能比他做得更好。

　　用这样一种美好的办法旅行,真是其乐无穷！何况它还能增进健康,使人心情愉快哩。我经常发现那些坐着舒服的马车旅行的人,在车子里沉思梦想,忧忧郁郁,满腹牢骚,受了许多的罪；而徒步旅行的人反而轻松愉快,觉得一切都是很如意的。当我们快要走到过夜住宿的地点时,我们的心里是多么痛快！一顿简单的晚餐吃起来是多么有味！进餐的时候心里是多么快乐！在一张木板床上睡觉是多么香甜！如果你的目的只是想到某一个地方去,你当然可以坐驿车,但是,如果是为了旅行游历,那就要步行了。

　　如果照着我所说的这个办法旅行了五十英里,爱弥儿还没有忘掉苏菲的话,那就表明：也许是我的做法不够巧妙,否则就是他

---

❶　多邦通(1716—1800),法国博物学家,百科辞典派学者之一。

没有一点儿好奇心；因为，由于他已经有了许多的基本知识，所以他是不会不把他的心用去追求更多的知识的。一个人的好奇心同他所受的教育是成比例的；爱弥儿受教育恰恰已达到希望学习更多的东西的时候了。

我们看了一个地方又想看另外一个地方，我们继续不断地前进。我把我们第一次行程的终点定得很远。要把终点定得很远，是很容易找一个借口的，因为我们之所以从巴黎出来，就是为了到远方去寻找一个妻子。

有一天，我们比平常多赶了些路程，走入了不辨路径的群山和幽谷之中，迷失了前进的道路。没有关系，随便走哪一条路都可以，只要能达到终点就行了；不过，我们的肚子饿了，总得找一个地方吃东西呀。幸运得很，我们找到了一个农民，他把我们带进了他的茅屋；我们津津有味地吃完了他给我们做的那一顿简便的晚餐。当他发现我们这样疲劳和这样饥饿的时候，他对我们说："如果上帝把你们引到了山那边的话，你们也许还可以受到更好的招待咧……你们将找到一个忠厚的人家……将找到乐善好施的人……找到极其善良的人！……这并不是说他们的心比我的心更好，而是说他们比我更富裕，而且据人家说，他们在从前比现在还要富裕哩……谢谢上帝，他们现在也不算穷，这一乡的人都领受到了他们剩下来的那一点财产的好处。"

一听说有善良的人，爱弥儿的心就高兴起来了。他望着我说道："我的朋友，我们到那里去吧；这附近的人都因为有这一家人而得了福，我很乐意去拜访这一家的主人，也许他们也是很喜欢看到我们的。我相信，他们会很好地接待我们，如果他们把我们当一家人看待,我们也将把他们当成我们的亲人。"

这个农民清楚地向我们讲明了那一家人的房子在什么方向以后,我们就出发了,我们在树林中左弯右转地前进,我们在半路上遇到了一场大雨,大雨可以延迟我们到达的时间,但不能够阻止我们前进。我们终于走出了树林,在黄昏的时候到达了那个家。它的四周是一个小小的村落,它的建筑尽管简单,但样子也颇别致。我们走进屋去,要求主人留宿我们。仆人领我们去告诉主人,主人问了我们一些问题,但态度是很礼貌的。我们没有把我们旅行的目的告诉他,但是把我们绕道的原因向他讲了。由于他从前曾经是一度富有,所以很容易从来客的风度看出我们是什么样的人;见过大市面的人,对这一点是不会弄错的,一看我们的这个"护照",他就留我们住在他家了。

主人让我们住在一个非常之小,然而是十分清洁和舒服的房间里,房间里生着火,还给我们预备了一些洗换衣服和各种需用的东西。"啊!"爱弥儿吃惊地说道:"他们对我们真是殷勤,那个农民说的话确实不错!真是周到!真是一片诚意!对陌生人这样无微不至地关心!我简直觉得我们是生活在荷马的时代似的。""你体会到了这一点,"我向爱弥儿说道:"不过,你用不着感到奇怪;凡是外乡人很少去的地方,外乡人一去就是很受欢迎的。正是因为客人少,所以主人才这样殷勤好客。客人常常去,主人就不那么好客了。在荷马的时代,人们是很少到外地去旅行的,所以旅行的人走到哪里都很受欢迎。也许,我们是他们今年所见到的唯一的过路人咧。""不要紧,"他接着说道:"他们虽然难得见到客人,可是客人来了又招待得这样好,这本身就是很值得称赞的。"

我们擦干身子和换好衣服之后,就去见我们的居停主人;他把我们介绍给他的妻子,她对我们不仅十分客气,而且还很关心。她的两只眼睛注视着爱弥儿。作为一个母亲,而且又处在她现在这样的环境,看见这样一个年轻的男子走进她的家,是不能不心情激动的,或者,至少也会感到稀奇的。

他们赶快为我们做好了晚餐。在走进饭厅的时候,我们看见了五份餐具;我们都坐好了,可是还剩下一个空位子。一个年轻的姑娘走进来,向我们深深地行了一个礼,然后一言不发地端端正正地坐着。爱弥儿一方面忙着进餐,一方面忙着回答主人的问题,所以在向她还了一个礼之后,便继续谈他的话,吃他的东西。由于他以为他现在距离行程的终点还很遥远,所以他当时根本就没有联想到他这次旅行的主要目的。话题谈到了我们迷路的情形。"先生,"我们的主人向他说道:"我认为你是一个聪明可爱的年轻人,这使我想起你们,你和你的老师,雨淋淋地拖着困乏的身子到达这里,其情形就好像太累马库斯和门特到达卡利普索的岛上一样。""是的,"爱弥儿回答道:"我们在这里也受到了卡利普索的款待。"他的门特跟着就补上一句:"还看到了欧夏丽的美妙的风姿。"不过,爱弥儿只读过《奥德赛》,但没有读过《太累马库斯奇遇记》,所以他不知道欧夏丽是什么人。至于那个女孩子,我看见她的脸儿一直红到了耳根,埋着头看她的菜盘子,连呼吸都不敢呼吸。她的母亲看出了她这种难为情的样子,便向她的父亲使了一个眼色,于是他就变换了话题。在谈到他目前这种隐居生活的时候,他不知不觉地便谈到了使他过这种生活的缘由,谈到了他的生活中的痛苦和他的妻子的忠贞,谈到了他们共同生活中的安慰,谈到了他们隐居生活中的安闲的情景,但自始至终一句话也没有谈到那个年轻的姑娘;所有这一切构成了一个美丽的动人的故事,使人听了不能不感兴趣。爱弥儿听入了迷,竟连东西都不吃了。最后,当这位最诚实的男人高高兴兴地谈到最端庄的女人的爱情时,我们这位年轻的旅行家竟不由自主地伸出一只手抓着男主人的手,伸出另一只手抓着女主人的手,一边激动地吻着,一边还流着眼泪。这种年轻人的天真的热情,使大家都深为感动;可是那个女孩子比任何人都更加敏锐地感到他有一颗善良的心,因此她觉得眼前这个人就是为菲洛克提提斯❶的痛苦而感到悲哀的太累马库斯。她偷偷地观察他面部的表情,发现所有一切都说明把他同太累马库斯相比是比得很恰当的。他的态度潇洒而不傲慢,他的举止灵活而不粗笨,他神采奕奕,眼光柔和,相貌很讨人喜欢。这个年轻的姑娘看见他流眼泪的时候,几乎自己也同他一起流出眼泪了。尽管是可以找一个很好的借口流几滴眼泪,但毕竟害羞的心制止了她。她责备她的眼泪流到了眼皮边,因为为自己家里的事情哭泣是不对的。

  她的母亲从晚餐一开始就不断地注意着她,发现她这种局促不安的样子,便借口叫她去办一件事情,使她摆脱这种难为情的境地。过了一会儿,这个女孩子又回到饭厅来了,但她还是没有恢复平静,慌乱的样子大家都看出来了。她的母亲很温柔地对她说:"苏菲,坐下来,为什么要为你的父母的不幸的遭遇而哭个不停呢?你是安慰你父母的人,所以不应当比你的父母对那些痛苦更感到

---

❶ 菲洛克提提斯,希腊神话中参加特洛伊战争的希腊勇士之一。

伤心。"

一听见"苏菲"这个名字,你可以想象爱弥儿是多么吃惊。这个多么亲切的名字使他愣了一下,但他立刻清醒过来,以急切的目光去看那个竟敢取这个名字的人。苏菲,啊,苏菲!我一心寻找的人就是你吗?我心中所爱的人就是你吗?他观察她,他以一种又害羞又不相信的目光仔细地端详着她。他所看见的脸儿并不恰恰就是他所想象的那个样子,他也说不出他所看到的这个女孩子要比他所想象的那个女孩子好一点还是差一点。他详详细细地看她的每一个特征,他窥察她的每一个动作和每一个姿势,他觉得对她的一切可以作千百种不同的解释;只要她愿意开口说一句话,叫他付出半个生命的代价他也是情愿的。他慌乱不安地看着我,他的眼睛既好像是在问我,又好像是在责备我。他的每一道目光都好像是在说:"在这紧要关头你要指导我,万一我的心入了迷和走了错路,我这一生就无法挽回了。"

在这个世界上,爱弥儿这个人可说是最不善于弄虚作假的了。他旁边有四个人在详详细细地看他,而且其中有一个人在表面上满不在乎而实际上对他是十分注意的。在他这一生中最感到狼狈的时刻,他怎么能掩饰自己的情感呢?苏菲的锐利的眼睛把他这种慌乱的样子看得一清二楚;他的目光正好向她说明她就是他注视的对象。她认为这种不安的样子还不能表示他是爱她,不过,这有什么关系呢?只要他在注意地瞧她就够了;如果他在看她的时候显得无所谓似的,那她才感到难过咧。

做妈妈的人和她的女儿的眼力是差不多的,不过妈妈的经验要比女儿的经验多些。苏菲的母亲因为我们的计划成功而露出了微微的笑容。她看出了两个年轻人的心,她认为现在是到了应该使这位新太累马库斯下定决心的时候,因此,她设法使她的女儿开口说话了。她的女儿现出了一副天然的温柔神情,以一种使人不能不感动的羞怯的声音回答她。一听到这种声音,爱弥儿便投降了;这个女孩子就是苏菲,他现在对这一点已没有什么怀疑了。即使说她不是苏菲,现在也来不及说不是了。

这时候,那位迷人的女子的魅力像洪流似地冲进了他的心,而他也开始大口大口地吞下她用来迷醉他的毒汁。他现在一句话也不说了,别人问他的话他也不回答了;他的两眼只看着苏菲,他的两耳也只听着苏菲;她一开口说话,他也跟着说起来;她一埋着头,他也埋着头;他看见她叹息,他也叹息。看来,苏菲的灵魂已经在指挥他了。他的灵魂在这短短的一会儿工夫起了多么大的变化啊!现在,不是苏菲而是爱弥儿在那里战栗了。自由、天真和坦率,全都没有了。他慌慌张张,局促不安,不敢正眼看他周围的人,以免瞧见别人在看他。他生怕大家看穿了他的心,他希望大家都看不见他,以便让他仔仔细细地端详她,同时又不让他被她所看见。苏菲则相反,害怕爱弥儿的心已经消失,她发现她已经取得了胜利,她享受着胜利的滋味。

尽管她心里暗中欢喜,但她并不形之于言表*。

她的脸色一点也没有改变;但是,尽管她看起来是那样羞羞答答、两眼低垂的样子,但她温柔的心是乐得嘣嘣直跳,并告诉她说太累马库斯已经找到了。

---

* 塔索:《解放了的耶路撒冷》,第 4 篇,第 33 节。

我在这里所描写的他们天真无邪的爱情产生的经过,当然是太简单和太朴素了,但如果因此就把我所描写的这些情节看作是茶余酒后说来开心的笑话,那就完全错误了。大家对一个男人和一个女人初次见面时候的情形给予他们两个人一生的影响,是认识不足的。大家不知道,双方初次见面的印象,同爱情的印象以及驱使他谈爱的心情的印象,是同样很深刻的;它将产生深远的影响,而且这种影响将随着年龄的增长而一直延续到人死了以后,它的作用才能停止。有些人在论述教育的著作中,板着一副学究面孔啰啰唆唆、空话连篇地大谈那些莫名其妙的所谓孩子们的本分,可是对教育工作中最重要和最困难的那一部分——从童年到成人这一阶段中的紧要关头却只字不提。我之所以能够使我的这一部教育论文有几分用处,其原因特别是在于我在这部著作中不害怕人家的挑剔和文字表达上的困难,决心对其他著述家所略而未提的这一重要的部分作很详细的阐述。如果我把应当采取的做法都讲清楚了,那我也就把我应该讲的话都说出来了,即使说我把这本书写成了小说,那也没有关系。描写人类天性的小说,是一本很有意义的小说。如果说只是在这本著作中才看到过这种小说的话,那能怪我吗?它可以说是我们人类的历史。只有你们这些使人类趋于堕落的人才把我这本书看成小说。

另外还有一个使这第一次感受特别强烈的原因,那就是我们在这里所讲的这个年轻人,并不是从小就是那么胆怯、贪婪、妒忌和骄傲的,并不是具有可以供一般的老师在施行教育时用来控制其学生的种种欲念的;这个年轻人不仅在这里是第一次产生爱情,而且还是在这里才开始产生种种欲念中的第一个欲念的;这个欲念也许将是他这一生当中唯一感觉得最强烈的欲念,因此,他最终会形成怎样一种性格,也将取决于这种欲念。他的思想方法,他的感情和他的爱好都将因一种持久的欲念而形成一定的形式,不再改变。

你可以想象得到,爱弥儿和我经过了那样一顿晚餐之后,是不会一觉就睡到天亮的。怎么!单单是因为一个人的名字同我们所设想的名字相符合,竟使一个聪明的人如此吃惊吗?难道说世界上就只有一个苏菲吗?难道说她们的灵魂也像她们的名字一样是完全相同的吗?难道说凡是名叫苏菲的女孩子都是他的吗?对一个从来没有交谈过的陌生人竟这样大动感情,是不是发了疯呢?"等一等,年轻人,你要仔细地观察观察和研究研究。你甚至连我们的主人是怎样一个人都还不知道哩;一听你所说的这些话,人家还以为你是在你自己的家里咧。"

现在不是给他上课进行教育的时候,给他上课他是听不进去的。如果你对他讲应该这样或那样的话,反而会使这个年轻人更加对苏菲发生兴趣,因为他现在是急于想证明他的倾向是正确的。由于名字的符合,由于他认为他见到她是一种幸运的巧遇,由于我采取了一种慎重的态度,因此愈加使他心情激动,苏菲在他看来实在是太可爱了,所以他深深相信我也不会不喜欢她。

第二天早晨,我猜想爱弥儿尽管还是穿他那一身旧的旅行装,但总会细心地穿得整齐一点的。果然不出我的预料;不过,我觉得好笑的是,他赶忙把主人给我们预备的衣服都穿在身上了。我看出了他的心意,我高兴地发现,他是打算借换衣服和还衣服的机会建立一种联系,以便在正大光明地去还主人的衣服时,再一次见到他们的面。

我希望看到苏菲也打扮得更加漂亮一点,可我的想法完全错了。那种庸俗的搔首弄姿的做法,是只适合于那些想取得人家喜欢的女人的。真正的爱情的娇艳是更加微妙的,打扮的方法是完全不同的。苏菲穿得比昨天还要简单,甚至可以说是非常的随便,当然,她一身的衣服还是极其清洁的。我在她这种随随便便的穿扮上也看出了她在卖弄风情,因为我发现这当中有一些忸忸怩怩的样子。苏菲知道浓妆艳抹是求爱的一种方式,但是她不知道过分随便也是一种求爱的表示,那就是说,她不愿意以穿扮而要以她的人品求得对方的欢心。唉!只要一个情人知道她在想他,那她穿哪种衣服,有什么要紧呢?苏菲了解到她已经掌握了他的心,因此她不仅要以她的媚态去刺激爱弥儿的眼睛,而且还要刺激他的心去猜想她是多么动人;她不仅希望他看她的姿色,而且还希望他在心里想象她有哪些美。难道说他还没有看个仔细,还猜想不出她有其他的美么?

可以肯定的是,在昨天晚上我同爱弥儿谈话的时候,苏菲和她的母亲也是在那里议论的。她的母亲探出了她的心事,而且还给了她一些指导。第二天,我们见面的时候,大家都是有准备的。这两个年轻人见面将近十二个小时,他们之间一句话也没有交谈过,但他们已经互相了解了。他们打招呼的时候态度很拘谨;他显得有点难为情,有点害羞;他们两人一句话也不说;他们埋着头,好像是为了避免你看着我、我看着你;这种做法的本身就向我们说明了情况;他们互相躲避,但步调是一致的。他们已经感觉到,在没有把事情说出来以前,是需要保持秘密的。当我们离开那里的时候,我们要求主人允许我们亲自来送还我们带走的东西。爱弥儿的话是向着她的父母说的,但他的焦急的眼光却望着苏菲,硬要她表示答应。苏菲一句话也没有说,也没有什么表情,好像是什么也没有看见,什么也没有听见似的;但是她的脸上却泛出了红晕,这红红的脸儿比她父母回答的话还能说明问题。

他们虽然没有留我们住下去,但请我们以后再去看他们,这是做得很恰当的;你可以留宿找不到住处的旅客,但让一个情人住在情妇的家里,那就不对了。

我们刚刚走出那可爱的房屋,爱弥儿就打算在附近找一个住处,离得最近的那间茅屋,他也觉得是太远了,情愿睡在屋子外面的那条壕沟里。"你真是一个小傻瓜,"我用一种同情的语气向他说:"怎么!你已经被情欲弄迷糊了!你连规矩和理智全都忘记啦!你这可怜的人啊!你以为你是在爱你的情人,其实是在损伤她的名声!如果人家知道从她家里走出来的那个年轻人睡在附近,人家将怎样说呢?亏你还说爱她咧!你这样做岂不是败坏她的名誉么?这就是她的父母殷勤地款待了你之后得到的报酬么?难道说你想糟蹋那个关系到你的幸福的女子的名声吗?""啊!"他激动地回答道:"别人将说些什么废话和胡乱的猜疑,那打什么紧?你不是教导过我别把他人的议论看在眼里吗?哪一个人能够比我自己更清楚我是多么地尊敬苏菲,我是多么地想向她表示敬意?我对她的爱不仅不会使她遭到羞辱,而且还会使她感到光荣,我是配得上爱她的。既然我的心和我的行为处处都使她受到应得的尊敬,我怎么会损害她的名声呢?""亲爱的爱弥儿,"我一边拥抱他,一边说道:"你为自己着想,同时也要为她着想。男性的荣誉同女性的荣誉是不能相比的,它们的依据是完全不同的。这些依据都是确确实实、合乎情理的,因为它们都同样是来之于自然的;你把别人说长道短的话视同等闲,但你不能不为了你的情人而重视别人的议论。你的荣誉只是在于你的自身,而她的荣誉则有赖于别人的评价。你如果采取毫不顾忌的做法,就连你自己的荣誉也会受到损害的;如果是因为你,别人就不对她表示她应得的尊敬,那么,你自己应得的尊敬也是得不到的。"

我一面向他解释这些道理,一面就使他意识到,如果把别人的议论不当成一回事,那是很不对的。她有哪些性情,他不知道;她的心是不是早有所属,她的父母是不是早已给她订了婚,他对她一点也不了解,也许他和她之间根本就不具有结成美满婚姻的条件,所以谁能向他担保他将来一定要娶苏菲为妻呢?难道说他不知道丢人的事情将给一个女孩子造成不可磨灭的污点?难道说他不知道即使她同那个使她丢人的男子结了婚,这个污点也是洗不清的?一个人如果竟想使他所喜爱的人丢失名誉,这哪里是聪明的人?如果他想使一个不幸的女孩子因讨得了他一时的欢心而永远为这件事情所招来的痛苦哭泣,这哪里是一个诚实的人?

这个年轻人一听我向他指出的这些后果便大吃一惊;由于他爱走极端,所以他现在觉得离开苏菲的家越远越好,他加快脚步,赶快走开;他向四周打量,看是不是有人在偷听我们;他愿意为了他所喜爱的人的荣誉而牺牲他自己的幸福一千次。他情愿终生不见她,也不愿意给她造成一次不愉快的事情。我从他的童年时期起就培养他有一颗懂得爱情的心,现在,我花费的这番苦心得到了第一次收成了。

因此,现在的问题是要找到一个距离远而又能够听到她的消息的住所。我们到处寻找,到处打听;我们打听到离这里八公里远的地方有一座城,我们宁愿到那里去住而不愿住在附近的村子里,因为住在附近会引起人家的猜疑。这个初尝爱情滋味的人终于走到了那个城里,他心里充满着爱,充满着希望和欢乐,特别是充满着种种真挚的感情。我就是这样逐渐逐渐地把他日益增长的欲念引向善良和诚实的,我要在他不知不觉中使他的一切倾向都朝着这个方向发展。

我的事业即将完成,我早就看出完成的时间即将到来了。所有一切巨大的困难都克服了,所有一切巨大的障碍都越过了,现在要注意的是不要因急于求成而前功尽弃。在变化无常的人生中,我们要特别避免那种为了将来而牺牲现在的过于谨慎的畏首畏尾的做法;这种做法往往是为了将来根本就得不到的东西而牺牲现在能够得到的东西。我们应当使一个人在什么年龄就过什么年龄的快乐生活,以免花了许多心血之后,还没有过快乐的生活就死了。如果说我们每一个人都有一个享受生命的时候的话,那就是在少年时期结束的时候,因为在这个时候一个人的身心的各个部分的发育最为健全,同时,在这个时候正是达到他一生的过程的中途,离开他觉得很短促的两端最远。如果说糊涂的年轻人的做法是很错误的话,那不错在他们贪玩,而是错在他们所寻求的不是他们目前即能享受的乐趣,错在他们由于希求暗淡的未来,而不知道利用他们当前就能享用的时间。

请你看一看我的爱弥儿:他现在已经年过二十,长得体态匀称,身心两健,肌肉结实,手脚灵巧;他富于感情,富于理智,心地是十分的仁慈和善良;他有很好的品德,有很好的审美能力,既爱美又乐于为善;他摆脱了种种酷烈的欲念的支配和偏见的束缚,他一切都服从于理智的法则,他一切都倾听友谊的声音;他具有许多有用的本领,而且还通晓几种艺术;他把金钱不看在眼里,他谋生的手段就是他的一双胳臂,不管他到什么地方去,都不愁没有面包。可是现在,他被一种日益增长的情欲弄得迷迷糊糊的,他的心燃起了第一道情火;他甜蜜的幻想给他打开了一个欢乐的新天地;他正在爱着一个可爱的人,而且从这个人的性格上看,比从她的样子上看还要可爱;他满怀希望,等待着他应得的报酬。由于他们心心相印,由于他们纯洁的感情互相投合,才产生了他们最初的爱情,这种爱情是能够持续长久的。凭着他的信心,尤其是凭着他的理智,他无所畏惧、无所悔恨地如醉如痴地爱着;他无所忧虑,他所考虑的只是他和她的不可分离的幸福。在他的幸福中还缺少什么东西呢?让我们看一看,找一找,想一想他还需要些什么,除了他已经有了的以外,我们还可以给他些什么?一个人可能获得的一切好东西他全都有了,你如果再给添加什么东西的话,就不能不使他在另外一方面损失一种东西;一个人能够多么快乐,他就有多么快乐。在这种时候,我会不会剥夺他这样美好的命运呢?我会不会干涉他这样纯洁的欢乐呢?啊!他所尝到的这种幸福,就是我辛勤一生的报酬。要是我使他有所损失的话,我拿什么东西去补偿他呢?即使我给他的幸福加上一顶王冠,我也会使它所包含的最令人神迷的乐趣遭到牺牲。在希望得到这种最大的幸福的时候,其乐趣比实际得到它的时候还甜蜜一百倍;在等待的时候,其滋味比尝到的时候还好得多。啊,可爱的爱弥儿,你爱她和为她所爱吧！在占有这种幸福以前，要把它好好地享受一个时期；既要享受爱情，也要享受天真；在你等待另外一个天堂的同时，要建筑你在地上的天堂。我决不剥夺你生命中这一段快乐的时光，我将为你选取其中令人销魂的东西，我将尽可能把它加以延长。唉！可惜它终归是要结束的，而且是在很短的时间内就要结束的；不过，我至低限度要使它保持在你的记忆里，使你不因享受过它而感到悔恨。

爱弥儿没有忘记我们要去送还主人的东西。当我们把这些东西准备好了以后，我们就骑着马赶快跑，因为这一次他巴不得一出发就立刻到达那里。当一个人的心有了情欲以后，它就对平常的生活感到乏味了。不过，只要我的时间没有白白地浪费，他就不会在百般无聊的状态中度过的。

可惜的是，道路很复杂，乡下的路很难走。我们迷失了方向。他第一个发现我们走错了路，可是他并不性急，没有抱怨，他把全副精神都用来寻找道路，他东找西找地找了好久才把路找到了；不过他自始至终都是保持冷静的。这一点，在你看来也许觉得没有什么关系，可是对我这个了解他性情素来急躁的人来说，就是很了不起的一件事情，因为我从他的童年时候起，就注意到使他在必要的时候要沉得住气，现在我发现我这一番苦心已经是收到了成效。

我们终于到达那里了。他们对我们的招待比第一次简单得多和亲热得多，因为我们已经是熟人了。爱弥儿和苏菲打招呼的时候有一点儿不好意思的样子，他们两个人自始至终一句话都没有说。他们在我们面前有什么好说的呢？他们的谈话是不需要别人作见证的。我们到花园中去散步，花园中有一块很大的菜地，有一块种着各样果树的果园,果树长得很高大、很好看,果园中小溪密布,而且还有许多的花坛。"这个地方多美啊!我认为这里就是阿耳西诺乌斯❶的花园。"爱弥儿说道,心中充满着荷马的诗意,充满着火也似的热情。苏菲想知道阿耳西诺乌斯是什么人,于是她的母亲便问我。"阿耳西诺乌斯,"我向她们说道:"是科西尔的一个国王,据荷马说,阿耳西诺乌斯的花园,曾被人家批评说这个花园太单调,种植的花木太少了①。阿耳西诺乌斯有一个漂亮的女儿,她在她的父亲留宿一位陌生人的前一天夜里梦见她不久就要有一个丈夫。"苏菲吃了一惊,脸儿通红,埋着头,说不出话来;你怎么也想象不出她当时是多么狼狈。她的父亲看到她这种狼狈的样子反而很高兴,而且故意使她更加狼狈,他说那位公主还亲自到河里去洗餐巾。他接着还问道:"你们可曾想到,她对脏了的餐巾摸都不摸一下的,她说她闻到它们有一股油味。"苏菲一听这话便知道是

---

❶ 阿耳西诺乌斯,希腊神话中腓希人的国王;尤利西斯的船遇难后,曾受到他的热情的招待。关于他的女儿诺西卡和尤利西斯相会的情形,请参看荷马:《奥德赛》,第6卷。

① "在走出宫廷的时候,人们看到一个占地二十多亩的大花园,花园的四周筑有围墙,其中种有许多开着花朵的树木,有梨树和石榴,还有许多其他很好看的果树、甜美的无花果和青橄榄。一年四季树木上都是结着果实的。冬天和夏天,温和的西风使这种树木开始结果,同时又使另一种树木的果实开始成熟。梨子和苹果在树上简直是熟透了,无花果树上结满了无花果,葡萄架上挂满了葡萄。葡萄园中的新葡萄,任你怎么摘也摘不完;人们把一部分葡萄放在地上让太阳晒干,同时,在摘葡萄的时候,把那些还没有成熟的酸葡萄或刚刚才开始变红的葡萄留在葡萄藤上让它们成长。在花园的两端有两块花圃,终年都盛开着鲜花;花园每一端有一股清泉,一股清泉灌溉着花园,另一股清泉经过宫廷而流入城中的一个水塔,供公民饮用。"

以上就是阿耳西诺乌斯国王的花园中的情景(见《奥德赛》,第7卷);花园中没有格子篱,没有塑像、人工喷泉和草地,这是使得荷马这个老梦想家和当时的国王们丧失体面的事。

说给她听的,于是便马上忘记了她那种天然的羞怯,很激动地替自己辩护。她的父亲当然知道,如果他们叫她去做的话①,所有的餐巾她都会洗得干干净净的,如果把这件事情交给她,即使餐巾再多一点,她也会很高兴地去洗的。她一边说,一边带着不安的神气悄悄地看着我,而我禁不住笑了起来,因为我看出她纯朴的心灵惊慌不安,所以她要为自己辩护。她的父亲看到她这股傻劲,还故意捉弄她,用嘲笑的口吻问她为什么要替自己辩护,问她跟阿耳西诺乌斯的女儿有哪些共同的地方。她又羞又怕,连呼吸都不敢呼吸,不敢抬起头来看人了。可爱的女孩子,现在不是故作镇静的时候,尽管你不说,你已经表示得清清楚楚了。

这一幕小小的戏大家不久就忘记了,或者说好像是忘记了;对苏菲来说,幸而在我们当中只有爱弥儿不懂得我们讲的是什么事情。我们继续散步,这两个年轻人起先是挨在我们的身边,但是要跟着我们这样慢腾腾地走,就觉得很不习惯;他们不知不觉就走在我们的前面了,他们愈走愈接近,终于肩并肩地走在一起,并且走得离我们相当远了。苏菲好像是在静静地听着,爱弥儿在比手画脚地起劲地谈着,看来,他们是谈得很有兴趣的。整整一个小时以后,我们就往回走了;我们叫他们,他们走回来,可是这一次是他们走得慢了,我们发现他们是充分地利用了这一段时间的。当他们走到我们可以听到他们的声音的地方,他们的谈话就突然中断,他们加快步伐赶上我们。爱弥儿走近我们的时候,神色自若,令人喜

---

① 我很感谢苏菲的母亲没有让她把她那样一双细嫩的手给肥皂浸粗糙了,因为爱弥儿是常常要吻她那一双手的。

悦；他的眼睛充满着快乐的光辉，他略显不安地看着苏菲的母亲，猜想她将怎样对待他。苏菲在走近我们的时候，神色却不是那样的泰然，她好像是因为我们看见她同一个年轻人肩并肩地在一起走过而显得有些羞答答的，尽管她常常同其他的男子在一起谈过话，可是从来没有什么不安的表现，而且，即使显得不安，也没有像今天这样不安到了极点。她气喘喘地跑到她母亲的身边，说了几句不相干的话，好像是借此表示她同她的母亲老早就是在一起的。

一看这两个可爱的青年的脸上露出了开朗的神情，我们就知道他们这一次谈话替他们幼稚的心解除了一个沉重的负担。他们彼此之间还照旧是那样的稳重，但不像从前那样拘谨了；他们之所以那样稳重，一方面是由于爱弥儿对苏菲的尊敬，另一方面是由于苏菲还感到有一些害羞，同时还由于这两个人都是十分的诚挚。爱弥儿已经敢同她说话了，而她有时候也敢回答爱弥儿的问题了，不过，她每一次都是要先看一看她母亲的眼色才开口说话的。就她来说，变化得最明显的是她对我的态度。她对我表示了一种衷心的敬仰，她很注意地看我，她对我说话的时候显得很不自然，她仔细地观察我喜欢哪些事物；我发现她对我是十分的尊重，而且也希望得到我的尊重。我知道，这是因为爱弥儿已经向她谈过我了；你也许会说，他们两个人已经在共同设法争取我的同情；事情不是这样的，要赢得苏菲这个人的心不是那么容易的。也许爱弥儿还要我去讨好她，而不要她来讨好我哩。好一对可爱的年轻人啊……一想到我的这个年轻的朋友的多情的心在第一次同他的情人谈话的时候，就这样再三地谈到我，我感到十分的高兴，知道我花费的苦心已经取得了代价，我得到了他的友谊的报偿。

我们又去拜访了他们好几次。这两个青年人之间谈话的次数也愈来愈多了。沉醉在爱情中的爱弥儿，以为他的幸福即将到来了。然而，他是迄今还没有得到苏菲的正式的许诺的；她细心地听着他，可是一句话也没有说。爱弥儿知道苏菲是很害羞的，因此对这种沉默的表示一点也不觉得奇怪；他觉得她对他的印象并不坏，他知道子女的婚姻是由父母主持的，他以为苏菲在等待她的父母的命令，他请求她允许他去向她的父母提出求婚，她没有表示反对。他把这件事情告诉了我，我代表他去求婚，而且是当着他的面求的。使他大为吃惊的是，他到这个时候才知道苏菲是自己做主的，才知道他要得到幸福，那就一定要她本人表示愿意！他开始对她的行为感到迷惑。他的信心减少了。他感到惊异，他发现，事情并不是像他所想象的有了很大的进展；现在，是需要用甜蜜的爱情的语言才能打动苏菲的心了。

爱弥儿这个人是不善于猜想他有哪些困难的，如果你不告诉他，他也许一辈子都不知道，而苏菲这个人是极其自尊的，所以不愿意把她的困难告诉他。使她见而生畏的困难，也许在另一个女子看来正是一种应该赶快争取的优越条件。她没有忘记她的父母对她的教训。她的家很穷，而爱弥儿的家很富有，这一点她是知道的。他首先要赢得她的尊重！他需要具有怎样的品德才能使苏菲不至于感到这种财产上的不平等是他们的婚姻的障碍呢？他对这种障碍是怎样想的呢？爱弥儿是不是知道他的家很富有？他哪里会去问他的父母有多少家产？谢谢老天爷，他是不需要什么财产的；没有财产，他也能做一切好的事情。是他的心而不是他的钱包促使他去做善良的事情的。他把他的时间、他的精力、他的爱和他这个人奉献于穷苦的人；在谈到他所做的善良的事情时，他从来没有说过他在穷人身上花了多少钱。

由于他不知道他不讨苏菲喜欢的原因何在，他便认为是由于他自己有了过错；因为，他哪里敢说这是由于他所钟情的那个人脾气古怪呢？自尊心的损伤更增加了他求爱不得的痛苦。在这以前，他接近苏菲的时候是怀着乐观的信心的，认为他是配得上她的；而现在，则没有这种信心了。他在她面前显得羞怯不安。他再也不想用爱去打动她了，他现在竭力要争取她的同情。有好几次他几乎失去了耐心，而且几乎露出了抱怨的情绪。苏菲好像是觉察到了他在生气，于是便注意地看他。这一看就解除了他的武装，而且使他感到不好意思，因为他比从前更加屈服于她了。

由于苏菲这样顽强地抵抗和保持缄默使他感到烦恼，他便向他的朋友吐露他的心事。他要他的朋友分担他心中的忧郁和苦闷，他请求他的朋友给他以帮助和指导。"这是多么难解的一个谜啊！她很关心我的命运，这一点我是毫不怀疑的；她不但不躲避我，而且很喜欢同我在一起；当我到她家的时候，她显得很快乐，而在我走的时候，她就显得难过；她诚恳地接受我对她的关心，我要她做什么事情的时候，她也显得很高兴；她也乐于向我提出一些意见，有时候甚至还对我发布命令。然而她对我的请求却表示拒绝。当我大着胆子谈到结婚的时候，她马上就很严肃地制止我；如果我再说下去，她就离开我。她希望我属于她，可是又不愿意听我说她属于我，这是什么道理呢？她很尊敬你，很喜欢你；她不敢阻止你说话，请你去同她讲吧，叫她说一说这当中的原因，你要为你的朋友帮忙，使你的事业得到完成，不要使你的学生因受了你的教育反而沦为牺牲。啊！如果你不助成我的幸福,我便要因为受了你的培养而得到这番痛苦的。"

我去问苏菲,我没有花什么气力就从她口中套出了她不讲我也早知道的秘密。可是,我很不容易使她同意我把这个秘密去告诉爱弥儿;最后,我终于得到了她的同意,于是我跟着就去告诉爱弥儿了。我一告诉他这当中的原因,竟使他吃惊得说不出话来。他不懂得其中的奥妙,他想象不出多几个金币或少几个金币同他的人品和德行有什么关系。当我向他解释金钱对人们的偏见的时候,他就笑了起来;他高兴得不得了,他想马上就走,去把所有一切的财产都毁掉,都通通抛弃,以便成为一个跟苏菲同样贫穷的体面的人,回来和她结婚。

"嗯,什么!"我一边制止他,一边笑他这样性急,我说道:"你这个幼稚的头脑还没有长大成熟吗?你研究了一生的哲理,还不会推理吗?按照你这个糊涂的计划,一定会把事情弄得很糟糕,使苏菲更加倔强的,这一点,你怎么看不出来呢?你比她富一点,这是你稍稍胜过于她的地方,如果你为她把一切财产都牺牲了,那你胜过她的地方就更多了;你稍稍胜过她一点点,她都那么自尊,不愿意屈居于你之下,如果你胜过她的地方再多一些,她又怎能屈服于你呢?如果她不能容忍一个丈夫说是他使她富起来的,她又怎能容忍他说他是为了她才变穷的呢?唉,可怜的孩子,你要当心,不要让她疑心你有这样的打算。相反地,你要为了爱她的缘故而十分节俭和谨慎,以免她说你企图用巧妙的手腕获得她的欢心,说你是由于平时满不在乎才失去了你本来是为了她而自动牺牲的财产。"

"你以为她真的是害怕巨大的财富,以为她之所以表示反对,恰恰是因为你拥有财产吗?不,亲爱的爱弥儿,她之所以反对,是有一个极其重要的理由的,那就是:她考虑到了财产在拥有财产的人的心灵中所产生的影响。她深深知道,有钱的人是把他的财产看得重于一切的。他们是宁肯要黄金而不要美德的。当他们把别人为他们所做的工作和他们付给别人的金钱拿来一比,他们总觉得别人所做的工作不如他们付出的金钱多,即使别人以毕生的精力为他们干活,他们也认为别人吃了他们的面包,就欠了他们的债。啊,爱弥儿,你应该怎样做才能消除她的疑惧呢?你要她能充分了解你,那不是一天、两天就能做到的事情。所以,你要把你高贵的心灵的宝库打开来让她看一看你有哪些东西可以弥补你因为有了财产而产生的缺陷。只要你有始有终地长期做下去,你就可以战胜她的抵抗;只要你有高尚豁达的情操,你就可以使她不能不忘记你是一个有钱人。你要爱她,为她工作,为她的可敬的父母工作。你要向她表明:你为他们工作,不是由于一时的狂热的情欲的驱使,而是由于在你的内心深处有不可更易的行为准则。你要发扬你所有一切被财产玷污了的美德,只有这样做,才能使你的美德同她所赞赏的美德调和一致。"

大家可以想象得到,这个年轻人听了我这一番话心中是多么兴奋,他恢复了多么大的信心和希望,他诚实的心是多么庆幸自己能够做一些使苏菲欢喜的事情,虽然这些事情,即使没有苏菲这个人,或者他不爱她,他也是要做的。尽管你对他的性格不很了解,但他在这种情况下将采取什么做法,你还想象不出来吗?

这样一来,我就成了这两个纯洁的青年的知心人,成了他们的爱情的中间人！对一个教师来说，这的确是一种美好的工作！美极了，它简直使我认为我这一生当中还从来没有达到过如此高尚的地位，还从来没有对自己的工作感到过如此的满意。再说，这个工作也是有它的乐趣的，因为我在这一家人当中很受欢迎，大家托我关心这两个青年人，看他们做事是不是合乎规矩；爱弥儿生怕得罪了我，表现得十分的柔顺。苏菲给我以真实不假的全部友情，而我是只能享受我应得的那一份友谊的。这样，她就通过我而间接地对爱弥儿表示尊敬了。为了他，她对我表现了千百种柔情，只要她能够向他本人表现这种柔情，就是叫她死，她也是甘愿的；而他，他是知道我不会损害他的利益的，所以看到我这样巧妙地对待她，简直是高兴极了。在散步的时候，如果她拒绝挽着他的胳膊，他心里也很坦然，因为他看见她是为了他才挽着我的胳膊的。他毫无怨言地同我握一握手就走开了，他使了一个眼色，低声细语地对我说："朋友，你要为我说话。"他很留心地看着我们，想从我们的脸上看出我们内心的情感，想根据我们的姿势猜测我们说了些什么话；他知道，我们所说的话句句都是同他有关系的。可爱的苏菲啊，当太累马库斯听不见我们的谈话的时候，你放心地同他的门特谈吧！你是多么坦率地让他看出了你这颗温柔的心中的思想！你是多么高兴地向他表示了你对他的学生的尊敬！你是多么巧妙地让他看出了你内心极其温柔的情感！当那个性急的人沉不住气，不能不打断你的话的时候，你那种佯怒的神情是装得多么地惟妙惟肖啊！当他来到我们身边，妨碍了你说他的好处，妨碍了你听我对他的评论，妨碍了你从我的话中找出爱他的理由，这时候，你那种生气的样子是做得多么可爱啊！

这样,爱弥儿终于被大家当作一个公然的情人,而他此后也就充分地利用了这个地位的一切便利;他述说,他催促,他请求,他再三再四地纠缠。即使苏菲用生硬的语句和生硬的态度对他,也没有关系,只要他的话能够被她听到就行了。他花了许多气力之后,终于使苏菲自己愿意公开地对他行使一个情人的权威:她规定他应该做什么,他命令他而不请求他,她接受他的帮助而不说什么感谢的话,她规定他去看她的次数和时间,规定他必须到了某一天才能去,而且只能够在她那里待多少小时。所有这些都不是闹着玩,而是十分严格地执行了的;正因她是经过了审慎的考虑才接受这些权利,所以她行使这些权利的时候就非常认真,以至往往使爱弥儿后悔他不应该把这些权利给她。不过,不管她命令他做什么,他都是毫不推诿的;而且,在按照命令离开苏菲的时候,他总要喜形于色地看我一眼,好像是对我说,"你看,她已经占有了我。"这时候,庄重的苏菲在悄悄地观察他,在暗中笑她的这个奴隶这么骄傲。

阿耳邦❶和拉斐尔❷,把你们的笔借给我,让我来描绘这沉溺于爱情的情景!弥尔顿❸,请教导我怎样用我这枝粗大的笔叙述他们快乐的爱情和天真!不,在神圣的大自然面前,把你们那些故弄玄虚的伎俩收藏起来吧。首先,我们只要有一颗敏感的心和诚实的灵魂就行了;然后,让我们放开胸怀,自由自在地想象这两个年轻的情人的快乐心情。他们在他们的父母和导师的照顾之下,

---

❶ 阿耳邦(1578—1660),意大利画家。
❷ 拉斐尔(1483—1520),意大利画家。
❸ 弥尔顿(1608—1674),英国诗人。

无拘无束地追逐那使他们感到陶醉的甜蜜的幻想，他们满怀希望，从从容容地走向美满的结局，用鲜花和花环装点着使他们偕同到老的幸福的婚姻。有许多美妙的形象使我自己也感到迷醉，我零零散散地把它们都收集起来，它们使我感到如此的心醉神迷，以致使我不知道怎样把它们组合在一起才好。啊！只要有一颗心，谁不会自己把那父亲、母亲、女儿、教师和学生的各个不同的情境组成一幅美妙的图画，谁不会自己想象他们彼此是如何地共同努力，使这一对可爱的情人结合，让他们的爱情和美德给他们带来幸福？

只是在这个时候，由于他急于想使苏菲感到欢喜，他才开始感觉到他所学的那几种艺术确有用处。苏菲喜欢唱歌，他同她一起唱；不仅如此，他还教她乐理。她长得很灵敏，喜欢跳舞，他同她一起跳；他按照步法改正她那种乱跳一阵的样子，使她跳得又熟又好。教唱歌和跳舞，是很有趣的，快乐活泼的情趣使他们感到兴奋，把他们的爱情和他们那种羞羞答答的样子融合在一起；一个情人是可以大着胆子放手地教她跳舞和唱歌的，他是有权做她的老师的。

她家里有一架破旧的风琴，爱弥儿把它修理好，而且还调好了音。他是一个木匠，又是一个制作和修理乐器的人。他始终奉行着这么一句格言：凡是自己能够做的事，他都学着自己做，而不求助于别人。她们的家修建在一个风景优美的地方，他以它做背景画了几幅图画；苏菲有时候也帮他画上几笔；画好后，就挂在她的父亲的房间里做装饰。他们装画的框子全都没有涂上金色，因为它们不需要这种颜色来陪衬它们。她一面看爱弥儿作画，一面就模仿他，逐渐逐渐地她也画得很好了；她开始培养各种艺术才能，有了她的美,她的艺术才能就更显得优长了。她的父亲和母亲看见琳琅满目地摆满了那么多艺术作品,便想起了他们当年的富裕,只有艺术作品才能使他们觉得从前富裕的生活很有乐趣;爱情装饰了他们的家,只有爱情才能使他们的家在既不花钱又不费力的情况下,获得他们在从前必须花许多金钱和心思才能获得的快乐。

　　崇拜偶像的人用他所喜爱的珍宝去装饰他所崇拜的偶像,把他所敬奉的神打扮得十分漂亮;同样,在一个男人的眼里,即使他的情人已经是十全十美了,他也是不满足的,他要不断地用新的东西去装饰她。这并不是因为她需要有那些东西才能使他感到快乐,而是他认为他需要打扮她,他认为这样做,才能对她再一次表示敬重,才能在观看她的时候感到一番新的乐趣。他觉得,如果他不用他所有的一切好东西去装饰她,他那些好东西就无处使用。爱弥儿巴不得一下子把他所知道的东西全都教给苏菲,而不问她是不是愿意学,也不考虑那些东西对她是不是适合,看到他那种性急的样子,实在又令人感动,又令人好笑。他怀着一种孩子似的着急的心情把他所知道的东西都向她说,都向她讲;他以为只要他一讲,她马上就懂得。他自己在那里想:要是同她讨论一番,同她谈一番哲理,是多么的快乐;他肚子里的一切知识,如果不能够拿出来给她看一看,他那些知识就没有用处;要是他知道的东西不让她知道,那他是很不好意思的。

　　现在,他给她讲哲学,讲物理,讲数学,讲历史,一句话,什么都讲,苏菲看到他那么热情,心里也很喜欢,而且想尽量利用这个机会学一些东西。当她允许他坐在她身边教她的时候,他心里是多么高兴!他觉得天堂已经向他打开了大门。然而在这种情况下教课,对老师来说固然是无所谓,可是对这个女学生来说就很为难,所以是不利于学习的。她不知道她的眼睛要怎样才能躲开他那一双紧紧地盯着她的眼睛,当他们的眼光一相碰上的时候,课程就进行不下去了。

妇女们并不是一点思想方法都不懂的,不过她们推起理来只能推一个表面。苏菲对什么东西都要动脑筋去想,但是却想不出一个大道理。她在伦理学和艺术方面学习得最好;至于物理学,她只对几个一般的法则和宇宙体系取得了一点点概念。有几次,当他们在散步中看到了大自然的奇景,他们也敢于运用他们白璧无瑕的心去思考自然的创造者。他们在造物主面前一点也不害怕,他们要共同向他倾吐他们的心。

怎么!两个年华正盛的情人在幽会的时候竟谈起宗教来了!他们把他们的时间用去讲教义!干吗要亵渎崇高的上帝呢?是的,他们在谈论宗教的时候,是陷入了一种甜蜜的幻想的:他们彼此都觉得对方是很完美,他们彼此相爱,他们热情洋溢地谈论美德为什么是那样的高贵。为了美德,他们作了种种的牺牲,从而感到美德更加可爱。他们必须克制奔放的情感,有时候两个人竟因此而流下了比甘露更纯洁的眼泪,这些甜蜜的眼泪使他们沉迷于生命的享受;他们这种如醉如痴的情景,还从来没有哪一个人体会过哩。他们的自制更增加了他们的快乐,使他们看出这种牺牲是很高尚的。耽于肉欲的人,有躯体而无灵魂的人啊,你们将来有一天会明白这一对情人的快乐在什么地方,而且必然会因为在这幸福的时候没有享受到这种快乐而感到终生遗憾的!

尽管他们是这样有理智,他们有时候也难免不闹一些意见,甚至吵起来的;苏菲并不是一点脾气都没有的,爱弥儿也不是一点也不性急的;不过,小小的暴风雨很快就会过去,从而使他们比以前更加亲密;爱弥儿从经验中知道,这种暴风雨并不可怕;他知道,两个人争吵固然会给他带来害处,但争吵以后又和好如初,是可以给他带来更大的益处的。由于第一次争论使他得到了一些益处,因此他希望再发生争论的时候也可以给他带来好处,他这种想法当然是错了;不过,虽说他并不是在每一次争论中都获得了显著的好处,但他在每一次争论中都发现苏菲是真心诚意地爱他的。你也许想知道他究竟得到了什么好处。我很愿意告诉你,我很愿意借此机会向你阐述一个重要的原理,同时,还借此机会批驳一个很有害处的说法。

爱弥儿在爱苏菲,但他并不是一个冒冒失失地做事情的人;我们也可以想象得到,庄重的苏菲是不允许他做出什么狎昵的样子的。在任何事情上,再严肃也应当严肃得有个分寸,所以,如果说她有什么可以责备的地方的话,那就是她的做法太生硬而不是太浪荡,就连她的父亲也担心她这种极端的自尊会变为高傲。即使在秘密的幽会中,爱弥儿也不敢请求她给他一点点爱情的表示,甚至连希望她爱他的样子也不敢做出来;在散步的时候,她愿意挽着他的胳臂才挽着他的胳臂,而不允许他认为他有权利要她这样做,所以,在她挽着他的胳臂的时候,他也只偶尔敢一边叹息,一边使她的胳臂挨着他的胸膛。克制了一个很长的时期之后,他才大着胆子去偷偷地吻她的衣服,他有好几次都碰上了好运气,因为她装着没有看见的样子。有一天,他想在吻她的衣服的时候,把动作做得更明显一点,果然,苏菲就说他这样做是不对的。他坚持要去吻她的衣服，于是她生气了，而且向他说了几句刺耳的话；爱弥儿也受不了，也回了她几句刺耳的话。两个人在这一天当中都是那样气冲冲地闹着别扭，两个人都很不痛快地各自走开了。

苏菲很感不安。她的母亲是她的心腹人，她怎能向她的母亲隐瞒她心中的难过的事情呢？这是她第一次同爱弥儿争吵，他们争吵了一个小时，所以这的确是一件很严重的事情！她责备她自己的过错；她的母亲允许她去弥补她的过错，她的父亲也命令她这样做。

第二天，内心不安的爱弥儿比平常来得更早一些。苏菲在帮助她的母亲梳妆，她的父亲也在同一个房间里；爱弥儿很有礼貌地走进去，但脸儿是显得很忧郁的。父亲和母亲刚一招呼他，苏菲马上就转过身来，向他伸出手去，用一种宽慰的语气向他问好。很显然，她这只漂亮的手是伸过来让爱弥儿吻它的；他握着它，但是不吻它。苏菲虽然是有一点害羞了，但仍然是极其从容地把手缩了回去。爱弥儿这个人是不懂得妇女们的那一套做法的，他不知道妇女们那样闹脾气有什么用处，他不可能把苏菲那种任性的表现轻易就忘记了，不可能很快就把他的怒气平息下去。苏菲的父亲看见她那种窘态，便笑了起来，这一笑，便把苏菲弄得狼狈不堪。这可怜的女孩子，既感到不安又感到受了羞辱，手足失措，巴不得大哭一场。她愈克制自己，她心里就愈是难过；最后，尽管她不哭，她的眼泪还是流了出来。爱弥儿一看见她流下了眼泪，便跪下去捧着她的手，用力地吻了几下。"老实说，你真是太好了；"苏菲的父亲一边哈哈大笑，一边说道："如果是我，我才不能容忍这种发脾气的做法哩，我一定要惩罚那一张冒犯我的嘴。"这一句话使爱弥儿鼓起了勇气,他用请求的目光转过去看苏菲的母亲,而且还以为看见她做出了同意的表示,于是便战战兢兢地去贴近苏菲的脸;苏菲掉过头去保护她的嘴,然而却让他吻到了她那玫瑰色的脸蛋儿。冒失的爱弥儿还不满意,苏菲微微地挣扎了一下。要不是她的母亲在旁边看见的话,不知道他要吻到什么时候哩!严肃的苏菲啊,你要当心啦,要是你再拒绝的话,他更是要常常吻你的衣服了。

在爱弥儿这样惩罚了苏菲之后,她的父亲就走出房间去做什么事情了,跟着,她的母亲也找了一个借口叫苏菲走开了;在苏菲走开以后,她便用一种严肃的语气向爱弥儿说道:"先生,我想,像你这样一个出生在良好的人家而且又受过良好的教育的青年人,是有感情和品德的,是不会用羞辱来报答一个对你表示友情的人家的。我并不是一个故作严肃和难于接近的人,我是能够谅解青年人那种痴狂的行为的,我容忍了你当着我的面做出这种行为,这就充分地证明了这一点。你问一问你的朋友,请他告诉你有哪些应守的规矩;他将告诉你,在父亲和母亲当面许可的嬉戏的行为和背着他们放肆胡闹的行为之间有什么区别。背着他们胡闹,不仅滥用了他们的信任,而且还把浓厚的情谊变成了一种害人的陷阱;然而,要是你当着他们的面表示你这种浓厚的情谊的话,那就没有什么关系。你的朋友将告诉你,我的女儿错就错在她在你第一次放肆的时候,没有看出哪些行为是不能允许你做的。他将告诉你,只有在她认为你对她是友好的时候,你的行为才能成为一种友好的行为,而一个有荣誉心的人是不应该利用一个女孩子的天真,背地里对她那样放肆的,尽管她当着大家的面可以允许你那样做。因为,我们知道哪些行为是端正的,可以当着众人的面做,但是我们不知道在神秘幽暗的地方,当一个人自己判断他的行为的时候,他将放肆到什么程度。"

这一番义正词严的责备,显然是向我说的而不是向我的学生说的,这位贤明的母亲说完这一番话以后就离开我们了。的确,她使我不能不佩服她看问题是那样周到。爱弥儿当着她的面吻她的女儿的嘴,她认为没有关系,但是她害怕爱弥儿背地里去吻她的女儿的衣服。我们一般人所奉行的箴规格言真是荒谬,因为它们往往使我们为了要做出一本正经的样子,便使我们丧失了一颗真正的诚实的心;当我一想到这点的时候,我便豁然明白:为什么话愈是说得干净,心地愈是肮脏;举动愈是谨严,做出这种举动的人愈是不讲道德。

当我趁此机会向爱弥儿讲述我早就应该告诉他的那些规矩的时候,我产生了一种新的看法,这种看法如果让苏菲知道了的话,她也许会更加自尊的,所以我千万不能告诉她的情人;这个看法是:她这种所谓的高傲的做法尽管受到了人们的责难,然而是一种很明智的自我防备的措施。由于她知道她自己性情激烈,所以她连最小的火花也感到害怕,要尽一切力量远远地躲避它。她之所以那样严肃,并不是由于她为人骄傲,而是由于她为人谦卑。她能够控制爱弥儿,然而她害怕她不能控制她自己;她要通过对爱弥儿的控制来控制她本人。如果她对自己有更大的信心的话,她也许就不会那样高傲了。除去这一点,在世界上还有哪一个女孩子比她更温柔呢?还有哪一个女孩子比她更能够耐心地忍受那种无礼的行为呢?还有哪一个女孩子比她更不愿意冒犯别人呢?除了道德的行为以外,在任何事情上,哪一个女孩子是像她那样没有一点儿矫揉做作的表现呢？再说，她并不是因为自己有种种美德而骄傲的，她之所以显得那样骄傲，只不过是为了保存她的美德罢了；如果她能够毫无危险地按照她内心的倾向去做的话，她真是愿意拥抱她的情人哩。这些情形，她那谨慎的母亲甚至对她的父亲都没有谈过，因为男人是不应该把女人所有一切的做法都知道得清清楚楚的。

苏菲不仅没有因为征服了他而感到骄傲，相反地，除了对那个造成这种变化的人以外，她对任何人都更加宽厚，不再是那样的苛求。她意识到她是独立的，然而她高尚的心灵并没有因此而妄自尊大。她谦逊地庆祝她牺牲了自由而取得的胜利。她听到"情人"这个词的时候，脸儿也不再发红了；然而从此以后，她的态度就没有那样随便，说话就比从前含羞了；不过，尽管她显出难为情的样子，但内心是洋溢着喜悦的心情的，而且，她那种羞答答的样子本来就不是出于一种为难的心情的。特别是对来到她家的年轻人，她的态度跟以往是大不相同了。自从她不再害怕他们以后，她从前对他们所采取的那种极端稳重的做法就大有改变了。由于她已经选好了她的情人，所以她对一般的人就表现得无拘无束、十分洒脱；她既然不过问他们是不是有长处，所以她也就不再像从前那样对他们的行为有很多的责难，她觉得他们都是很讨人喜欢的。

如果说真正的爱情可以使用卖弄风骚的做法的话，我觉得苏菲在她的情人面前对其他的年轻人就有几分卖弄风骚的迹象。你也许会说，尽管她已经使用了那种又羞又爱的微妙手段燃起了爱弥儿心中的情欲，但她还不满足，还要使他发一点儿急，从而更加刺激他的情欲；你也许会说，她之所以故意取悦那些年轻人，是因为她不敢同爱弥儿这样痛痛快快地玩，所以才特地做出这种样子来折磨他；可是，苏菲这个人是十分慎重、十分善良和有理智的，所以她绝不会存心折磨他。为了缓和这种危险的刺激作用，她抛弃了那种前顾后虑的做法，而代之以爱情和诚恳；她知道什么时候该使他吃惊，什么时候该使他安心；虽说她有几次曾经使他感到不安，但她从来没有使他伤过心。由于她担心她所爱的人还没有对她燃起足够的爱情的火焰，所以她故意要使他感到忧虑，这种做法是可以原谅的。

这样一个小小的手段对爱弥儿产生了什么影响呢？他会不会嫉妒呢？难道说他永远也不会产生嫉妒的心吗？我们必须考虑的，正是这一点；由于这些枝枝节节的事情也属于我这本书所要探讨的范围，所以不能说我谈论这些事情就是离开了本题。

我在前面已经论证过，在一切以个人的偏见为转移的事物中，人们的心是怎样产生嫉妒的情绪的。但在爱情上，那又是另外一回事情了；表面上看来，嫉妒是如此的近似天性，所以大家都很难相信它不是从天性中产生的；有几种动物的嫉妒心之大，简直可以使它们发疯，然而，就以它们为例，也可以无可争辩地证明我所持的相反的看法。公鸡打得头破血流，雄牛斗得你死我活，是人教它们的吗？

我们对所有一切扰乱和妨碍我们的快乐的事物，都是怀有反感的，这种反感是一种自然的冲动，这一点是无可争辩的。要独一无二地占有我们喜欢的东西，这种愿望在一定程度上也是属于这种类型。但是，当这种愿望变成了欲念，变成了疯狂，或者变成了痛苦和忧郁的梦想,即所谓的嫉妒,那又是另外一回事情了;这种嫉妒的心理,也可能是自然的,也可能不是自然的,所以我们应当把它们加以区别。

在《论人类不平等的起源》这本书中,我已经把从动物中引证的例子做过一番分析;现在,我对这个问题又重新考虑了一下,我觉得我所阐述的论点是有相当的依据的,所以我敢于请读者再去把那些论点阅读一下。我对我在那本书中所说的区别只补充这一点:由天性产生的嫉妒,在很大程度上是由性能力引起的,当性能力是或者好像是无穷无尽的时候,这种嫉妒的心理就达到了最高点,因为,雄性的动物在这个时候要按照它的需要来行使它的权利,所以不能不把另外一个雄性的动物看作一个可恶的竞争者。在这一类动物中,由于雌性动物总是服从头一个来到它身边的雄性动物,所以它完全是因为被雄性动物所征服而隶属雄性动物的,同时它也将因此使雄性动物争吵不休。

相反地,在有些动物中,一个雄性只同一个雌性相结合,它们的结合有一种道德的联系,从而形成了一种婚姻;雌性动物是通过它自己的选择而委身于雄性动物的,所以它必然要拒绝另一个雄的,而雄性动物因为有这种偏爱保证了雌性动物对它的忠实,所以它在看见其他的雄性动物时也不至于怎样不安,可以同它们比较和平地相处在一起。在这种动物中,雄的也分担了养育小动物的责任,这是自然的法则之一;我们看到雄性动物养育它的小动物的时候,不能不有所感动,看来,雌性动物正是由于雄性动物爱它的子女,所以它才那样报答它们的父亲。

如果我们按照原始的朴实情况来看一看人类，我们就很容易看出，由于男性的性能力有限，由于他的欲望适度，所以他是自然而然地只要有一个女人就会感到满足的；这一点，至少在我们这个国家里可以用男女两性人数相等这个事实来证明；在有些人种中，男子的性能力特别大，一个男子拥有几个女人，所以，在这种人种中男女两性的人数是大不相等的。尽管男人不会像鸽子那样去哺育小孩子，他也没有乳汁去喂他们，但他在这方面是可以归入四足动物这个范畴的；由于小孩子在很长一个时期都是那样柔弱，所以他们和他们的母亲没有父亲的疼爱就不行，他们是不能不需要他的关心的。

以上所述，说明我们是不能拿某些雄性动物的强烈的嫉妒的表现来阐述人类的情形的；在有些热带地区是实行一夫多妻制的，这种例外的情形更能证明我所说的原理，因为，正是由于一个丈夫的妻子太多了，所以他才实行那样专制的管制，同时，由于他意识到他的体力上的弱点，所以他要依靠压制的办法来逃避自然的法则。

在我们中间，尽管大家在这方面不像热带的人那样逃避这个法则，但从另一个意义来说，大家仍然是在逃避这个法则的，而且逃避的原因是更加见不得人的，因为，我们之所以产生嫉妒的心理，是由于社会的欲望而不是由于原始的本能。在大多数男女的风流行为中，男子对情敌的憎恨，远远超过了他对情妇的爱。他之所以害怕他的情妇不单单爱他，那是由于他有一种自私心（我在前面已经论述过这种自私心产生的根源），他的动机是来源于虚荣而不是来源于爱情。再说，我们的愚蠢的社会制度也已经使妇女们变得这样的矫情①,燃起了这样强烈的情欲,以致我们对她们所表示的最真诚的爱情也是不敢相信的;即使她们向你表白了她们对你的情感,那也是靠不住的;即使她们有偏爱你的表示,也是不能使你安心地不害怕遇到任何情敌的。

至于真正的爱情,那又是另外一回事情了。我在前面提到的那本书中已经指出过,这种感情并不是像人们所想象的那样自然的,温柔的情意和火热的情欲是大有区别的:前者使一个男人钟爱他的伴侣,而后者则使一个男人被一个女人的虚假的姿色所迷惑,从而把她看得比她本来的样子还美。爱情是排他的,是希图对方偏爱自己的。它同虚荣的区别在于:虚荣是只向对方提出种种要求而自己却什么也不给予对方,是极不公平的;反之,爱情是向对方提出了多少要求,而自己也给予对方多少东西,它本身是一种充满了公平之心的情感。再说,他愈是要求对方的爱,便愈是表明他相信对方。当一个人产生了爱情的幻想的时候,是容易相信对方的心的。如果说爱情使人忧心不安的话,则尊重是令人信任的;一个诚实的人是不会单单爱而不敬的,因为,我们之所以爱一个人,是由于我们认为那个人具有我们所尊重的品质。

当我们阐明了这几点以后,我们就可以很有把握地说出爱弥儿将产生什么种类的嫉妒心了,因为,既然嫉妒心在人的心中只不过是一颗种子,则它以后将发展成什么形式,那完全是由一个人所

---

① 我在这里所说的矫情,同适合于她们的性别、来源于天性的矫情是恰恰相反的;后者的目的在于掩饰她们确有的情感,而前者的目的在于假装她们没有的情感。每一个社交界的妇女,成天都在那里吹嘘她们所谓的情感,但在实际上,她们除了她们自己以外,是谁也不爱的。

受的教育决定的。又钟情又嫉妒的爱弥儿绝不是一个脾气乖戾、疑心很重的人,他这个人是非常温柔、敏感和害羞的;苏菲的做法可以使他感到惊异,但不会使他感到愤怒;他采取的方法是争取他的情人而不是威胁他的情敌,他将把他的情敌看作一个障碍而不看作一个敌人,他尽量避开他而不恨他;即使恨他的话,那也不是因为他敢于同他争夺他企图占领的心,而是因为他使他遇到了失去这颗心的危险;他绝不会那样愚蠢地认为别人敢于同他竞争就是伤害了他的自尊心。由于他知道他之能否得到对方的偏爱,完全在于他是不是有美德,他之能否获得荣誉,要看他是不是能够取得成功,所以,他将加倍地努力,使自己成为一个可爱的人,这样,他才有成功的可能。豁达的苏菲尽管有好几次采取了使他感到惊异的办法来刺激他的爱情,但她也善于采取一些办法来减轻他吃惊的程度,使他得到一些补偿;她只不过是为了考验他才利用那些年轻人的,所以,一考验完毕,马上就把他们遣走了。

这样慢慢地下去,怎么得了呢?啊,爱弥儿,你变成了什么样的人,我还能认出你是我的学生吗?我发现你是多么的颓废!那个体格这样壮实,不怕寒暑,不畏劳累,一切听凭理智的年轻人,那个不为一切偏见和欲念所动的年轻人,那个爱真理,服从理性,把自己身外的一切东西看作等闲的年轻人,到哪里去了?现在,安乐悠闲的生活使他的意志日趋薄弱,竟让自己受制于女人;他成天所想的是如何讨取她们的欢心,他把她们的意志当作法律;他把他的命运交给一个年纪轻轻的女孩子,他俯首帖耳地拜倒在她的面前;庄重的爱弥儿竟变成了一个女孩子的玩具!

生活就是这样一幕一幕地变化的。尽管一个人由于年龄不同而有不同的行动的动机,但人终归还是原来那个人。他在十岁的时候是听糕点指挥的,在二十岁的时候是听情人指挥的,在三十岁的时候是只知道追逐享乐的,在四十岁的时候是只知道追逐野心的,在五十岁的时候是只知道追逐钱财的。他在什么时候才一心只追逐理智呢？当一个人受到指引,从而不知不觉地奔向了理智,这个人是多么的幸福！只要那个指引他的人能够把他引到他的目标,又何必去管那个指引他的人究竟是谁呢？就连英雄和圣贤也是赞赏人类的这个弱点的；任何一个人,尽管他为女人纺过纱,也不能因此就不算是一个伟大的人。

如果你想使一种良好的教育的效果对一个人的一生都发生作用的话,你就要使那个人在青年时期保持他在童年时期养成的良好习惯；当你的学生已经变成了你所想象的人,你就要使他在任何时候都始终是那个样子。要做到这一点,你的工作才算最后完成。正是由于这个缘故,所以必须让老师和他的学生常常在一起,因为,年轻人没有老师的指导,是不知道应当怎样追逐爱情的。一般的老师,尤其是一般的父亲做得不对地方是：他们以为孩子们有了这种生活方式以后,就一定会丢掉从前的生活方式,以为孩子们一旦成长为大人,就必然会抛弃他们在童年时期养成的种种习惯。如果说童年时期养成的或好或坏的习惯要随着童年时期一起消失,如果说采取了跟童年时期绝对不同的生活方式,就必然会采取另外一种思想方法,那么,我们为什么要在他们的童年时期花那么多气力去教育他们呢？

正如一切大病将中断我们记忆力的延续一样,一切强烈的欲念也将中断我们的性情的延续。尽管我们的爱好和倾向都起了变化,而且这种变化有时候是相当突然的,但这种变化将因我们的习惯而受到缓和。在我们的倾向渐次发展的过程中,也像在色彩的渐次减淡的过程中一样,巧妙的艺术家应当使它们渐次的过程不至于被人家看出来,他应当把几种颜色调配在一起,而且,为了不至于使任何一种颜色突然消失,他应当把某几种颜色涂遍整个的画面。这个做法已经被我们的经验证明是正确的。漫无节制的人天天都在改变他们的爱好、他们的兴趣和他们的感情,但就是不改一改他们这种变化多端的毛病;生活有规律的人,始终是按照他们旧有的习惯去做的,甚至在老年的时候也仍然喜欢做他们在童年时期所喜欢做的事情。

如果你能够使年轻人在进入人生的一个新阶段以后,仍然不忘记他们所经历的前一个阶段;使他们养成新习惯以后,仍然不抛弃他们原来的旧习惯;使他们自始至终都喜欢做善良的事情,而不管他们是从什么时候开始做的,如果你能够做到这几点,你就能够保持你的事业的成果,而且,一直到他们死的时候,你都可以放心他们不至于做坏事情,因为,最令人害怕的变化,正是你现在所密切注意的年龄的变化。有些人因为在以后不容易改掉他们所保持的童年时期的习惯,反觉歉然,其实,要是一旦把它们都改掉了的话,他们这一辈子也就再也培养不成那些习惯了。

你认为你已经使儿童和青年养成了许多习惯,然而其中有一大部分都不是真正的习惯,因为他们是被你强迫着那样做的,而且在他们迫不得已地那样做的时候,他们一有机会就不再那样做的。一个人不论在监狱里住了多么久,他都不会养成爱坐监狱的兴趣;在监狱里住久了,不仅不能减少他对监狱的憎恨,而且会使他更加厌恶监狱的。爱弥儿绝不会抛弃他童年时期养成的习惯,因为,他在童年时期是只做他愿意做而且喜欢做的事情的,等到长大为成人的时候,他也是这个样子,所以,习惯的势力是必然会使他更加领略到自由的乐趣的。活跃的生活、体力劳动和体育运动,对他来说是这样不可缺少的东西,以至于如果不许可他做这些活动的话,他是一定会感到很难过的。如果一下子就要他去过那种安安闲闲、坐着不动的生活,那等于是把他投入了监狱,把他用链子束缚起来,使他处在一种拘束不安的境地。我毫不怀疑,他的精神和身体都将因此而受到损害。在一间关得严严实实的屋子里,他觉得呼吸都很难,他需要大量的空气,需要运动和使身体感到疲劳。甚至当他坐在苏菲的身边的时候,他也禁不住时而斜着眼睛去瞧瞧田间的景色,并且希望同她一起到田间去跑一跑。然而,在他必须好好地待在家里的时候,他也能够待下去,但他心里是感到激动不安的,他好像在同他自己斗争;他之所以待在家里,是因为他受到了束缚。你也许会说,这是我使他感到有这种需要的,是我使他受到这种束缚的。你说得不错,我使他受到了成人时期的束缚。

　　爱弥儿爱苏菲,但是,是什么东西首先使他那样爱她的呢?是感情、美德和对诚实的事物的爱。他既然对他的情人爱诚实的事物感到喜悦,那么,他自己是不是会丧失对诚实的事物的爱呢?从苏菲那方面来说,她提出了哪些要求呢?除了他天生的种种情感以外,她还要求他尊重一切真正的善,要求他为人俭朴、天真和慷慨无私,要求他不要把一切浮华和财富看在眼里。实际上,在他的情人还没有要求他这样做以前,爱弥儿早就是具有这些美德了。

那么,爱弥儿究竟在哪些方面起了变化呢?他有许多新的理由要他保持他原来的样子,他跟他从前不同的地方就只是在于他爱上了苏菲。

我想,任何一个稍稍留心地看这本书的读者,都不会认为爱弥儿现在的环境是偶然凑合起来的。在各个城市里都有许多可爱的女孩子,然而他所喜爱的这个女孩子却居住在远离城市的乡村,这是偶然的吗?他遇到她,这是偶然的吗?他们两个人十分相配,这是偶然的吗?他们不能住在同一个地方,这是偶然的吗?他不得不在离她很远的地方找一个住所,这是偶然的吗?他们见面的机会是那样的少,而且,他必须花费很多的气力才幸而能见她一次,这也是偶然的吗?你也许以为他已经变成了一种弱不禁风的样子了。恰恰相反,他变得愈来愈坚强了,他必须保持我以前给他养成的那一副强壮的体格,才受得住苏菲叫他去忍受的疲劳。

他住在离她八公里之远的地方。这个距离便好似熔炉的风箱,我可以利用它去锻炼爱情的锋芒。如果他们住在两个大门对大门的房子里,或者,如果他可以舒舒服服地坐着一辆漂亮的马车去看她,那么,他就可以随随便便地去亲近她了,就可以按照巴黎人的方式去爱她了。要不是大海把赫罗和林德尔隔开了,林德尔怎么会愿意为赫罗而死呢❶?读者诸君,请让我把话就说到这里吧;如果你们能够理解我的意思,你们是可以在我所叙述的这些情

---

❶ 据希腊神话故事说,希腊人林德尔同住在海勒斯滂海峡对岸塞斯托斯城的女祭师赫罗相爱;有一天,林德尔拟游过海峡去看赫罗,途中突遇暴风雨,因而溺死;赫罗闻讯后,也蹈海以殉。

节中找出我所遵循的原理的。

我们头几次去看苏菲的时候,都是骑着马去的,因为骑马可以走得快一点。我们觉得这个办法很好,所以我们第五次还是骑着马去。他们在等候我们;在离他们的家半英里多远的地方,我们就看见路上有许多人在等我们。爱弥儿看见这种情形,心里就怦怦地跳起来;在走近他们的时候,他一眼就看见了苏菲;他立刻跳下马来,飞也似地跑到那一家人的跟前。爱弥儿是喜欢好马的,他那匹马是很活跃的;它一得到了自由,就跑到田野里去了;我去追它,花了很多气力才追着它,把它牵了回来。不巧,苏菲是很害怕马的,所以我不敢走近她。爱弥儿没有看见这一段经过,于是苏菲就悄悄地告诉他说他给我增加了许多麻烦。他很难为情地跑过来,牵着马跟在我们的后头。每一个人轮流牵马,这个办法是很公平的。为了把我们的马带开,他只好在前头先走。这样一来,就把苏菲留在后面了,因此,他再也不觉得骑马是一件很舒服的事情了。他气喘喘地跑回来,在半路上接着我们。

下一次去,爱弥儿就不愿意骑马了。"为什么?"我问他:"我们带一个马夫去照管马匹好了。""啊!"他说道:"我们骑马去,岂不给那一家可尊敬的人增加很多负担吗?你想一想,他们既要供给我们的饮食,又要喂养我们的马。""的确,"我说道:"尽管他们很穷,但也十分豪爽好客。富人们虽然在表面上是那样的阔气,但只招待他们的朋友,可是穷人,连他们的朋友的马也是要管的。""我们走路去吧,"他说道:"像你这样一个始终是那样欢喜同你的学生在劳累中寻求快乐的人,难道说还没有走路的勇气吗?""走路去,那太好了,"我马上回答道:"而且,在我看来,谈恋爱的时候是用不着闹得那样乌烟瘴气的哩。"

在快要到达的时候,我们发现苏菲和她的母亲比上一次还要走得远来接我们。我们像箭也似地一下就走到了她们的身边。爱弥儿满身是汗,苏菲的可爱的手立刻用手绢去擦他的脸。从这一次以后,即使世界上的马再多,我们也不愿意骑了。

不过,两个人始终不能够在黄昏的时候相会,这是相当地令人难过的。夏天慢慢地过去了,白天逐渐逐渐地短了。不管我们怎样说,主人都是不答应我们在他们那里玩到夜里才动身回我们的住所的,所以,如果我们不一清早就去的话,我们差不多就只好一到那里马上就转身回来。由于苏菲的母亲很体谅我们和关心我们,所以她终于认为我们可以在村子里找一个地方偶尔过一次夜。一听到她这样说,爱弥儿马上就拍手叫好,高兴得跳起来;而苏菲也没有动脑筋去想一想这当中的究竟,反而在她母亲想出这个权宜的办法这一天,更加亲热地去吻她的母亲。

我们之间就渐次地建立和巩固了甜蜜的友谊和天真无邪的交情。一到苏菲或她的母亲所规定的日子,我大部分都是同我的朋友一起去的,不过,我有时候也让他一个人单独去。我对他的信任,可以培养他的心灵,何况现在再也不能把他当小孩子看待哩;既然我的学生值得我的尊重,我为什么非同他一道去不可呢?我有时候也不带他而独自一个人去;这时候,尽管他很难过,但他从来不发牢骚,发牢骚有什么用?再说,他也知道我是不会损害他的利益的。此外,不论我们是一块儿去还是分开去,你都可以想象得到，不论刮风或下雨都是阻挡不了我们的，如果我们一身雨淋淋地走到他们那里，因而引起了他们的同情的话，我们反而感到更加快乐。可惜，苏菲不让我们这样做，不准许我们在天气不好的时候到他们那里去。我发现，她对我秘密传授她的做法，就只有这一条她是没有照着我的话去做的。

有一天，他单独一个人去了，我原来以为他要到第二天才回来的，可是当天晚上他就回来了；我一边拥抱他，一边说："啊！亲爱的爱弥儿，你回来看你的朋友啦！"可是，他不仅不回答我，反而有一点儿生气似地说："你不要以为我是自己愿意这么早就回来的，我是不得已才回来的。她叫我回来，所以，我回来是为了她而不是为了你。"一听到他这样天真的说法，我又重新拥抱他，并且向他说："坦率的人，诚实的朋友啊，关系到我的事情，是隐瞒不了我的。如果说你是为了她才回来，那么，你是为了我才这样说的。叫你回来的人是她，而使你心地这样坦白的人是我。你要永远保持这种高尚的坦率的心灵。我们可以让那些同我们不相干的人爱怎样说就怎样说，可是，让一个朋友认为我们具有我们本来没有的美德，那是犯罪的。"

我要尽可能使他不要小看他说话这样坦率的意义，因为我发现，他之所以直截了当地说是苏菲叫他回来的，大部分是出于他对苏菲的爱，而不是因为他本来就处事豁达，所以我告诉他说，他不愿意说这次回来是出自他自己的主张，是因为他想把这个功劳归给苏菲。他料想不到无意中就在这句话里向我透露了他的内心：如果爱弥儿慢条斯理、一步一步缓缓地回来，同时，一边走一边又在心里梦想爱情的美景，那么，他充其量也只能算作是苏菲的情人；但是，如果他大踏步地匆匆忙忙地跑回来，跑得满身是汗，那么，尽管他有点儿生气，我们也可以看出他的确是算得上门特的朋友。

大家可以看出，由于我们做了这些安排，所以这个年轻人是不可能成天同苏菲待在一起的，是不可能想去看苏菲就去看苏菲的。每个星期顶多只让去一次或两次，而且去一次，也只能够在那里玩半天，很难得在那里待到第二天的。他常常盼望看到她，而在见她一次之后，又要花许多时间去甜蜜地回味同她见面的情景，他在这两方面花的时间比他实际同她见面的时间多得多。即使他去看她，他一来一去花费在路上的时间，也要比同她待在一起的时间多。正是这种真诚的、纯洁的、甜蜜的、想象多于实际的快乐，能够刺激他对苏菲的爱情，而又不至于使他变得懦懦弱弱像一个女人的样子。

在他不去看苏菲的日子里，他也并不是懒懒散散地待在家里不动的。在这些日子里，他还是原来那个爱弥儿，一点也没有改变。他经常到附近的田野去，继续研究他的博物学；他研究当地的土壤、物产和耕作的情形；他把他所见到的耕作方法同他所熟习的方法加以比较，他研究它们之所以不同的原因；当他发现其他的方法比当地的方法好的时候，他就把他所知道的好方法传授给当地的农民；当他设计了一种样式更好的犁头时，他就叫人按照他所绘的图样去制作；他发现了泥灰岩，他就把泥灰岩的用处告诉他们，因为这里的人还不知道泥灰岩的用处；他经常亲自动手去耕作，当地的人都感到惊异，因为他们看见他用起工具来比他们还用得熟练，看见他在田间翻土比他们翻得深，砌垄比他们砌得直，播种比他们播得匀,管理苗床比他们管理得好*。他们并不嘲笑他谈起庄稼活来就瞎吹牛,因为他们看见他对庄稼活确实是十分的内行。总之,他对一般重大的公益事情都是很热心地去做的。不仅如此,他还到农民家里去拜访他们,了解他们的社会地位和家庭情形,调查他们有多少子女和多少土地,调查他们的产品和销路,调查他们有哪些权利、有多少负担和债务,等等。他只拿很少的现金去发给他们,因为他知道他们一般是不善于支配金钱的;即使他把钱给他们了,他也要亲自去指导他们怎样使用。他找工人来帮他们干活,而且常常是由他给他们偿付工人替他们干活的工资。他帮助这个人修缮半已倒塌的茅屋;他帮助那个人整治因缺乏资金而荒弃的土地;他供给这个人一头母牛、一匹马或其他的牲口,以弥补他所受的损失;当两个邻居要去打官司的时候,他劝服他们言归于好;如果一个农民生病了,他便请人去照护他,并且还亲自去照顾他①。当一个农民受到豪强的邻居欺凌的时候,他去保护他;当青年男女互相追求的时候,他帮助他们结成夫妻;当一个善良的妇女失去了他亲爱的孩子的时候,他去看她和安慰她;他并不是去瞅她一眼就转身走开的,他一点也不轻视穷人,他愿意同受苦的人长久

---

* "苗床"一词的本意,是指沿着向南的墙根砌起来的一排土堆,其作用是使撒在其上的种子可以迅速生长。但是,这个词也用来指顺着田塍堆起来的畦;在种植谷物的时候就需要做这种畦,使水易于流通。畦的高度、宽度和方向,随土地的土壤性质和位置而有所不同。

① 所谓照顾一个生病的农民,这并不是说替他打扫屋子、给他药吃和为他请医生。所有这些,穷苦的人在生病的时候都是不需要的;他们所需要的是比较好和比较丰富的食物。你们在发烧的时候,不吃东西,病就好了;农民在发烧的时候则需要吃东西,需要吃肉,需要喝酒;他们的病差不多都是因为穷困和劳累而得的,所以,他们最好的药水在你们的酒窖里,他们最好的药剂师是你们的屠夫。

地待在一起；当他去帮助农民的时候，他往往要同那个农民一起吃饭；有些人虽然不需要他的帮助，但他也接受他们的邀请，到他们家里去作客；他在成为一些人的恩人和另外一些人的朋友的同时，始终把自己看作是同他们平等的人。总而言之，正如他善于使用他的金钱去帮助他们一样，他也善于使用他的体力去帮助他们。

他有时候走到那个幸福的人家的近旁，希望在一个隐蔽的地方看见苏菲，看见她散步而自己又不被她看出来。不过，爱弥儿的一举一动始终是很坦然的，他不会也不愿意有越轨的行为。他这种可爱的天性能够激励他的自尊心，对他自己的行为作公正的见证。不准许他做的事，他就严格遵守，绝对不做；他绝不走得太近，绝不想在偶然中得到只有经过苏菲的许可才能得到的机会。反之，他倒乐于在附近漫游，寻找他的情人走过的足迹，甜蜜地想象她为了使他感到欢喜，曾经在这条路上花费了许多苦心。在他去看苏菲的前一天，他就到附近的村庄去订第二天吃的东西。我们在表面上好像是无意之间向那个方向走去的，好像是偶然走近那个村庄的；我们买到了一些水果、糕点和奶油。考究饮食的苏菲当然能看出我们在这方面花费了一番心思，她称赞我们准备得十分周到。我虽然在这方面没有出多少主意，但她在称赞的时候也说我有一份功劳；这个女孩子之所以这样做，是因为她不好意思直接感谢她的情人。她的父亲和我一边吃点心一边喝酒，而爱弥儿则同她们在一起，注意地瞧着苏菲的匙子接触过哪一个奶油碟子，就急忙把它拿过来自己吃。

提起糕点，我便向爱弥儿谈到他从前赛跑的故事。大家都想知道是怎么一回事情，我把它详细地叙述了一下，大家都笑了起来,并且问爱弥儿现在还能不能跑。"比以前跑得更快,"他回答道:"要是把赛跑的法子忘记了的话,那太可惜了。"在我们当中有一个人很想看他怎样一个跑法,可是不敢说出来;另外一个人建议请爱弥儿再跑一次,他接受了这个建议,于是就在附近找了两三个年轻小伙子来;我们确定要给一个奖品,并且仿照从前做游戏的样子,在终点放一块点心。每一个人都准备好了,苏菲的爸爸双手一拍便发出了起跑的信号。矫捷的爱弥儿像疾风似地跑到了终点,那三个笨手笨脚的年轻人才跑出去几步路哩。爱弥儿从苏菲手中接过了奖品,并且像伊尼阿斯❶那样慷慨大方地把它分给那几个跑输了的人。

正当大家欢欢喜喜庆祝胜利的时候,苏菲竟大着胆子向胜利的爱弥儿挑战,说她跑得不比爱弥儿差。他马上赞成同她比赛一下。当她准备进入跑道的时候,当她把衣服的两边卷起来的时候,当她怀着比在赛跑中胜过爱弥儿更急切的心情把一条美丽的腿呈现在爱弥儿眼前的时候,她把她的裙子看了一下,看它是不是够短,同时悄悄地在她母亲的耳朵边上说了一句话,她的母亲微微地笑了一下,并且还做了一个赞成她那么办的手势,她来到她的对手的旁边;起跑的信号刚一发出,大家就看见她像鸟儿似地向前飞跑去了。

妇女们生来就是不善于跑步的,即使她们向前飞奔,那也是可以被人家赶上的。尽管跑步不是妇女们做起来唯一显得笨拙的事情,然而是她们做起来姿势唯一难看的事情。她们的两个胳臂肘

---

❶ 伊尼阿斯,希腊神话中特洛伊战争的著名勇士之一。

紧紧地贴在身子后边,使我们一看就觉得好笑,而且,她们穿的是高跟鞋,所以跑起来就好像会跑而不会跳的蚱蜢似的。

爱弥儿没有想到苏菲比其他的妇女善跑,所以不仅待在起跑的地方动都不愿意动一下,并且还带着轻蔑的微笑看着她跑。但是,苏菲的脚步很轻快,而且穿的是平底鞋,她是不需要用高跟鞋来使她的脚显得小巧的;她是那样迅速地一下子就跑到前面去了,以致在爱弥儿发现她领先那样远的时候,他得马上起跑,否则,他还没有追上去,这位当今的阿塔兰特❶就已经跑到终点了。他立刻像老鹰捕小鸟似地跑去,他赶快追,紧紧地在她脚跟后面跑,最后,终于在她跑得喘不过气的时候赶上了她,轻轻地用左手去扶着她的腰,把她像一片羽毛似地搂在胸前,一直跑到终点,使她领先到达目标,这时候,他一边高声喊道:"苏菲胜利了!"一边把一条腿跪下去承认他跑输了。

除了以上所说的事情以外,我们也到另外的地方去做我们以前所学的手艺活儿。我和爱弥儿每个星期至少要到一个木工师傅家里去干一天活,而且,凡是因天气不好,不能到田间去工作的时候,我们也要到他家里去干活。我们不像那些身份比木工师傅高的人那样,只是到他家里去做个样子给人家看,而是诚心诚意地以工人的身份去替他干活的。苏菲的父亲有一次来看我们的时候,正好看见我们在工作,因此他一回去就十分称赞地把他所看到的情形告诉他的妻子和女儿。他说:"你们去看一看那个在工场里工

---

❶ 阿塔兰特,希腊神话中西罗斯王的女儿,以善跑著称,据说,她立下誓言:谁跑得过她,她就嫁给谁。后来,希波米尼斯同她赛跑,在途中接连扔下三个金苹果去诱惑她,趁她去拾苹果,耽误了时间,终于胜过了她。

作的年轻人,你们去看他是不是看不起穷人!"我们可以想象得到苏菲听到这一番话心里是多么高兴。他们反复地谈论这件事情,而且想出其不意地去看他工作的情形。她们问我,而且在表面上装着是随便问一问似的,把我们去干活的日期打听确实以后,母女两人就坐着一辆马车到镇上来看我们了。

一走进工场,苏菲就看见那边有一个身穿背心、头发极其散乱的年轻人:他是这样专心干他的活儿,以致在她进去的时候,他一点也没有看见她。她停下来,并且向她的母亲做了一个手势。爱弥儿一手拿凿子,一手拿榔头,即将凿好一个榫眼;凿好榫眼之后,他又去锯木板,锯好之后又用夹子把它夹住,以便把它刨光。苏菲见到他这种工作的情形,一点也没有笑;相反地,她很受感动,对他产生敬意。女人啊,你要尊重你的主人,他为你工作,为你挣钱买面包,这样的人才算是男人咧。

当她们注意地看他的时候,我便瞧见她们了,我把爱弥儿的袖子拉了一下,他一转过身来,就看见她们了,于是,扔下工具,一边高兴得叫起来,一边向她们跑过去。他欢喜一阵之后,就找个地方请她们坐下,然后,他又继续去干他的工作。可是苏菲不能安静地坐下来,她兴奋地站起来,在工场里跑来跑去,一会儿看看工具,一会儿又去摸一摸刨光的木板,一会儿又到地上去拾刨花,一会儿又来看我们的手,并且说她喜欢这门手艺,因为它是十分清洁的。这个活泼的女孩子还学了一下爱弥儿干活的样子。她用她白嫩的手拿着一把刨子去刨木板,刨子在木板上滑来滑去,就是没有刨下木花来。我好像是看见了爱神在空中一边飞一边笑,我好像是听见了它在欢欢喜喜地叫道:"海格立斯报了他的仇了。"

这时候,苏菲的母亲去问那位木工师傅:"师傅,你一天给他们两个人多少钱?""夫人,我每人每天给二十个铜子,另外还管他们的伙食;但是,如果这个年轻人愿意的话,他还可以挣更多的钱,因为他在这里要算是最好的工人了。""一天二十个铜子,还管伙食!"苏菲的母亲一边说,一边用温柔的目光看着我们。"是的,夫人。"木工师傅说道。说完这句话,她就跑过去拥抱爱弥儿,流着眼泪紧紧地把他抱在怀里,接连喊了几声:"我的儿子!我的儿子!"

她同我们谈了一阵话(但没有耽误我们的工作)之后,就向她的女儿说道:"我们回去罢,时间已经不早了,不要让家里的人等我们。"说完之后,她又走到爱弥儿的身边,轻轻地摸着他的脸儿说道:"啊!出色的工人,你愿不愿意跟我们一块儿回去?"他很难过地回答道:"我跟这个师傅订了合同,所以你要去问一问他。"她去问师傅是不是可以让我们走,师傅回答说不可以。"我们的活儿很紧迫,后天就得完工。由于我信任这两位先生,所以我谢绝了许多前来找工作的工人;如果没有他们这两个人,我现在就找不到另外的工人来代替,因此我就不能按期交货。"苏菲的母亲一句话也没有说,她等着瞧爱弥儿怎样讲法。爱弥儿把头低下去,一句话也没有讲。这种沉默的样子使她有点儿感到吃惊,她说:"先生,你怎么不讲话呢?"爱弥儿用温柔的目光看着她的女儿,只简简单单地说道:"你们看,我必须留在这里干活。"一听到这句话,她们转过身就走了。爱弥儿陪着她们走到门口,目送她们一直到看不见的时候,才叹了一口气,一言不发地继续去干他的活儿。

在回家的路上,苏菲的母亲因为对爱弥儿回答她的话感到有点不痛快,便和她的女儿谈起他这一次为什么这样古怪。"怎么!"

她说:"难道说木工师傅就那样难于对付,不留下来就不行吗？还有,爱弥儿本来是很大方的,在不必要的时候尚且不吝惜金钱,怎么在该花钱的时候反而舍不得花了呢？""啊,妈妈!"苏菲回答道:"谢谢上帝,爱弥儿并不那么相信金钱的魔力,所以他不愿意利用金钱去破坏他个人的信约,不愿意依靠金钱的力量使他自己和另外一个人都同时违背各自的诺言!我知道,他是可以花点钱去弥补那个师傅因他们离开而受到的轻微的损失的；但如果他这样做了,他就会使他的灵魂变成财富的奴隶,他就会常常用金钱去代替他应当履行的义务,他就会认为只要花钱,什么事情都可以办得到。爱弥儿绝不会抱这种想法的。我希望他不要因为我而改变了他原来的想法。你以为他留在那里是没有意义的吗？妈妈,你不要搞错了,他是为了我才留在那里继续工作的,这一点,我在他眼睛的表情里看得很清楚。"

  这并不是说,苏菲对别人是不是真正爱她,是看得无所谓的；恰恰相反,她在爱情上是要求得极其严格的；她宁可不为任何一个人所爱,也不愿意被一个人半心半意地爱。她对她自己的美德有一种高贵的骄傲感,她认为而且也希望别人对她的德行给予应得的尊重。要是一个人意识不到她的美德的价值,要是他不像爱她的美色那样爱,而且加倍地爱她的美德,要是他不知道他应当首先尽他应尽的义务然后才去爱她,要是他不知道他爱她应当胜于爱其他一切的东西,那么,她是看不起这样一个人的。她并不希望得到一个完全按她的意志办事的情人,但是她希望驾驭一个不因为她而损坏其本身优点的男子。西尔塞把尤利西斯的同伴败坏成下贱的痞子以后,就通通加以鄙弃,而唯一无二地委身于她无法败坏的尤利西斯❶。

除了这个神圣不可侵犯的权利以外,苏菲对所有一切的权利也是极端重视的。她暗中窥察爱弥儿是不是真诚地尊重她的权利,是不是热心热肠地照她的心意去做,是不是善于猜测她的心,是不是准确无误地按她规定的时间到她那里去,她既不希望他去得太晚,也不希望他去得太早,她希望他准时到达她那里。去得太早,这表明爱弥儿是为他自己而不是为她;去得太晚,这表明他对她满不在乎。对苏菲满不在乎!只要对她有一次满不在乎,就不用想再来第二次。即使她的怀疑没有根据,那也会把整个的希望一笔勾销的;不过,苏菲是很公正的,她一发现她做错了,她就会想办法弥补她的过失的。

有一天黄昏,他们在等我们到他们那里去,爱弥儿是已经接到了命令的。他们到路上来迎接我们,可是我们没有去。出了什么事情吗?遇到了什么意外吗?怎么没有人给他们送个信去!他们等我们一直等到天黑。可怜的苏菲以为我们死了,她感到伤心,感到难过,她哭了整整的一个夜晚。当天晚上他们派了一个人来探问我们,并且叫他第二天早晨把我们的消息带回去。我们也派了一个人同那个人一起去,替我们说明我们的歉意,并且告诉他们说我们的身体都很平安。过了一会儿,我们也亲自到他们那里去了。这时候,他们的心才放下来,苏菲擦干眼泪,或者,如果说她还在哭的话,那是因为她很不高兴才哭的。我们还活着,固然是使她放下

---

❶ 事见荷马史诗《奥德赛》。在希腊军攻陷特洛伊后,尤利西斯于回国途中,遇到女妖西尔赛用魔法把他的伙伴们变成了猪,但只有尤利西斯不为她的魔法所动,是她无法改变的。

了心,但是,她高傲的心并没有因此而消失不愉快的感觉,因为爱弥儿虽然活着,可是叫她白白地等了一个夜晚。

当我们到达的时候,她就想回到她的房间去。她的父母叫她不要走,于是她只好留下来;但是,她立刻打定主意,假装一副镇静和满意的神情来骗过大家的眼睛。她的父亲来迎接我们,并且向我们说:"你们使我们等得好苦啊,在这个屋子里,有一两个人是不会轻易就原谅你们的。""谁呀,爸爸?"苏菲说道,尽量装出一副泰然自若的笑脸。"只要没有说你,关你什么事?"她的爸爸回答道。苏菲没有争辩,埋着头继续干她的活儿。她的母亲很冷淡但有礼貌地接待我们。爱弥儿觉得很难为情,不敢走近苏菲。她先向他说话,问他身体好不好,并且请他坐;她表面的样子假装得那样好,以致这个还听不懂愤怒的语言的年轻人简直被她这种表面上冷冷静静的样子骗过了,而且几乎要怪自己做得不对了。

为了使他不继续蒙在鼓里,我走过去抓着苏菲的手,像往常那样拿到嘴唇边去亲吻,她突然一下把手缩回去,并且用一种极其特别的声音叫了一声"先生",于是,这无意之间流露出来的态度才立刻使爱弥儿明白了她真正的心情。

至于苏菲本人,由于她发现她真实的心情已经暴露,便索性不再是那样克制自己的情感了。她表面上的冷静的态度也变成一种带讥讽的样子了。无论你向她说什么,她都只慢吞吞地、用疑惑不定的口气说一两个简单的字眼来回答你,好像是生怕你看不出她在生气似的。爱弥儿吓得半死,怀着很痛苦的心情看着她,竭力想使苏菲把眼睛转过去望他,以便看出她内心的真正情感。苏菲对他这种冒失的做法更感到生气,就看了他一眼,这一看就打掉了爱弥儿想她再看第二眼的念头了。幸亏爱弥儿因为吓得发抖,所以才没有大着胆子正眼看她和向她说话;因为,即使他没有做什么错事,但要是他看见她生气的时候也满不在乎、谈笑自若的话,她也许永远不会原谅他的。

我认为,现在是我应该出来讲话,应该做一番解释的时候了,因此,我又走到苏菲的身边。我拉着她的手,这一次她没有把手缩回去,因为她快要晕倒了。我用很温柔的语气向她说道:"亲爱的苏菲,我们的心里是很难过的;不过,你是一个非常明白事理的人,你在没有听到我们讲一讲这次事情的经过以前,不要就断定我们是做错了;现在,请你听我说一说昨天的经过。"她没有吭声,跟着,我就说道:

"我们昨天是四点钟出发的,尽管规定我们到达的时间是七点钟,但我们总是提前动身,以便在快要到达这里以前略事休息。当我们走了三分之二的路程的时候,突然间听到离我们不远的山谷里传来了痛苦的叫声,我们向那个地方跑去,发现一个可怜的农民因为从城里回来喝醉了酒,从马上摔下来,跌断了大腿。我们叫喊,请人来帮助,然而喊了一阵也没有人回答,我们只好试着再把他扶上马去,可是没有成功,因为稍稍动一下,那个人就痛得受不了。于是,我们决定把马拴在林中的一个僻静的地方,然后用我们两个人的胳臂交叉地搭成一个担架,把他抬起来,按照他所指的方向和道路尽量稳妥地把他抬回家去。路很远,我们在路上休息了好几次。我们终于走到了,但身体已经是十分的疲乏;我们极其吃惊地发现,这个农民的家我们是去过的,我们费了许多气力抬回去的这个人,正是在我们第一次到这里来的那一天曾经热情地招待过我们的那个农民。不过,由于一路上弄得手忙脚乱,所以一直到走到了他的家,才把他认出来。

"他家里只有两个小孩子。他的妻子不久就要生第三个孩子了,由于在看见我们把他抬回去的时候吃了一惊,所以几个小时以后她便生了。在一个孤孤单单的茅屋里,遇到这种情况的时候没有人来帮助,怎么办呢?爱弥儿出了一个主意:他去把我们拴在树林中的马牵出来,他骑上马去,飞也似地跑到城里去找医生。他把马给医生骑。由于他不能及时找到一个看护,所以在他派人给你送信来以后,就和一个仆人又走回那个农民的家;你可以想象得到,要照管一个断了腿的男子和一个生孩子的女人,我是很忙的,凡是我认为他们两个人需用的东西,我都要替他们做好准备。

"其他的细节我就不谈了,因为它们同我们的事情没有关系。我们一刻不停地一直忙到半夜两点钟。最后,在天亮以前我们才来到附近的一个屋子里,等你们醒了以后,把我们经过的情形告诉你们。"

我说到这里就停止了,就不再多说了。这时候,谁都没有说话;爱弥儿走到他的情人的身边,提高嗓门,以我料想不到的一种坚定的语气说道:"苏菲,你是我的命运的主宰,这一点你是很清楚的。你可以使我伤心而死,但是你不可能使我忘掉仁爱的权利;我认为,这种权利比你的权利是更加神圣的;我绝不能够因为你就把这种权利完全抛弃了。"

一听到这些话,苏菲就站了起来,一声不响地用一只胳臂去搂着爱弥儿的颈项,并且在他的脸上吻了一下;吻完以后,便用一种无法形容的温雅的姿态向他伸出一只手去,向他说道:"爱弥儿,握着这只手,它是属于你的。你什么时候愿意,你什么时候就可以做我的丈夫和我的主人,我要尽我的力量来享受这个荣誉。"

在她刚一亲吻爱弥儿的时候,那位乐得心花怒放的父亲便拍手叫道:"再吻一次,再吻一次!"而苏菲也果真不慌不忙地又在爱弥儿的脸上吻了两下;然而,也就是在她吻他的同时,她对她刚才所作的举动感到吃惊,因此便扑在她母亲的身上,把羞得通红的脸儿藏在她母亲的怀里。

大伙儿在当时的喜悦心情,我在这里就不描写了,因为这是我们可以想象得到的。饭罢以后,苏菲便想去看一看那两个生病的人,她问我们到那里去有多少路程。苏菲想去看他们,这当然是一件好事情。我们到达那个农民的家里,发现他们两个人分躺在两张床上(因为爱弥儿派人去搬了一张床来),我们看到有些人在照顾他们,这些人也是爱弥儿请来的。但除此以外,他们两个人的床上的东西都很零乱,以致使他们既生病,又睡得不舒服。苏菲围上一条女佣人的围裙,便去整理那个农妇的床,随后又去整理那个男子的床;由于她灵巧的手摸得出哪些东西将刺痛他们的身体,所以她能够把他们的床铺垫得很软和,使之适合于他们疼痛的身躯。这两个病人一看见她去,已经是感到很大的安慰了,大家都说她能够估计得到哪些东西将使那两个病人感到不舒服。本来是极其娇气的这个女孩子,现在既不嫌脏,也不嫌臭;她既不要人家帮忙,也没有打扰那两个病人,一会儿工夫就把屋子收拾得干干净净,没有臭气。平常大家都觉得她是十分害羞,而且有时候还显得十分倨傲;她,在世界上连指尖儿都没有接触过男人的床,现在竟毫不迟疑地去扶起那个受伤的男子,替他换包伤口的布,使他睡得更舒服，能够多睡一会儿。慈善的心肠胜过了害羞的心。无论她做什么事情，她的动作都是极其轻巧和敏捷的，所以把病人的痛苦减轻了，病人还没有看见她摸着他们的身子哩。那个农民和他的妻子都异口同声地祝福这个来帮助、同情和安慰他们的可爱的女子。她是上帝给他们派来的天使，她具有天使的容貌和风度，她具有天使的温存和善良的心。爱弥儿悄悄地看着她，内心十分地感动。男人啊，你要爱你的伴侣，因为上帝之所以把她赐给你，是为了在你痛苦的时候由她来安慰你，在你生病的时候由她来照护你，这样的女人才算是妻子。

大家给新生的婴儿施洗礼。这两个情人把婴儿抱到洗礼盆里的时候，内心都在急切地盼望他们不久也将有自己的婴儿。他们祈求他们期望的时刻早日到来，而且认为这个时刻已经到来。苏菲心中的一切疑虑已完全消失，可是这时候我的疑虑反而产生了。他们还没有达到他们所想象的那样好的程度，每一个人都有他产生疑虑的时候。

他们有两天没有见面了，第三天早晨，我手里拿着一封信走进爱弥儿的房间，我两只眼睛紧紧地盯着问他："如果有人来告诉说苏菲死了，你怎么办？"他大叫一声，把手一拍，站了起来，一言不发地用茫然的目光看着我。"你回答我怎么办？"我仍然是那样沉着地问道。他对我这种冷静的样子感到生气，他向我走过来，眼睛里冒出了愤怒的火焰，并且摆出一副吓人的姿势站在那里说："怎么办？……我不知道；不过，我要说明的是，谁把这个消息告诉我，我这一生就永远不再见他。""你放心吧，"我微笑地回答道："她活着，她身体很好，她在想念你，而且还在等我们今天晚上到他们那里去哩。现在,让我们出去散一会儿步,聊一聊天。"

他心中充满了情欲,所以不可能再像从前那样同我谈纯粹理性的问题,因此,我必须利用他这种情欲的本身去引起他对我给他的教训加以注意。我之所以要在我们谈话之前向他提出这样一个可怕的问题,其原因就在于此。我深深相信,他现在可以倾听我向他讲的话了。

"我们应当生活得很幸福,亲爱的爱弥儿,这是一切有感觉的人的最终目的,这是大自然使我们怀抱的第一个欲望,而且也是我们永远也不会放弃的唯一的愿望。但是,幸福在什么地方?谁知道它在哪里?每一个人都在寻找它,可是就没有一个人找得到它。我们用一生的时间去追求它,一直到死的时候也得不到它。我的年轻的朋友,当你出生的时候,我把你抱在手里,凭至高的上帝为证,我大胆地许下诺言:我要以我毕生的精力为你谋求幸福。我对我自己承担的工作是不是充分了解呢?不了解,我只知道我使你幸福了,我自己也就得到了幸福。在为你追求幸福的同时,我要使我们两个人都共同来承担这个工作。

"当我们不知道我们应当做什么事情的时候,最聪明的办法就是什么事情也不做。在一切格言中,这是对人最有用处的格言,同时也是人们最最难于奉行的格言。如果你还不知道幸福在什么地方就去追求幸福,那就会愈追愈远,就会走多少道路便遇多少危险。但是,并不是所有的人都知道这种无所为然后才有所为的办法。当一个人怀着满腔热情,急于得到幸福的时候,他是宁可在寻求的过程中走错道路,也不愿意为了寻求幸福而待在那里一点事情也不做;然而,只要我们一离开我们有可能发现它的地方,我们就再也不能够回到那个地方去了。

"正因为我对我承担的工作不十分了解,所以我要尽量避免在这方面发生错误。在教育你的过程中,我下定决心不走一步弯路,同时也防止你去走弯路。我按照自然的道路前进,以便它给我指出通往幸福的道路。我最后发现,自然的道路就是幸福的道路,我们已经在不知不觉中按照这条道路前进了。

"你要做我的见证,做我的裁判,我绝不反对你所作的判断。你出生的头几年并没有白白地浪费,它们对你以后的年岁是有益处的;你享受了大自然赋予你的一切美好的礼物。在大自然使你遭受疾病的时候,我保护着你不受疾病的危害,而你所遭受的疾病都有助于你的身体,使它能够忍受其他的疾病。你之所以要经历那些疾病,其目的在于使你能够避免更大的疾病。你没有经历过仇恨和奴役的事情。你过着自由和快乐的生活,你保持了公正和善良的人品,因为痛苦和邪恶是分不开的,而一个人是只有在他过着痛苦的生活的时候才会变成坏人的。但愿你能够把童年的记忆一直保持到你的晚年!我深深相信,你那颗善良的心在回忆童年的时候,一定会祝福那只在你童年时期教育过你的手。

"当你长到明白事理的年岁时,我保护着你不受人们的偏见的影响;当你的心变得能感受情感的时候,我保护着你不受欲念的支配。如果我能够把这种内心的宁静延长到你的生命结束的时候,我的事业的成绩就有了保证,而你也就可以得到一个人可能获得的最大的幸福;可是,亲爱的爱弥儿,我徒然把你的心灵放在冥河的水里去浸过,我没有使它能够坚强到可以抵抗一切力量的袭击;你现在遇到了一个你不知道怎样去战胜的新的敌人,而我也不知道要怎样才能把你从这个敌人的手中挽救出来。这个敌人就是你自己。大自然和命运让你过着无拘无束的自由生活。你能够忍受贫穷,你能够忍受肉体的痛苦,至于精神上的痛苦,你是从来没有遇到过的,那时候,你一切都取决于你这个人,而现在,你一切都取决于你所迷恋的事物,完全以它们为转移;在你开始产生欲念的同时,你使你自己也变成了你的欲念的奴隶。尽管没有任何东西来侵犯你,尽管你身体上没有发生任何的变化,然而你的心灵可以产生无限的哀伤!你没有生病也将感到巨大的痛苦!你没有死也觉得自己是死了千百次!或者是谁造了一个谣言,或者是谁弄错了一件事情,或者是谁产生了一个怀疑,都将使你感到灰心丧气。

"在戏院里,你看到戏台上的英雄像痛断肝肠似地号啕大哭,使整个的戏院也回响着他们的哭声;他们像妇人似地咽咽哀鸣,像小孩似地哭出了眼泪,从而赢得了观众的掌声。你可记得:你本来是想看到那些人表现出坚定果断的行为的,然而一看到他们诉苦诉怨、哭哭啼啼的样子,你说他们是多么可耻啊。'怎么!'你以轻蔑的语气说道:'这就是人们要我们学习的榜样,要我们仿效的模范!他们要把人类的弱点蒙上虚假的美德的外衣来加以吹嘘,是不是他们认为人类还不够渺小,不够可怜,不够软弱吗?'我的年轻的朋友,你从今以后要对戏台上的人物表示宽容,因为你现在已经变成了这种人物当中的一个了。

"你不害怕痛苦和死亡。当你肉体上遭遇痛苦的时候,你能够忍耐需要的法则的制约,但是你还没有做到用法则去约束你心中的贪欲;我们一生中之所以有许多烦恼,正是由于我们有所爱好而不是由于我们有所需要。我们的欲望愈增加,我们的力量就几乎要等于零了。一个人按他的欲望来说,他必须要依赖千百种事物,而按他本身来说,他对任何事物都是不需要依靠的,甚至可以不依靠他自己的生命;可是,如果他喜爱的东西愈多,他的痛苦就必然会愈益增加的。世界上的一切都有一个完结的时候,我们所喜爱的东西早晚是会失去的,然而我们却紧紧地依恋着它们,好像它们要永远存在似的。一想到苏菲死了,你为什么就那样害怕?难道说你以为她会长生不死吗?有一些像她那样年纪的人不也是死了吗?她终归是要死的,我的孩子,也许还会比你先死咧。谁知道她在此刻是不是还活着?大自然只不过是要你死一次,而你自己却要你再死一次,你现在的做法是会使你死两次的。

"你成了你自己的放纵的欲念的奴隶,这是多么可怜啊!你经常在感到空虚,经常在患得患失,经常在惊惶恐惧,甚至连让你享受的自由你也不能享受。你什么也舍不得牺牲,结果你是什么也得不到的。由于你一心追逐你的欲念,结果你是永远也不能够满足你的欲念的。你时时想心灵保持平静,然而你的心灵却一时一刻也得不到平静;你将成为一个可怜的人,你将成为一个坏人。像你这样使一切都屈从于你的欲念,你怎能不成为坏人呢?如果你不能够忍受迫不得已的穷困,你又怎能自觉自愿地抛弃你已经占有的东西呢?你又怎能为了履行你的天职而牺牲你的爱好,为了听从理智而反抗你的欲念呢?你说,谁要是来告诉你说你的情人死了,你就再也不愿意看见那个人,既然是这样,那么,要是一个人把她从你手中活活地夺去,要是他敢于向你说:'你必须把她看作是已经死去,美好的德行要你同她分离,'你又怎样对待这个人呢?如果说,不管后果如何,不管苏菲是不是已经嫁人,不管你是不是已经结婚,不管她是爱你还是恨你,不管她的父母是把她许配给你还是不许配给你,不管怎样你都要同她生活在一起,那么,这是你的志愿,你可以不计代价地占有她。但是,请你告诉我,要是一个人心中想做什么就做什么,要是他一点也不抵抗他自己的贪欲,他还有什么罪恶的事情做不出来呢?

"我的孩子,没有勇气就得不到幸福,不经过斗争就不能完成德行。'德行'这个词就是从'力量'这个词产生出来的,力量是一切德行的基础。一个力量微弱的人之所以能够实践德行,固然是由于他的天性,但必须凭借他的意志,他才能坚决果断地去完成;正直的人们之所以能够赢得我们的称誉,其原因就在于此;尽管我们说上帝是善良的,但我们不说他是有德行的,因为他做善良的行为是不需要经过一番努力的。这样一句如此亵渎上帝的话,我一直等到你具有理解的能力时才告诉你*。当我们不花什么代价就能够完成德行的时候,我们是不需要对它作一番认识的。只有在我们的欲念已开始产生,我们才感觉到有认识德行的必要。对你来说,这种时刻已经到来。

"我在朴实的大自然中把你抚养起来,在这段时间,我一方面没有向你讲述那些难以履行的天职,另一方面我还保护着你不受恶习的浸染,以免使你感觉到履行天职是一件很困难的事情;我使你认为种种谎言是无益的,但不是可恨的;我很少教导你像重视你

---

* "看来,德行这个词就含有困难和斗争的意思,没有果敢的心是不能够完成的。也许就是因为这个缘故,我们才说上帝是善良的,是威严、自由和正直的,而不说他是有德行的。上帝的行为是十分的天真,是用不着费什么力量的。"蒙台涅:《论文集》,第2卷,第11章。

自己的权利那样重视他人的权利;我已经使你成为一个善良的人,但尚未使你成为有德行的人。但是,一个善良的人是只有在他愿意做善良的人的时候,他才能够保持他的善良,因为在人类的欲念的冲击之下,他的善良的心会被破坏和消失的。一个善良的人只不过是就他自己来说是一个好人罢了。

"要怎样才算是一个有德行的人呢?一个有德行的人是能够克制他的感情的,因为,要这样,他才能服从他的理智和他的良心,并且能履行他的天职,能严守他做人的本分,不因任何缘故而背离他的本分。到现在为止,你只不过在表面上是自由的,正如一个奴隶一样,只不过因为主人没有使唤而享受暂时的自由罢了。现在,你应当取得实际的自由,你要学会怎样做自己的主人,指挥你自己的心,啊,爱弥儿,要这样你才能成为一个有德行的人。

"所以,你还需要再刻苦学习一个时期,这次学习的内容比你以前所学的东西要困难得多,因为,大自然可以替我们解除它强加在我们身上的痛苦,或者教导我们怎样忍受那些痛苦,但是,它从来没有说过它可以解除我们自己造成的痛苦,它将抛弃我们,让我们做我们自己的欲念的牺牲品,让我们去遭受我们无谓的烦恼的折磨,让我们拿我们本来是应该觉得可羞的眼泪来夸耀自己。

"你的第一个欲念现在已经产生,也许这是你应得的唯一的欲念。如果你能够以男人的气概对它加以控制的话,它也许就会成为你最后一个欲念,而你也就可以遏制一切其他的欲念,也就可以除了受美德的驱使以外,不再受其他的欲念的驱使了。

"不能把产生这种欲念看作是犯罪的事情,这一点我是很清楚的;它和感受它的心灵是同样的纯洁。它产生于纯洁的心地,它受到天真烂漫的心灵的培养。幸福的情人啊，对你们来说，道德的美是必然会增加你们的爱情的美的；你所期待的甜蜜的结合既是你心地善良的报偿，也是你忠实于爱情的报偿。不过，诚实的人啊，请你告诉我，这个如此纯洁的欲念，岂不仍然是支配你的一切行动的主人吗？而你岂不仍然是它的奴隶吗？如果它明天不再是那样的纯洁了，你能不能够从明天起就克制住它呢？现在正是试验你的力量的时候，如果要等到试验你的力量的时候才试验的话，那就来不及了。可怕的试验应该在危险还没有到来以前早早进行。我们不能临阵磨刀，我们要在打仗以前做好准备，我们必须把一切都准备好了，才去作战。

"把欲念分成可以产生的欲念和禁止产生的欲念，以便自己能够追逐前一种欲念而克制后一种欲念，这是不对的。任何一种欲念，只要你能够控制它，它就是好的；如果你让它使役你，它就会成为坏的欲念了。大自然不许可我们使我们的爱好超过我们的力量可能达到的范围，理性不许可我们希望得到我们不可能得到的东西，良心并不是不许可我们受到引诱，而是不许可我们屈服于引诱。产生或不产生欲念，这不取决于我们，但是，能不能够控制欲念，那就要由我们自己来决定了。所有一切我们能够加以控制的情感都是合法的，而所有一切反过来控制我们的欲念就是犯罪的。一个人去爱他人的妻子，这并不算是犯罪，如果他能够使他这个不好的欲念受到天职的法则的约束的话；反之，如果他爱他自己的妻子竟爱到不惜牺牲一切去取悦她的话，那就是犯罪的了。

"你不要以为我会向你讲许多啰唆的道德的格言，我只向你讲一个格言，而这个格言实际上也就包括了所有其他的一切格言了。

你要做一个人,把你的心约束在你的条件所能许可的范围。你要研究和了解这个范围,不管这个范围多么窄,只要你不超过它,你就不会遇到痛苦;如果你想超过的话,你就必然会遭遇许多不愉快的事情的;我们之所以有许多痛苦,正是由于我们毫无节制地追逐我们的欲念;当我们忘记了我们做人的环境,而臆造种种想象的环境,从想象的环境中回到现实的环境的时候,我们就会觉得我们的生活是很不幸福的。只有在我们缺少我们有权利占有的东西的时候,我们才值得花力气去获取那些东西。如果事情已经很明显地表明我们不可能得到我们所想望的东西时,我们就应该转移我们的念头;当我们的愿望没有实现的希望时,我们就不能因之而感到苦恼。一个乞丐尽管有当国王的愿望,但他绝不会因为这个愿望而感到苦恼的;一个国王正因为他认为自己不仅仅是一个人,所以他才想成为神。

"妄自骄傲是我们一切巨大的痛苦的根源,所以,对人间的苦难一加沉思,睿智的人就会变得很有节制的。他将牢牢地守着他的地位,而不做任何超出他的地位的事;他绝不会浪费他的精力去寻求他不可能保持的东西;他将用他全部的精力去享用他确实占有的东西;他绝不会像我们这样想得到这个又想得到那个,因此他实际上比我们富得多和强得多。在这个世界上,一切都是在变化着的,一切都是要成为过去的,而我也许明天就会从这个世界上消灭的,作为一个终归要死亡的人,要不要在这个世界上建立一些永久不解的关系呢?啊,爱弥儿,我的儿子!如果我失去了你,我岂不是什么都没有了吗?然而我必须想到我有失去你的可能,因为,谁知道你什么时候会被人家从我手中夺去呢?

"如果你想生活得又快乐又严肃,你的心就只能够去爱那永恒不变的美,你应当按你的条件去限制你的欲望,应当先履行你的天职然后才去满足你的欲望,你应当把需要的法则也用之于道德的行为,你应当学会在你失去了你可能失去的东西时怎样应付,你应当学会在实践美德的时候,如果必要的话,怎样抛弃一切的东西,怎样应付各种事变,怎样转移你的心,使它不受事变的摧残,怎样鼓起勇气应付逆境,以便使你永远不会落到悲惨的境地,怎样坚定地履行你的天职,从而使你永远也不会做犯罪的行为。这样一来,尽管你的命运作祟,你也会生活得很愉快;尽管你的欲念丛生,你也会生活得很严肃。你将发现即使你所占有的东西是容易丧失的,你也会从中享受到极大的快乐,而不会有任何忐忑不安的心理;是你占有它们,而不是它们占有你;你将认识到,对人来说,一切东西都是有失去的一天的,所以要舍得牺牲,才能够得到享受。的确,这样一来,你就不会幻想什么虚假的快乐,从而也就不会尝到从虚假的快乐中产生的痛苦。这样一转变,将使你获益匪浅,因为这些痛苦是经常的和实际的,而快乐则是很稀罕的,是空的。你不仅将打破许多骗人的偏见,而且还将打破认为生命有了不起的价值的说法。你可以毫无忧虑地享受你的生命,你可以毫无恐惧地结束你的生命,你可以像舍弃一切东西似地舍弃它。其他的人因为害怕得不得了,所以认为一没有生命就停止存在了;可是你,由于你深知生命是可有可无的东西,所以你将认为在离开生命的时候才真正地开始生活哩。死亡对恶人来说是生命的结束,然而对正直的人来说却是生命的开始。"

爱弥儿很专心地听着我,但也时而流露出不安的表情。他担心我先把这一段话说完之后,便跟着做出可怕的结论。他料想,我在向他讲述为什么一定要锻炼心灵的力量以后,便要使他去受这种严格的锻炼;正如一个受了创伤的人,一看见外科医生走来便打哆嗦一样,他感觉到那极其厉害,然而是治人疾病和使人免于腐败的手,已经接触到他的创伤了。

由于他感到疑惑,感到不安,急于想知道我将做出什么结论,因此,他不但不回答我,反而问我,而且在问我的时候是显得有一点儿害怕似的。"怎么办呢?"他战战兢兢地问道,连眼睛都不敢抬起来看我。"怎么办?"我以坚定的语气回答道:"应该离开苏菲。""你说什么?"他气冲冲地叫道:"离开苏菲!离开她,欺骗她,要我成为一个背信弃义的人,成为一个坏人,一个发假誓的人!……""怎么!"我打断他的话说道:"爱弥儿,你以为我要你去做这种人吗?""不,"他仍然以激烈的语气说道:"你不会这样,别人也不会这样;即使你这样做,我也能够保持你对我的教育,绝不会成为这种人的。"

我早就料到他会这样突然生气的,所以我做出满不在意的样子,让他生气。如果我没有这种我再三教导他的镇静的态度,我又怎能反复地教导他做事镇静哩!爱弥儿对我是极其了解的,所以他相信我绝不会叫他去做任何坏事,但是,就他所了解的"坏事"这个词的意思来说,离开苏菲就是一件坏事,因此,他等待着看我怎样解释。于是我又继续说道:

"亲爱的爱弥儿,你相不相信有人(不管他是什么身份的人)比你这三个月来的生活过得更快乐?如果你相信的话,你便应该抛掉这种错误的想法。在领略生命的乐趣以前,你已经把生命的快乐享受尽了,除了你这三个月中经历的乐趣以外,就再没有什么可享受的了。感官的享受是瞬息即过的,内心的习惯始终是要忘掉它们的。你在希望中享受到的乐趣,比你将来实际享受的乐趣要大得多。想象力给你所想望的东西披上了美丽的外衣,但是,等到你得到那个东西的时候,它就会把外衣取走的。除了自在的上帝以外,便只有不存在的东西才真正是美的。如果这种状况能够长久持续的话,你也许就找到了至高的幸福了。但是,所有一切属于人的东西都是要衰老的;在人生中,一切都是要完结的,一切都是暂时的。如果使我们感到快乐的环境无止境地存在下去的话,则我们将因对它享受惯了,而领略不到它的趣味了。如果外界的事物一点都不改变,我们的心就会变;不是幸福离开我们,就是我们离开幸福。

"在你迷迷醉醉的日子里,时光悄然地过去了。夏天已过,冬天即将到来。即使我们的体力许可我们在如此酷热的季节继续去看他们,他们也是不同意的。不管我们愿不愿意,我们都必须改变我们的生活方式,目前这种生活方式是不能长久下去的。我从你焦急的目光中看出,要改变这种方式是不困难的,因为凭着苏菲的誓言和你自己的愿望就可以很容易地想一个办法躲避大雪,不再到他们那里去看她。临时的措施当然很好,但当春天到来,大雪一融化,就只好结婚了;所以我们应当考虑一个一年四季都适用的办法才行。

"你想和苏菲结婚,可是你认识她还不到五个月!你之所以想娶她,不是由于她同你相配,而是由于她使你感到喜欢;难道说你爱她就保证她同你是相配的,难道说最初是彼此相爱的人以后就不会变得彼此相恨！她是一个很有品德的人，这一点我是知道的。一个人光是有品德就行了吗？两个人都为人诚实就算是两个人相配了吗？我担心的不是她的品德而是她的性情。一个女人的性情哪里是一天就可以看出来的？你知不知道要在多少种情况下观察才能把她的脾气观察得透彻？四个月的爱情就能保证你会爱她一辈子吗？也许离开两个月你就会把她忘得一干二净的，也许你一离开，马上就会遇到一个人把她从你的心中完全排除的。也许你回来的时候，你将发现她对你冷冷淡淡，其情形恰和她现在对你亲亲热热的样子形成对照。感情和她的品德是不相干的，她也许依然是那样的诚实，但她已经不爱你了。我相信她将来必然是同样的忠贞，但是不经过一番考验，谁敢向你担保她仍然爱你？反过来，谁又敢向她担保你仍然爱她？你要等到已经用不着考验的时候才去考验吗？你想等到你们两个人已经不可能分离的时候才互相了解对方的真正性情吗？

"苏菲还不到十八岁，而你也刚刚才满二十岁，这是恋爱的时候，但不是结婚的时候。在这样的年龄就想做父亲和母亲啦！啊！要想把孩子们抚育好，至低限度你自己就不能是孩子。你知不知道有多少年轻的女人因为还不到年龄就生男育女而败坏了身体和缩短了寿命？你知不知道有多少孩子因为母亲的身体不好而长得很瘦弱？如果母亲和孩子都同时发育，如果把身体发育所需要的一份养料分给两个人，结果母亲和孩子都得不到大自然所定的份额，两个人岂不是都长得不好吗？如果我对爱弥儿的认识不错的话，他就会宁可晚一些结婚，娶一个健壮的妻子和养育健壮的子女，而不愿意为了满足自己急切的欲望就牺牲他们的生命和健康。

"现在来谈一谈你自己。你急于想做丈夫和做父亲,可是你考虑过做丈夫和做父亲的人有哪些责任吗?当你成为一家之长的时候,你也就成为国家的一个成员了。怎样才是国家的一个成员呢?这一点你知不知道?你研究过做人的责任,可是做公民的责任你知不知道呢?你知不知道什么叫政府、法律和祖国?你知不知道你要花多大的代价才能够生活?你知不知道你应当为谁而死?你以为你什么都懂得了,而实际上你是一点都不懂的。在占有社会秩序中的一个席位以前,你应当研究和了解什么地位最适合于你。

"爱弥儿,你应当离开苏菲,我的意思并不是叫你抛弃她。如果你能够离开她,不同她结婚,对她来说,那是太好了。你现在要离开她,以便在回来的时候更适于做她的丈夫。你不要以为你已经配得上娶她了。啊!你还有许多必须做的事情没有做咧!你要去完成那高尚的使命,你要学会忍受离别的痛苦,你要去获取忠贞的报偿,以便在回来的时候,使你有能够体面地同她在一起的权利,能够不需要她的恩赐而是直截了当地要她报答你,答应你的求婚。"

由于这个年轻人还没有经历过自我斗争,还不习惯于用意志去克制欲望,所以很不服气,他表示反对,他同我进行争论。即将到手的幸福为什么不要呢?她愿意嫁给他,而他不娶她,这是不是意味着他看不起她?为了要学习他应当知道的东西,为什么就一定要远远地离开她呢?即使说非离开她不可,为什么又不让他等到他和她已经结成了不可分解的关系,有了保证之后才离开呢?总之,他的意思是:等他做了她的丈夫之后,他才愿意跟着我走;等他们结了婚之后,他才能够放心地离开她……"正是为了要离开她,所以才必须先同她结婚,亲爱的爱弥儿!你这种想法是多么矛盾啊!要是一个男子在他的情妇不在身边的时候也照样能够生活的话,这个人的确是值得我们称赞的;然而,一个做丈夫的人就不应当在没有必要的时候离开他的妻子了。你不要狐疑不定,我已经看出,你这样并不是出自本心的,你应当大着胆子去告诉苏菲说你不能不离开她。好了!鼓起勇气来,你既然是不服从理性,那你就要听从另外一个导师。你还没有忘记你同我所订的信约。爱弥儿,你必须要离开苏菲,我要你这样做。"

听完了我所说的这些话,他低着头默默地想了一会儿,然后,抬起头来,用很坚定的语气问我:"我们什么时候走?""一个星期以后,"我回答道:"必须使苏菲对我们的走在思想上有一个准备。女人是比较软弱的,我们应当对她们做一番安排;对你来说,这一次走是必不可免的,然而对她来说就不是这样了,所以我们应该原谅她不能够像你这样以巨大的勇气来对待这件事情。"

我很想把这两个年轻人的爱情的故事继续讲下去,一直讲到他们分别的那一天为止;不过,我花费各位读者的时间已经是够多的了,因此,让我们长话短说,把他们的故事在这里告一结束。爱弥儿敢不敢像他刚才向他的朋友那样向他的情人表示坚决的态度呢?在我看来,他是敢的;他之所以能够这样坚决,正是由于他对苏菲的爱情是十分的真诚。如果他不花什么代价就可以离开她的话,他反而会不好意思去向她说的;他以罪人的身份离开她,对一个心地诚实的人来说,这个角色总是很难承担的,因此,他的牺牲愈大,则他在使他去遭遇牺牲的人的眼中看来便愈值得尊敬。他并不害怕她对他离开她的动机发生误解。他每看她一眼,就好像在对她说:"苏菲呀,你要了解我的心,你要忠实于你的爱情;你的情人并不是一个没有品德的人。"

至于自尊的苏菲,她是竭力以稳重的态度来对待这突然的打击的,她尽可能表现得无所谓似的。但是,如同爱弥儿一样,由于她没有斗争和胜利的经验,所以她坚定的样子不久就软下来了。她情不自禁地时常哭泣和战栗,她害怕爱弥儿会把她忘掉,因此,对这次分离更加感到伤心。她不当着她的情人哭,她从来不向他表示她的担心;她在他面前尽可能克制她的情感,甚至连气都不叹一口;她的眼泪是向我流的,她的苦是向我诉的,她是把我当做她的知心的。妇女们是很聪明和善于伪装的。她愈是暗中在抱怨我的专制的做法,她愈是对我表现得很殷勤,她知道她的命运是掌握在我的手里的。

我安慰她,我竭力使她放心,我向她担保她的情人,或者说得更确切一点,担保她的丈夫是忠实于她的;只要她也像他对她那样的忠实,我向她保证他两年之后就会同她结婚。她对我是相当地尊重,所以她相信我是不会骗她的。我现在成了他们之间互相的担保人。他们的心,他们的品德,我的正直,以及他们的父母的信心,所有这些都使他们对他们的命运放心。不过,只要一个人的心很软弱,即使他有理智,那又有什么用呢?他们觉得这一次分离就好像是再也不能见面似的。

这时候,苏菲想起了欧夏丽也曾怀抱过一番隐忧,她认为她现在正好处在欧夏丽的地位。我们不可让她在他离开的时候再产生那种狂热的爱情。"苏菲,"我有一天向她说道:"你和爱弥儿互相赠送一本书吧。你送他一本《太累马库斯奇遇记》,使他可以学一学太累马库斯的样子;让他送你一本你所喜欢的《旁观集》[1]。你可以在这本书中研究诚实的妇女有哪些天职,而且随时想到两年以后就要尽那些天职。"互相赠送一本书,结果使两人都感到喜欢,使他们彼此都产生了信心。可是最后,伤心的日子终于到来了,他们非分离不可了。

那位可敬的父亲(我一切都是同他商量着办的)在我向他告别的时候拥抱我,并且把我拉到一边用很沉重而略带严肃的语气说道:"我已经尽了我的一切力量使你感到喜欢,我知道我是在同一个重荣誉的人一起做事的;现在,我只有一句话向你说了:请你记住你的学生已经吻过了我的女儿的嘴唇,签订了婚约。"

这两个情人的表情是多么不同啊!爱弥儿表现得十分激动,情不自禁地哭了起来,眼泪大把大把地流在苏菲的父亲和母亲的手上,流在苏菲的手上,哽哽咽咽地拥抱苏菲家中所有的人,翻来覆去地老是讲那么几句话。要是在另外一个场合,像他这样语无伦次地讲了一遍又一遍的话,会引起大家发笑的。至于苏菲,她面色苍白,眼神幽暗,没精打采地站在那里动也不动,既不说话,也不哭泣,也不抬起头来看任何一个人,甚至连爱弥儿也不看一看。尽管他拉着她的手,把她紧紧地抱在怀里,也不能改变她的表情;她仍然站在那里一动也不动,对他的哭泣,对他的拥抱,对他所做的这一切,好像都没有什么感觉似的;在她看来,他已经是早就离开她了。这种表情,比她的情人所表现的那种哭哭啼啼、难舍难分的

---

[1] 《旁观集》是从英国文学家艾迪生(1672—1719)和斯蒂尔(1672—1729)合办的报纸《旁观者》中选录的许多短文。

可怜样子还动人得多！他看见和感受到了苏菲的这种表情，他的心都碎了。我用了很大的气力才把他拉走了；如果我让他在那里再待一会儿的话，也许他就不愿意走了。我感到高兴的是，他走的时候看到了这种悲惨的样子。万一他将来受到什么人的诱惑，使他忘记了苏菲对他的情感，那么，我就要提醒他在启程那一天所看到的情景，这样一来，只要他的良心未死，我是一定能够再把他带回到她的身边的。

游 历

有些人问，年轻人出外游历是不是好，并且对这个问题进行了许多争论。如果我们换一个提法问，已经出外游历过的人是不是好，也许争论的意见就没有那样多了。

滥读书的结果是有害于科学的研究的。当一个人自以为他已经晓得了他在书本中读到的东西时，他就以为他可以不去研究它了。读书读得太多，反而会造成一些自以为是的无知的人。没有哪一个世纪的人所读的书有如本世纪的人所读的书这样多，然而也没有哪一个世纪的人所知道的东西是像本世纪的人所知道的东西这样少*。在欧洲所有的国家中，没有一个国家是像法国这样印行过那么多历史、文学和游记之类的著作的，然而也没有任何一

---

* "满足于纯粹的书本的知识，是极其糟糕的！在学哲学的时候，所有一切呈现在我们眼前的东西都可以作为我们的书。这个巨大的世界是一面镜子，我们应当在这面镜子面前好好地瞧一瞧我们自己。所以，我希望我的学生把这个世界当作他们的书。"蒙台涅：《论文集》，第1卷，第25章。

个国家是像法国这样对其他民族的天才和风俗知道得那么少的。书籍多了,反而使我们不去看世界这本书了;或者,即使去看的话,每一个人也只是看他所看到的那一页的。要是我不知道确实有人说过:"怎能做一个波斯人!"我一听之下,还以为这句话是民族偏见最重的国家的人说的,还以为是最爱散布民族偏见的女人说的。

一个巴黎人自以为他了解所有各种民族的人,其实他只了解法国人;在巴黎城中,成天都有许多的外国人,然而在巴黎人看来,每一个外国人都是特别奇怪的,在普天之下是找不到第二个的。必须在仔细地研究过这个大城市的有产者之后,必须在同他们一起生活一段时间之后,你才能相信他们尽管是那样聪明,但同时也是十分愚蠢。令人奇怪的是,他们每一个人也许都读过十来遍有关一个国家的著作,然而在真正见到那个国家的人的时候,他们仍然是感到迷惑不解的*。

要透过作者的偏见和我们自己的偏见去看出事情的真相,这的确是不容易的。我这一生中曾经读过许多游记,然而我从来没有发现过哪两本游记对同一个民族的叙述是一致的。把我所见到的一些情况同我在书中所读到的情况一加比较之后,我终于决心把所有一切游历家的著作都束之高阁,后悔我不应该把我的时间

---

* "一个人的心灵(在旅途中)可以继续不断地得到训练,去观察那些我们从前不认识的新东西;要形成一种生活的方式,我想,无论哪一个学校的方法都没有这样做好,那就是不断地使他去研究别人的生活和奇异的思想,使他去观察我们千千万万种不同的人的性情……说来也真不好意思,我们当今的人实在是蠢透了,硬要发疯似地不喜欢一切同他们性情相反的人,好像同那些人根本就合不来似的;当他们离开了他们的本乡,不管他们走到哪里,他们都仍然按他们的章法行事,并且还憎恨外人。"蒙台涅:《论文集》,第3卷,第9章。

用去读他们的书,并由此而深深相信,要做各种各样的研究,就应当实地去观察而不应当仅仅是念书本。事情确实是这样的,因为,即使游历家们个个都是很忠实的,但他们所叙述的也只是他们所见到的或想当然的情形,他们必然要用自己的看法给事情的真相涂上一层虚假的颜色。如果还要进一步分析哪些是他们的谎言和坏话,其结果又将怎样呢?

既然有些人向我们吹嘘读书的用处,我们就让那些生来就爱读书的人去采用这个办法好了。同雷蒙·路尔*的办法一样,这个办法也有一个好处:它可以教会他们夸夸其谈地讲他们根本就不懂得的事情。它还可以把一些年方十五的人训练成柏拉图,在一小撮人中间大谈其哲学,并且照着保罗·吕卡斯[1]或塔韦尼埃[2]的话向人们讲埃及和印度有怎样的风俗。

我认为这一点是无可争辩的,即:任何一个人,要是他只看见过一个民族的人,便不能说他了解人类,而只能说他了解曾经同他生活过的那些人。因此,我们又可以换一个方法来对游历提问题了:"一个有很好教养的人是不是只了解他本国的同胞就够了,或者,他是不是还需要普遍地看一看各种民族的人?"这样问法,就没有什么可争论或怀疑的了。你看,要解决一个困难的问题,有时候在很大的程度上要看你对那个问题是怎样提法的。

---

* 雷蒙·路尔于1236年生在马召尔卡,他有一个别号叫"启蒙先生",在他那个时代很负盛名,被大家当做一个无所不晓的人。他写了许多有关各种学问的文章,其文笔和思想在当时是很受尊重的。

[1] 保罗·吕卡斯(1664—1737),法国旅行家,曾游历埃及、叙利亚和波斯等地。

[2] 塔韦尼埃(1605—1689),法国旅行家,著有《土耳其、波斯和印度游记》一书。

不过，为了研究人类，是不是需要跑遍整个的地球呢？是不是要跑到日本去观察欧洲人呢？为了要了解一个民族，是不是要把那个民族中的每一个人都一一加以研究呢？不，一个民族中的人是极其相似的，所以用不着分别地去研究他们。你观察过十个法国人，就等于观察了所有的法国人。至于英国人和其他民族的人，我们虽不能说看见过十个英国人或其他民族的人就等于看见了所有的英国人或其他民族的人，但有一点是肯定的，那就是每一个民族都有它自己的独有的特征，这种特征虽不能单单从一个人的身上归纳出来，然而是可以从几个人的身上归纳出来的。正如你见到过十个法国人就等于见到了所有的法国人一样，你只要对十个民族的人做一番比较的研究，你就可以了解这些民族的人了。

为了要增长知识，仅仅到各个国家去跑一趟，那是不够的，还必须懂得怎样在那些国家从事一番游历。为了要进行研究，就需要具备一副眼光，并且把它贯注于你想要了解的事物。有许多人在游历一阵之后，所受到的教益还不如他们从书本中受到的教益多，其原因就是由于他们不懂得怎样动脑筋去思考；他们在读书的时候，至少可以得到作者的指导，但在他们自己去游历的时候，他们反而是不知道看什么东西好的。另外有一些人，在游历一阵之后，也是得不到什么教益的，其原因是他们没有增长知识的愿望。他们的目的是这样的不同，所以要他们抱着学习的目的去游历，是不大可能的；对于你无心观察的东西，你是不可能仔仔细细地去看它一番的。在全世界的各个民族中，法国人是最喜欢到外国去游历的，但是，由于他自己的习惯太多，所以往往把不属于习惯的事情也看作是习惯了。这个世界的每一个角落都有法国人。

任何一个国家都不像法国这样有那样多的人出去游历。但尽管这样，在欧洲所有的民族中，法国人虽然比谁都看到过更多的其他民族的人，但也只有法国人对其他民族的人了解得最少。英国人也是爱游历的，但他们游历的方式是不同的；这两个民族在各方面都是相反的。英国的贵族爱游历，而法国的贵族则从来不到外国去游历；法国的人民爱游历，而英国的人民则从来不到外国去游历。我认为，这个差别正好表明英国人是值得称赞的。法国人到外国差不多都是为了去发点小财，而英国人不到外国去发财则已，如果要去发财，就要带着充足的金钱去经商；他们到外国去游历，那是为了到别个国家去花掉他们的金钱，而不是为了去营谋生活的；他们为人极其骄傲，绝不愿意到国外去做低贱的事的。这就可以使他们比抱着另外一个目的到外国去游历的法国人在国外更能增长许多的知识。然而，英国人也有他们的民族偏见，而且他们的民族偏见比任何人都多；但是，他们之所以有这种偏见，其根源在于他们内心的感情而不是由于他们的无知。英国人的偏见产生于骄傲，法国人的骄傲产生于虚荣。

　　正如受文化熏陶最少的人一般都比较聪明一样，不常到外地游历的人出去游历一次反而能收到最好的效果，其原因是他们不像我们这样爱去看那些琐琐碎碎的事情，不像我们这样爱寻找那些投合我们的无聊的好奇心的东西，因此能够把他们全部的注意力都用去研究那些真正有意义的问题。就我所知，只有西班牙人是这样游历的。至于法国人，他到了一个国家就只知道去拜访艺术家，而英国人则爱去临摹古迹，德国人则带着他的题名簿去找所有的学者；西班牙人到了一个国家便不声不响地研究该国的政治制度、风俗和治安情形；在这四个国家的人当中，只有他能够从他的见闻中带回一些有益于他的国家的东西。

古代的人是很少出外游历的，他们也很少阅读和写作游记之类的书，然而我们根据他们给我们遗留下来的著作就可以看出，他们彼此之间的了解，比我们了解我们同时代的人还了解得清楚。单拿荷马这个诗人来说，我们读他的作品，简直是感觉到好像亲身到了他所描写的那个国家似的；即使不说他这样的诗人，我们一提到希罗多德也是不能不表示钦佩的，因为，虽然他写的历史是着重叙事而很少分析和评论，但他对当时的风土人情的描写，却远非我们今天的历史学家所能比拟，尽管我们今天的历史学家在他们的著作中描写了许许多多的人物。塔西佗对他那个时代的日耳曼人的描写，比当今任何一个作家对德国人的描写好得多。毫无疑问，钻研古代史的人，对希腊人、迦太基人、罗马人、高卢人和波斯人的了解，比我们任何人对自己的邻居还了解得深刻。

还须承认的是，各个民族原来的特征是一天天地在消失，因此要认识它们也就比较困难。随着各种族的人的互相混合，民族之间的区别已经逐渐地不存在了，而在以往，这个民族和那个民族的区别是很显著的，是一眼就可以看出来的。从前，每一个民族都是比较闭关自守的，它们之间的交通来往没有现在这样频繁，它们共同的或互相矛盾的利益也没有现在这样多，民族和民族之间的政治的和群众的联系也比现在少，各个国王之间也没有像现在这样吵吵闹闹地进行所谓的谈判，他们互相间也很少派遣使臣或长年驻扎的使节，远洋航行也是很少的，他们也不到远地去通商做生意，他们之间仅有的那一点点贸易，不是由国王自己雇外国人去做,便是由那些受大家轻贱的人去做,这些人既不能对任何民族产生影响,也不可能促使民族和民族互相接近。现在,欧亚两洲之间的联系远比当初高卢和西班牙之间的联系还密切一百倍;单拿欧洲来说,它的人口比今天整个世界的人口还稀疏得多。

对这一点,需要补充的是:大多数古代的人都可以说是土人,即本来就是他们那个国家生长的人;由于他们在他们那个国家居住的时间相当久了,所以已经记不得他们的祖先当初是从什么时候在那里定居的,同时,由于住的时间相当久,所以也让当地的风土在他们身上打下了不可磨灭的烙印;反之,拿我们现今的人来说,在罗马人入侵之后,新近又发生了野蛮人的大迁徙,因而使各个国家、各个民族的人全都混起来了。今天的法国人,已不再是从前那种长得又高又大、金头发、白皮肤的法国人了;希腊人也不再是那种在艺术上作为模特儿的希腊人了;就连罗马人的面貌也变了样子,甚至他们的性情也有了改变;波斯人原来是属于鞑靼族的,由于同塞加西亚人的血统相混,他们也一天天地失去了他们原先丑陋的样儿;今天的欧洲人已不再是高卢人、日耳曼人、伊比利亚人和阿洛布罗格人了;他们全都是西塞人,只不过面貌略有不同,而性情则有较大的差异罢了。

这就是为什么由风土的影响而产生的古代的民族特征比之今天更能显示民族和民族之间在气质、面貌、风俗和性格上的差异的原因;今天的欧洲是很不稳定的,所以没有足够的时间让自然的原因打上它们的烙印,同时,欧洲的森林已经砍伐,池沼已经干涸,土地的耕作情形虽然比古代坏,但耕作的方法比从前更一致了,所以,由于这种种原因,连这个地方和那个地方、这个国家和那个国家之间在外形上的差别也看不出来了。

也许,当我们考虑到这种种原因的时候,我们就不会那样性急,一看希罗多德、提西亚斯❶和普林尼❷的书就加以嘲笑,说他们笔下所描写的每一个国家的居民都有一些我们所不曾看到过的原始的特征和显著的差异。要是能找到原来的那些人,就能从他们的身上看出原来的面貌;要是他们没有丝毫的改变,他们就能保持原来的样子。如果我们能够同时把所有一切曾经在这个世界上生活过的人放在一块儿研究的话,我们哪能不相信他们确实是一个世纪比一个世纪变得大不相同,哪能不相信在今天无论你从这个民族找到那个民族都是找不到他们那种人呢。

随着研究工作的愈来愈困难,人们对它就愈来愈忽视,而且也做得很不彻底,这也是我们在探讨人类天性的发展方面成绩不佳的一个原因。一个人抱着什么目的去游历,他在游历中就只知道获取同他的目的有关的知识。如果他的目的是想创立一套哲学,则他便只是去看他希望看到的东西的;如果他的目的是在追逐财货,他就会把他全部的注意力贯注在同他的利益有关的事物上去的。商业和手工技术固然是能够使各国人民互相交往,然而也妨碍了他们互相了解,因为,当他们彼此都想在对方身上谋求利益的时候,哪里还有心思去过问其他的事情呢?

把凡是我们能够生活的地方都看一看,对我们来说是有益处的,因为这样,我们就可以选择一个能够使我们生活得最舒适的地

---

❶ 提西亚斯,公元前五世纪的希腊历史学家。
❷ 普林尼(23—79),罗马著述家。

方。如果每一个人都可以自给自足地靠自己的力量生活,则他只需了解他赖以生活的地方就够了。一个野蛮人是不需要任何人的帮助就能生活的,他对整个世界也是没有什么贪心的,因此,他只了解,而且也只想了解他所生活的那个地方。如果他迫不得已地要到其他的地方去生活,他也将避免来到人所居住的地方,他愿意靠野兽生活,而且,只要有野兽,他也就能够生活。可是我们,我们是需要过文明人的生活的,我们不吃人就活不下去,我们每一个人为了自己的利益都喜欢到人数最多的国家去。这就是为什么大家都涌向罗马、巴黎和伦敦的原因。在各国的首都,人血的价钱总是最便宜的。到大都会去看到的都是大人物,而大人物全都是差不多的。

人们说,我们有许多学者为了研究学问,已经到外国去游历了,这种说法是不对的;那些学者同其他的人一样,也是为了利益才到外国去游历的。像柏拉图和毕达哥拉斯这样的人,在今天是再也找不到了,即使是有的话,也不在我们这个国家。我们的学者个个都是奉了朝廷的命令到外国去游历的;朝廷派遣他们,供给他们旅费,发给他们薪水,叫他们去研究这样或那样的事物,很显然,他们去研究的事物绝不是道德方面的。他们必须把他们全部的时间都奉献于朝廷的目的;他们太老实了,哪里能拿了朝廷的钱不做朝廷的事。不管在哪一个国家,如果确有一些好奇的人自己花钱去游历的话,那也不是为了去研究人,而是为了去教训人。他们所需要的不是学问而是浮华的外表。他们哪里能想到应该在游历中学会摆脱偏见的桎梏呢?他们正是出于偏见才去游历的。

为了观赏一个国家的山川而去游历,和为了研究一个国家的人民而去游历,其间是大有分别的。好奇的人总是抱着前一个目的去游历的,他们在游历中只是附带看一下一个国家的人民。对研究哲理的人来说,则应该同他们相反,主要是研究人民,而附带看山川。小孩子是先看东西,等他长得够大了,他才研究人。大人则应该先研究人,然后才看东西,如果他有看东西的时间的话。

  因此,我们不能够因为游历得不好就得出结论说游历没有用处。不过,即使承认游历有用处,但我们能不能够因此就说什么人都可以去游历呢?不,恰恰相反,只有很少的人才适于去游历,只有那些有相当的毅力的人,能够从他人的错误中接受教训而不受引诱的人,能够借鉴别人的恶事而自己不去做恶事的人,才可以去游历。游历可以促使一个人的天性按它的倾向发展,以致最终使他成为一个好人或坏人。一个周游过世界的人,在回来的时候是什么样子,他今后一生都永远是那个样子。他游历回来之后,将变得更坏而不是变得更好,因为他去游历的目的就是向往于坏事而不是向往于好事。没有受过良好教育的行为不端的年轻人,在游历中将沾染所有一切他游历过的国家的人的恶习,但别人的美德,他们却一点也学不到,尽管别人在暴露其恶习的同时也显示了美德;但是,生长在善良人家的青年,由于他们善良的天性受过良好的培养,由于他们确实是抱着受教育的目的去游历,所以游历归来之后,个个都会变得比他们在游历以前更好和更聪明。我的爱弥儿就是要这样去游历的。那个年轻人❶,那个无愧于一个高尚的时代的人,那个使全欧洲惊羡其美德的人,那个虽然在如花似锦的

---

 ❶ 卢梭在这里所说的年轻人,据说是吉索伯爵。

年岁就为国捐躯但未枉活一生的人,那个以自己的美德装饰自己的坟墓的人,那个等待着外邦人来到他的坟墓上撒播鲜花以表崇敬的人,就是这样游历的。

所有一切经过一番推理而做的事情,都有它自己的法则。游历,作为教育的一个组成部分来说,也是有它的法则的。为游历而游历,是在乱跑,是在到处流浪;即使说是为了受教育而去游历,这个目的也是过于空泛的,因为没有一个明确的目的的教育,是没有意义的。我希望青年人有一种鲜明的学习意图,这种意图经过很好的选择之后,就可以决定所要学习的内容了。采取我所实行的方法,就自然而然要继续按照我在这里所说的话去做的。

但是,通过他和事物的物质关系以及他和人的道德关系对自己做了一番研究之后,他还需要通过他和本国的同胞之间的法律关系来研究他的处境。为此,他首先需要一般地研究政府的性质,研究政府的各种形式,最后还要专门研究他出生地的政府,以便了解他在那个政府管辖之下生活是不是适宜,因为,每一个人由于具有任何力量都不可能加以破坏的权利,所以在他长大成人和做了自己的主人的时候,他就可以自主地废弃那个把他同社会联系起来的契约,离开那个社会所在的国家。他之所以在长大到有理智的年龄以后还被大家看作是默认了他的祖先所订立的契约,只不过是因为他还居住在那个地方。正如他有权放弃他所继承的父亲的遗产一样,他也有权放弃他的祖国;再说,出生地是自然的赐予,他一放弃了它,也就放弃了一切了。每一个人,不论他出生在什么地方,除非他为了取得国家保护的权利而自愿受到法律的管辖以外,他要想在他出生的那个地方自由自在地生活,是不能不遇到危险的。

我用实际的例子告诉他说:"一直到现在为止,你都是在我的指导之下生活的,你还没有管理你自己的能力。不过,你即将达到这样的年龄了,法律将在你达到这个年龄的时候允许你自己处理你自己的事情,从而使你自己做你本身的主人。你不久就将发现你在这个社会上是孤孤单单的,要依靠一切,甚至还要依靠你的遗产。你想创立一个家,这是很值得称赞的,它是男人的天职之一;不过,在你结婚之前,你必须知道你自己愿意成为一个什么样的人,你怎样度过你的一生,你用什么方法去可靠地为你和你的家庭谋求面包,因为,尽管我们不应当把挣面包看作是一件主要的事情,但也应当在这个问题上有所思考。难道说你愿意依靠你所轻视的那些人吗?难道说你愿意通过那些使你要不断地受到他人摆布的社会关系,通过那些迫使你自己也要变成坏人才能逃避坏人的欺骗的社会关系,去建立你的家和确定你的地位吗?"

说完以后,我就向他讲述各种可能的运用他的资财的办法,例如,或者用之于经商,或者用之于从政,或者用之于理财;我向他指出,不管他去做什么,他都要遇到一些危险,使他处于今天不知明天如何的境地,使他事事都要看别人怎样对他而决定他的行为,因而使他不能不按照别人的榜样和偏见更改他的性情、他的看法和他的做法。

我告诉他说:"另外还有一个使用你的时间和精力的办法,那就是去当兵,也就是说,受他人以高薪雇用,去屠杀那些从来没有对我们做过坏事的人。这个职业在男子们当中是很受尊重的,大家对那些只会干这种杀人的事情的人是特别看得起的。此外,这个职业不仅不需要你放弃其他的财产,而且还使你更加需要它们;消灭那些从事这个职业的人,也是搞这个职业的人的一种光荣。当然,他们并不是通通都同归于尽的;而且,正如种种其他的职业一样,这个职业不知不觉地也形成了一种发财致富的方式;不过,我很担心,在我向你讲述那些在这方面取得成功的人是怎样做的时候,我也许会使你产生好奇心,去学他们的样子。"

"你还须知道的是,在从事这个职业的时候,也许除了追逐女人以外,即使你没有豪壮的勇气也没有关系;反之,你表现得最畏缩、最卑贱和最奴才样,反而会受到人家的特别看重,因为如果你想认真地全心全意地干,你也许还会受到人家的轻视和怀恨,说不定还会被人家赶走,至少,你所有的伙伴将因你在他们梳妆打扮的时候跑到战壕去工作,而藐视你和排挤你。"

可以想象得到,所有这种种职业都是不合爱弥儿的兴趣的。"怎么!"他会向我说:"难道说我把童年时候的本领都忘得一干二净了吗?我的胳臂断掉了吗?我的气力全都用尽了吗?我不会干活了吗?你所说的那些职业和人们愚蠢的偏见,对我有什么关系?我只知道为人善良和正直才是最光荣的;我只知道同我所喜欢的人一块儿独立生活,以自己的劳动去挣得面包和增进健康,才是最幸福的。你向我讲的那些危险,是吓不倒我的。我只要在这个世界上有那样一小块土地,就满足了。我埋头苦干,使土地出产东西,我就可以无忧无虑地生活。我只要有苏菲和这样一块土地,我就可以过很富裕的日子。"

"不错,我的朋友,一位妻子和一块属于你的土地,是足够使一个明智的人过幸福的生活了;但是,这一点点财富尽管是不算多,但并不是如你所想象的是人人都可以得到的。最稀罕难得的妻子,你已经是找到了,现在让我们来谈一谈土地。

"一块属于你的土地,亲爱的爱弥儿!你在哪里去选择这样一块土地?在这个世界上,你站在什么地方可以这样说:'我是这里的主人,这块土地上的东西是属于我的?'我们固然是可以知道在哪一个地方容易使人发财致富,但我们哪里知道在什么地方可以使人不需要财富也能生活呢?谁知道在什么地方可以生活得既自由又不依赖他人,既不需要侵害别人也不怕别人来侵害自己呢?你以为我们可以很容易地找到一个永远让我们为人诚实的国家吗?如果说确有那样一种又合法又可靠的谋生办法,可以使我们无须玩弄手段或同人家打交道,就能独立地生活的话,我认为,那就是靠你的双手劳动,耕种你自己的土地了;但是,我们在哪一个国家里能这样说:'我所耕种的这一块土地是属于我的?'在选择这样一个幸福的地方以前,必须要弄清楚你在那里是不是一定能够得到你所寻求的安宁,你必须防备专制的政府、迫害异端的宗教和不良的风俗来扰乱你的安宁。你必须要能够避免种种苛捐杂税,以免把你的劳动果实通通剥削干净,你必须要能够避免同人家无止无休地打官司,以免把你的财富消耗得一无剩余。你必须要能够堂堂正正地生活,以便使你无须去讨好当地的官员或他们的下属、法官、教士、有钱有势的邻居和各种各样的坏人,因为,要是你不做好预防他们的准备,他们就一定要来侵害你的。

"你尤其要使你能够躲避达官贵族和富豪的欺凌,因为,他们一看见拿伯的葡萄园❶,他们就要把他们土地的边界划过去包围它的。如果你真是不幸,碰上了那样一个有地位的人在你的茅屋旁边买下了或者修建了一座房屋,你是不是有把握可以使他找不到任何借口以你的土地去扩大他的庄园,或者,也许在明天,你是不是有把握可以不让他修一条大路来侵占你的土地?如果你想树立足够的名声,以避免所有这些不愉快的事情,那你就要同时储蓄足够的钱财,因为在这种情况下储蓄钱财,对你是没有什么不好的。钱财和名声是互相依赖的,有钱财而无名声,或者有名声而无钱财,都是不行的。

"亲爱的爱弥儿,我的经验比你多,我对你这个计划将要遇到的困难比你看得清楚。不过,你的计划确实是一个很好的计划,踏踏实实的计划,它将最终使你获得幸福,让我们努力把它付之实行。我有一个建议:让我们从现在起,花两年的时间去游历,等你游历回来以后才在欧洲选择一个可以使你和你的家人幸福生活的地方,以便避免我刚才向你讲述的那些麻烦。如果我们成功了,你就可以得到其他的人寻求不到的幸福,你就不会后悔把你的时间拿来这样利用。如果不成功,你也可以消除你的幻想,把痛苦看作是不可避免的,从而使你自己得到安慰,按照需要的法则办事。"

我不知道,读者诸君是不是可以看出这样一种学习的办法将使我们得到怎样的结果;但是,我现在敢断言,如果爱弥儿本着这

---

❶ 拿伯的葡萄园,据基督教《圣经》上说,耶斯列人拿伯有一个葡萄园,靠近撒玛利亚王亚哈的王宫;亚哈想把拿伯的葡萄园做他的菜园,拿伯不同意,说他敬畏耶和华,不敢将先人留下的产业让给别人,于是亚哈的王后遂唆使人诬告拿伯"谤渎上帝和王",将拿伯处死,并占据了他的葡萄园。参见《旧约全书·列王纪上》,第21章。

样一种意图去开始和继续游历一番之后回来,仍然对政治制度、人民风俗和各种各样的政府法规一无所知的话,那必然是因为我们两个人都有不够的地方:他的智慧不够,我的判断的能力不够。

政治学还有待于发展,据估计,它也许永远不会发展起来了。在这方面居于一切学者之首的格劳修斯❶,只不过是一个小孩子,而且最糟糕的是,他还是一个心眼很坏的孩子。我认为,根据大家一方面把格劳修斯捧上了天,另一方面把霍布斯骂得狗血喷头的情况来看,正好证明根本就没有几个明理的人读过了或理解了这两个人的著作。事实是,他们两个人的理论完全是一模一样的,只不过各人使用的词句不同罢了。他们论述的方法也是有所不同的。霍布斯是采取诡辩的方法,而格劳修斯则采取诗人的方法,其他的一切,就完全是一样的了。

在近代的人当中,只有一个人说得上是有能力创立这样一门既庞杂而又没有用处的学问的,此人就是著名的孟德斯鸠。不过,他避而不谈政治学的原理,而只满足于论述各国政府的成文法;在这个世界上,再没有什么东西比这两门学问的内容不同的了。

然而,任何一个人,只要他想按照各个政府实际的情况认真地研究它们,就不能不把这两门学问结合起来。为了要判断它们现在是什么样子,就必须知道它们应当是什么样子。要想阐明这些重大的问题,最困难的地方在于我们能不能够使一个人有兴趣去讨论和回答这两个问题:"它们和我有什么关系?"以及"我怎样对

---

❶ 格劳修斯(1583—1645),荷兰法学家,所著《论战争与和平法》一书,在很长的时期里被视为国际关系的法典。

待它们?"我们已经使我们的爱弥儿能够自己解答这两个问题了。

第二个困难之点在于我们每一个人都有儿童时期养成的偏见,在于我们都受过种种教条的熏染,尤其是在于著述家们个个都有偏心;他们时刻都在说他们阐述真理,其实他们哪里管真理不真理,他们心目中所考虑的是他们的利益,只不过他们在口头上不讲就是了。老百姓既没有委任著述家们去做教授,也没有给他们年金或法兰西学院院士的席位,所以,请你想一想,老百姓的地位怎么能够由他们去决定!我要尽量使这个困难之点在爱弥儿眼中看来算不了一回事情。当他刚刚知道什么叫政府的时候,他唯一要做的事情是去寻找最好的政府,他的目的并不是为了著书立说,万一他真要执笔著书的话,那也不是为了讨好当今的权贵,而是为了树立人权。

还有第三个困难之点,这一点只是个别的人才会遇到,而且是易于解决的,所以我现在既不把它提出来,也不着手去解决它,因为,只要我不怕它就行了。我认为,当我们去从事这样一种研究的时候,我们所需要的,并不是巨大的才能,而是对正义的真诚的爱和对真理的尊重。如果说我们可以找得到一个适当的时机对政治制度作公正不偏的研究的话,我认为,现在就是这样的时机了,否则,以后就再也找不到这样的机会了。

在进行研究以前,我们必须先定出一些研究的规则,我们需要有一个标准来衡量我们所研究的东西。政治学的原理就是我们的标准。每一个国家的民法就是我们衡量的尺度。

我们的基本的概念是很简单和明了的,是直接从事物的性质中归纳出来的。这些基本的概念将作为我们讨论的问题,而我们只是在把它们相当满意地解决之后,才把它们表述为原理。

举例来说,当我们首先追溯自然状态的时候,我们就要研究人生来是自由的还是生来是奴隶,是生来就是同他人联合在一起的还是生来是独立的;他们是自愿联合在一起的还是被一种暴力强迫联合在一起的;那个强迫他们联合在一起的暴力是否能够制定一种永久的法律,凭着这种法律,这个原先的暴力即使已经被另外一种暴力所征服,它也仍然有要求人们服从它的权利,以致据说自从宁录王❶以暴力制服了人民以后,其他的暴力尽管已经把他的暴力消灭了,也仍然要看作是不合法的和篡逆的,而且,只有宁录王的后代或他所禅让的人才是正统的国君;或者,如果原先的暴力已不存在,而在它之后出现的暴力是否可以强迫我们服从,是否可以摧毁原先那个暴力的一切束缚,因而只有在它自己对我们施加压力的时候我们才服从它,而且一旦我们有了抵抗的力量,我们就可以不服从它。所以,法律就是暴力,只不过换了一个词来说罢了。

我们要研究:我们是不是能说一切疾病都是上帝赐予的,因此,请医生治病是犯罪的。

我们还要研究:当一个匪徒在大道上拦住我们抢劫的时候,尽管我们有办法把我们钱包里的钱藏起来,我们是不是也应该本着良心把我们的钱拿给他,因为他手中所持的枪也是一种权力。

"权力"这个词的意思在这种情况下是不是跟合法的权力有所

---

❶ 宁录王,基督教《圣经》上说,宁录是古实的儿子,含的孙子,据说,是创建巴比伦的国王。参见《旧约全书·创世记》,第10章。

不同，是不是要按照法律它才能成立。

　　如果我们不承认暴力的法律，而拿自然的法律即父权作为人类社会的原理，我们便要研究这个权力有多么大，它的自然的根据是什么；除了孩子的利益和身体柔弱，以及父亲对孩子的天性的爱以外，它还有没有其他的存在的理由；如果孩子的身体不弱了，而且他的智力又发育成熟了，他能不能在保持其自身的生命方面变成唯一的自然的判断人，并从而变成他自己的主人，不受其他人的约束，甚至不受他的父亲的约束，因为，千真万确的是：孩子之爱他本人，是远远胜过其父亲对他的爱的。

　　如果父亲死了，孩子们是不是一定要服从他们的长兄或另外一个对他们根本没有天然的父爱的人；从这一族到那一族，是不是始终只有一个首领，而所有各族的人都要服从他？如果是这样的话，我们就要研究他这种权力为什么又被划分了，为什么统治这个世界的人又不止一个呢？

　　假定所有的民族都是通过自己的选择而构成的，那我们就要分辨法律和事实的差异了；既然孩子们之所以要服从他们的兄长、叔父或其他的亲族，并不是由于这些人非要他们服从不可，而是因为他们愿意服从，那么，我们就要问：这样一种社会是不是自由自愿地结合的？

　　其次，谈到奴隶法，我们要问：一个人是不是可以按照法律把他的权利毫无条件、毫无保留和限制地通通让给别人，也就是说，他可不可以放弃他的人格，放弃他的生命和理智，放弃他的人身，是不是可以做事不问是非，一句话，是不是可以在未死以前就停止生存，尽管大自然明明是要他自己保持他自身的生命，尽管他的良心和理智已经告诉他应该做什么和不应该做什么。

如果在奴隶法中有某种保留和限制,那我们就要问:这个法律是不是因此就变成了一种真正的契约;根据这个契约,双方既然都同是订约人,没有共同的主人①,因此,他们按照契约的条件,便仍然是自己的主人,每一方都享有这一点自由,而且在一旦发现这个契约对他们有害的时候,可以马上把它毁掉。

既然一个奴隶都不能够毫无保留地把他的一切权利让给他的主人,一个民族怎能毫无保留地把它的一切权利交给它的首领呢?既然一个奴隶都可以判断他的主人是不是遵守了契约,一个民族怎么不可以判断它的首领是不是遵守了契约呢?

由于我们不能不这样重新探讨,研究"集合的民族"这个词的意思,因此,我们要问:为了要集合成一个民族,在未出现我们所说的那种契约以前,是不是还需要订立一个契约,或者,至低限度要有那么一个默契。

既然一个民族在尚未选择它的国王以前就已经是一个民族了,则它不是根据社会契约而构成一个民族,又是根据什么呢?可见,社会契约是一切文明社会的基础,我们只有根据这种契约的性质,才能阐明按照这种契约而构成的社会的性质。

我们要研究这种契约的主要内容是什么,我们是不是大体上可以把它概括成这样一段话:"我们每一个人都同样把自己的财产、人格、生命以及自己的一切能力交给全体意志去支配,听从它

---

① 如果有一个共同的主人的话,那就是国王了;可见,奴隶法既然是根据统治权而订的,它便不是统治权的起源。

的最高的领导,而我们作为一个集体,将把每一个成员看作是全体的不可分割的一部分。"

如果可以这样概括的话,那么,为了给我们所需要的词下一个定义,我们就可以这样说:这个集体的契约不仅不提缔结契约的每一个人,它反而要制造一个在大会中有多少人投票就算是由多少成员组成的实有的集合体。这个共同的人格一般称为"政治体";这种政治体在消极的时候,它的成员就称它为"国家",在积极的时候就称它为"主权",在跟它的同类相比较的时候就称它为"政权"。至于成员的本身,总起来说就称为"人民";分开来说,作为"城邦"的一分子或主权的参与者就称为"公民",作为服从同一个主权的人就称为"属民"。

我们认为,这种联合的契约包含一个全体和个人之间的相互的约定,每一个人可以说是同他自己订立契约,因此他具有双重的关系,即:对别人来说,他是行使主权的一分子;对主权者来说,他是国家的一个成员。

我们还认为,既然一个人没有亲自订约便不一定非遵守契约不可,而全体意志虽可以根据每一个人所处的两种不同的关系而强迫所有的属民服从主权,但它不能强迫国家服从它。由此可见,除了独一无二的社会契约以外,便没有也不可能有任何其他的所谓的基本法了。这并不是说政治体在某些方面不能同别人订立契约,因为,对外国人来说,它就是一个简单的存在,一个个体。

订约的双方,即每一个个人和全体,既然没有一个可以裁决他们之间的分歧的共同的上级,那我们就要研究,是不是每一方都可以在他高兴的时候破坏契约,也就是说,只要他一旦认为契约对他有害，他就可以不遵守。

为了阐明这个问题，我们认为，按照社会契约，主权者是只能够根据共同的和全体的意志行事的，它的法令只能有共同的和普遍的目的；因此，主权者是不可能直接损害个人的，要损害的话，便要损害所有的人，但这种情况是不会发生的，因为这等于是自己损害自己。所以，除了公众的势力以外，社会契约就不需要其他的保证，因为，只有个人才能够破坏它，然而，破坏了社会契约，个人也不能因此就不受它的约束，反之，他却要因为破坏它而受到惩罚。

为了更好地解决类似的问题，我们要经常记住，社会契约是一种特殊性质的契约，而且只是它具有这种特殊的性质，所以人民才是同自己在订立契约，这就是说，人民作为整体来说就是主权者，而每一个个人就是属民，这是政治机器在构造和运用方面非具备不可的条件，只有这个条件才能够使其他的契约合理、合法而且不至于给人民带来危险；如果没有它，其他的契约就是荒唐的和专制的，并且还容易产生巨大的流弊。

由于个人只服从主权者，由于主权者就是全体意志而不是其他的东西，所以我们由此可以看出每一个人为什么在服从主权者的时候就是服从他自己，为什么在社会契约之下生活比在自然状态中生活更为自由。

我们从个人方面把自然的自由和社会的自由加以比较以后，我们还要从财产方面把产权和主权，把个人土地权和最高领土权加以比较。如果说主权是以财产权为基础的话，则财产权就是最应当受到主权者尊重的权利；只要把它看作是个人特有的一种权利，它对主权来说就是神圣不可侵犯的；然而，要是把它看作是所有的公民共有的权利的话,那它就要服从全体意志的支配了,这个意志就可以废除它了。所以说主权者是没有任何侵犯一个人或几个人的财产的权利的;但是,它可以制定法律去夺取所有的人的财产,例如在莱喀古士时代的斯巴达就是这样做的;反之,梭伦❶废除债务的做法就是不合法的。

既然只有全体意志才能约束一切属民,那我们就要研究这种意志是怎样表达出来的,我们要凭什么标记才能把它认得出来,什么叫法律,法律的真正的特性是什么。这个问题还从来没有人研究过,法律的定义还有待于我们来下哩。

当一个国家的人民专门针对一个或几个成员考虑问题的时候,这个国家的人民就分裂了。在全体和部分之间就产生了一种关系,从而把它们分成两个分离的存在:部分是一个存在,而全体在少去这一部分之后就是另一个存在。但是,全体在少去这一部分之后就不是全体了;只要存在着这种关系,那就不能称为全体,而只能称为两个大小不等的部分。

反之,当全体人民为全体人民制定法律的时候,那就是考虑到人民自己的情况了;如果说产生了一种关系的话,那就是从一个观点来看的整体对从另一个观点来看的整体,而整体是没有分裂的。法律的对象是全体,而制定法律的意志也是全体。我们在这里需要研究的是,其他的法令是不是可以冠上"法律"这个名称。

如果说主权者只能够通过法律来表述它的意志,如果说法律只能有一个对国家所有的成员都有同样的关系的目的,那么,主权

---

❶ 梭伦(公元前640—前558),雅典的立法者。

者就没有针对一个特殊的目的制定法律的权力；然而，为了保存国家，也必须处理一些特殊的事情，因此，我们要研究怎样才能做到这一点。

由主权者制定的法令，只能够是全体意志的法令，即法律；然而，为了执行这种法律，也需要有一些明确的条例，强制的即政府的条例；在另一方面，这些条例是只能够针对特殊的目的来定的。所以，主权者在确定人民选举首领的时候所依据的法令，就是法律，而我们在选举执行法律的首领的时候所依据的法令，只不过是一个政府的条例罢了。

这是第三个关系，按照这个关系，我们可以把集合的人民看作是行政官或他们自己以主权者的身份所制定的法律的执行者①。

我们要研究人民是不是可以自己剥夺自己的主权，以便把它交给一个人或几个人；因为，选举的条例并不是一种法律，按照这个条例来说，人民并不就是主权者，因此我们不明白他们怎能把不是属于他们的权力转交给别人。

既然主权的实质就是全体的意志，那我们还不明白要怎样才能够使个别的意志和全体的意志形成一致。我们倒是应该假定它同全体的意志是相矛盾的，因为，个人的利益总是占先的，大众的利益总是相等的；即使说两者形成一致是可能的，但是，除非它是必然的和不可摧毁的，否则，统治权是不可能由此产生的。

---

① 这些问题和提法大部分是从《社会契约论》中摘录出来的，而《社会契约论》的本身又是另外一部长篇著作的提纲；要写那样一部长篇的著作，我的力量是不够的，所以早就放弃不写了。我从这部长篇著作中摘录出来的短短的论文将另行发表，这里所讲的只是它的大要。

我们要研究在社会契约未被破坏的时候,人民的领袖,不论他们是以什么名义当选的,是不是仅仅是人民的官员,而人民是在命令他们执行法律;我们要研究这些领袖是不是应当向人民汇报他们施政的情况,他们自己是不是也应当服从他们要人家服从的法律。

如果说人民不能够把他们的最高权力让给别人,他们是不是可以把它委托给别人行使一个时期?如果说人民不能够找一个人来做自己的主人,他们是不是可以找一些人来做自己的代表?这个问题很重要,值得我们加以讨论。

如果说人民既不能够有一个最高的统治者,也不能够有代表,那我们就要研究他们怎样给自己制定法律,他们是不是应当有许多的法律,他们是不是应当经常改变他们的法律,一个人口众多的大民族是不是能够自己做自己的立法人?

罗马人是不是一个人口众多的大民族?

形成人口众多的大民族,是不是好?

根据前面阐述的几点,我们可以看出:在一个国家的属民和主权者之间有一个中间体,这个中间体是由一个或几个人组成的,他们负有掌管行政、执行法律和维持政治和公民自由的责任。

这个中间体的成员称为行政官或国王,也就是说他们是统治者。整个中间体按组成的人来说,称为执政者;按它的行为来说,则称为政府。

如果我们根据整个中间体对它自己的行为来看,也就是说根据全体对全体或主权者对国家的关系来看,我们可以把这个关系比作一个以政府为中项的两个比例外项之间的关系。行政官从主权者那里接受命令,并把他所接受的命令发给人民;两边一算,他的乘积即他的权力和公民(他们一方面是属民,另一方面又是主权者)的乘积即权力是相等的。你改变三项当中的任何一项,将立刻打破它们之间的比例。如果主权者想实行统治,换句话说,如果他想颁布法律,又如果属民拒绝服从他所颁布的法律,则原来的秩序即告消失,跟着就会出现一片混乱,结果,这个分崩离析的国家不陷入专制政治就会陷入无政府状态。

现在假定一个国家是由一万人组成的。主权者只能被看作为一个集合的整体,而每一个个人作为属民来说是可以单独地和独立地存在的。因此,主权者对属民是一万对一,这就是说,尽管主权是完全受国家的成员的支配,但每一个成员所享有的主权实际上只有万分之一。假如人民的总数有十万,又假定属民的地位没有什么变化,但是,由于他所投的票的效力已减到十万分之一,因此,他那一票在法律的制定方面的影响也就会缩小为十分之一。所以,由于属民始终是一,主权者的权力是必然会随着公民的人数的增加而扩大的。由此可见,国家愈大,个人的自由就愈少。

个别的意志和全体的意志愈不符合,也就是说,人民的动向和法律愈不符合,就愈要增加压制人民的力量。另一方面,由于国家的幅员大,就给了社会权力的执行者更多的滥用权力的念头和机会,因此,政府控制人民的权力愈大,主权者便愈是应该有反过来控制政府的权力。

根据这种双重关系,我们可以断定,主权者、执政者和人民之间的比例并不是人们随随便便确定的,而是由于国家的性质必然产生的结果。我们还可以看到,由于两个外项之一,即人民,是固定不变的,所以复比每增加或减少一次,单比就要跟着增加或减少一次;但是,不论是增或是减,每一次都非要改变中项不可。我们由此可以得出结论说,独一无二的绝对的政治制度是不存在的;按大小来说有多少个不同的国家,在性质上就有多少种不同的政府。

如果说人民的人数愈多,人民的意向和法律的关系便愈少,那我们就要研究是不是可以这样类推:行政官的数目愈多,政府便愈没有力量。

为了要阐明这一点,我们就需要指出每一个行政官的身上是具有三种本质上不同的意志的:第一个是倾向他自己的利益的个别意志;第二个是专门以维护执政者的利益为目的的行政官的共同意志,这种意志可以称为集团的意志,对政府来说是普遍的,对国家(政府是国家的一个组成部分)来说是特殊的;第三个是人民的意志,即主权者的意志,这种意志无论对作为总体的国家或者对作为总体的一个组成部分的政府来说,都同样是普遍的。在一个十全十美的立法机构中,个别的特殊的意志几乎是没有的,政府固有的集团的意志也是十分次要的,因此,作为主权者的全体的意志是衡量一切其他意志的标准。反之,按照自然的秩序来说,这几种不同的意志愈集中,它们便愈趋活跃;全体的意志始终是最弱的,集团的意志是居于第二位的,个别的意志是胜过一切的;所以,每一个人首先是他自己,其次是行政官,然后才是公民。这个次序的先后和社会秩序的先后是恰恰相反的。

阐明了这一点以后,我们再进而假定政府是掌握在单独一个人的手中的。在这种情况下,个别的意志和集团的意志便完全地结合在一起了,因此,集团的意志也就达到了它可能达到的最高的强度。由于暴力的使用要依靠这种强度,由于政府的绝对的权力就是人民的权力,是始终不变的,因此可以得出结论说,最活跃的政府是由单独一个人执掌的政府。

反之,把政府和最高的权力结合在一起,以拥有主权的人民为执政者,有多少公民就委多少行政官,这样一来,集团的意志便同全体的意志完全混淆,不能够像全体的意志那样活跃,并且还让个别的意志各行其是。所以,尽管政府的绝对权力没有任何减少,但这样的政府是最不活跃的。

这些法则是无可争辩的,其他的论点只不过是用来阐明它们罢了。举例来说,构成一个集团的各个官员就比构成一个整体的各个公民活跃得多,因此,个别的意志是可以对整体起很大的影响的。因为,每一个行政官差不多都担任了政府的某种特殊的职务,而每一个公民是不能以个人的身份运用主权的。此外,国家的幅员愈大,政府的实际的权力也愈大,虽然它实际的权力并不是因为国家的幅员扩大而扩大的;但是,如果国家的幅员不变,即使是增加行政官,那也是没有用处的,政府是不可能因增加行政官而获得更多的实际权力的,因为政府只不过是国家(我们假定它的大小是不变的)的权力的保管者罢了。所以,行政官的数目一多,政府的权力不仅不因此而增加,反之,它活跃的程度还会因之而减弱的。

论证了政府将因行政官的增加而趋于松弛之后,论证了人民的人数愈多,政府的压力也应当愈大之后,我们就可以得出结论说,行政官和政府的比例应当同人民和主权者的比例成反比;这就是说,正如人民的人数增加,领袖的人数就愈应减少一样,国家愈是庞大,政府的机构便愈应紧缩。

为了以后能够用更确切的名称阐述各种形式的政府,我们首先指出,主权者可以把政府交给所有的人民或大部分人民去掌管,从而使充当行政官的公民比普通的公民还多。这种形式的政府,我们称它为"民主政府"。

其次,主权者可以把政府交给比较少的人去掌管,从而使普通公民的人数比行政官的人数多;这种形式的政府,我们称它为"寡头政府"。

最后,主权者可以把整个的政府集中地交给单独一个人去掌管。现今最普遍的就是这种政府;我们称这种形式的政府为"君主政府"或"王权政府"。

我们认为,所有这几种形式的政府,或者,至少前两种形式的政府,在掌管政府的人数方面是可以或多或少的,甚至有相当大的增减余地的。因为民主政府可以包括所有的人民,或者,可以缩小到包括一半的人民。寡头政府则可以从一半的人民缩小到包括一小部分人民。即使是王权政府,有时候也可以在父子之间或弟兄之间或其他人之间分成几部分。在斯巴达经常有两个国王;在罗马帝国甚至同时有八个皇帝,而人们也并不因此就说罗马帝国遭到了分裂。每一种政府必然在有一点上是同另一种政府相混淆的,正如国家有许多公民一样,政府在实际上也可能有许多不出这三种基本类型的形式。

还有,由于每一种政府在某些方面都可以划分成几部分,一部分按这种方式治理,另一部分又按另一种方式治理,因此,把这三种形式结合起来,就可以产生许多混合式的政府,而每一种混合式的政府都可以用所有一切单一的形式的政府去乘它。

人们常常争论哪一种形式的政府是最好的,而没有想到每一种形式的政府都可以在某种情况下成为最好的政府,而在另外一种情况下又成为最坏的政府。在我们看来,如果承认各个国家行政官①的人数应当同公民的人数成反比这个看法是正确的,那我们就可以得出这样的结论:一般地说,民主政府适用于小国,寡头政府适用于中等的国家,而君主政府则适用于大国。

只有根据这样一个探讨的线索,我们才能彻底了解公民究竟有哪些权利和义务,权利和义务是不是可以分开;才能了解什么是祖国,它实际上是由什么组成的,每一个人凭什么来判断他有祖国还是没有祖国。

我们就每一种文明社会的本身对它们进行了这样一番研究之后,我们还要把它们加以比较,以便探讨它们之间种种的不同的关系:它们之中有大有小,有强有弱;它们彼此攻击、互相侵犯和互相摧残;在这接连不断的一来一往的侵害行为中,造成了许多的悲惨事件和丧失了许多人的生命,所以,如果让人们保持他们原始的自由的话,也许还不至于遭到这样大的牺牲。我们要研究:我们在社会制度中行使的自由是太多还是太少;当各个社会各自保持其自然的独立的时候,受法律和多数人制约的个人是不是就既不受两种状态的害处,也得不到两种状态的益处;在这个世界上是不是与其有几个文明社会,毋宁连一个文明社会都没有还好些。这种混合的状态岂不是本想使人分享两种状态的益处,结果是一种状态

---

① 大家应当记住的是,我在这里所说的是最高的行政官即国家的领袖,其他的行政官只不过是他们在这一部分或那一部分的代理人。

的益处都得不到,"既不让人做战争时期的准备,也不让人享受和平时期的安宁①"么?这样一种部分的和不完全的联合,不是要产生暴政和战争吗?而暴政和战争不是人类最大的灾难吗?

最后,我们还要研究:要医治这些弊病,是不是可以采取联盟和联邦的办法,让每一个国家对内自主,对外以武装去抵抗一切强暴的侵略。我们要研究怎样才能建立一个良好的联盟,怎样才能使这种联盟维持久远,怎样才能使联盟的权利尽量扩大而又不损害各国的主权。

圣皮埃尔神甫主张欧洲所有的国家联合起来,以便在它们之间保持持久的和平。这种联合办得到办不到?即使说办得到,我们能不能够断定它可以维持长久②?这样去探讨,必然会直接地促使我们去研究国际法,从而达到阐明我们在国内法中难以阐明的问题。

最后,我们还要阐述战争法的真正的原理,并且要研究为什么格劳修斯和其他的人所说的原理完全是错误的。

我一点也不奇怪:正当我阐述这些问题的时候,聪明的爱弥儿会打断我的话向我说:"当我们按照法则,十分严密地一步一步地修起这座大厦的时候,也许人们还以为我们用的是木材而不是人哩!""是的,我的朋友;不过你要知道,法则是不会向人的欲念屈服的,对我们来说,问题首先是要论证政治学的真正原理。现在,我

---

① 塞涅卡:《心灵的平静》,第1章。
② 我一开始论述这个问题,就在这本著作的提要中列举了"赞成"的理由;至于"反对"的理由,至少在我看来是一些颠扑不破的反对的理由,将紧接着这篇提要在我的著作中加以阐述。

们的基础已经打好了,且来看一看人们在这个基础上修建的东西,你将看到许多有趣的情景咧!"

于是,我叫他阅读《太累马库斯奇遇记》,走太累马库斯所走过的路,我们寻找快乐的萨郎特和几经忧患而变得很聪明练达的伊多梅内。一路之上,我们发现了很多的普洛太西拉斯,而菲洛克勒斯则一个也没有找到。像多尼人的国王阿德腊斯特那样的人并不是没有的†。不过,我们且让读者去想象我们旅途的经过,或者,像我们这样随身带着一本《太累马库斯奇遇记》去游历;至于作者本人想避免或者在不知不觉中所走的一段弯路,在这里就不提了。

不过,爱弥儿并不是王子,而我也不是神,所以,尽管我们不能模仿太累马库斯和门特那样施恩于人,我们也不感到难过,因为没有哪一个人比我们更善于按自己的身份做事,也没有哪一个人比我们更不愿意做不符合我们的身份的行为了。我们知道所有的人都负有同样的使命,任何一个人,只要真心爱善和全力为善,就能完成他的使命。我们知道太累马库斯和门特都是虚构的人物。爱弥儿在旅途中并不是那样懒懒散散、一点儿事都不做的,假如他是王子的话,他还做不出他所做的那些事哩。如果我们都是国王,我们就不能成为行善的人了。如果我们既是国王又是行善的人,我们就会每做一件好事(其实是我们从表面上看来认为是好事),就会做出千百件真正的坏事。如果我们既是国王又是贤人,则我们要

---

† 有些人企图使卢梭同富有的元帅发生纠葛,使他失去弗雷德里克的保护,就告诉前者说《爱弥儿》中所讲的阿德腊斯特就是弗雷德里克;卢梭不但没有否认,而且还同意了这种说法。见《忏悔录》,第12卷。

为我们自己和为别人所做的头一件好事,就是放弃王位,重新变成我们现在这样的人。

我已经讲过为什么游历对许多人是有害的。对青年人来说,游历之所以更加有害,是我们使他们在游历的过程中采取的方法不对。由于一般的教师所关心的是游历的乐趣而不是游历对青年人所给予的教育,所以他们带着青年人从这个城市跑到那个城市,看了这个宫廷又看那个宫廷,会见了这一界的人又会见那一界的人;或者,如果教师是一个学者或文学家,他就会使青年人把他们的时间消磨于涉猎图书,消磨于观赏古迹,研究古老的碑文和抄录古老的文献。他们每到一个国家,就去钻研前一个世纪发生的事情,以为这样就是在研究那一个国家。因此,他们花了许多旅费,跑遍了整个的欧洲,研究了许多鸡毛蒜皮的事情,或者把自己弄得十分厌倦之后回来,仍然是没有看到任何一样可能使他们感兴趣的东西,没有学到任何一样可能对他们有用的事情。

各国的首都都是差不多的,在那里混杂不清地居住着各种各样的人和流行着各种各样的风气,所以是不能够到首都地方去研究一个国家的人民的。巴黎和伦敦在我看来是一个样子。居住在巴黎和居住在伦敦的人尽管有某些不同的偏见,但他们彼此相同的偏见却也不少,而他们实际的做法也完全是一样的。我深深知道出入于这两个地方的宫廷里的是一些什么样的人。我也知道人口的聚集和财富的不平等将产生怎样的风气。只要你把一个拥有二十万居民的城市的名字告诉我,我马上就知道那里的人是怎样生活的。即使说那里还有一些我不知道的事情,那也值不得我跑到那里去研究。

在边远各省,人民的活动比较少,通商和外邦人士的往来没有那么频繁,同时居民的流动也没有那样多,财产和社会地位的变动也没有那样大,所以,我们要研究一个民族的天才和风尚的话,是应该到边远的省份去研究的。在首都地方,你可以走马看花地看一下;但在远离首都的地方,你就要仔仔细细地观察了。真正的法国人不在巴黎而在土伦;麦西亚的英国人比伦敦的更具有英国的风味;加利西亚的西班牙人比马德里的更带有西班牙的特点。正是在远离首都的地方才能看出一个民族的特性和没有混杂一点外国色彩的地地道道的样子,正如在最大的半径的尖端才能最准确地量出一个弧形的面积一样,我们在边远的省份才最能看出一个政府的好坏。

关于风俗和政府的必要的关系,在《论法的精神》一书中有极其详细的阐述,所以,要研究这种关系的话,最好是阅读这本著作。但一般地说,我们可以用两个明显的标准来判断政府的相对的好。一个标准是人口。凡是人口日见减少的国家,它就是在趋向于灭亡的;而人口日见兴旺的国家,即使是很贫穷,它也是治理得很好的①。

不过,这里所说的人口,必须是由于政府和风俗而自然达到的结果;因为,如果人口的数字是由于殖民地的人民凑起来的,或者,是由于偶然的或暂时的原因而达到的,则殖民地和这些偶然的和暂时的原因正好表明那个国家是治理得不善的。当奥古斯都颁布种种取缔单身汉的法律的时候,这些条例的本身就表明罗马帝国

---

① 就我所知,只有一个国家是例外,不符合这个标准,这个国家就是中国。

在衰亡了。正当的做法是,应当用政府的善政去促使人民结婚,而不能用法律去强迫他们结婚;用暴力的办法而达到人口的增长,我们是用不着去研究的,因为人们对违反天性的法律会想办法逃避,使它变成一纸空文的。我们要研究的是因风俗的影响和政府的自然的倾向而达到的人口增长,因为只有风俗和政府才能产生永恒的效果。好心的圣皮埃尔神甫主张对每一个个别的弊病采取小小的补救的办法,他不追究它们共同的根源,看是不是能够把它们一下子同时加以纠正。对于一个病人身上的烂疮,我们不能采取一个一个地分别去治疗的办法,而应当使他生长那些烂疮的血液通通变得很干净。据说,英国用奖励的办法去发展农业,我看不出这个办法有什么好处,这恰恰证明那个国家的农业是不能长久发达的。

第二个表明政府和法律的相对的好的标准也是体现在人口上的,不过体现的方式有所不同,也就是说,它不体现在人口的数量上而体现在人口的分布上。两个面积和人口都完全相等的国家,很可能在力量上是极其悬殊的;其中比较强盛的那个国家,其人口是很均匀地分布在它的领土上的;没有大城市,因此也没有那种表面的繁华的国家,终究是能够打败它的对手的。一个国家之所以弄得很贫穷,正是由于它有大城市的缘故,因为大城市所生产的财富是一种表面的和虚假的财富,也就是说,金钱虽多,而实际的益处却很少。有些人说巴黎这个城市抵得上法兰西国王的一个省,而我却认为它反而是花掉了他几个省的收入;巴黎在各个方面都是由外省供给的,外省的收入大部分都流入了这个城市,而且一流入之后,就再也不能到达老百姓和国王的手中了。说来也真是想象不到的,在本世纪的理财家中,竟没有一个人看出:要是把巴黎这个城市毁掉的话,法国要比它现在这个样子强盛得多。人口分布得不均匀,不仅对国家没有好处,而且甚至比人口减少对国家的害处还大,因为人口减少最多是不产生什么作用罢了,而人口分布不均匀则将产生负面作用。如果一个法国人和一个英国人都以他们的首都很大而感到十分骄傲,而且还互相争论到底是巴黎还是伦敦的居民众多的话,我认为,这两个人无异乎是在那里争论到底是法国还是英国的政治最糟糕。

你走出城市去研究一个国家的人民,才能对他们有所了解。如果你只对政府的表面形式,只对它那庞大的行政机构和许多官吏的官腔官调进行研究,而不同时通过那个政府对人民产生的影响,不通过它的各级行政机构去研究它的性质,那也是研究不出一个所以然来的。形式的差别实际上在各级行政机构之间是存在着的,所以,只有把它们全都考察一番,才能把这种差别看出来。在某一个国家里,你可以通过一个部的下级属员的行为去研究那个部的风气;在另一个国家里,你可以通过国会议员的选举情形而研究那个国家是不是真正的自由;不过,无论在哪一个国家,如果你只看城市的话,那是不可能了解那个国家的政府的,因为政府在城市和农村中的做法是不一样的。然而,构成一个国家的是农村,构成一个民族的是农村的人口。

在边远的省份按照各个民族原始的天才的质朴状态进行研究,就会得出一个总的看法,充分证明我在本书内封页上引录的那一句话是说得很对的,可以使人类的心灵感到极大的安慰;这个总的看法就是用这样的方法去研究,结果发现所有一切的民族都是很好的；它们愈接近自然，它们的性情便愈是善良；只有在它们聚居城市、受到文化的熏染而败坏的时候，它们才趋于堕落，才把某些尽管是很粗俗然而是没有害处的缺点变成看起来很文雅而实际上是非常有害的恶习。

根据以上的论述，又可以看出我所提倡的游历方法还有一个好处，那就是：由于年轻人在极其腐化的大城市停留的时间少，所以一方面不容易沾染那种腐化的习气，另一方面还可以在十分朴实的人们和人数较少的社交场合中养成一种更准确的判断力、更健康的审美观和更诚实的作风。不过，对我的爱弥儿来说，城市的不良的风气是没有什么可怕的，他具有保护其自身所需要的一切能力。我在这方面还采取了种种预防的手段，而其中最可靠的一个手段就是利用他心中的深厚的爱。

大家不知道真正的爱情对青年人的倾向可能产生的影响，因为，管教青年的人并不比青年们对真正的爱情有更好的认识，所以结果使青年们在爱情上走入歧途。一个年轻人是应该有所钟爱的，否则他就会趋于淫乱。在表面上不准许他们追逐爱情，那是很容易的。有些人向我举出了千百个年轻人的名字，据说，他们都是规规矩矩、不谈情说爱的；但是，能不能够举出一个成人，一个真正的成年人，能够说他年轻的时候也是规规矩矩、不谈情说爱的，而且是由于有了真正的认识而不谈情说爱的。在一切涉及道德和天职的事情中，人们只图一个表面，而我则要讲究实际，而要取得实际的效果，除了我的办法以外，如果还有其他的办法的话，那我算是错了。

在安排爱弥儿去游历以前，先使他成为一个钟情的人，这个主意并不是我自己想出来的。我之所以采取这个办法,是由于以下的一件事情。

我有一次在威尼斯去拜访一个英国青年的老师。那时候是冬天,我们围坐在火炉旁边。老师收到了邮局送来的一些信件。他看完那些信以后,便把其中的一封大声地念给他的学生听。那封信是用英文写的,我一点也听不懂,但在他念那封信的时候,我看见那个英国青年从他衣袖的袖口上撕下许多十分漂亮的花边,把它们一个接一个地扔到火炉里,而且,在扔的时候,动作是那样隐秘,生怕被大家看了出来。我对这种任性的行为感到吃惊,于是便注意地看了一下他的脸,而且确实发现他内心是动了感情的。尽管所有一切人的内心形之于外的表现都是相同的,但由于民族的不同而有其差别,而且这种差别从表面上看是容易看错的。正如各种民族的人口中所讲的语言有所不同一样,各种民族的人面上显露的表情也是有所不同的。我等那个老师把信念完以后,便把他的学生想方设法不让大家看见的光秃秃的两个袖口指给他看,我问他:"能不能够告诉我这是什么意思?"

那个老师把事情的经过一看,就笑了起来,欢欢喜喜地去拥抱他的学生;在征得他的学生的同意以后,便向我讲述我很想知道的这当中的原因。

他告诉我说:"约翰先生刚才撕掉的那些花边,是本城的一位女士不久以前送给他的。可是,你知道,约翰先生是已经在本国同一位小姐订了婚的,他很爱那位小姐,而那位小姐也确实是值得人爱的。这封信就是他的情人的母亲写的,现在我把其中的一段话译给你听,因为正是这一段话引起你所看到的那种撕掉花边的行为的。"

"露西一刻不停地替约翰爵士做衣袖的花边。蓓蒂小姐昨天来陪着她玩了一个下午,并且尽量帮着她做花边。当我知道露西比平时起身得早的时候,我就去看她在做什么事情,我发现她在拆蓓蒂昨天替她做的那一部分花边。她不愿意在她所送的礼物中有一针一线是另外一个人而不是她亲手做的。"

过了一会儿,约翰先生就到另外一个房间去拿另外的花边,于是我便向他的老师说:"你的这个学生的天性很优秀,不过,请你真实地告诉我,露西的母亲所写的这封信是不是事先经过一番商量和安排的?是不是你用来拒绝那位送花边的女士的手段?""不是,"他说:"一切都是真实的;我在我施行的教育中并没有采取什么巧妙的手段,我所依靠的是天真和热情;上帝帮助我完成了我的工作。"

这个青年人的形象一直记在我的心中,没有忘怀过;它在一个像我这样爱幻想的人的头脑中是不会一点儿影响都不产生的。

现在是应该结束我们的游历的时候了。让我们把约翰爵士带回给露西小姐,也就是说,把爱弥儿带回给苏菲。他将给她带回去一颗跟从前同样温柔的心,而且还会给她带回去一个比从前更加聪慧的头脑;由于他研究了各种政府的弊害,研究了各国人民的美好的德行,因此他回国的时候,还将给他的祖国带回他从这些研究中所取得的教益。我还做了特别的安排,使他在每一个国家中受到一些有才德的人以古人殷勤好客的方式款待他;将来,我也不反对他同那些人书信来往,增进交情。再说,同遥远的国家的人士通信,也是一件很有意义和非常有趣的事情,是防止产生民族偏见的一个好办法。因为在我们的生活中时时刻刻都将遇到民族偏见的袭击,所以迟早会使我们受到它们不良的影响。要消除这种影响,最好的办法莫过于同我们所尊敬的人进行诚恳的交往,因为他们既没有我们的民族偏见,而且还反对他们的民族偏见,所以能够使我们获得以一种偏见去抵制另一种偏见的方法,从而使我们不受两种偏见的影响。这跟住在我们国家的外国人或者跟住在他们国家的外国人交往是完全不同的。首先,一个外国人对他侨居的国家总是有顾虑的,他不敢真实地表达他对那个国家的想法,或者,当他还住在那个国家的时候,他对那个国家是不能不只说好话的。要等到他已经回到了他自己的国家,他才能打消顾虑,对那个国家作出公正的评价。我倒是喜欢同那些曾经到过我们国家的外国人谈一谈他们对我们的看法,不过,我要等到他们已经回到了他们自己的国家,我才去问他们。

用去差不多两年的时间游历了欧洲的几个大国和许多小国之后,学会了两三种主要的语言,并且在那些国家中亲眼看到了自然风光、政治制度、艺术和人物方面的真正的奇异的景象之后,爱弥儿感到很不耐烦了,并且告诉我说我们游历的期限已经到了。于是我告诉他说:"啊!我的朋友,你是知道我们这次游历的主要目的的;你已经看见和研究了许多的东西,你研究的结果怎样呢?你打算怎样办呢?"要么,我所用的方法是不对的,要么他会这样回答我:

"我打算怎样办?我要按照你对我的教养做人,除了大自然和法律的束缚以外,就不再给自己带上任何枷锁。我愈是对人们在社会中所做的事情加以研究,我愈是认为:由于他们都想各自独立，他们反而成了奴隶，而且还不能达到用自由去保证自由的目的。他们为了不受各种事物的洪流的冲击，便想了种种办法使他们有所依附；此后，当他们想走动一步都不可能走动的时候，他们才惊奇地发现他们对一切都要依赖了。我认为，要想使自己得到自由，是用不着特别地做什么事的，只要你不愿意失去你的自由就行了。我的老师，是你教导了我要服从需要的法则，从而使我获得自由的。不论在什么时候得不到我所需要的东西，我都可以毫无困难地忍受；由于我不违反需要的法则，所以用不着依附什么东西也可以维持我的存在。在我们游历的过程中，我曾经想过：在这个世界上，是不是可以找到一小块地方让我绝对地自由自主地过我的生活；然而，在人世间，我们在什么地方才可以不受人们的贪欲的影响呢？经过仔细的研究以后，我发现我这个愿望的本身就是矛盾的；因为，即使我无须依赖任何一样东西，但我至少要依靠我所居住的土地；正如森林女神的生命要依靠树木一样，我的生命也是要依靠这块土地的；我发现'统治'和'自由'是两个意义正好相反的词，我只有不做我自己的主人，我才能做一间茅屋的主人。

　　'我的愿望吗？我的愿望是：有一块不大不小的土地。'

　　"我知道我们是为了怎样处理我的财产而进行这一番研究的。你已经确有依据地论述了我为什么不能够同时保持我的财富和我的自由；不过，当你希望我既要有自由而又不要有所依赖的时候，你岂不是在希望我取得两种互相矛盾的东西吗？因为，我只有回头去依赖自然，否则我就不能够摆脱我对人的依赖。我怎样处理我的父母遗留给我的财产呢？我首先要从不依赖财产做起，我要摆脱一切使我同财产发生关系的因素；如果他们把财产遗留给我，我就让它保持它原来那个样子；如果他们不给我，我反而能不受财产的牵制。我决不会为了保存我的财产而操心，我要坚定地按我的本分行事。不论我是穷是富，我都要保持我的自由。我不只是在这样的国家和这样的地方才过自由的生活，我在世界上的任何一个地方都要这样。就我来说，我是把一切偏见的束缚都打破了的，我只知道服从需要的法则。我从出生的时候起就开始学习怎样忍受这个法则的束缚，我将继续受它的束缚直到死亡。因为我已经是成年的人了，在做奴隶的时候，除了奴隶的枷锁以外，我尚且能忍受这个法则的束缚，在自由的时候我哪里会反而不能忍受呢？

"我在这个世界上究竟有怎样的地位，那有什么关系？我究竟居住在什么地方，那有什么关系？不论在什么地方，只要有人，我就认为我是在我的弟兄的家；如果没有人，我就认为我是在我自己的家。只要我能够保持独立和富裕，我就有生活的手段，我就能够活下去。如果我的财富要奴役我，我就毫不惋惜地抛弃它；只要我有做工的手，我就能够生活。当我的手不能做工了，别人供养我，我就活下去；别人抛弃我，我就死掉好了；即使别人不抛弃我，我也是愿意死的，因为死亡并不是贫穷造成的一种痛苦，而是一个自然的法则。不管死亡在什么时候到来，我都不把它看在眼里，在它的面前，我决不作偷生的打算；然而在我活着的时候，它也是永远不能够妨碍我的生活的。

"我的父亲，我今后就是要这样做的。如果我不产生什么欲念的话，在成人以后，我就能够像上帝那样独立地生活，因为，我既然是满足于我现在的地位，我便用不着同命运作斗争。充其量我也只有一条锁链,而且也只有这一条锁链我才永远要受它的束缚,并且以受到它的束缚而感到光荣。现在,你把苏菲给我,我就可以自由了。"

"亲爱的爱弥儿,我很高兴地从你的口中听到了一个成年人所说的话,很高兴地从你的话中了解到你心中的思想。在你这样的年纪能够这样不存一点私心,我是很喜欢的。在你有了子女的时候,这种不为自己打算的精神会减少,但是在那个时候,你的为人会完全合乎一个慈父和智者的标准的。在你未游历以前,我已经知道这一番游历将产生什么结果了,我已经知道你在严密地观察了我们的种种社会制度以后,是不会对它们寄予它们不配受到的信任的。要想在法律的保护之下寻求自由,那是徒劳的。法律!哪里有法律?哪里的法律是受到尊重的?你到处都看到,大家正是借法律的名义追逐个人的利益和欲念。然而,自然的和秩序的永恒的法则是存在着的。对睿智的人来说,它们就是成文的法律;它们通过良心和理智而深深地刻画在人们的心里;要想自由,就必须服从这些法则;只有做坏事的人才会变成奴隶,因为他在做坏事的时候,总是违背了他自己的心的。不管在什么形式的政府之下,都是没有自由的,自由是存在于自由的人的心里的,他走到哪里就把自由带到哪里。一个坏人不管走到哪里都是受到束缚的。即使在日内瓦,坏人也是奴隶;而自由的人,即使在巴黎也能享受他的自由。

"如果我向你谈到公民的义务的话,你也许会问我哪里有祖国,也许会认为这个问题将把我难倒。你的想法错了,亲爱的爱弥儿,因为,一个人即使没有祖国,至少也有一个居住的地方。一个人总是要在一个政府和法律的幻影之下才能安宁地生活。只要个人的利益也像全体的意志那样保护了他,只要社会的暴力保障了他不受个人的暴力的侵犯,只要他所目睹的恶事教育了他要爱善,只要我们社会制度的本身使他看到和憎恨其中不公平的事情,那么,即使社会契约没有受到人们的尊重,那又有什么关系呢?啊,爱弥儿!哪一个人没有受过他居住的地方的一点恩惠呢?不管他所居住的是怎样一个地方,他都是因为有了它才能获得人类最珍贵的东西:行为中的美德和对美德的爱。如果是生长在森林里,他当然是可以生活得更快乐和更自由的,但是,由于他在听任他的天性的发展过程中,他没有什么事情需要他去进行斗争,因此,他虽然可以成为一个好人,但不能成为一个有德行的人,他绝不可能像他现在这样克服他的欲念而成为有美德的人。单单是秩序的表象就已经使他能够对秩序有所认识,对它表示喜爱了。公众的福利尽管被他人用来作为行为的借口,但对于他却是真正的行为的动机。他已经学会了怎样同自己进行斗争,怎样战胜自己,怎样为公众的利益而牺牲个人的利益。所以,不能说他从法律中一点好处都没有得到,因为法律使他即使同坏人在一起也有为人正直的勇气。不能说法律没有使他能够自由,因为法律教育了他怎样克制自己。

"所以,不能说'我在什么地方住跟我有什么关系呢?'这关系到你是不是能够尽你所有的义务,其中之一就是热爱你的出生地的义务。当你是一个孩子的时候,你的同胞保护过你,而你长大成人以后,你也应该热爱他们。应该生活在他们当中,或者,你至少也应该生活在尽可能对他们有帮助的地方,以便在他们需要你的时候可以找到你。也有这样一种情况,即一个人生活在国外也许比在国内对他的同胞更有用处。在这种情况下,他便应当唯一无二地听从他的热情的驱使,毫无怨言地忍受亡命国外的痛苦;亡命国外这种做法的本身就是他的义务之一。不过你,可爱的爱弥儿,还没有什么原因一定要你作出这样重大的牺牲,你还没有担负向人类阐述真理的艰巨使命,你应当到他们中间去同他们一起生活,在同他们亲密的交往中培养友情,为他们行好事,做他们的模范;对他们来说,你的榜样比我们所有一切的书籍都更有用处,他们亲眼看到你所做的好行为,将比我们所说的一切空话更能感动他们的心。

"可是,我并不因此就硬要你到大城市中去住;反之,善良的人应该为别人树立的榜样之一就是过居家的田园生活,因为这是人类最朴实的生活,是良心没有败坏的人的最宁静、最自然和最有乐趣的生活。我的年轻的朋友,在一个国家里,只要你用不着跑到深山旷野就能得到安宁,这样的国家就是很美好的!但是,这样的国家在哪里呢?一个善良的人在城市中是很难满足他的向往的,因为在城市中他的一切心血都要用来对付奸人和骗子。有些人欢迎那些百无一能的人到城市中去,而这些人到城市去的目的也只是在于追求财富,所以结果是必然会使那个国家遭到毁灭的;反之,我们倒是应该以城市的人口去增加乡村的人口。所有那些从大城市隐居到乡村的人之所以对国家有用,恰恰就是在于他们离开了城市,因为城市的种种弊病都是人口太多造成的。如果他们能够把活泼泼的生活,把文化和对自然的爱带到穷乡僻壤去,他们对国家就更有用处了。当我一想到这种情景的时候,我心里便感到十分的欢喜:爱弥儿和苏菲在朴素的环境中为他们周围的人做了许多好事,使乡间的生活趋于活跃,使可怜的村民重新燃起他们已经熄灭的热情。我在想象中看到了那里的人丁兴旺,田野富饶,大地上盖满了绿茵茵的作物;干活的人多,收获的东西多,大家做起活来好像是在办喜事,在这一对可爱的夫妇的周围响起了乡民们欢乐和祝福的声音,因为是他们俩使乡间又重新充满了活泼的生气。有些人把黄金似的年岁看作一场春梦。是的,任何一个人,只要他的心和他的爱好遭到了败坏,他如花似锦的年华就会像春梦似地消磨过去的。有些人并不是真正悔恨他们这样消磨他们的岁月,因为他们只能口头上说一些后悔的空话。要恢复已经消磨的年华,应该怎样办呢?唯一的,但也是不可能实践的办法是:你要爱它。

"看来,在苏菲居住的地方的周围已经出现了这种恢复新生的景象,你只需同他们一起去完成由她的可敬的父母开始的工作就行了。不过,亲爱的爱弥儿,如果人们要你去承担艰巨的义务的话,你就不要因为过着那样甜蜜的生活而不愿意承担!你要记住:罗马人是先做耕田的农民,然后担任执政的。如果国王或国家要你去为你的祖国服务,你就要抛弃一切去接受人们分派给你的职务,完成公民的光荣的使命。如果你觉得你担任的职务很繁重,你可以采取这样一个既诚实而又可靠的办法去摆脱它,这个办法是:很忠实地执行你的任务,以致别人再也不愿意把这个任务交给你。不过,你不要害怕这样的任务会落到你的头上,因为只要这个世纪的人还存在,他们是不会要你这样的人去为国家服务的。"

我很想描写一下爱弥儿回到苏菲身边的情形,描写一下他们的爱情的结局,或者说得更确切一点,描写一下他们夫妇之爱的开始!他们的这种爱是建筑在终生相敬的基础上的,是建筑在不随美丽的容颜消失而消失的道德上的,是建筑在性情相投的条件上的;而性情相投可以使他们友爱相处,使他们到了老年还能过着初婚那样的甜蜜的时光。不过,所有这些细节叙述起来也许是很有趣的,然而是没有什么用处的;到现在为止,我一直规定着我自己即使要叙述有趣味的细节,也必须要它们在我看来有用处,我才叙述它们。在快要完成我的使命的时候,我会不会违背这个规定呢?不,我也像我手中的这一支笔一样,已经感到很累了。拿这样一种需要穷年累月地花费时间的工作来说,我的力量太弱,本来是不能够承担的,要不是已经进行到了现在这种程度的话,我也许会放手不做的。为了不至于使它落个半途而废,现在是应该把它最后完成的时候了。

我终于看到爱弥儿最甜蜜的日子和我最快乐的日子到来了,我终于看到我的一番心血取得了成就,现在,我已经开始领略到这种成就的乐趣了。这一对可敬的夫妇是牢不可破地结合在一起了,他们的口说出了,而且他们的心也证实了他们的誓言是一点也不虚假的:他们结成了一对夫妻。当他们从教堂中走回他们的家的时候,他们让人们领着他们走回去;他们不知道他们现在在什么地方,不知道他们到哪里去,不知道他们周围的人在做什么。他们什么也听不见,他们糊里糊涂地回答人家的问题,他们眼花缭乱,什么也看不见了。啊!乐得心醉神迷啦!唉,这正是人类的弱点!幸福的感觉冲昏了这个人的头脑,他还不够坚强,还受不住这种快乐的感情的迷醉。

很少有人知道在举行婚礼那一天应该用怎样的语气向新婚的夫妇说话才算适宜。有些人死气沉沉地板着面孔讲,而有些人则随随便便把话说得十分的轻浮,在我看来,这两者都同样是不适当的。我宁可让这一对年轻人的心自己去体会他们的乐趣,自己去感到激动和感到陶醉,也不愿意人们纠缠不休地去分散他们的心,用空洞的好话使他们感到烦恼,或者,用一些粗俗的笑话使他们感到难堪,尽管这些笑话在另外一种时候说来可以使他们感到很有趣,但在举行婚礼那一天来说就会使他们感到不愉快了。

我发现爱弥儿和苏菲带着快乐的倦容,对人家向他们所说的话根本就不用心去听。我,我既然主张他们每天都要享受他们的生活,会不会让他们把这样珍贵的一天浪费掉呢?不,我希望他们领略这一天的滋味,体会这一天的乐趣,尽情地享受这一天的美。我把他们从乱哄哄的人群中拉开,带他们到另外一边去散步,我向他们谈他们自己的事情,使他们的头脑恢复清醒。我不只是希望他们的耳朵听,我最希望的是他们的心要听我向他们所讲的话;我当然知道在这一天唯一能够引起他们的兴趣的话题是什么。

"我的孩子",我拉着他们两个人的手,向他们说道:"我在三年前就看见你们燃起这股旺盛而纯洁的火焰,它在今天果然铸成了你们的幸福。这股火焰曾经继续不断地高涨过,现在,我从你们的眼睛中看出它已经达到了最激烈的程度,而今后它就要愈来愈减弱了。"读者诸君,你们难道想象不到爱弥儿先是狂喜,继而是激动,最后竟慎重其事地发起誓来！难道想象不到苏菲显得很不高兴,把她的手从我的手中缩回去！难道想象不到他们彼此相视,流露出一种微微反对的神情,表明他们直到最后一口气都是彼此相爱的！我不管他们的表情怎样,我继续讲我的。

"我常常想,如果我们在结婚之后仍然能保持爱情的甜蜜,我们在地上也等于进了天堂。这一点,迄今还没有人做到过。但是,如果说这一点并不是绝对做不到的话,你们俩是配得上去树立这样一个他人未曾有过的榜样的,而能够学你们这种榜样的人也是不多的。我的孩子,你们愿不愿意听我告诉你们一个在我看来是唯一能够树立这种榜样的办法？"

他们微笑地交换了一下目光,显然把我这种直率的说法不当一回事情。爱弥儿简单地说了一声他感谢我这个办法,同时又说他相信苏菲还有一个更好的办法,说在他看来,只要采用苏菲的办法就行了。苏菲马上赞成他的说法,并且现出一副很有信心的样子。不过,我从她那种嘲笑的神气中看出她是有一种好奇心的。我仔细地观察爱弥儿,他火热的目光虎视眈眈地凝视着他的妻子的美,他唯一感兴趣的就是这种东西,因此对我所说的话满不在乎。我也微微地笑了一下,并且自言自语地说:我马上有办法使你注意听我的话。

男女两性之间的内心秘密冲动的差别从表面上几乎是看不出来的,然而正是这种差别突出地表明了男女两性在个性上是有所不同的,并且同一般人所抱的看法是完全相反的;大体上说,男人是不像妇女那样始终如一的,总是比妇女更易于对爱的甜蜜失去兴趣的。妇女们早就料到男人的心是容易变的,并且因此而感到不安①,这就是她们比较妒忌的原因。当他开始冷淡下去的时候,她就不得不像他从前对她那样关心地反过来对他表示关心,因此她时时哭泣,毕恭毕敬地对他,而且还不容易次次都做得成功。对人表示爱和关心本来是能够赢得人的心的,可是她现在即使是爱他和关心他,也很难夺回他的心了。我要回头来谈一谈我防止结婚以后爱情渐趋冷淡的药方。

"这个办法又简单又容易,"我继续说道:"那就是:在结为夫妇之后继续像两个情人那样过日子。""实际上,"爱弥儿一边在暗暗微笑,一边说道:"对我们来说,要做到这一点并不困难。"

"你说这不困难,但也许比你所想的困难得多。现在,请你们让我把这一点阐述一下。

"你如果把一个结子打得太紧,结子就会断掉的。婚姻的结合就是如此:你想使婚姻的结合愈紧密,结果它反而会不紧密的。婚姻的结合要求夫妇双方都要忠实,忠实是一切权利中最神圣的权利;不过,一要求忠实就必然会使一方把对方管束得过严的。强制和爱情是不能融合在一起的,要命令一方给予快乐是办不到的。苏菲!你别害羞,你别逃跑。上帝为证,我绝不会伤害你的羞耻心!不过,这件事情关系到你一生的命运。为了这样重大的一件事情,你必须站在你的丈夫和我这位长辈中间听我讲这一番话,尽

---

① 在法国,首先离心离德的是女人,这是必然的,因为她们的脾气坏,只是要丈夫听她们的话,当丈夫不听她们的话的时候,她们就不理他们了。在其他的国家正好相反,首先离心离德的是丈夫,这也是必然的,因为妇女们尽管是很忠实,然而是很粗鲁的,她们硬要他们满足她们的欲望,所以使得他们对她们感到厌烦。这是很普遍的真实情形,这种情形也可能有许多的例外,但我相信它确实是普遍存在的。

管这一番话在其他的场合你听起来是受不了的。

"不论是采用占有或控制的办法都是不能够束缚一个人的心的,一个男子对一个同他私通的女子的爱比对他自己的妻子的爱深厚得多。要怎样才能够使温存的关心变成一种义务,把最甜蜜的爱情变成一种权利呢?要使它成为一种权利,就需要双方有共同的愿望,除此以外,在大自然中是找不到其他的办法的。法律能够对这种权利加以限制,但不能够使它扩大。肉体的快乐本身当然是很甜蜜的!但能不能够用强迫的办法去取得这种应该由肉体快乐的本身产生的美妙感觉呢?不能,我的孩子,结婚以后两个人的心是连在一起了,但身体不能受到管束。你们应当采取的办法是彼此忠实而不是互献殷勤、讨取欢心。你们中间每一个人都不能再许身给另外一个人,但你们两人除了自愿以外,谁也不应该强迫谁。

"如果是这样的话,亲爱的爱弥儿,我便希望你始终做你的妻子的情人,希望她也永远做你的情妇和她自己的主人;你必须成为一个欢欢喜喜的,但是是很尊敬她的情人;一切快乐都要从爱情中去取得,而不能够强要对方把使你快乐作为一种义务,即使她对你做的是一件很小的事情,你也千万不可把它看作是你应享受的权利,而应当把它看作是她对你的恩情。我知道她将因为害羞而不愿意公开表示她爱你,因此,需要你去克服她那种害羞的心。如果一个男人既温存体贴又真正地爱一个女人,他哪里会看不出她秘密的心意呢?他哪里会不知道当她的心和眼睛已表示乐意的时候,口头上的拒绝完全是假的?我希望你们两个人都各自支配各自的身体和爱情,只有在自己心甘情愿的时候才把这一切给予对方。你们始终要记住：即使结婚之后，也只有在两相情愿的时候，做快乐的事才是合法的。我的孩子，你们别担心这个法则会使你们彼此疏远，相反地，它将使你们两个人都更加有意地互相取悦，并且防止过多地做快乐的事情。只要你们彼此忠实，单单依靠天性和爱情就已经足够使你们互相亲近了。"

听完了这些话，爱弥儿很不高兴，叽叽咕咕地表示反对；苏菲羞答答地用扇子遮着她的眼睛，一句话也没有说。也许，在这两个人当中，最不高兴的并不是那位叽叽咕咕满腹牢骚的人。然而，我还是硬着心肠继续讲下去，我指出爱弥儿缺乏温存而使他脸儿羞得通红，我相信苏菲是愿意承担条约中的她那一份义务的。我故意挑她说话，而大家都知道，她是不敢向我说假话的。爱弥儿显得不安，注视着他年轻的妻子的眼睛的表情；他从她慌乱的神情中看出一种娇媚的羞态，从而深深相信他是可以信赖她的。他跪在她的脚边，欢天喜地地吻着她向他伸出的手，并且发誓说，他除了已经发誓忠实于她以外，还放弃他对她的一切权利。"亲爱的妻子，"他对苏菲说道："正如你现在是我的生命和命运的主宰一样，请你也主宰我的一切欢乐。即使你硬不给我快乐，因而使我死去，我也愿意把我最可贵的权利交给你。我不需要你对我处处殷勤，我需要的是你的一片真心。"

诚实的爱弥儿，你放心吧！苏菲这个人是非常的豪爽，她绝不会让你因为对她慷慨反而成为牺牲品的。

晚上，当我准备离开他们的时候，我以尽量严肃的语气向他们说："你们要记住：你们两个人都是自由的，你们之间根本就不存在什么夫妇的权利问题。你们要照着我的话做，彼此不要在表面上假意顺从。爱弥儿,你现在愿不愿意同我一起回去?苏菲是允许你同我一块儿回去的。"爱弥儿很不高兴,想反对我。"苏菲,你的意见呢?我可不可以把他带走?"这个撒谎的女子红着脸儿说:"可以。"多么令人欢喜的甜蜜的谎话啊,它比真话还好咧!

第二天……人们对喜气洋洋的景象不再感兴趣了,不良的恶习既败坏了他们的心也败坏了他们的审美力。动人的事情他们感觉不到,可爱的事物他们看不到。你,为了描写肉体的快乐,只知道去想象这两个幸福的情人怎样沉浸在甜蜜之中,你想象的这幅情景是很不完善的!你只描绘了其中最简单的那一部分景象,而最细腻的快乐神情,在你的图画中是一笔也看不到的。啊,你们当中谁观察过美满地结成一对夫妇的年轻人,第二天离开他们新床的时候,在困倦而纯洁的目光中还流露着他们刚刚才尝到的迷人的美,还流露着可爱的天真,流露着表明他们这一生要偕同到老的极其可贵的信心!这才是人心最感到神往的东西,这才是肉体快乐的真正图画;你已经看见过一百次,可是你就不能够把它认出来,因为你那僵硬的心是不爱这种情景的。苏菲显得又快乐又稳重,在她母亲的怀抱里度过白天的时光,在她的丈夫的怀抱里度过了黑夜之后,在母亲的怀抱里休息是很舒适的。

一天以后,我发现了某种变化,爱弥儿故意做出有一点儿不满意的样子;不过,从这种假装的神情中,我注意到他那种急躁的心情显得很温柔,而且明明显得是出于服从对方的意愿,所以我料想这当中并没有什么不愉快的事情。至于苏菲,她比前天更显得高兴,我在她的眼睛中看出了一种满意的神色,她使爱弥儿入了迷,她简直是在捉弄他,逗他生气。

这个变化是不容易看出来的,但还是没有逃过我的眼睛;我感到不安,我私下去盘问爱弥儿;原来,使他很感歉然的是:前天夜里,尽管他再三请求,苏菲都不答应他跟她同睡一床。这个威严的女人急于要行使她的权利。我要他把经过的情形谈一下;他说,他曾经苦苦地哀求,但苏菲却拿他开玩笑;最后,她看见他快要生气的时候,才用充满了温柔和爱的目光看着他,拉着他的手,用动人心弦的声音说了一句"忘恩负义的人!"爱弥儿是这样的愚蠢,竟一点也不懂得她说这句话的意思。至于我,我当然是明白的。我离开爱弥儿,又私下去盘问苏菲。

我向她说:"我已经看出他这样任性的原因。其实,再没有人比爱弥儿更温柔的了,然而也没有哪一个人是像他那样不善于使用他的温情。亲爱的苏菲,你放心吧,我给你的是一个男人,你要把他当作一个男人来看待,你已经得到了他的青春的精华;他从来没有把他的青春浪费于别人,而将来,他也要永远为你保存他的青春。

"亲爱的孩子,我需要把我前天在我们三个人中间所讲的话解释一下。你也许从其中领会到了一种控制你们的快乐行为的办法,以便使你们的快乐能保持长久。啊,苏菲!我所说的那一番话还有另外一个我劳心苦思地想达到的目的哩。爱弥儿在成为你的丈夫的同时,也就成了你的首领;你应当服从他,这是大自然这样安排的。如果说妇女们都像苏菲的话,叫男人听女人的话,那当然是很好了,这也是符合自然的法则的;我之所以要你对他的行乐加以节制,是为了使你能够像他作为男性而控制你的身子一样地控制他的心,这是需要你花很多心血才能做到的。但是,如果你能够控制你自己的话，你就能够控制他了；从这几天的经过来看，我认为你是有勇气采取这样一个困难的做法的。如果你过了相当时候再给他一次恩情，使他觉得你的恩情很珍贵、很稀罕，如果你能够把你的恩情运用得很适宜，你就可以借爱情的力量而长久地控制他了。如果你想看到你的丈夫时常来拜倒在你的脚下，你就要始终使他同你的身体之间有一点距离。不过，在你的严肃的做法中，要带一点儿羞怯，千万不能任性，要使他觉得你是稳重而不是胡闹。你要注意的是：在控制他的爱情的同时，不要使他对你的爱情产生怀疑。你要通过你的恩情而使他爱你，你要采取拒绝的办法而赢得他的尊敬；要使他赞美他的妻子的贞洁，但是不要使他抱怨他的妻子太冷淡无情。

"我的孩子，这样，他就会对你寄予信任，听从你的意见，有事同你商量，凡事不同你研究就不做决定。这样，你才能够在他越轨的时候唤起他的理智，很温存地说服他，使他回到正路；为了使你对他有用，就需要使你在他看来可爱，要使用娇羞的美态去达到道德的目的，要使用爱情的力量去增益理智的行为。

"不要做到了以上几点你就认为这个办法始终是有效的。不管你多么小心谨慎，愉快的事情最终还是要使快乐的心逐渐消失的，所以最需要注意的还是爱情。当爱情经过很长的时期之后，就会产生一种弥补爱情的空隙的美好的习惯；享受了情欲的美妙乐趣之后，就会产生深厚的信任。孩子们将在给予他们的生命的两个人之间建立一种甜蜜的而且比爱情本身还牢固的联系。即使你不再是爱弥儿的情人，但你是他的妻子和朋友，是他的孩子的母亲。所以，不要再采取你原来那种矜持的态度，而应当在你们之间建立最亲切的情谊,不要再同他分床而睡,不要再拒绝他,不要再任性。这样,你就会变成他自己的半个身子,使他不能够没有你,使他一离开你就觉得是离开了他的本身。你在你父母家中的时候,把他们的家管理得很有条理,使家庭生活很有乐趣,现在也要把你自己的家管理得像那个样子。当一个男人在他家里感到很快乐的时候,他是一定会爱他的妻子的。你要记住:如果你的丈夫在你的家中生活得很幸福,你也必然会成为一个幸福的妻子。

"至于目前,不要对你的情人这样严肃,他是值得你去殷勤待他的;如果你吓他的话,他是会生气的;不要因为照顾他的健康而牺牲了他的快乐,而你自己也是应该享受你的快乐的。你千万不要让他产生厌恶的感觉,不要让他有打消欲望的念头;你不要为拒绝他而拒绝他,而只能在你为了使你给他的恩情更有乐趣才采取拒绝的做法。"

然后,我把他们两个人找在一起,我当着她的面向她的年轻的丈夫说:"你应当好好地忍受你自己愿意承担的枷锁,你应当采取良好的行为,才能使你承担的枷锁轻松一些。你特别要为了恩情而作出牺牲,不要以为用发脾气的办法就可以使对方爱你。"要恢复和平是一点也不困难的,每一个人都可以猜出他们达成和平的条件。他们互相亲了一个吻,从而便签订了他们的和约;签完和约以后,我便向我的学生说:"亲爱的爱弥儿,一个男人一生当中都需要别人给他的忠告和指导,我已经尽了我最大的力量把我对你的义务一直履行到现在;到这里,我这耗费了许多岁月的任务便结束了,而另一个人便应该从这里开始把这个任务承担下去。今天,我便放弃你赋予我的权威,今后,管理你的事务的人就是她了。"

最初那种乐得发迷的心情逐渐地平静下来，让他们安安静静地享受他们这种新的生活环境的美。快乐的情人，可敬的夫妇！为了赞颂他们的德行，为了描写他们的幸福，便需要叙述他们一生的历史。当我一再在他们身上看到我的工作的成绩的时候，我的心高兴得怦怦地跳了起来！我曾经多次把他们两个人的手握在我的手里，从心底里热烈地感谢上帝！我曾经多少次吻过他们两人互相握着的手！他们快乐的眼泪有多少次掉落到我的手上！他们深深地被我快乐的心情所感动，同我一起分享这令人陶醉的乐趣。他们的可敬的父母在他们孩子的青春生活中再一次享受到青春的美，他们可以说是在他们孩子的身上再开始生活一次，或者说得更确切一点，他们第一次认识到了生命的价值，他们诅咒他们过去的财富没有让他们在年轻的时候享受到这样美妙的生命。如果说在这个世界上确有幸福存在的话，那就应当到我们所居住的地方去寻找了。

　　过了几个月，有一天早晨，爱弥儿走进我的房间，拥抱着我说："我的老师，祝贺你的学生吧，我不久就要做父亲了。啊，我们即将担负多么艰巨的责任，我们是多么地需要你呀！不过，我绝不要你在抚养了父亲之后再抚养他的儿子！除了我以外，我绝不让另外一个人来承担这样一个如此神圣和如此可贵的责任；即使我能够像我的父母为我选择老师那样地为他选择一个老师，我也不愿意把这个任务交给别人！但是，我希望你仍然是继续做我们这样年轻的老师的老师，指点我们，教导我们，我们将乖乖地听你的话。只要我活着，我就是需要你的。我比以往任何一个时候都更需要你，因为现在我已经开始承担成人的任务了。你已经完成了你的任务,请你指导我学习你的榜样;你好好休息吧,现在是应该你休息的时候了。"

附　录

爱弥儿和苏菲

或

孤独的人

书柬一

　　我生活得很自由,我的生活很幸福,啊,我的老师！你给我培养了一颗能感受幸福的心,你使我得到了苏菲;在一个兴旺的家庭中,不仅充满着甜蜜的爱和洋溢的友谊,而且还充满着父亲对子女的慈祥。这一切表明我的生活是很幸福的,表明我将得到一个愉快的晚年,能够无牵无挂地死在我的子女的怀抱里。唉！这充满快乐和幸福的时刻,这使人展望将来便觉得现在是十分美好的时刻,这使我的心在无限快乐的情景中每天每日都陶醉于一个百年至福的时刻,变成了什么样子呢？所有这一切都像梦幻似地消逝了。在我年纪尚轻的时候,我便失去了一切,失去了我的妻子、孩子和朋友,失去了所有的一切,甚至失去了和同胞的联系。我的心已经被它依依不舍的东西撕得粉碎了,在所有这一切当中,它只有极其微小的一点点依恋了,只淡淡地还爱着那虽无乐趣但也无所悔恨的生命了。如果在我失去了一切之后,我还能活一个很长的时期的话,我必然是孤孤单单地老死的,而且在死的时候,身边连一个人的影子也见不着的;那时候,只有上帝来合上我的眼睛了。

既然是这样,谁还能使我对这可悲的生命(我没有爱它的理由了)操什么心呢?然而,由于对往事的记忆,由于生活在这个世界的秩序中而感到的安慰,我不能不毫无怨言地服从这永恒的裁决。我死在我所喜爱的一切事物中,我不急不躁和无忧无虑地等待着我的余年同我失去的生命再结合起来。

可是你,亲爱的老师,你怎样生活的呢?你还能同你的爱弥儿一起死在这茫茫的土地上吗;或者,你是不是已经同苏菲一起安居在那荟萃着正直的人的地方呢?唉!不管你在什么地方,你都是因为我而死的;我的眼睛再也看不到你了,可是我的心无时无刻不想念你。只有在严酷的需要如此无情地使我感觉到它的压力,而且使我除我自身以外全都失去以后,我才清楚地认识到你对我的教育的意义。我现在是孑然一身,失去了所有的一切;然而,我仍然是原来那个样子,灰心失望的事不能消灭我这个人。这几页书信也许是达不到你的眼前的,我也未抱有它们达到你的眼前的希望;毫无疑问,它们在未得到任何一个人的阅读以前就会毁掉的;不过,没有关系,我把它们写出来,我把它们收在一起,我继续写下去。我的信是写给你的,我是向你追述那既培养了我的心,然而也使我的心为之伤感的珍贵的记忆的;我要向你讲述我自己,讲述我的思想和我的行为,讲述你给我培育的这颗心。我什么都讲,好事、坏事以及我的痛苦、欢乐和我的过失,全都要讲,但是我相信,在我所讲的事情中,没有任何一件事情是有辱于你的事业的。

我的幸福是享受得过早了,从我出生的时候起,我就开始享到幸福,所以它应当在我死去以前先行结束。我整个的童年时期是过得挺愉快的，是在自由、欢乐和天真无邪的状态中度过的；我所受的教育同我的游玩从来没有分开过。所有的人回想起他童年的快乐时候都是感到很甜蜜的，然而，说到在甜蜜的回忆中想不出任何一件伤心的事情的，也许只有我一个人。唉！如果我在儿童时期就死了的话，我就可以说是一个既享受了生活而又不知道生活的辛酸的人了。

我长成了一个青年人，我仍然过着幸福的生活。当我达到心有欲念的年岁，我用我的感官培养了我的理智；使别人走入歧途的欲念，对我来说正是通向真理的道路。我学会了如何才能头脑清醒地判断我周围的事物，判断我应当从我周围的事物中取得什么乐趣；我是根据又真实又简明的原理去判断的，权威和他人的议论是不能改变我的看法的。为了要发现事物同事物之间的关系，我就对每一件事物同我之间的关系进行研究，通过两个已知项，便可以找到第三项；为了要通过所有一切同我有关的事物去认识宇宙，我只需认识我自己就够了；把我的地位一加明确，其他的地位就可以找到了。

这样，我了解到最明智的方法是渴求现在的东西，并按照自己的命运去节制自己的心。你告诉我说："能够由我们做主的就是这一点，其他一切都是受需要的制约的。"同自己的命运拼命斗争的人是最不明智的，而且始终是最不幸福的。他对他的境遇所做的种种改变，虽减轻了他的痛苦，但减轻的程度还不如他为了改变他的境遇而遭受的内心的折磨多。他成功的次数是很少的，而且，即使成功，也是得不到什么收获的。不过，哪一个有感情的人能够始终是那样毫无欲望和毫无依恋地生活呢？这不是一个人，这是一头牲畜，或者是一个神。由于我不能够保证我不对所有一切同我有关的事物寄予爱,你便教导我至少对这些事物要有所选择,教导我只爱最高尚的事物,只爱同我一样高尚的人,把"我"扩及于整个的人类,这样,就可以保持我不受我周围的邪恶的欲念的侵害了。

由于我的年龄增长,我的感官也开始活跃起来,它们要求我寻找一个伴侣;你用情感使我的感官的火焰趋于纯洁;我正是通过促使感官冲动的想象力学会如何抑制我的感官的。我还没有认识苏菲以前,我就爱她了;这种爱保护了我的心没有落入邪恶的陷阱,它使我的心对美好和诚实的事物感到乐趣,它用不可磨灭的字迹在我的心中刻上神圣的道德的法则。当我最后看到了我所崇拜的这个高尚的人,感受到她的魅力时,所有一切令人心醉神迷的美使我的心浸透了一种无法形容的甜蜜的感觉。初恋时期的美好的日子,甜蜜的日子,但愿你们能够一次再次地重新开始,充实我今后的整个的生命!我是不想望什么来世的幸福的。

悔恨是没有用了!愿望是不能实现了!所有一切都完了,都一去不复返了……热情的爱慕之后,我获得了我的代价,所有的心愿都满足了。作为她的丈夫,而且始终作为一个情人,我在宁静的生活中享受到了另外一种幸福,但是,它跟在狂热的贪欲中享受到的幸福是同样的真实。我的老师,你以为你已经了解了这个迷人的女子。啊,你简直是大错而特错了!你所了解的是我的情人,是我的妻子,可是你并未了解苏菲。她的种种魅力是无穷无尽的,每时每刻她的魅力都好像有所更新,直到她生命的最后一天,我还发现我对她的魅力是不了解的。

作为两个孩子的父亲,我把我的时间分别用之于我所钟爱的妻子和她所生育的可爱的孩子;你帮助我为我的儿子实行一种同我所受的教育完全相似的教育；我的女儿，在她的母亲的教养之下，也在学她的母亲的样子。我成天所做的事情，就是经管苏菲的产业；我已经忘记了我自己的财产，为的是享受我最大的幸福。虚假的幸福！我已经再三地感觉它是变幻无常的。它不过是昙花一现，转眼就要消失的；当一个人达到最高峰的时候，他马上就要往下坡走了。家庭的衰败，是不是由你这位忍心的父亲开端的呢？是什么严重的原因使你离开我们，不同我们一起过恬静的生活呢？我的殷勤侍候怎么会讨不到你的欢心呢？你以完成了你的事业而感到满足，这我是看出来了的，意识到了的，完全相信的。你以我的幸福而感到幸福；苏菲的温情照护使你慈父般的心感到十分喜欢；你爱我们，你同我们在一起感到很快乐，然而你毕竟还是离开我们了！如果你不离开我们的话，我也许还要更幸福；我的儿子也许就会活着，或者说别人就不会来葬送他的生命。他的贤良可爱的母亲也不会离开他的父亲的怀抱。你的隐退给我造成了严重的后果，使我不断遭到可怕的命运的打击！不，在你的监护之下，罪恶和痛苦是不会来到我的家的；由于你离开了我的家，你给我造成的痛苦远比你给我这一生创造的幸福多得多。

老天爷不再保佑你不居住的这个屋子了。痛苦和悲哀的事情一个接着一个地不断发生。在短短的几个月中，苏菲的父亲死了，母亲也死了，最后，她的女儿，她盼望了许久才生育的这个美丽的女儿，她当作宝贝看待的这个女儿，她愿相伴一生的女儿，也死去了。最后这个打击，使她坚毅的心受到动摇，而且终于完全消失。到这个时候为止，由于在孤独中过着满意和宁静的日子，她还不知道生活的辛酸，她还没有使她聪敏善感的心具备抵抗命运的打击的武装。亲人的死是她遇到的头几件痛苦的事情,然而这只不过是我们的痛苦的开始哟。她成天流着眼泪,她的女儿的死,使她对她的母亲的死更感到伤心;她悲哀地时而呼唤她的女儿时而呼唤她的母亲;她每到一个曾经同她们天真无邪地亲密相处的地方,她都要呼唤她们。所有一切能够引起她回忆她们的事物,都使她感到伤心。我决定使她离开这个令人悲哀的地方。我在首都有一些事情需要处理,这些事情我以前是不打算去办的;我建议她跟她的一位女友一起到首都去,这位女友是我们的邻居,要到首都去同她的丈夫在一起。她赞同我的建议,以便不至于和我分离,不过她并没有了解我的动机。她的心是太痛苦了,必须得到平静。只有分担她的悲伤,和她一起哭泣,才能使她得到一点安慰。

在走近首都的时候,有一种我从来没有经历过的可怕的感觉使我为之震惊。我心中涌现了许多不祥的预感,我所看见的一切景象,我从你口中听到的关于大城市的一切看法,使我一想到住在首都便感到胆寒。我害怕把我们如此纯洁的一对夫妇暴露在那些将败坏我们关系的危险前面。当我看到忧郁的苏菲,当我想到是我自己把这样贤良和这样美丽的妻子带进这处处都将使她失去天真和快乐的偏见和罪恶的陷阱,我便为之战栗。

然而,由于我对她和对我自己深有信心,我便忽视了这样一个要我事事必须谨慎的预感,把它看作是没有意义的;我一方面为这预感所苦恼,一方面又把它当作是无稽的梦幻。唉!我没有想象到不久之间果然就成了无情的事实。我虽然不是有意到首都去寻求危险,然而在首都却处处有危险跟在我的身边。

你对我们在这个不良的城市中所度过的两年时间,对居住在首都沾染的毒素给我的心灵和命运带来的严重后果，作怎样的估计呢？你对这个悲惨的结局必然是十分清楚的。这种结局在快乐的日子里未露端倪，而在今天回忆起来，倍加感到伤心，因为它使我想起了造成这些伤心之事的根源。我对人的殷勤，使我同一些人取得了密切的联系，久而久之便同他们结成了朋友，这样一来，就使我这个人有了很大的变化！你曾经使我的心具备了很好的武装，使它能够抵抗他人的行为的影响，不去学他人的样子，然而他们怎么会终于使我在不知不觉中去喜欢那些在我的青年时期不屑为之的无聊的事情呢？我怀着其他的目的去看待这些事情，同心有专属的时候去看待这些事情，其间是有多大的差别啊！现在，我活跃的想象力不再像从前那样只追逐苏菲了，不再像从前那样厌恶那些不像她的人了。我不再追逐她，我已经占有了她；当我年轻的时候，我觉得她的美使其他的人大为逊色，而现在我觉得她的美使其他的人也同样美起来了。不久以后，我对那些人也感到欣赏，因而我的鉴赏能力便大大为之降低。正因我的心思一点一点地花费在那些无聊的事情上，我的心在不知不觉中便失去了它原来的活力，变得没有热情和力量了。我怀着不安的心情享受了这种乐趣又去享受那种乐趣；我追逐一切，然而我也厌恶一切；我只有在我失去了本来面目的时候才感到快乐，我为了得到快乐，就糊里糊涂地过日子。我感觉到了一种巨大的变化，然而我也不愿意承认这种变化是危险的；我不让我自己有片刻的反省的时间，怕的是在反省中再也认不得我自己了。我对一切人都没有那么迷恋了，我对一切人的爱都冷淡了，我信口开河地空谈感情和道德而不谈真理了。我成了一个缺乏温情的风流绅士，成了一个缺乏美德的禁欲者，一个做傻事的智者。在我的身上只保留着你的爱弥儿的名字和某些语言。我坦率的心、我的自由、我的欢乐、我的天职以及我的儿子、苏菲和你,所有这些,在从前都激励着我的心灵,使我的生活达于至善,而现在,却逐渐逐渐地同我分离了,从而使我自己也好像在背离自己了,在我消沉的心灵中只留下一种空虚和纷乱的感觉。最后,我什么也不爱了,或者说,我觉得我没有什么可爱的了。可怕的火焰,表面上看起来好像是熄灭了,原来它是掩盖在灰烬下面,为的是在不久之后以空前凶猛的火势更炽烈地燃烧起来。

变化之大,简直是想象不到的!使我一生感到光荣和幸福的她,怎么竟会成为我的生活中的耻辱和失望呢?我怎样来描述这如此可悲的误入歧途呢?不,我的笔和口绝不去叙述那些丑恶的情节;这会损坏留在我心中的这个最庄重的妇女的形象的,是令人想起往事就感到难过和害怕的,是使人对美德缺乏信念的;也许我还没有把它写完,我就死一百次了。社会的风气,恶习和他人的行为的引诱,虚伪的友情的陷害,人类心灵的脆弱和变化无常,我们当中谁经受得住这种考验呢?唉!如果说苏菲也使她的美德蒙受了污点的话,哪一个妇女还敢相信她自己的品德呢?一个人要有多么独特的性格,才能在走了那么远的歧路之后,又回头保持他从前的样子!

我要向你叙述的,是你的获得新生的儿女。他们所有的不正当行为,你是知道的,因此,我在这里只谈一下促使他们认识前非和能够把前后经过加以连贯的事情。

苏菲得到了安慰,或者说得更确切一点,被她的女友拉去参加的社交活动分散了心,从此以后,她再也不喜欢那种深居简出的生活；她把她死去的亲人完全忘记了，她把还活在她身边的人也忘记了。她的儿子一天天地长大起来，也不像从前那样依赖她，而母亲也学会了如何摆脱儿子的拖累了。至于我自己，我也不再是她的爱弥儿，而仅仅是她的丈夫了；在大城市中，一个诚实的妇女在公开的场合对她的丈夫是很端庄的，可是私下里是见不到她有端庄的样子的。日子一久，我们这几个人也是这样做法了。我们在不知不觉中都变了。我们两个人彼此都在想远远地避开对方的监督，以便爱怎么活动就怎么活动了。我们再也不像从前那样结合成一个人，我们是两个人了，因为社会的风气使我们互相分离，我们的心再也不互相亲近了，只有我们在乡下的邻居和城里的朋友来看我们的时候，我们才偶尔聚在一起了。那个女人常常向我暗送秋波，而我也确实是苦苦地克制自己才抵住了她的引诱；此后，由于她看见对我无法可想，便反过去专门亲近苏菲，同苏菲形影不离。她的丈夫同她是常常在一起的，因此同我的苏菲也常常在一起了。他们的外表是很规矩和正派的，但是他们所奉行的行为准则却是令人十分害怕的。他们之所以相处得很和谐，其原因不是由于他们有真正的爱，而是由于他们对各自应尽的本分都同样地漠不关心。由于他们把夫妇间的权利看作是无所谓的，因此他们认为让每一个人无拘无束地随兴趣去玩，反倒能够使他们更加相爱，认为彼此都不约束，反倒能够互不干扰，河水不犯井水。"我的丈夫生活得很快乐，对什么都感兴趣。"这句话就是那个女人说的！"我把我的妻子看作是一个朋友，我这样才感到高兴。"这句话就是那个男人说的。他们还说："我们的感情不取决于我们，但是我们的做法是由我们决定的：每一个人都尽可能使对方感到快乐。我们亲爱的人爱怎么就怎么,还有什么办法比这样做更能对我们所爱的人表示爱呢?这样就可以免得那样躲躲藏藏的了。"

这种毫不隐晦的做法,使我们感到害怕。但是,这一点是我们不知道的,即:热情的友谊将使我们放松对某些事情的注意,而这些事情,在没有友谊的时候是会引起我们的反感的;我们还不知道:这样一种极其投合人心的邪恶的说法,将使我们把我们的心思、行为、端庄的外表,把我们的自由、诚恳和信念,全都牺牲于我们无法控制的情感,牺牲于使人痛苦和对双方都没有好处的秘密的义务;我们不知道:当两个人已离心离德的时候,这样一种维系结合的方法,对天性善良的人是有其魅力的,是能够在"达观"这个词儿的掩盖下引诱人的,如果没有良心的帮助的话,即使有理智,也很难保护自己不受它的危害。正是这个缘故,苏菲和我才羞于表现我们已不再具有的殷勤。这两个男女把我们征服以后,就肆无忌惮地彼此侮弄,而且以为他们这样做是在彼此相爱;然而,由于苏菲和我从前是互相尊重的,这种互相尊重的态度我们是不能抛弃的,因此,我们在做有辱对方的事情时,还不能不互相躲避。当我们表面上显得彼此是一个累赘的时候,我们实际上是比那形影不离的人更结合得紧密的。然而,当我们到了互相侮弄也用不着回避的时候,那就表明我们永远也不能够再互相亲近了。

当我们之间的疏远达到最明显的程度时,情况也一下子起了变化,而且变得很奇怪。苏菲突然间足不出户,不同人相往来,其情形同她在此以前的贪玩好乐恰成对比。她的心情一向是不平衡的,现在更是变得成天忧忧郁郁的了。她从早到晚都待在她的房间里,既不说话,也不哭泣,对谁也不理睬,更不许任何人去打扰她,甚至连她那位女友她也不愿意见面了。她把这一点告诉了那个女人,而且在那个女人来看她的时候,她表现得很不耐烦,虽然她没有表示拒绝;她不止一次地请求我为她摆脱那个女人。我批评她这种任性的做法,我认为这是出于嫉妒的心理;有一天,我还以开玩笑的方式向她表明我这种看法。"不,先生,"她冷冷淡淡地但语气是很果断地说道:"我是一点也不嫉妒的,不过,我很厌恶那个女人,我只请求你帮我做一件事情,那就是不要让我再看到她。"听完这些话,我大吃一惊,很想弄清楚她恨那个女人的原因,但是她拒绝回答。她向她的丈夫关上了大门,于是我也只好向那个女人关上大门,从此我们就不再见他们了。

然而她依然是那样的忧郁,这使人十分不安。我开始感到焦急:要怎样才能知道这当中的原因,她为什么坚持不讲呢?像她这样一个骄傲的人,是不能用权威去逼着她讲的。我们已经有很长一个时期彼此都不互相信任了,所以,她不向我吐露她心里的话,我是一点也不觉得奇怪的。必须取得她的信任。不论她令人惋惜的忧郁样子是不是能感动我的心,也不论我心里的创伤是不是能如我想象的那样得到医治,我觉得这样做对我是没有任何损失的,即:对她表示关切,以期最后能打破她的沉默。

我一步也不离开她。可是,尽管我回到了她的身边,而且表现得极其殷勤,但结果也是徒然,我痛苦地发现,我并未取得任何进展。我想行使我做丈夫的权利,这个权利,我已经有很久没有行使了,但是我遇到了她坚决的抵抗。不过,她所表现的,不再是那种令人焦急难熬的拒绝,这种拒绝是更能够使她给予的爱有新的意义的;她所表现的,也不是那种婉转羞怯而是绝对的拒绝,这种拒绝是令人感到爱的甜蜜的,是应当尊重的;她所表现的,是一个意志坚定的人的严肃的拒绝,她对别人怀疑她,是感到很愤慨的。她着重指出我从前当着你的面所许下的诺言。"即使我做得不对,"她说道,"你也应当尊重你自己,应当永远遵守爱弥儿的话;你绝不能因为我做了错事,就认为你有权利违背你的诺言。你可以处罚我,但是你不能管束我;你要明白,我是绝不允许你这样做的。"对她的话怎样答辩呢?除了尽力使她屈服,使她受到感动,坚决地战胜她的顽强抵抗以外,又有什么法子呢?我的一番努力尽管没有得到成效,却激励了我的爱和我的自尊。要做到以上几点是很困难的,然而也正因为有这些困难,我心中反而产生了火热的情感,我认为能够克服这些困难是一件很光荣的事情。在同她结婚十年之后,在经过这么一段长时期的冷淡之后,我从来没有产生过如此激动和热烈的情感;甚至在我同她初恋的时期中,我也没有在她跟前流过这么多的眼泪;然而这一切都没有一点用处,她依然是丝毫不动摇。

我既感到惊奇也感到痛苦,因为我知道,她这样的心肠狠硬,是不符合她的性情的。我没有失望,虽说我没有战胜她那种顽强的态度,然而我认为我至少在她的态度中发现,她还不是那么冷淡无情的。她也表现了一些遗憾和同情的样子,从而也缓和了她那种生硬的拒绝语气;我有时候发现,她这样做,内心是很难过的;她投在我身上的黯淡的目光虽显得忧郁,然而不显得凶恶,还带有温柔的神情。我想,正是因为她对那种极端任性的行为感到羞愧,她才未能恢复清醒;而她之所以这样地任性,是由于她还缺乏申辩的能力,也许只要对她略加强制,就可以使她服从她本来是不愿服从的压力。我抱着这种充满希望的想法,我满心高兴,觉得我这种想法是很对的,这也是我对她尊重的一种表示,使她在顽抗了这么久以后,再对我屈服也不觉得为难。

有一天,我特别地兴奋,我既婉转地对她表示恳求,而且还对她表示热情的关心,我发现她已经有所感动了,我想取得完全的成功。她显得又难过又心情激动,马上就要屈服了;然而,她的语气、举动和神情突然一变,怒冲冲地把我猛然推开,用又忿恨又失望、令人害怕的目光看着我说:"爱弥儿,住手,你要知道,我不再是你的了,我已经和另外一个人同宿过了,并且已经怀孕了;你在我这一生都不能再接近我的身子了。"她说完就猛地冲进她的房间,把房间的门关上了。

我惊得呆若木鸡……

我的老师,我在这里叙述的,并不是我生活中所经历的事情,这种事情是不值得写下来的;我所叙述的,是我的欲念,我的感情,我的思想。我应当详详细细地叙述一下我的心从未经历过的极其可怕的变化。

身体和心灵的巨大创伤在当时是不痛苦的,它们并不是即刻就令人感到难过的;天性之所以那样恬静,为的是可以忍受猛烈的打击,而且往往是在受了致命的打击以后,要好久好久才开始感觉到受了创伤。见到这种预料不到的情景,听到这种不堪入耳的话,我一动不动地待在那里,好像死了似的;我闭着眼睛,连血管里也感到一阵寒冷;尽管我没有昏倒,然而我的感官全都停止活动。我所有的各种器官的机能也陷于麻木,我破碎的心简直是一片混乱,像舞台上改换新布景时那样混乱。

我不知道我这样地在那里待了多久,我依然跪着,几乎连动也不敢动一下,生怕把刚才经过的情形不当作一场梦幻。我很愿意这种昏迷的状态长久地持续下去。我终于清醒过来,这时候,我的第一个感觉是:我对周围的一切感到害怕。我突然站了起来,冲出房间,跑下楼梯,什么也不看,也不向任何人说一句话;我走出屋子,大步大步地向前走去,宛如一只已经被箭射中腰部的鹿,带着箭向前飞奔,以为快快地逃跑,就可以不至于被箭射着似的。

我这样地向前跑去,不仅在路上停也不停一下,而且还始终保持那样的速度,一直跑到了一座公园。天空的阳光使我感到难受,我寻找着树荫;最后,我连气也喘不过来了,像一个半死的人一样倒在一块草地上……"我在什么地方?我变成什么样子了?我听见的是什么话?多么可悲的结局!愚蠢的人啊,你在追逐什么幻影?爱情、荣誉、忠诚和美德,你们在什么地方?高尚的苏菲竟是一个无耻的女人!"我在心情激动的情况下说出了这些感叹的话,跟着就感到心如刀割,哽哽咽咽地连喘息和呻吟的声音都发不出来了;即使是不一再地忿怒不息,我这样突然地心情激动,也一定会使我窒息的。啊,谁能够分析和解释这羞愧、爱、忿怒、悔恨、温情、嫉妒和极度的失望使我同时产生的错综复杂的心情?不,这种情景,这种心乱如麻的样子,是无法描写的。欢欣喜悦的心情是一种均匀的冲动,它可以扩展和纯洁我们的人生,所以是容易想象的。但是,当过度的悲伤把地狱的种种怨恨集中到一个可怜的人的心里的时候,当千百种烦恼的事情碎裂了他的心,而他竟连其中的一件事情也弄不清原委的时候,当他感觉到自己被种种力量拉向相反的方向,从而被撕得粉碎的时候,他就不再是一个单独的个体了,在每一个痛苦的时刻,他都是一个完整的个体,似乎他正是为了受苦才变成许多的个体似的。我的情况正是这样,而且一直延续了好几个钟头。这种情形怎样描绘呢?我不打算长篇累牍地叙述我每一个时刻的感受。幸运的人啊,在你们狭小的灵魂和冷漠的心中是只能看到境遇的变化无常的,是只能产生低级趣味的欲念的,即使你们能够理解我这种可怕的梦幻似的情景,你们也永远不能体会那颗能感受高尚的眷恋之情的心,在断绝了这种情谊时所感到的剧烈痛苦!

我们的力量是有限的,一切激烈的心情总是有间歇性的。当我的心为了忍受痛苦,趁体力疲竭而休息片刻的时候,我突然想起了我的青年时期,想起了你,我的老师,想起了我所受的教育;我想到我是一个人,我马上问我自己:"我的身体受了什么创伤?我犯了什么罪?我本身有何损失?如果在这个时刻,像我现在这个样子,我意想不到地又开始了一番生活,我还是一个可怜的人吗?"这个想法胜似闪电地在我的心中投下了一道光明,尽管它转瞬之间又归于消逝,但它已足够使我重新对自己有一个认识。我清楚地认识到了我所处的地位,这刹那之间的理智,使我了解到我还是缺乏推理的能力的。由于我的心灵是十分的激动,因此对任何一件事物都无暇分析;我已经失去了观察、比较和研究的能力,我对任何事物都不能做出我的判断了。老是在那里空想我应该做什么,这等于是在使自己白受罪。这样加深自己的痛苦,是没有什么好处的,我唯一应该做的事情是:争取时间,使我的意志得到坚强,使我的幻想回复平静。如果你当时在场亲身指导我的话,我想,你自己也只能采取这种做法的。

既然我不能够克服我狂烈的心情，我就决定让它尽量发泄，我疯狂地听任这种心情的摆布，然而在我的疯狂中也带有几分不知道是从哪里产生的兴奋，好像是决心要悲伤就悲伤个痛快似的。我一下就站了起来，像方才那样向前走去，然而却没有一定的路线；我奔跑，向东跑一会儿又向西跑一会儿，我让自己受我自己的激动心情的驱使；我自由自在地按照我的想法跑，我跑得气也喘不过来了；由于我时而哀叹时而闷闷地吐一口气，我有几次差一点儿窒息了。

　　我这样急急忙忙地向前奔跑，也许可以使我感到麻木，减轻我的痛苦。激烈的情绪使人出自本能地发出叫声和做出种种的举动，使精神得到舒畅，心情为之转移；只要一个人在动着，他就处在兴奋的状态中，静静地休息，倒是十分可怕的，因为这表明他已经到了心灰意乱的边缘了。当天晚上，我从这两种情况的差别中得出了一个可笑的看法：暴露疯狂和人间痛苦的种种行为，会不会引起人们取笑那个受疯狂和痛苦折磨的人。

　　我不知不觉来回地走了千百次，最后来到了城市的中心，我发现周围都是华丽的马车；这正是看戏的时候，在这条街上有一个戏院。如果不是有一个人拉我一下胳臂，叫我当心危险的话，我会被乱跑的马车轧死的。我跑进一个打开着门的屋子，这是一家咖啡馆；我的近旁都是一些相识的人，他们向我说话，把我拉到了什么地方，我也不知道。一个乐器的声音和一道灯光使我震动了一下，我又清醒过来，我睁开眼睛注意地看，我在一个戏院的大厅里，这一天正演一场新戏，大厅里挤满了人，戏已经演到了尾声，观众已快要走出去了。

我战栗,但是我拿定了主意。我一句话也不说,我保持安详,不管要费多大的劲才能做出这种安详的样子,我也要这样做。人们闹闹嚷嚷的,说个没完没了的;他们向我说话,我什么也不听,我有什么可回答的呢?但是,在那些把我拉到这里来的人当中,有一个人偶然提到了我的妻子的名字,一听到这个吓人的名字,我立刻发出了尖锐的叫声,使整个大厅的人都听见,喧哗起来。我立刻镇定,大家又都安静了。然而,由于我的叫声引起了周围的人注意我,我就想找机会逃跑;我逐渐逐渐地走近门边,终于在戏还没有演完以前走出去了。

我走上了大街,我无意识地抽出我在戏院的时候揣在我怀里的手,我发现我的手指上沾满了血,而且,我似乎觉得血正在我的胸膛上流着。我解开胸口的衣服,我发现我的胸膛宛如我胸中的心一样,已经破裂,正淌着鲜血。可以想象得到:一个花了这么大的代价才保持安详的观众,对他刚才所看到的戏,是不能够做出良好的判断的。

我急忙地逃走,生怕又被人家碰见了。趁黑黑的夜色正好逃走,我又开始从这条街走到那条街,好像要这样才能补偿我刚才所受到的那一番拘拘束束一点也不自在的损失,我不停地走了几个小时,最后由于我几乎连站也站不稳了,由于我发现已经走到我的住宅附近,我才回到自己的家,然而这时候我的心仍然是怦怦地跳着;我问我的儿子在做什么,他们告诉我说他已经睡了;我一句话也不说了,我叹息;家里的人想向我说话,但是我制止了他们;我倒下床去,吩咐他们都去睡觉。我休息了几个小时,然而休息时候的情况是比昨天夜里的激动情形更为糟糕的;休息了几个小时以后,天还没有亮我就起床了；我一声不响地走近苏菲的房间，在那里，我未能久停，我怀着可羞的懦弱的心情把苏菲的门槛吻了又吻，在上面洒满了我的眼泪；然后，像一个罪人似的，又害怕又十分小心地离开她的房间，走出我的住宅，决心我这一生也不再回去。

  我疯狂愚蠢的行为是很激烈的，不过，为时不久，到这里就结束了，我又恢复了清醒。我认为我这样做是做得对的，即：在我无法克服我的情绪的时候，我就屈服于它，以便让它有了某种发展以后，再对它进行有效的控制。我刚才经历的那种冲动，使我变得易动情感，我前此的忿怒心情，到现在变得很忧郁了；我开始在我内心深处发现，这沉痛的悲哀已经用不可磨灭的字迹刻在我的心中了。我继续向前走去，我要离开这可怕的地方；尽管我行走的速度没有昨夜快，但我一步也没有回头。我走出这个城市，顺着我所见到的第一条大路走去，我的步子又慢又不稳当，表明我已经是神思恍惚，心意消沉了。随着阳光愈来愈照亮眼前的景物，我好像看见了另外一个天，看见了另外一个地，看见了另外一个宇宙，因为对我来说，一切都变了。我不再是昨天那个样子了，或者说得确切一点，我再也不存在了；我感到悲哀的，正是这种真正的死亡。啊，为什么会有那么多甜蜜的回忆涌入我悲哀的心，为什么硬要它回想起那么多可爱的形象，从而使它深深地陷入无益的悔恨呢？我过去的种种欢乐，使我对我的牺牲更感到痛心，它在今天给予我的痛苦，比它过去给予我的肉欲的享受多得多。唉！从过度的快乐一下就转移到过度的悲哀，不让你作片刻的准备，就要越过那长长的距离，谁能说出这样一种前后对照的景象是多么可怕吗？昨天，就在昨天，当我依偎在我所钟爱的妻子的身边时，我可以说是人类当中最幸福的人。是爱情促使我服从她的法律,使我从属于她,她之所以有暴君似的威力,是由于我的温情造成的,我甚至以她对我严酷而感到快乐。我为什么不在这可爱的情景中度过几个世纪,始终是那样地尊敬她,那样地钟爱她,在她的暴虐之下呻吟,想折服她而又不可能,我不断地向她请求、哀告、诉愿,但从来没有达到过我的目的!这样的时刻,这使人等待它去而复来、充满着空幻希望的迷人的时刻,也相当于我占有她的那一段时间一样的珍贵。可是现在,她恨我了,她对我变节了,使我蒙受耻辱了,使我没有希望和办法了,使我甚至于不敢抱什么心愿了……我感到恐惧,因此我要寻找一个能够代替那曾经令我如此迷醉的对象。把苏菲想象得很卑鄙下贱,谁的眼睛能忍心看这个亵渎的形象?我最感到痛苦不堪的,不是我遭受了不幸,而是在不幸的事情中看到了那个造成这种事情的人的羞愧样子。我唯一不忍心观看的就是这幅令人心酸的图画。

昨夜,由于我的心情极端痛苦,才使我没有想到这可怕的情景;我除了忍受以外,就不想别的了。但是,随着我的不幸的遭遇一桩桩地涌现在我的心中,遂使我不能不追溯产生这些遭遇的根源,从而也使我不由自主地要回想到那个不祥的人物。在出城的时候,我没有产生这些想法,这正表明这些想法的倾向是很不正确的。我恨她,这固然使我感到难过,但更使我难过的是,我在恨她的同时,又不能不对她表示轻蔑;最使我痛心的,并不是同她断绝关系,而是我不能不对她表示鄙弃。

我开头对她的看法是很坏的。如果一个普通妇女的不忠实行为是罪恶的话,她的不忠实的行为又是什么呢?邪恶的人做了卑鄙的事情也是不认罪的,他们依然是那个样子,他们根本就不懂得什么叫羞耻,因为他们也根本不懂得什么叫高尚。在社交界中与人通奸的妇女,不过是一些风流的女人而已;可是同人私通苟合的苏菲,那就是一切怪物之中最可恶的怪物了,因为现在的她和过去的她是多么不同啊;不,再也没有什么人的行为是像她那样卑鄙和罪恶的了。

可是我,我既然指责她,而且有充分的权利指责她,我既然受到了她的污辱,要被她这个忘恩负义的人置之死地,那么,在没有对我自己进行批判以前,在没有弄清我在她所犯的过错中,哪些事情应当归咎于我以前,我凭什么权利对她进行如此严酷的批判!你指责她不再像从前那个样子!啊,爱弥儿!难道说你一点儿都没有变吗?在这个大城市中,我发现你在她身边表现的样子和你从前的样子是多么不同啊!唉!她之所以不忠实,正是由于你自己不忠实而造成的。她曾经发誓要忠实于你,而你不也是曾经说过你要永远爱她吗?你抛弃她,然而却希望她忠实于你!你轻视她,但是却希望她始终尊敬你!是你自己的冷淡无情使你失去她的心的,你想为她所爱,你就不应当有任何时候不值得爱。她只是在你违背了你的誓言以后,才学你的样子违背誓言的;你不对她有片刻的冷淡,她就永远不会对你变节的。

在你当初遇见她,而且应当让她永远在那里生活的幽静的环境中,她哪里做过使你抱怨的事呢?你在她的温存体贴中,哪里看见过冷淡的表示呢?是她请求你把她带离那个幸福的地方的吗?你很清楚,她离开那个地方是感到很伤心的。对她来说。她在那里哭泣,也比在这个城市中荒荒唐唐地玩乐更舒服得多。她在那里过着天真无邪的生活,从而给你带来了幸福:她爱你胜于爱她自己的心灵的宁静。她想把你留在那里,可是没有成功,此后她才抛弃一切来追随你。正是你把她从安宁和美德荟萃的地方拖进你自己也深深陷入的罪恶和痛苦的深渊。唉! 要她始终是那样的贤淑,要她始终使你过得幸福,那是完全要取决于你自己的。

爱弥儿啊! 你已经失去她了,你应当恨你自己而对她表示同情,你有什么权利轻蔑她? 你自己没有一点可指责的地方吗? 社会生活对你的性情一点影响都没有吗? 你不对她不忠实的行为分担责成,但是,由于你自己也不尊重美德,因此,你的行为不就是在为她提供辩词吗? 在这样的地方,诚实的事物受到嘲弄,妇女以贞洁为可羞,妇女爱美德反而受到取笑和怀疑。到这样的地方来居住,岂不是在鼓励她不忠实吗? 你不违背信约,信约哪里会遭到这样的破坏? 你是不是也像她那样具有既能形成巨大的美德也能形成巨大的弱点的烈火似的气质呢? 你的身体是不是由于追逐爱情而过分地加以装饰,是不是由于美妙的风姿而易遭危险,是不是由于感官的冲动而易受引诱? 啊,这个妇女的命运是多么值得同情! 她要继续不断地对别人和对她自己进行多么多的斗争! 她需要具有多么大的不可战胜的勇气,多么顽强的抵抗能力,多么坚定的英雄气概! 她每天都要经过许多危险才能取得胜利,然而,对于她的胜利,除了老天爷和她自己的良心以外,是没有其他的见证的! 多么美好的岁月就是这样在痛苦中度过的,不断地进行斗争和取得胜利,但是,只要有一刹那间的软弱,有一刹那间的疏忽,就会永远糟蹋那无可指责的一生,就会玷污她的种种德行。不幸的女人啊! 唉! 一失足就给你和我带来了许许多多的痛苦。是的,她的心仍然是纯洁的,我完全有理由相信这一点,因为我对她的心是太了解了,绝不会不明白这一点的。一个邪恶的女人嫉妒她的美德,用诡计布置巧妙的陷阱去破坏她的天真,这一点谁曾料到呢?我在她的眼睛中不是看到了悔恨交集的神情吗?难道不是看到她那么忧伤的样子我才回到她的身边的吗?难道不是看到她那种痛苦的表现我才产生体谅的心的吗?一个忠实的妇女是不会那样矫揉造作去欺骗她的丈夫和以出卖丈夫为乐的。

我又把她的行为和她所讲的使人震惊的话拿来更仔细地想了一下,我既然看见这个羞怯的女人能够克服害羞的心而坦率地暴露她所做的事,能够抛弃那种违背良心的自尊,尽管谁也没有强迫,也不愿意隐瞒她的过错,不愿意用她早已失去了的殷勤态度去掩饰她的过错,以求保持我的信任和她的名声,同时还生怕那个不是出自我的骨血的孩子篡取我的父爱,我既然看到这一切,我怎么能没有一点感触!在这不可屈服的高尚的勇敢行为中,我怎么不钦佩她那巨大的魄力,甘愿牺牲荣誉和生命,也不愿意为人虚伪,甚至在自己的犯罪的行为中也表现了道德的勇气!"是的",我暗暗欢喜地说道,"尽管是做了不名誉的事,但是,这个心灵坚强的人还保持着她的毅力;她是有过错的,但是她这个人并不邪恶;她可以犯罪,但是她并不怯懦。"

这样,我的内心便渐渐地对她产生了一些好的看法,对她的批判就比较温和和恰当。我不说她做得对,但是我为她的行为辩解;我不原谅她对我的侮辱,但是我赞同她坦率的做法。我以这种心情来安慰我自己。我不能够完全解除我心中的爱,如果心中保持爱而又不珍视爱的话,那是太无情了。当我认识到我还为她所爱的时候，我的心就感到意想不到的轻松。人类对于保持过度的运动是太软弱了。甚至在极度失望的时候，上帝也给我们以适当的安慰。尽管我的命运很可怕，但是，当我一想到可敬又可怜的苏菲的样子，我心里就感到愉快；我喜欢这样对她不断地表示同情。我不仅不像从前那样空自烦恼，损伤身体，我反而感到甜蜜，以致流下了眼泪。我是永远失去她了，这一点我是知道的；但是，我至少还敢于想她，敢于对她表示同情，有时候，我还敢于呻吟和叹息，然而我又不感到赧颜。

我继续前进，由于这种想法在路上分散着我的心，以致我不知不觉地走了整整一天，到了最后，我终于清醒过来，完全失掉了昨天夜里的那种怨恨之心；这时候，我感到精疲力竭，极其困乏，需要吃东西和休息了。由于我在青年时期受过锻炼，所以我的身体很结实，我不怕饿又不怕累；尽管我的心灵病了，折磨着我的身体，但是，你不仅曾经教导过我要忍耐强烈的欲念，而且还更加注意地教导过我要防止产生这种欲念。我又走了四公里才走到一个村子。由于我差不多有三十六小时没有吃任何东西了，我便略进晚餐，而且吃得很香；我去睡觉，完全消除了那种摧残身体的忿怒心情，我高兴的是，我敢于想苏菲，而且正如我所希望的，把她想象得相貌可鄙的时候少，把她想象得值得同情的时候多。

我安静地睡到天明。忧虑和苦恼是容易使人入睡，让心灵得到休息的；只有在悔恨交集的情况下，心灵才永远得不到休息。我起床的时候，精神是十分的平静，能够考虑我应该做的事情。这是我一生之中最值得纪念同时又是最痛苦的一段时期。我所有的种种依恋全都破裂或起了变化，我所有的天职也改变了；我对一切都不再像从前那样地执着了,我可以说是变成了一个新人。重要的是,我必须慎重考虑我应该采取的办法。我采取了一个临时的办法,以便从长考虑今后应该做什么。我终于走完了到最近的那个城市的一段路程,我走进一个师傅的家,开始干我会做的手艺活儿,以便等待我心灵的躁动完全平静,可以观察事物的本来情形。

我从来没有像在这样一种严酷的情况中更感觉到我所受的教育的力量了。尽管我生来有一副软弱的心,对一切都怀抱温情,容易烦恼,优柔寡断,然而在起初那一会儿按照我的天性行事以后,我便立即克制自己,尽量冷静地考虑我目前的处境。我听从需要的法则的支配,不再是那样白费气力地怨天尤人了;我让我的意志忍受那必然的枷锁的约束;我摆脱自己,作为另外一个人去观察我的过去;我假定我刚刚诞生,从我目前的境况中得出了指导行为的准则,而我自己受到了这些准则的很大的教益,这样一来,我便心灵平静地开始工作,宛如人类当中最快乐的人。

自我的童年时候起,我从你的教导中受益最多的莫过于做什么就专心于什么,绝不一边做一件事一边又想另一件事,因为这样,结果必然是事不成心也不专的。所以,我白天就专心于工作,夜里便反躬沉思;我这样交换地使用我的精神和身体,不仅使我寻出了可行的最好办法,而且使精神和身体两者都不感到疲惫。

从第一个晚上起,我就按照昨夜的思想线索考虑我是不是过于把一个妇女犯的罪看作是了不起的事情了,我认为是我一生的悲惨结局,是不是就是那样大不寻常,以致值得如此地认真看待。"当然,"我心里想道,"在尊重风俗的地方,妇女们的不贞洁行为是会使她们的丈夫丧失体面的,然而在所有的大城市,在男人更加败坏反自以为开明的地方，人们会把前面那种看法当作笑话和没有意义的。""一个男人的荣誉，"他们说，"决定于他的妻子吗？他碰上了这种事情就是耻辱吗？别人干了坏事怎么说他不光彩呢？"其他的道德训条再严格也没有用，这种说法反而似乎更有道理。

此外，不管人们对我的做法的评判如何，我这样做，难道不是本着我的原则而超然于公众的议论行事吗？只要在我的良心上做一个好人，做一个正直和诚实的人，别人对我抱怎样的看法，又有什么关系呢？对他人心怀同情就是罪恶吗？原谅别人对自己的污辱就是懦弱吗？我应该本着什么天职来规定我的行为呢？我是从来不把人们的偏见看在眼里的，难道说最后还要因为别人的偏见而牺牲我的幸福吗？

即使说这种偏见是有根据的，然而对一个和他人迥然不同的人又有什么影响呢？一个失去希望的不幸的女人和那些不诚实的女人有什么相似之处呢？前者只要内心一感到悔恨就会承认她的过错的，而后者是反倒会用谎言和欺骗的方式来掩盖她们的罪行的，不仅不坦率诚恳地承认，反而表现得厚颜无耻若无其事的样子，甚而把她们丢人的事情拿去矜夸。有恶习的女人，不是违反而是根本轻视她的妇女的天职，这样的女人是不值得敬重的，容忍她就等于是在同她一起做丑事。然而一个妇女虽然是犯了错误，但她之所以犯错误，是由于过失而不是由于她有那种恶习，而且她已感到悔恨，对于这样的妇女，是应该怜悯而不应该恨她的，我们可以毫不羞愧地同情她和原谅她；人们所指责的她所做的坏事，其本身就可以保证她将来不再做那种坏事。苏菲虽然是犯了罪，但仍然是值得尊重的，当她表示悔恨以后，她仍然是值得钦敬的；她的心生来就是爱美德的,因此,当她意识到她违反她的本心做事花了多大的代价以后,她就会比从前更加忠贞的;她将同时养成又坚毅又质朴的性格,从而使她能够保护她的身体,成为一个可爱的人;由于良心责备而感到的羞辱,将使她骄傲的心变得温柔,使她从前出于爱我而对我施加的控制不至于再是那样的专横;她将更加对我表示关心,而不再像从前那样傲慢;今后,也只有在为了纠正一个缺点的时候,她才会犯错误的。

当情欲不能按它们本来的面目征服我们的时候,它们就会戴着智慧的假面具来袭击我们,它们将模仿理智的语言,达到使我们丧失理智的目的。前面所讲的那些诡辩之所以能迷惑我,是由于它们迎合了我内心的倾向。我倒是愿意能够回到不贞洁的苏菲的身边,想听到她说一些赞同我行为懦弱的话。然而,我想这样做也不行,因为,我的理智是不像我的心那样容易对付的,它是不会采取这种荒谬的做法的。我不能隐瞒我自己:我不是为了启发自己而是为了蒙蔽自己才推论这一番道理的。我痛苦地然而是很坚定地对我自己说,世人的准则对一个为自己而活的人是没有约束力的;而且偏见总是袒护偏见,崇尚善良风俗的人总是有一个偏见来肯定他们的偏见的;他们把一个妇女伤风败纪的行为归咎于她的丈夫,是有道理的,因为,其原因或者是他选错了她,或者把她管得不严;我自己的事例就能证明这种责备是正确的,要是爱弥儿始终很有见识,苏菲就绝不会堕落。人们有权利这样设想:一个不尊重自己的女人,是更不尊重她的丈夫的,尽管他值得她的尊重;如果他知道应该保持他的权威,但他不预先防备一个妇女有不规矩的行为,那他就错了;又如果在那个妇女做了丑事以后他还表示容忍,那他就是错上加错了。应该惩罚的不惩罚,是必然会产生可怕的后果的,对自己妻子的不规矩的行为采取听之任之而不谴责的办法,正足以表明他本人就是不尊重良好的风俗的,表明他的灵魂卑贱,不配做男子。

拿我个人的事情来说,我尤其感觉到:使苏菲更加值得尊敬的地方,对于我正是更加令人失望的地方,因为,我们可以对一个软弱的心灵给予鼓励和援助,对一个忘却了天职的人,也可以通过他的理智而使之履行他的天职;然而,要是一个人就性情来说仍然是十分勇敢的,在犯罪的过程中也知道应该保持他的美德,而他之所以要做坏事,只不过是觉得坏事好玩,像这样的人,你有什么办法使他恢复理智呢?是的,苏菲是犯罪了,因为她愿意做一个罪人。当这个高傲的女人克服了害羞的心以后,她就可以克服一切其他的欲念;她能够对我暴露她的罪过,她就能够对我表示忠贞。

我再去对我的妻子表示爱,也是没有用了,她不会再爱我了。既然这个十分爱我的人,这个曾经是我如此钟情的人,已经侮辱过我了,既然我的苏菲已经斩断了她心中的最纯洁的联系,既然我的儿子的母亲已经破坏了夫妇的信约,既然一个没有犯过任何过失的男人的热情和一个美德没有遭到败坏的女人的高尚情操尚且不能预防她第一次犯罪,那么,她再去做那种堕落的事,又有什么困难呢?又怎么能加以预防呢?在走向罪恶的道路上,也只有第一步路才难走,过此以后,就一直走下去,连考虑都不考虑了。她再也不管爱情不爱情,美德不美德,名声不名声了;她侮辱我的时候,已经是没有什么可顾虑的了,甚至在侮辱我以后,连一点点后悔的心也没有了。她是懂得我的心的,她已经使我悲惨到了极点,再进一步使我悲惨到不可收拾的程度，也是用不着她费多大的气力的。

不，我也是懂得她的心的，苏菲是绝不会爱一个有轻蔑她的权利的男子的，尽管这个权利是她给他的……她不再爱我了……这不是这个忘恩负义的女人自己说的吗？这个负心的人，她再也不爱我了！啊！这才是她最大的罪恶，我什么都可以原谅她，只有这一点我是不能够原谅的。

"唉！"我又痛苦地说道，"我一再地谈到原谅，而没有想到：尽管受侮辱的人再三原谅，而侮辱我的人是从来不原谅我的。毫无疑问，她是存心给我这一番罪受的。啊！她是多么恨我啊！"

爱弥儿，你按照过去来判断将来，这简直是大错而特错了！一切都变了。即使你是同她生活在一起的，那也是没有用了；她从前给你的幸福日子是一去不复返了。你再也见不到你的苏菲，而苏菲也是再也见不到你了。两个人相处的情况是以两个人的爱情为转移的：心一变，全都变了；尽管一切都是原来的样子，那也是枉然；当我们不拿同样的眼光看事物的时候，我们就觉得它们都不是从前的样子了。

她是一点也不会灰心丧气的，这一点我是知道的；她仍然值得敬重，值得我爱；她也可以把她的心交给我，然而她是不可能一步错路都不走了，是不可能不失足了，是不可能使我忘记她已做的错事了。忠贞、美德和爱，一切都可以重新获得，而不能重新获得的是信任，没有信任，在夫妻生活中就只能产生反感、苦恼和厌腻，天真的迷人的美已经消失了。一切都完了，一切都完了；不管怎样，苏菲是不可能再得到幸福了，而我，是只有在她幸福的时候，才能得到幸福的。正是这一点决定了我的行动，我宁肯远远地离开她去受苦受罪,也不愿意让她受罪;我宁肯怜惜她,也不愿意折磨她。

是的,我们的一切联系都断了,是她断掉这些联系的。她破坏了她的誓约,因而使我也可以破坏我的誓约。她已经不是我的了,她不是这么说过吗?她不再是我的妻子了,我再见着她的时候,会不会把她看做路人呢?不,我绝不再见她了。我现在是自由的,至低限度应当是自由的,但愿我的心也如同我的信念一样的自由!

怎么!我受到了她的侮辱,不给她以惩罚吗?如果这个不忠实的女人去爱另一个男人,我就把她交出去,这样做对她有什么损害呢!我所惩罚的是我而不是她,因为我牺牲我自己去完成她的心愿。这样做是不是由于荣誉受到污损而发泄气愤呢?哪里有正义?哪里去报仇?

唉!可怜的人,你要向谁报仇?向她报仇,可是你又认为你最感痛心的是,你不能使她得到幸福。不管怎样,你都不能使她成为你的报仇之心的牺牲品。如果可以的话,使她受一些连你自己也感觉不出来的痛苦好了。有一些罪过,是应当让犯罪的人自己去受良心的责备的;对他们加以惩罚,这差不多等于是认可他们的罪行。一个残酷的丈夫配娶一个忠实的妻子吗?再说,凭什么权利惩罚她呢?以什么身份惩罚她呢?做审判她的法官而不做她的丈夫吗?当她违背了她做妻子的天职时,她就不再保有她做妻子的权利了。从她同另外一个人发生关系的时刻起,她就断绝同你的关系了,这一点她是丝毫没有隐瞒的;她没有用她本来就没有的忠贞样子来蒙混你的眼睛,她既没有出卖你,也没有向你撒谎;由于她不再是属于你个人,这就意味着她对于你已经没有意义了。你对她还有什么权利?如果还有什么权利的话,你应当为了你自己的利益而放弃那些权利。你要相信我的话，运用你的聪明就能成为善良的人！报了你的仇就能成为仁慈的人。你在忿怒的时候要当心啦，别让你在一怒之下又回到她的身边。

我受到了两方面的考验：一方面爱情在召唤我，另一方面怨恨之心又在煽惑我，因此，在拿定主意以前，我是要做一番斗争的，当我觉得我已经拿定了主意的时候，一个新的考虑又使我的一切决定全都动摇了。一想到我的儿子，就使我对他的母亲产生了前所未有的温情。我觉得有了这个结合点，就永远不会使她在我的心目中成为一个同我不相干的人，孩子们在生育他们的人之间构成了一个无法分解的纽带，构成了一个不能离婚的天然的和不可辩驳的理由。多么可爱的孩子啊，两个大人之中，谁也是不能离开这些孩子的，他们是必然会把两个大人连在一起的；这种共同的利益是如此的可贵，以致当两个人之间没有其他联系的时候，孩子们就成了他们的联系。怎么能把这个为我的儿子的母亲辩护的理由，用去为那个孩子（他不是我的孩子）的母亲辩护呢？怎么！天性也允许她犯罪啦！我的妻子既然把她的温情分给两个儿子，那她是不能不把她的爱分给两个孩子的父亲的！想到这一点（这个想法比任何一个在我心中产生过的想法都可怕），我又狂怒起来；一想到一个女人分心爱两个男人的丑恶情景，我的心真是忿怒到快要破裂了。的确，我情愿看着我的儿子死去，也不愿意看见苏菲和另外一个男人生一个孩子。一想到这点，我就感到忿怒；尽管在此以前有许多的想法使我感到痛苦，然而只有这个想法才使我决心要远远地离开她。从这个时候起，我下定决心不再回去；为了使我不至于产生犹豫不决的心，我决定从此不再考虑这件事情。

经过一番考虑而下定这个决心之后,我胸中的怨恨就消除了。对我来说,她已经是死了,我再也不把她看做是罪人了;我只把她看做是一个可敬的和可怜的妇女,我再也不去想她的过错,我怀着怜悯的心情回忆一切使我对她感到惋惜的事情。由于产生了这一系列的倾向,因此我想采取一切我认为是可以安慰一个被遗弃的妇女的好办法;因为,尽管我在心情忿怒的时候一想到她就感到痛苦,尽管她说的话使我感到灰心,但是我毫不怀疑在她的内心深处,她对我还是有依恋之情的,她想到我的损失的时候,一定是很激动的。我们的分离所产生的头一个结果是:她将不能够再做我的儿子的母亲。我一想到这点,我就感到战栗;费了许多周折才决定报一次仇,可是现在一想到这点,我就十分难过。尽管我很生气地说,这个孩子不久就要被另一个孩子代替的,尽管我用尽了嫉妒之心来看待苏菲用另一个孩子来代替我的儿子,我也鼓不起报仇的勇气;我这一切想法,在苏菲看着人们夺去她的儿子而感到失望的形象面前,都不能坚持了。我一再地克制自己,我是经过了一番痛苦才做出这个不合理的决定的,我把这个决定看做是我经过一番深思熟虑而得出的第一个决定的必然结果,要不是一件想象不到的事情促使我把这个决定再仔细考虑一下的话,尽管我不愿意,我也一定会把它付诸实施的。

我还有一点需要考虑的,尽管这一点在我刚才做出那个决定之后,我认为是无关紧要的。我的决定是针对苏菲采取的,但是在采取这个决定的时候,还需要考虑到我,还需要考虑一下我再成为孤单一人的时候将变成什么样子。我已经有好长一个时期不是孤独一人地生活在地球上了;正如你曾经向我预言过的,我的心对它所爱的事物是十分依恋的;它长期以来都是只有在同我的家人一起的时候才是一颗完整的心;因此,必须使我的心同我的家庭脱离,至低限度要部分地脱离,然而部分地脱离反倒比完全脱离更令人痛苦。我们曾经依靠过许多的事物,而现在要依靠自己了,或者,更坏的是,我们所依靠的事物使我们不断感到其他一切都在同我们分离,这时候,我们是多么的空虚,我们失去了多么多的生存能力!我必须考虑我是否依然是那个在任何人都不重视自己在人类中的地位时,还能牢牢地站在他的地位的人。

但是,对一切关系都已中断或改变的人来说,这个地位在哪里呢?我做什么?我将变成什么样子?我走向什么地方?我这一生不应该再用来谋求我的幸福了,也不应该再用来谋求曾经是我爱过的人的幸福了,同时,命运已完全剥夺了我有为任何人谋求幸福的希望,既然这样,我这一生还有什么用呢?因为,既然许多准备用来谋求我的幸福的工具最终是给我造成了一场灾难,我哪里还能比你对我更加欢喜地去对待别人呢?不能,因为尽管我还爱我的天职,但是我已经不知道我有哪些天职了。要重新记取这些原则,并把它们用之于我的新的情况,那不是一时就可以考虑好的事情,我困倦的精神需要休息一会儿,以便能专心地重新思考。

我好好地休息了一会儿。由于我摆脱了希望的烦恼,确认我这样做是逐渐地在失去一切希望,觉得过去的事情对我来说已经是没有什么意义,因此,我尽量使我完全处在一个开始生活的人的境地。我心里想,实际上我们永远都仅仅是在开始,在我们的生活中,除了连续的眼前的时刻以外,便没有其他的联系;而在眼前的时刻中,始终要把采取行动的时刻当作第一个时刻。在我们的生命的每一个时刻,我们都在死亡和诞生,死亡能给我们带来什么好处呢?如果说除了将来的事情以外,其他的事情对我们是没有什么意义的,那么,我们就只有根据未来才能断定我们是幸福还是不幸福了。用过去的事情来折磨自己,那就等于是无病呻吟,自寻烦恼。爱弥儿,你要做一个新人,对于你的命运,也像对你的天性一样,不能有更多的埋怨。你不幸的遭遇,都是虚幻的,渺茫的深渊已经把它们全都吞没了;但是,真实的东西,为你而存在的东西,是你的生命,你的健康,你的青春,你的理智,你的才智,你的美德,最后,如果你愿意的话,是你因为有了前面那些东西而取得的幸福。

我又开始工作,静静地等待着我头脑中的思想理出一个相当的条理,以便给我指出我应该做些什么;我把我现在的情况同过去的情况一加比较,我就感到坦然了:这完全是我的行为符合理智的好处,并不是由于经过的事情使然。如果一个人尽管有财产也不愉快的话,那么,只要他能够使他的心保持常态,则不论命运如何,他起码是能够心灵宁静的。不过,在一个有情感的人的心中,这种宁静的状态是不大牢靠的!他可以很容易地把他的心纳入常态,然而他却难于使它保持常态。正是在我认为我所有的决定都极其坚决的时候,我差一点儿把我的全部决定通通推翻。

我走进师傅的屋子,但是没有引起人们太大的注意。我的衣服始终是很朴素的,因为你曾经教导过我要衣着简朴;我的一举一动也不是那样装模作样的,一个到处都觉得很舒适的人,他的样子必然是很平易近人的,因此,他在一个木工师傅家里是不会引起人的注意的,反之,他到了贵族的家里,倒是会引起大家留心观察的。从我的装束看,人们觉得我不像一个工人,然而从我干活的手脚看,觉得我又好像是的确当过工人的样子,他们认为我曾经是小小地发过一点财,然后才堕落到现在又来干我的本行。一个堕落的小暴发户,是不会得到人家的看重的;我说我能干什么活,他们马上就答应我干什么活。突然,我发现他们一家人对我说话的语气都变了,由亲热变得很尊敬;人们在看我干活的时候都带着一种惊讶的样子;我在工场所做的东西(比师傅做的东西还好)得到他们的称赞;他们好像是在窥察我的一切动作和姿势似的;他们想用对待普通工人的办法来对待我,不过要想得到他们的这种待遇也是不容易的;他们也可能是出于尊重的缘故才没有给我高过普通工人的待遇。由于我心里在想事情,所以没有像往常一样立刻发现这种变化;不过我已经养成了细察形势的习惯,所以我不久就注意到我周围的情形,不用多久的工夫,我就看出,我在这些善良的人的心目中已经成了稀奇的人物,使他们很感兴趣。

我特别注意到:师傅的妻子老是那样目不转睛地看着我。对于跑江湖的人,女人是有权利带着好玩的样子看他们的。我使起凿子来,每凿一下,她就吓一跳。我发现:她看见我一点伤也不受,是非常吃惊的。"师娘,"我有一次对她说道,"我觉得你对我的技术是不相信的,你担心我对我这门手艺不精通吗?""师傅,"她向我说道,"我认为你对于你的手艺是很精通的,不过,我想,你这一生当中是只有这几天才干这门活儿的。"一听这句话,我觉得他们对我是很有认识的,我想知道我是怎样被他们看出来的。弄清了许多神秘的情况以后,我才明白,两天以前有一个坐着马车的妇女在师傅的门口下了车,她不让人家告诉我说她想看我,她躲在一个镶着玻璃的门后面,从这里可以瞧见我在工场尽头处工作的情形;她跪在门后面,旁边有一个小孩子,她不时地把那个孩子紧紧地抱着,憋着声长长地叹一口气,流下一把一把的眼泪,她那种痛苦的样子,使所有看见的人都十分的感动;人们有几次看见她几乎想跑进工场,看见她费了好大的劲才克制着自己,才压下了这种想法;末了,她更加全神贯注地仔仔细细把我看了一个很长的时间以后,突然站起来,抱着孩子,把孩子的脸紧紧地贴着她的脸,低声说道:"不,他永远不会使你失去你的母亲,走吧,我们用不着再待在这里了。"说完就急急忙忙地走出去;之后,她在得到大家答应说闭口不向我谈这件事情时,她就登上马车,飞也似地走了。

他们说,由于他们对这位可敬的太太感到由衷的同情,因此他们不能不按照他们答应的话做,何况她还一再地要求他们遵守诺言;要是不履行诺言的话,他们是一定会后悔的;他们从她的装束,特别是她的相貌,一眼就可看出她是上流社会的人物,而且,从她的言谈和举止来看,她一定是我的妻子,而不会是别的什么人,因为,他们是怎么也不会把她当作我的姘妇的。

请你想一想当我记述这一段事情的时候,我是怎样的心情?所有这一切说明了多少问题啊!为了寻找我的踪迹,心中是如何的焦急,花了多少工夫打听我啊!所有这些,是一个不再爱我的人做得出来的吗?旅途是多么辛苦!是多么高尚的动机促使她这么长途跋涉!她看见我在做什么事情!啊!这不是第一次了,不过那时候她不是跪着看我,她也没有一把一把地流眼泪。啊,幸福的日子,幸福的日子!这个天使变成了什么样子?……不过,这个女人到这里来做什么呢?……她把她的儿子……把我的儿子也带来了……为什么?……她是来看我,向我说什么话吗?……为什么又悄悄地走了呢？她是来奚落我吗？……为什么又流眼泪呢？这个负心的女人，来看我的目的何在呢？趁我受苦的时候来侮辱我吗？难道说她已经忘记了她对于我已经是没有意义了？我尽量从她这一次来看我的经过中挑她的茬儿，以便压制我心中产生的温情，打消我想去追赶这个不幸的女人的念头，这个念头，尽管我一再克制，也搅得我心绪不宁。然而，我依然停在那里不动。我认为，她这个行动除了表明她仍然爱我以外，不会有别的意义；尽管我做了这个假设，但也丝毫不能改变她促使我采取的决定。

我仔细地把她这次来的种种情况加以研究之后，特别是把她离开这里之前所说的最后那句话加以分析之后，我认为，我已经找到了促使她到这里来的动机，找出了促使她不让我看见而突然离去的原因。苏菲的话说得很简单，但是她所说的话使我的心受到了启发，使我恍然大悟。她说："他永远不会使你失去你的母亲"，她担心我使孩子失去母亲，这就是促使她来的动机，她深深相信这种事情不会发生，这就是她之所以回去的原因。她是根据什么而有这种信心的呢？她看见了什么呢？爱弥儿泰然自若，爱弥儿在工作。爱弥儿在这种情况下丝毫没有为他的情欲所屈服，他所做的事情都是很合理的，她除了这两个结论以外，还能得出什么别的结论呢？使她同她的儿子分离，这个办法在她看来是不合理的，但是在我看来却是合理的。谁的看法不对呢？拿苏菲的话就可以判断这一点。的确，单单拿孩子的利益来说，这个办法本身是不是有什么可怀疑的地方呢？我只考虑到使孩子脱离他的母亲，但是也应当为失去孩子的母亲着想。这样看来是我错了。从一个母亲的手中夺走她的孩子，这个损失是没有办法补偿的，特别是在她那样的年龄，更是无法补偿的，这等于是为了报母亲的旧怨而拿孩子做牺牲；这是感情用事，而不是诉诸理智的行为，除非孩子的母亲是疯子或者是丧失了天性的人，否则是不能这样做的。苏菲正是我的儿子所需要的一个母亲，即使他可以得到另外一个母亲，那也是不如这个母亲好的。当我们不能共同抚养我们的孩子时，那就应当由她或我抚养了；否则，为了发泄我的怨气，就要使他成为孤儿。但是，从我目前所处的境地来看，我应当怎样处理我的儿子呢？我还有相当的理智，可以看出我能够做或不能够做的事情，虽然不能看出我应当做的事情。把这样一个年纪小小的孩子带到外地，或者，为了蔑视这个女人，我就亲自抚养给她看？啊！为了我的安全，我应该离开她愈远愈好。然而，把孩子交给她，又担心最后会终于把孩子的父亲也拉回去了。为了报我的仇，就让他单独在她那里好了，让他在这个不忠实的女人的一生中，每天使她想起以他为保证的幸福，使她想起失去的丈夫。

当然，从她手中夺走我的儿子，这个决定是我在一怒之下做出来的。只有在这件事情上，感情使我陷入了盲动，也只是在这件事情上，我才改变了我的决定。如果我家里的人按照了我的心意去做，苏菲也抚养了这个孩子，他就会生活得相当的好；但也有这样的可能：苏菲会因为我而死去的；或者安于做我的妻子，不再同另外一个人结合，要是这样的话，我就会失去我一生当中最美好的岁月，我们要用多少伤心的眼泪去洗刷我们的错误，然后才能通过我们的再次结合而忘记这些错误啊！

我们是如此地互相了解，所以，只要我能说出她预料到如果我们互相见面将产生什么后果，我就可以说出她突然离去的原因。

我很有理智,但心地软弱,这一点她是知道的;我很清楚,这个高尚而骄傲的人甚至在做错事的时候也是十分刚强的。苏菲得到宽恕之后才回去,这是她绝不愿意的。她知道她的罪过是不会被人们遗忘的,她宁肯受人的惩罚也不愿意求人的宽恕;宽恕的做法对她是不相宜的,倒是加以惩罚反而使她难受的程度要少一些,更合她的心。她认为,即使能弥补她的过失,但也不能把它洗刷清白;即使受尽一切应受的苦,也不能公平地偿清她欠的债。正是这个缘故,她在坦率之中仍显得那样的果敢和粗犷;她向你,向我全家的人讲出她的罪过,但是绝口不谈一切可以原谅她和对她有利的理由;她是那样固执地隐瞒不讲,一字不提,以致我要等她死了以后才能知道这个理由。

由于她不再担心失去她的儿子,所以她也就不想要我对她说什么话。来感动我,等于是来败坏我;她愈不体面,她就愈要珍惜我的荣誉。苏菲可以成为一个犯罪的人,但是她所选择的丈夫是不应当有怯懦的表现的。只有她才有这种过分的自尊心,同时,也许也只有我才能看穿她这种心理。

即使在离开她以后,我也是很感谢她的,因为她使我明白了我出于报复之心而采取的这个决定是不明智的。她在这一点上,是因为观察错误才对我抱良好的看法的;不过我一加考虑,就觉得她的看法并不错;单单从我儿子的利益着想,我认为也应当把他交给他的母亲,我决定这样做了。由于我的看法已定,我便决定不让他可怜的父亲再遇到刚才经历的那一番危险。既然我不应该再接近她,我能不能远远地离开她呢?全靠她,全靠她这一次来,我才得到了这点启发;要按照这个启发去做,我就绝不能再待在这里让她来第二次启发我。

必须逃走,这才是我应做的一件大事,是我从前面所讲的那一番道理推演出来的结论。不过,逃到什么地方?在这一点上我老是在那里考虑,我没有看到,地方的选择是一个极其次要的问题,因为,只要我能离开她就行了。既然是哪里都可以生或死,既然是我只能到哪里就生活在那里或死在那里,干吗要那样犹豫不决地考虑去的地方呢?经常暴露关心生活小事的天性,这表明我们的自爱心是多么的愚蠢!我对到哪里去隐居拿不定主意,其实,谁曾说过我到这个地方而不到那个地方是人类的一件大事,说我的体重将打破地球的平衡?如果我只从我的生存对我的同胞有什么价值这个角度来看待我的存在,我就不会这样急急不安地去探求我应尽的天职了,它们并不是我到哪里就跟到哪里的,喜欢自己的天职的人,是能够尽多少天职就尽多少天职的;我认为,不管我生活在什么地方,不管我处在什么环境,我都要努力尽我做人的使命;如果每一个人都是很合适地为自己而生活,就不会有人感到他需要什么人才能生存了。

明智的人是过一天算一天的,他在他的周围尽他每天应尽的天职。千万别超过我们的能力,别超出我们的生活。我唯一关心的是,我今天应该做什么,至于明天应该做什么,那还不知道咧。目前我应该做的事情是离开苏菲,我应该选择能使我马上就远远地离开她的道路。我们就按照这一条道路走吧。

我一打定了这个主意,就按照我的想法有次序地处理我留下的事情;我给你写信,给我家里的人写信,给苏菲本人写信。我一切都安排好了,但就是没有安排我自己的事情;我什么都不需要,我没有仆人,没有钱,没有行李,特别是没有什么愿望和心事,我单独一个人徒步行进。我在许多民族中间生活过,我航行了许多大海,走过了许多沙漠,东奔西跑地流浪了许多年,我感到惋惜的只有一件事情,然而,正是这件事情我是要逃避的。如果我的心让我得到宁静的话,我的身体就不会感到有所匮乏了。

书柬二

我喝了能使人忘掉往事的水,过去的一切已经从我的记忆中消逝,广阔的宇宙已经展现在我的眼前。这一段话是我在离开我的祖国的时候说的。提到我的祖国,我就感到赧颜,对于它,我心中怀抱的是轻蔑和恨,因为我是靠我自己而取得幸福和人家的尊敬的;我的祖国和它的邪恶的人民给予我的是灾祸,使我沦为牺牲,是耻辱,使我深深感到害羞。我打断了同我的国家的一切联系,我要把整个世界当作我的国家;只有不再做公民,我才能够成为一个世界的人。

在长长的旅途中,我们之所以觉得旅途是十分的艰难,完全是由于我们的终点很遥远的缘故;要是从我们目前所在的地方,一天就可以走到终点的话,我们就不觉得旅途艰难了;如果我们能够一天一天地走到世界的尽头,我们为什么要那样多赶路程呢?当我们把两端连起来看的时候,我们就埋怨这段距离是太长,觉得最好是一下就跳过去;可是没有想到,如果把这段距离分成一部分一部分地走,那就等于是在散步,而最后也是会达到终点的。旅行家们总是有自己的种种习惯、成规、偏见和人为的需要,因此,在他们周围可以说是有一个气圈把他们同他们所到的地方隔离起来,使他们觉得处处都同他们原来的地方有所不同,是两个世界。一个法国人总想把整个的法国都随身带着,当他缺少他在法国所有的某种东西时,他就不能用其他相等的东西来代替,就会弄得一筹莫展的。当他把眼前的东西同他过去的东西拿来一比较,不能照原来的样子做事的时候,他就觉得不舒服;在印度,如果他所睡的床不做得同他在巴黎的床一个模样,他就睡不着觉。

至于我,当我想逃避什么东西的时候,我就转过身去,同它背道而行,正如从前我在蒙莫朗锡镇的树林中同太阳的阴影背向而行一样。我在路上所走的速度虽然不快,但是,由于我的心很坚决,绝不后退,所以就能够弥补速度不快这个缺点。走了两天,就走过了边境的关卡,而且在想办法通过关卡的时候,也有时间考虑我的事情。我愈走得远,便愈感到心情舒畅,在我逃脱了危险以后,我在路途中爱怎样走就怎样走了。就整个计划来说,我能够执行多少就执行多少,我唯一遵守的一条规定是:要顺风而行,我有时候走得快,有时候又走得慢,这要以我的健康、心情和体力为转移。我不是随身带着,而是我本身具有谋生的手段,因此,我既不愁没有车坐,也不愁没有东西吃。我也不担心遇到什么强盗,因为我的钱包和护照不是别的,就是我的两只胳臂,我的衣服就是我放东西的橱柜;对一个做工的人来说,这种衣服穿起来很舒服,即使穿旧了,也容易把它收拾得如同新的。由于我既不带着旅行家的那一套装备,也不像他们那样急急忙忙的样子,所以我就不会引起人家的注意;我走到哪里,人家都把我当成一个乡下人。在边境上被人家扣起来,这种事情是绝不会有的;即使是被扣起来,那也没有关系,我待在那里一点也不着急,我在那里也能像在别的地方一样地劳动；如果要永远把我扣在那里的话，我待一辈子也不难；由于我没有慌慌张张赶路的样子，结果，我想到哪里人家就可以让我到哪里。如果焦虑不安，好像有什么大事似的，那倒会引起人家的怀疑；一个人要是态度安详的话，那就会得到人家的信任；当人们发现，怎么对我都不会使我生气，就会让我自由活动的。

当我找不到我这门手艺的工作时（这种情况是很少的），我就做其他的活儿。你已经使我得到了一个万能的工具。我有时候做农民，有时候做手工匠人，有时候又做艺术家，甚至有时候还能够做有才干的办事人；我到哪里都有拿出来应用的知识，不过，由于我不急于显示我的知识，所以是不是把它们拿出来使用，可以由我自己掌握。我所受的教育的成果之一是：我说我能干什么活儿，马上就会使别人相信我能专心干那种活儿，因为，我为人十分的单纯，有了一个职位就不觊觎另外一个职位。所以，我做事始终合乎身份，而人家也就会永远让我做下去。

如果我病了——像我这样性情的人，既不吃过量的饮食，也不过多地忧虑，不过多地劳累，不过多地休息，生病的时候是很少的——我就一声不吭地躺着，既不急于求医，也不怕死。动物生病的时候，就不吃东西，静静地待在一个地方，或者病就好了，或者就死去；我也是这样做法的，而我的病也就好起来了。如果我不安于我的地位，如果我再三再四诉苦诉怨地纠缠人家，人家也许就会讨厌我，就不会像现在这样，看见我非常耐心便对我十分亲切和照顾。他们看见我不打扰任何一个人，看见我一点怨言也没有，他们反倒会对我表示关心，而这样的关心，要是我去苦苦求他们的话，他们反倒会拒绝的。

我曾经说过一百次,你愈是硬要人家这样那样地对你,你反而会愈使人家不理你;人家是喜欢自由行事的,其所以尽量对你好,是在于想取得应得的好处。求人家做好事,等于是占取人家的权利,向人布施等于是在还债;自私的人是宁肯白送人情而不愿意还债的。

我这样宛如香客似地长途跋涉,不像一个阔绰的旅行家那样,走到哪里都有一番排场,因此,人们也许会责备我,说我是一个流浪汉,在这种情况下,如果我有时候扪心自问:"我在做什么?我到哪里去?我的目的何在?"我自己就要这样反问:"我生下地来做了些什么?是什么原因促使我作这样一次只有到死才能结束的旅行?"我在执行我的使命,我站着我的地位,我将质朴天真地度我这短暂的一生;我不在我的同胞中间做恶事,从而就等于是在他们中间做了一件巨大的好事;我满足人家的需要,也就满足了我自己的需要;我为他们效劳而绝不损害他们,我给他们做出一个无忧无虑快快乐乐为人善良的榜样。我放弃了我的遗产,我也照样生活;我不做不公正的事,我也生活下去了;我不求人家的布施,我也能活命。我自己谋自己的衣食,对别人就有好处,因为人家是绝不会无缘无故拿东西白送人的。

由于我不是要从头到尾记述我旅途的经过,因此我把一切只不过是一时的事情都略去不提。我到了马赛,为了按照我原来的方向继续前进,我登上了开往那布勒斯的船;坐船得付船钱,你早已给我准备好了,因为你曾经教过我船上的作业;在地中海开船,也不见得比在大西洋开船更难,约略地交谈几句,就把这两处开船的差别都弄清楚了。我做一名水手。这条船的船长是一个有背景的人,是敌方遣来的叛徒。他曾经被海盗捉住过,而且据说从海盗的手中逃了出来，没有被海盗发现。有几个那不勒斯的商人又叫他做另一条船的船长，这一次是他担任船长以来的第二次出海航行；谁愿意听，他就愿意讲他一生的故事，他是如此地爱夸耀自己，以致你只要做出喜欢听他的样子，他就会把你当做知心。他的爱好，也和他所讲的奇遇一样，是十分的古怪：他时时刻刻都在想办法使他的船员开心，分散精力；在他的船上有两门旋转炮，他成天打炮；夜里，他通宵放枪；我从来没有见过哪一条船的船长是像他那样的快乐。

就我来说，我感到高兴的是：我在航海的技术上得到了锻炼；当我不值班的时候，我也很少离开岗位或船舱。我专心操作，就弥补了我的经验之不足；我不久就发现，我们的船大大地向西方逸出了航线。罗盘的方位线并不错，但是在我看来，太阳和星星的运行同罗盘所指的方位是如此的大不对头，以致我觉得，罗盘针必然是发生了巨大的偏差。我把这种情况告诉船长，他胡言乱语地说了一大通话来嘲笑我；由于这时候正是海浪大作，天空阴云密布，所以我没有办法考虑他说的话究竟是什么意思。我们遇着了一股大风，把我们刮到了大海的中心；风连续刮了两天，第三天，我们远远地瞧见我们的左边有陆地。我问船长那是什么地方，他说那是"礼拜的圣地"，有一个水手认为那是撒丁海岸，大家都吆喝起来，叫他的倒彩；因为，尽管他是一个老海员，他也同我一样，没有见过这条海岸。

我们究竟到了什么地方，对我来说没有什么关系；但是，这个人所说的话引起了我的好奇心，我开始在罗盘盒周围窥察，看是不是有人不小心放了什么铁器，使罗盘针出了偏差。果然，我发现在盒子的一个角落里藏有一块巨大的磁石！我把那块磁石拿掉,罗盘便转回到它本来的方向了。在这同一个时候,有人叫喊起来:"帆船。"船长用望远镜一看,说那是一条小小的法国船。由于那条船向我们开来,而我们又没有躲让它,因此它转瞬间就清清楚楚地出现在我们的眼前,这时候,我们每一个人都看出那是一条野人的船。我们船上的三个那不勒斯商人(他们的全部财产都在我们的船上)立时发出一声叫喊,使天空也震荡起来。这时候,我才明白了这个谜。我走到船长身旁,在他耳朵边说道:"船长,如果我们被他们捉去的话,你会丢你的命的,等着瞧吧。"我显得一点也不惊慌,我对他说这句话的时候,语调是那么的沉着,以致没有使他感到丝毫的害怕,而且还装着没有听见的样子。

他下令抵抗。但是,没有一条枪是可以使用的,我们消耗了那么多的火药,以致倒真是要使用那两门旋转炮的时候,剩下的火药只够打两炮了。我们的抵抗简直是没有用,当我们的船进入他们射程的时候,他们连枪也不屑于打,干脆叫我们把船靠过去,而且,话刚说完他们的船就到了我们的船边。从开头到现在,船长毫不掩饰地带着怀疑的目光看着我,但是,当他一看见海盗已经上了我们的船的时候,他就不再注意我了,放心地向海盗走去。这时候,我认为,我应该充当法官,充当法律的执行人,为我的同伴报仇,为人类除掉这个叛逆,为大海消灭一个怪物。我向他跑过去,向他大声说道:"我早就向你说过,我怎么说就怎么干。"我用我手中拿着的佩刀,一下就砍掉他的脑袋。此刻,我看那个海盗的头子气势汹汹地向我走过来,我牢牢地站着等他,并且把刀倒过来,把刀柄向他送去,"拿着,头目,"我用法兰克话向他说道,"我刚才主持了正义,现在轮到你来主持正义了。"他抓过刀去,把刀举在我的头上,我一声不响地等着他砍下来;可是,他微笑了一下,把手向我伸过来,并且不准海盗们把我像对其他的人那样用铁链锁起来;他也不问一问我,刚才为什么要那样迅雷不及掩耳地把船长干掉;从这一点看来,我觉得他是十分了解我那样做的道理的。一直到阿尔及尔,他们对我都是这样的特殊待遇,到了港口,我们就两个一对两个一对,如同猎狗似地被他们带下船去,押送到监狱。

到现在为止,我的全部注意力都集中在我所看到的事情上,因此,对我自己反而不大关心了。但是,当激动的心情一停止,我就转而考虑我目前的情况的变化,我心中有种种的感想,使我怀着一种满意的心情对我自己说:"这件事情使我失去了什么呢?失去了做蠢事的能力。我比以前更自由了。""爱弥儿成了奴隶!"我继续说道,"啊!从哪种意义上说来是奴隶?在我原始的自由中,我失去了哪些自由?我生来不就是需要的奴隶吗?他们在我的身上还有什么新的桎梏可加呢?叫我做工吗?当我自由的时候,我不也是在做工吗?叫我吃不饱吗?我心甘自愿地挨过多少次饿!叫我受苦吗?把所有人类的暴力都加在我的身上,在我看来,也只不过是像掉在我身上的一粒沙子。约束我吗?难道说他们的约束比我当初的锁链的约束还紧吗?当初的锁链把我约束得那么紧,我还不愿意摆脱咧。既然我生来就受到人类欲念的束缚,就得由别人或我自己给我带上这种锁链,因为反正不是要带上这种锁链的吗?谁知道带哪一个人的锁链更轻松呢?带别人的锁链时,我至少可以用我的理智来缓和我的欲念;她不是有许多次让我受我的欲念的约束吗?谁能够使我带两条锁链呢?我以前不是已经带过一条锁链了吗？只有自然的奴役才是真正的奴役，人只不过是执行它的奴役的工具罢了。被一个主人所宰割，或者被一块岩石所压死，在我看来是一回事；在奴隶生活中，从最坏的方面来说，我屈服于暴君的程度也不会比屈服于岩石的程度大。最后，如果我有了自由，我又怎么使用它呢？在我现在的境地中，我有什么可想望的？啊！为了不至于陷入沮丧和潦倒，在我自己缺乏意志的时候，就需要得到另外一个人的意志的激励。"

我从这些想法中得出了一个结论，那就是：我的情况的变化，是表面的而不是真实的；如果说自由的意义是在于一个人想做什么就做什么，那么，任何人都不会得到自由；一切都要依靠事物，以严酷的需要为转移，所以，每个人都是很软弱的；谁最能够按照需要行事，谁就是最自由的，因为他从来不勉强去做他不愿意做的事情。

是的，我的父亲，我可以这么说，我受奴役的日子，恰恰就是我享有声望的日子，而我在戴上海盗的锁链的时候，我倒是最能够支配我自己。由于我为他们的欲念所左右，但不同他们一起产生那样的欲念，因此我才最能够了解我有哪些欲念。在我看来，他们的荒谬行为，比你对我的教育还生动得多，我在这些严酷的老师的管理下，所学到的哲学，比从你那里学到的哲学还有用得多。

我做他们的奴隶，可是我还没有尝到我所料想的那种残酷对待。我受到过一些不良的待遇，但是比起他们在我们中间受到的不良待遇还是少的；我知道，"摩尔人"和"海盗"这两个词本身就会令人产生偏见，这种偏见我也是难免不产生的。他们为人并不仁慈，但是很公正，虽说我们不可能从他们那里得到温情和慈悲，但是也用不着担心他们对我们有什么坏心眼和任性的行为。他们要我们能够做多少就做多少,但是不强迫我们做力所不能的事情;他们绝不会因为一个人能力不够而加以处罚,他们处罚人,也仅仅是因为那个人有不好的居心。如果欧洲人在美洲也拿这种正直的心对待黑人的话,黑人的生活就会幸福得很了,可是,由于欧洲人把可怜的黑人只看做是劳动的工具,因此,他完全看黑人对他有什么用,他才决定怎样对待他们;他心目中的公正,是拿他的利益做衡量的标准的。

我换了几次主人,因为据他们说这是把我卖出去了,人还可以拿去卖的吗?他们可以卖我双手做出的东西,但是,我的意志,我的智慧,我这个人,所有这些使我之所以为我而不是另外一个人的东西,当然是不能卖的;关于这一点的论据是:我第一次违反我的所谓的主人的意志行事,我就取得了胜利。这件事情值得叙述一下。

起初,我受到的待遇是相当好的,他们以为我要赎身,可是我悠悠闲闲地待了几个月,看我自己是不是能领略忧愁烦闷的滋味。最后,他们看见我同欧洲各国的领事和僧侣都没有来往,不仅谁也没有谈论过我的赎金,而且连我自己也好像没有考虑这个问题,因此,他们就想用其他的办法从我身上得到好处;他们叫我去做工。我对他们在对待我的做法上的改变,既不感到吃惊,也不感到生气。我对劳苦的活儿一点也不在乎,反而觉得很有趣味。我想了一个办法走进一个工场去,工场的师傅马上就看出我是内行。我干这门活儿给我的主人赚得的钱,比他原先叫我干的那种活儿赚的钱多,为了他的利益,他就把我安置在那里,认为这样做最好。

我发现,监牢中的老伙伴一个个都走了,有钱赎身的人就赎了身,而不能赎身的人,尽管同我的命运一样,但是他们都没有得到我这样的优厚待遇。其中,有两个马耳他岛上的贵族竟无人过问。他们的家里很穷。教会是不赎这样的俘虏的,神甫没有办法赎回所有的人,因此同领事一样,他们自然而然地有所偏心;这种偏心不能说不公正,因为,赎回的人一定要给他们带来更大的好处,他们才优先赎他的。这两个贵族,一个年轻一个年老,他们都受过训练,所以都有长处,但是这种长处在他们目前的处境是无法发挥的。他们有天才,又有手腕,懂拉丁文,还懂文学。他们有可以拿来炫耀和博得赞赏的才能,但是这种才能对做奴隶的人来说,是没有多大用处的。最糟糕的是,他们带着铁链时表现得很不耐心;他们极端吹嘘的哲学,也丝毫没有使这两位骄傲的绅士懂得,应当乖乖地服务于卑贱的人和匪徒;他们一直称他们的主人为卑贱的人和匪徒。我很同情这两个穷人,他们是贵族,所以他们失去了人的地位,没有人的地位,在阿尔及尔就一文不值了,不仅一文不值,而且比一文不值还不如,因为,在海盗当中,一个原来是敌对的海盗,尽管成了奴隶,也不能被看做是一文不值的人的。对于那个年老的贵族,我只能够对他提一点劝告;其实我的劝告完全是多余的,因为他知道的东西比我多,至少就他所炫耀的那门学问来说,他是比我渊博的;他对为人的训诫是彻底了解的,他对种种箴言也是很熟悉的,他所缺乏的是身体力行,他不愿意受需要的桎梏的约束。那个年轻的贵族,比年老的贵族还要急躁,不过,他为人比较热情、活跃和勇敢;他有几次反叛的阴谋和计划全都失败,未能成功,而且,总是计划还没有实行,就被发觉,因此更加深了他的苦难。我竭力勉励他学我的样子,用他的双手做工,以改善他的处境;但是,他把我的忠告当耳边风,满不在乎;他骄傲地对我说,他懂得应该怎样死法。"先生,"我对他说道,"更要紧的是应该懂得怎样生活。"我终于想出了一些减轻他的痛苦的办法,而他也很乐意地怀着感激的心情采纳了我的办法,不过这些办法并未使他领会我的意图。他继续搞他的阴谋,想拼那么一下就完全取得自由;他浮躁不安的思想终于使他的主人(也是我的主人)失去了耐心;我们的主人对他和我都不相信了,对我们两人的关系开始感到怀疑;当我和他谈话的时候,我们的主人以为我是在帮助他搞阴谋,其实我是在尽量劝他不要搞阴谋。我们两个人被转卖给一个公共建筑的承造人,在一个野蛮的监工监督之下干活;这个监工也和我们一样是奴隶,但是,他为了讨好主人,就硬要我们去干那些非人的力量所能胜任的事情。

开头几天,我把那些活儿看得如同儿戏。由于分给我们的工作是相等的,由于我比所有的人都强壮和手脚麻利,所以我总比别人先干完我的活儿,干完以后,我就去帮助那些体力最弱的人,减轻他们一部分工作。可是,那个狗腿子看见我干活勤奋,体力又强,便不许我把这一股劲头用去帮助别人;他把我的工作增加一倍,而且一直逐渐逐渐地往上增加,最后竟把我的话儿增加到那样多,那样重,以致尽管我的精力充沛,但在这样多活儿的重压之下,我马上就有弄垮身体的危险;我的伙伴,不论身体壮的或身体弱的,都吃得很坏,受到恶劣的待遇,在过度的劳累之下,一个个都变得十分的消瘦。

这种情况简直是不能再忍受,因此我决心冒一切危险,摆脱这种处境。我把我的决定告诉那个年轻的贵族,他很兴奋地表示赞成。我很了解他,每当他在大众的眼前时,他总表现出是一个有勇气和有魄力的人,所以,要进行这种英勇的事情,我是很信任他的。我的策略全都是放在我的心里的,要把我的计划付之实行,我也不需要任何人的帮助;不过,这一点的确是对的,即:同我的难友们齐心协力来实行我的计划,其效果要好得多;因此,我决定在把我的计划告诉这个贵族的时候,也同时告诉我的难友。

我费了很大的劲,才使他同意我事先不使用任何诡计而坦率地向伙伴们提出我的计划。我们利用吃饭的时间来谈这件事情,因为吃饭的时候,我们比较集中,主人对我们的监视也比较松懈。我首先用我的本国话向在场的十几位本国同胞讲,我之所以不用法兰克语讲,怕的是被当地的人听见。"伙伴们,"我向他们说道,"仔仔细细地听我讲一讲,按他们加在我身上的工作来看,我剩下的精力还不够两个星期用了,尽管我是大伙儿当中最强壮的人之一;要马上结束这种局面,只有采取一种极其猛烈的手段,要么一下子就把身体彻底弄垮,要么就采取一种防止这种情况的措施。我选择了后一个办法,我决定从明天起拒绝干一切活儿,即使因此而牺牲生命和受到种种可能的对待,也在所不惜。我是算了一算,然后才选择这个办法的。如果我继续像现在这样干下去,不用多久的时间,准定会弄垮身体,一点办法也没有的,可是,我这样拼它几天,就可以取得一个解决的办法。我采取的手段可以吓唬我们的监工,使我们的主人明白他真正的利益何在。如果达不到这个目的,我的命运再坏也不过是这个样子。如果等到我的身体已经弄垮，什么活儿也不能干的时候才采取这个办法，那就为时太晚，得不到效果了；现在，少了我这个人，他们就少得利益；结果我的性命，他们无非省一点粮食罢了。牺牲了我的性命，对他们来说是一项损失，因此，最好就选择这个时候行事。如果你们当中，谁觉得我的话说得对，并且愿意向这个勇敢的贵族学习，采取我这种办法，那么，我们人数一多，效果就愈大，就可以使我们的暴君规矩一点；不过，即使只有他和我愿意这样做，我们也一点不动摇我们的决心，仍然要坚决地拒绝为他们干活，那时候，请你们大家都来作证，看这个办法灵不灵。"

我把这几句简单的话朴朴实实地说出来了，可是受感动的人不多。有五六个人叫我相信他们是可靠的，说他们也要像我那样干。其余的人没有发言，静静地站着。那位贵族对这种沉默的表示感到不满，于是就用他的本国话向大家慷慨激昂地发表意见。由于人数很多，所以他就大声地把我们目前的境遇以及主人和监工的残酷做了一番动人的描写；他通过对我们的恶劣处境的描写，引起了大家的愤慨，使大家产生了火热的复仇心；最后，他对不惧苦刑、能战胜强暴的人大大地赞赏了一番，从而把在场的人的勇气鼓动到这样的程度，以致大伙儿都喊叫起来，打断了他的话，发誓要学我们的榜样，至死也不动摇。

第二天，正如我们所料到的，当我们一拒绝工作，我们马上就受到残酷的虐待；可是我们两个人，还有三四位老伙伴，对这些残酷的虐待满不在乎，连气都不吭一声。那位贵族鼓动的效果并不十分持久。他那些闹闹嚷嚷的本国伙伴，几分钟以后就不能坚持,挨了一阵牛筋鞭子以后,就像羊羔似的又乖乖地去干活儿。那位贵族对这种懦弱的表现感到愤慨,因此,当监工去打他的时候,他就破口大骂,可是那些人却不听他的。我竭力叫他逃跑,这个办法我早就考虑过,而且也向他讲过。我知道,漂亮的讲话的效果是很好的,不过是暂时的。容易受言辞激动的人,也同样是容易冷下来的。冷静而严正地讲道理,是不能煽动人们的狂热的,但是,一旦这些道理深入人心,则产生的效果是永远不会消失的。

  那些可怜的人的懦弱表现,却产生了一个我预料不到的结果,其所以会产生这种结果,我认为是由于一种民族的好胜心,再加上我坚定而沉着的模范行为。在法国人当中,有几个人并没有跟着我做,但是,当他们看见那些人又去做工的时候,便吆喝他们,同他们远远地离开,并且,为了嘲弄他们的那种胆怯样子,都来到我的身边,这种行为也带动了其他的人,顷刻间到处都发出了一片造反的声音,以致惊动主人亲自来弹压。

  我们的监工说了些什么话去开脱自己的责任和唆使主人来镇压我们,这你是可以想象得到的。他马上指着我说是这次骚乱的主谋,是造反的人的头子,说我企图利用这种暴乱来吓唬人。主人看着我,说道:"是你带坏了我的奴隶吗?刚才指控你的话,你已经听见了;如果你有什么话要分辨的,那就说吧。"一个贪得无厌的人面临破产的危险,尽管盛怒已极,但也能显得如此地克制,这一点,不能不使我感到惊异,因为,在这种情况下,要是一位欧洲的主人的话,由于利欲熏心,不但不听我分辨,反倒早已打了我一千皮鞭。"主人,"我用法兰克话向他说道，"你不能怨我们，你对我们的情况一点儿不了解；我们也不怨你，我们所受的苦不是你造成的，你根本不晓得。我们知道要担负需要的枷锁，服从于你。我们毫不吝惜我们的气力为你干活，因为命运已经注定我们要干这种活儿；可是，由于你那位监工叫我们超过我们的体力去干，这就等于是在使我们丧失体力，等于是在用搞垮我们身体的办法来搞垮你的财产。请你相信我的话，派一个比较贤明的人来管理，因为这个监工随心所欲地滥用权力，对你不利。合理地分配工作，我们也不会少干你的活儿，而且这样，你的奴隶都会勤奋地干，日子一久，你所得的利益，比他这样用加重我们劳累的办法给你带来的利益多得多。我们的苦是应该诉的，我们的要求也是很微少的。如果你不理睬我们的要求的话，我们就照我们的计划行事；你那位监工已经尝到过那种滋味，你也可以尝一尝。"

我说完就不作声，那个监工企图答辩，主人不准许他讲话。他用眼睛一个个地打量我的伙伴，他们苍白的脸色和瘦弱的身体证明我的指控是真实的，同时，他们坚定的神情表明他们绝不是害怕威胁的人。跟着，他又重新把我仔细地端详了一下，说道："你好像是一个明理的人，我想看一看你讲的办法对不对。你指责那个监工的行为，好吧，让我们瞧一瞧你做监工是怎么做的。现在，我叫你去担任他的工作，叫他来做你的事情。"他一下命令，人们马上就取掉我身上的铁链，并且把它拿去戴在那个监工的身上。这一切都是当场办理，顷刻实现的事情。

我无须向你叙述我在我的新岗位上是怎样做法的，因为这不是我要在这里论述的主要问题。我的勇敢的行为传出去了,主人是有意把它散布出去成为阿尔及尔的一条新闻的;最后,连总督也听到我的事情了,因此他想见一见我。主人把我带去见他,并且发现总督很喜欢我,于是就把我送给总督。这样一来,你的爱弥儿又成为阿尔及尔总督的奴隶了。

我在这个新的工作岗位上所遵循的办事法则,是从我早已知晓的原理中推演出来的;这些原理,在我们游历的旅途中曾经讨论过;尽管它们是应用在我所处的境地中,而且也应用得不完全,范围也很小,但是,其效果还是十分可靠,一点不差的。经过的细节,我就不讲了,因为这在你和我之间是用不着讲的。我的成功,赢得了我的主人的尊敬。

阿桑-奥格路是通过最光荣的道路而取得最高的权柄的,因为,他是一个普通的水兵,是一级一级地在海军和国民军中提升为国家领导人之一的,并且,在他的前任死了以后,土耳其人和摩尔人,军人和法官,都一致选举他继掌大权。他所治理的是一个野蛮不驯的民族,是时起兵变、唯恐天下不乱的杂牌军队,这些人,连自己要做些什么也不明白,他们只知道骚动,不管事情搞得好不好,只要把事情搞个两样就行了,但即使这样,阿桑-奥格路也光荣地担任了那个艰难的职位达十二年之久。在他的治理之下,尽管未满足人们所预期的希望,但是人们对他还是无可指责的。在他执政期间,国家是相当的安定,一切都比从前好,商业和农业很发达,海军很强盛,人人有饭吃。但是,从他成效卓著的措施中,人们丝

毫没有……*

摘 录

从普雷沃斯特教授自日内瓦致文学书稿编纂人的一封信中摘录的有关让·雅克·卢梭,特别是有关《爱弥儿》的续篇或《孤独的人》的几段话。

诸位先生:

在让·雅克·卢梭年老的时候,我经常有机会见到他,因此,我有几句话,想不揣冒昧地向你们说一下。这是有关一个伟大人物的几件小事,最好是把它们收集起来,免遭遗忘……

我知道他曾经烧掉了几篇手稿;他死后发表的几部遗著,是我们得以读到他保存下来的稿子中的最有意义的几部作品……我听他说过,在他离开伦敦的时候,把准备在一版《爱弥儿》中添加的大量注释全都烧掉了,因为那些注释的稿子使他感到旅途累赘。

……

卢梭从来没有让我知道他在写他的回忆录,只是在有一次他担心他会把它丢失的时候,才向我提到过它的名称。但是,我感到

---

* 特别可惜的是,卢梭没有把这封书柬继续写完;他在1768年7月6日给杜·佩鲁写了一封信,请杜·佩鲁把这封书柬的手稿给他送去,因为他想再看一看这篇稿子,"以便消消遣,度过严酷的冬天。""我对这封书柬,"他继续写道,"仍然是很喜爱的,这种喜爱的心,我也不想打消,因为我倒是觉得它有一个特殊的用处:使我不至于浪费我的时间,而且,它也不会同我现在所写的东西混在一起,因为我目前写作的,是对以往的不幸的遭遇的回忆,同这封书柬中所讲的事情没有联系。"

从我们即将读到的普雷沃斯特先生的信中就可看出,这篇稿子是送给卢梭的;但可惜的是,卢梭原先想分散的那些忧郁的思想,竟完全占据了他的心,以致使他在写作《对话录》和《一个孤独的漫游者的梦幻》这两部作品时,愈写愈忧伤,愈写愈发挥,腾不出手来,继续写完这封书柬。

特别高兴的是,他曾经很乐意地把《爱弥儿》的补篇读给我听。这篇东西发表在日内瓦版的本子里,标题是:《爱弥儿和苏菲,或孤独的人》。这是一个未完成的作品,写到爱弥儿成为阿尔及尔总督的奴隶就没有写了……卢梭一气不停地读完这篇东西,他的声调是那样的激动,感情是那样的奔放,使人深受感染,可见这的确是一篇成功的新作。在读的时候,他本人是很激动的,他好像又抓着了他在写作这篇东西的时候使他激动不安的思想和感情的线索。他滔滔不绝地讲着(这种情况是很少见的),他向我详细地讲述了他开始写作的这个续篇的几个情节,并且向我说明了它的结尾。以下就是我从所记的几则笔记中综合出来的这个故事的结局。如果在这寥寥几笔的描写中有什么不妥帖的地方,有什么该提而未提到的情节,我希望,读者是相当的公正,不会把它说成是作者的过错。

孤独的人的结局

由于遇到了一系列的事情,爱弥儿最后来到了一个荒岛。他在这个荒岛的岸边发现了一座教堂,教堂的周围长满了鲜花,树上结满了甜美的果实。他每天都去看这座教堂,他每天都觉得它装点得更加美丽。苏菲在这座教堂里做修女,可是爱弥儿不知道。是什么原因使他到这种地方来的呢?是他自己的过失和行为使他忘怀了她的样子。最后,他还是把苏菲认出来了。爱弥儿使用了一些手段和暴力,使她终于屈服。但是,由于她感觉到,她今后不配做他的妻子,因而,她甘心做他的奴隶,服侍她的情敌。这个女人很年轻,由于别的缘故,使她同这一对原先的夫妇的命运联在一起了。她和爱弥儿结了婚,苏菲参加了婚礼。婚后,爱弥儿和那个女子都表现得后悔不迭,一天比一天痛苦,特别是看到苏菲暗中对她很好,对她很尊敬,两个人更是显得难过,几天以后,他们便向苏菲承认他们的婚姻是假的。这个假装的情敌是有丈夫的,她把他领来同苏菲相见,于是苏菲又得到了爱弥儿;爱弥儿原谅她并非出自本心而犯的过错,而她已呕尽了许多心血去补偿她的过失,她痛改前非,从而恢复了她本来的为人;不仅如此,她美好的德行,尽管在没有机会表现以前,只约略地为他所知,但是,当她的德行得到机会充分表现以后,便更加赢得了他的尊重和钦敬。

卢梭生平和著作年表

1712年 清康熙五十一年 诞生	▲六月二十八日:让·雅克·卢梭①(Jean-Jacques Rousseau)诞生于瑞士日内瓦。他是法国基督新教教徒、钟表匠依萨克·卢梭②(Isaac Rousseau)和苏珊·卢梭③(娘家贝尔纳,本名Suzanne Bernard)夫妇家庭的第二个儿子。母亲不几天就死于产后失调,他自幼得到姑母的抚育。 ⊙法国波旁王朝国王路易十四(1638—1715)在位(1643—1715)。 ▲十八世纪法国伟大启蒙学者,是"在法国为行将到来的革命启发过人们头脑的那些伟大人物"㊀,最初一批早在卢梭之前,在十七、十八世纪之交就相继诞生:孟德斯鸠(1689),伏尔泰(1694),魁奈(1694),布丰(1707),拉美特里(1709),马布利(1709)。
1715年 康熙五十四年 三岁	⊙路易十四死。国王路易十五(1710—1774)继位,摄政王奥尔良公爵腓力蒲(PhilippeⅡ, *Duc* d'Orléans,1674—1723)掌政。
1719年 康熙五十八年 七岁	▲略识字,以后学习阅读。

---

① 又译:约翰-扎克·卢梭(见沈起予译:《忏悔录》,第7页)和约翰·卢梭(见孔帕雷〔Gabriel Compayré〕著,梁天咏译:《卢梭与自然教育》,中华书局,1939年,第1页)。
② 又译:伊扎克·卢梭(见《忏悔录》,第5页)。
③ 又译:塞臧涅(见范寿康著:《卢梭》,商务印书馆,1932年,第1页)。
㊀《马克思恩格斯全集》,第20卷,第19页。

1720年 康熙五十九年 八岁	▲启蒙运动又一批重要思想家相继出世；狄德罗(1713)，雷纳尔(1713)，达朗贝尔(1717)，爱尔维修(1715)，孔狄亚克(1715)，霍尔巴赫(1723)，杜尔阁(1727)。
1722年 康熙六十一年 十岁	▲十月：父亲和人发生纠纷，诉讼失败，逃往里昂。 ▲由舅父贝尔纳把自己儿子和他送到日内瓦附近布瓦锡(Boissy)地方牧师郎贝西埃(Lambercier)处学习古典语文，兼学绘图、数学。
1723年 清雍正元年 十一岁	⊙路易十五逐渐参与执政，以致后来独立执政。
1724年 雍正二年 十二岁	▲由舅父把他和表兄领回日内瓦家中。 ▲到公证人马斯龙家打杂。
1725年 雍正三年 十三岁	▲四月：转到雕刻匠家做学徒。
1728年 雍正六年 十六岁	▲春季：不堪师父虐待，出逃。 ▲日内瓦近郊的神甫介绍他投奔安纳西地方德·华伦夫人①(Madame de Warens)。 ▲得到德·华伦夫人之资助，去意大利都灵，进公教要理受讲所，改奉天主教(旧教)。 ▲秋季：到一个伯爵家当仆役，不久被逐。 ▲转到另一贵族家当差，趁机学习拉丁文，接触意大利音乐。
1729年 雍正七年 十七岁	▲回到德·瓦朗夫人处寄食。 ▲同住的音乐家凯特(George Keith)传授他许多音乐知识。
1730年	▲到神学校学习。

---

① 又译：瓦伦丝(见《忏悔录》，第88页)和华伦(见《卢梭与自然教育》，第126页)。

雍正八年 十八岁	⊙三十年代：法国封建的土地关系呈现动摇，农村的土地兼并加剧；各地棉纺业（诺曼底、卢昂）手工业（土伦、布罗瓦）开始得到发展，资本主义关系的发展，步伐较前加快。
1731年 雍正九年 十九岁	▲涉猎英国《观察》杂志等政治读物；注意法语修辞，勤恳练习写作。
1732年 雍正十年 二十岁	▲在尚贝里做土地测量工作，自学数学。 ▲结识一些乐师、音乐爱好者，常相过从。
1733年 雍正十一年 二十一岁	▲寄居德·华伦夫人家（已迁来尚贝里），涉猎所藏学术著作。
1734年 雍正十二年 二十二岁	▲辞测量工作。 ▲代德·华伦夫人管家，协助经营家庭制药手工业。 ▲经常采集植物标本，奠定了研究植物学的兴趣。
1735年 雍正十三年 二十三岁	▲在法国启蒙运动中属于年轻一批的启蒙思想家出世：勒荣（1738），孔多塞（1743）。这个时候，最早一批启蒙思想家已经开始发表著作，启发人们头脑，提出"不承认任何外界的权威"，不承认封建阶级和宗教迷信，而要求在理性的法庭上检验事物：1721年，孟德斯鸠的《波斯人信札》；1733年，伏尔泰的《哲学通信》；1734年，孟德斯鸠的《罗马盛衰原因论》；1747年，拉美特里的《人是机器》等等。
1736年 清乾隆元年 二十四岁	▲到尚贝里附近沙尔米特养病。 ▲选读哲学著作，接触洛克、莱布尼茨、笛卡尔的著作、王港教科书。 ▲写诗《沙尔米特的果树园》(*Le Verger des Charmettes*)。 ▲结识戈费库(Gauffecourt, 1691—1766)。这位研究文献者使他熟悉文坛书肆历史掌故。
1737年 乾隆二年	▲有意识地开展室内小型音乐会，经常作曲，钻研音乐理论。 ▲学习解剖学。到蒙彼利埃听英国医师摩里斯(Fitz Moris)的

二十五岁	解剖学讲课一两个月。
	⊙日内瓦人民起义。
1740年	▲四月:到里昂,在贵族官员马布里家担任家庭教师。
乾隆五年	▲结识马布里的弟弟、政治思想家、空想社会主义者马布里
二十八岁	(Gabriel Bonnot de Mably,1709—1785)和其表弟、哲学家孔狄亚克(Etienne Bonnot de Condillac,1715—1780)。
	⊙法国卷入奥国王位继承战争(1740—1748),法普共同反对英奥同盟。结果,法国在美洲的殖民地的势力被削弱。
	⊙四十年代:资本主义农场经营有显著的发展。
1742年	▲八月:携带《新记谱法》(Un nouveau système sur les signes de la musique)去巴黎。二十二日,由音乐家拉摩(Jean Philippe Rameau,1683—1764)推荐到法兰西学术院宣读,未成。
乾隆七年	
三十岁	
	▲结识唯物主义哲学家狄德罗(Denis Diderot,1713—1784),两人十分相投,很快成为亲密朋友。狄德罗交游广泛,介绍他认识一些启蒙运动思想家,后来他称之为"哲人党"(les philosophes),共同推动启蒙运动。
1743年	▲春季:歌剧《风雅的缪斯》(Les Muses galantes)写成,他的音乐才能开始引起巴黎音乐界注意。
乾隆八年	
三十一岁	
	▲教音乐、抄乐谱,以此维持生活。
	▲六月:离开巴黎,随法国驻威尼斯使节赴意,任其秘书。
	▲《新记谱法》以《论现代音乐》(Dissertation sur la musique moderne)之名出版于巴黎。
1744年	▲八月:辞秘书职,返巴黎,仍以为剧团和个人抄乐谱度日。
乾隆九年	▲和特莱丝·德·勒娃瑟尔(Thérèse de Le Vasseur)同居。
三十二岁	⊙里昂爆发劳资大冲突。
1745年	▲结识启蒙思想运动老一辈思想家伏尔泰(Voltaire,1694—1778)。伏尔泰宣传启蒙思想,反对天主教会和僧侣,多年被迫流浪异国,去年得到默许回国,本年任宫廷史官。
乾隆十年	
三十三岁	
1747年	▲秋季:喜剧《冒失的婚约》(L'Engagement téméraire)写成。
乾隆十二年	

三十五岁

1748年　　▲经狄德罗介绍,结识从荷兰来登学成归国的梯德里希(Paul
乾隆十三年　Heinrich Dietrich),即后来的霍尔巴赫男爵(Baron d'Hol-
三十六岁　　bach,1723—1789),唯物主义哲学家、无神论者。一个时期后,
　　　　　　经常参加霍尔巴赫的沙龙家庭定期招待会。

⊙奥国王位继承战争结束,缔结亚琛和约,条款对法国不利,而且英法在印度、北美继续开仗,法国节节败退。人民群众对国王路易十五的专制统治十分不满,国王经常发出所谓"密封御札",不经过法院、检察厅,不宣布惩治原因和刑期,把人投入巴士底监狱,以强化战争体系,这种动辄逮捕,一意孤行镇压人民群众的暴行,战后有增无已。

1749年　　▲年初:开始为狄德罗、达兰贝筹备的《百科全书》撰写音乐方
乾隆十四年　面一部分条目,按期于三个月后交稿。
三十七岁　　▲十月:去巴黎郊外万桑要塞①监狱探望狄德罗。狄德罗因发
　　　　　　表《论盲人的信札》而被囚禁于此(七月至十一月)。他去探望,
　　　　　　并把《法国信使》报上登载第戎②科学院有奖征文事以之相商。
　　　　　　得到鼓励,随即动笔撰文应征。

1750年　　▲七月九日:应征论文《论科学和艺术的复兴是否有助于敦风
乾隆十五年　化俗?》③得奖。
三十八岁　　▲经狄德罗介绍,结识德国文学评论家格林姆(Friedrich Mel-
　　　　　　chior Grimm,1723—1807)。在相当一个时期,两人关系特别
　　　　　　密切,相处极为融洽。

▲他对剥削阶级社会文化腐朽、堕落一面的攻击,是叙述在笼统批判文明社会的行文中,这种反对唯理论的观点导致他和霍尔巴赫沙龙常客一些强调理性的朋友,在日常讨论中经常争辩。

▲十一月:《百科全书》出版者发表狄德罗执笔的"说明书"八千

---

① 位于法国东部,在南锡(北)和里昂(南)之间。
② 又译:文新堡《《世界通史》,第5卷,第767页)。
③ 中译本:何兆武译,商务印书馆1959年出版。

877

份。"说明书"宣布出版八卷本的《百科全书,科学、艺术、工艺详解辞典》,十年出齐,以介绍古典学术和当代科学工艺知识,使人类文明的成就得以总结、汇总而为人们所用。"说明书"不但在巴黎散发,而且寄送全国,并通过各国贵族往来和贸易关系散寄到欧洲各国,广泛征求预订。

▲年底:得奖论文《论科学和艺术的复兴是否有助于敦风化俗?》(Si le rétablissement des sciences et des arts a contribué à épurer les moeurs)出版于日内瓦,受到文坛普遍重视。

1751年
乾隆十六年
三十九岁

▲继续为贵族家庭、音乐团体抄乐谱度日。

▲《百科全书》"说明书"立即引起极端反动的耶稣会士、冉森教派强烈反对,耶稣会杂志宣判《百科全书》为"魔鬼的新巴比伦塔",在于宣传无神论异端思想,要求政府和教会予以制止。与此相反,社会进步人士却热烈欢迎,寄来了订单1625份。

★"法国的唯物主义者没有把他们的批评局限于宗教信仰问题;他们把批评扩大到他们所遇到的每一个科学传统或政治设施;而为了证明他们的学说可以普遍应用,他们选择了最简便的道路:在他们因以得名的巨著《百科全书》中,他们大胆地把这一学说应用于所有的知识对象。这样,唯物主义就以其两种形式中的这种或那种形式——公开的唯物主义或自然神论,成了法国一切有教养的青年的信条。"(《马克思恩格斯选集》,第3卷,第394—395页)

▲六月:《百科全书》第一卷(词头A字条目)出版于巴黎。编者是"一个文学家团体",领衔的是狄德罗和达朗贝,略语表列出撰写条目较多者,包括卢梭。最引人注目的是达兰贝写的"序言",试图以进步的唯物主义认识论观点分析和介绍人类全部知识各门学科的基础、关系和作用,首当其冲的是一些宗教和神学条目。

▲天主教耶稣会首先反扑,指定三个教士秘密审查。抓住神学条目在他们的机关报上大做文章,自然神论者普拉德神甫因为参加撰写神学条目成为他们攻击的目标,被迫逃往柏林。

▲秋季:《论科学与艺术》遭到攻击,写《答波兰国王兼洛林公爵对〈论科学与艺术〉一书的驳难》(*Observations sur une réfutation du Discours pur le roi de Pologne*)。

1752年 乾隆十七年 四十岁	▲一月:《百科全书》第二卷(词头 B、C 字条目)继续出版。 ▲意大利巴姆比尼歌剧团到巴黎访问演出,巴黎音乐界、社交界中反对喜剧的保守分子、贵族艺术拥护者从剧场到社会,从沙龙到街头,从宫廷到商店,到处兴风作浪。改革派针锋相对迎头痛击,演为一场大笔仗,持续两年的所谓"丑角战争"(1752—1754),卢梭、狄德罗、霍尔巴赫等积极投入了这场"喜歌剧之战",支持论战中比较民主的流派,对启蒙思想在艺术领域、美学领域的胜利准备了条件。 ▲卢梭的父亲死。 ▲十月二十八日:喜歌剧《乡村巫师》(*Le devin du village*)在枫丹白露上演获得成功。 ▲国王路易十五有意召见他,并准备给他年金,卢梭回避。 ▲《论法国音乐的信》(*Lettre sur la musique française*)写成。 ⊙里昂工人罢工,到 1786 年,前后六次。 ⊙1752—1768 年期间,诺曼底地区农民起义此伏彼起,不下六次。
1753年 乾隆十八年 四十一岁	▲《略论语言的起源》(*Essai sur l'origine des langues*)写成。 ▲十一月:《论法国音乐的信》出版。保守派对他实行抵制,居然"焚烧刍像"。 ▲《皇家音乐学院一位乐队队员给乐队同事的信》(*Lettre d'une symphoniste de l'Académie Royale de Musique à ses camarades de l'orchestre*)出版。 ▲十一月:《百科全书》第三卷(词头 C 字条目)不顾当局搜查编辑部及所发出禁令,狄德罗等坚持出版。 ▲冬季:第戎科学院宣布有奖征文,题目是"人类不平等的起源是什么? 人类不平等是否为自然法所认可?"卢梭得讯后,抓紧时间动笔写应征文。

1754年　　　　▲四月:《百科全书》第四卷(词头 C、D 字条目)出版。

乾隆十九年　　▲八月:厌弃封建地主阶级统治集团腐朽、堕落的生活,离开巴

四十二岁　　　黎,重皈新教,回到日内瓦,恢复日内瓦共和国公民权。

　　　　　　　▲十月:返巴黎。

　　　　　　　★"平等要求的资产阶级方面是由卢梭首先明确地阐述的,但还是作为全人类要求来阐述的"。(恩格斯:《反杜林论》。《马克思恩格斯全集》,第 20 卷,第 669 页)

　　　　　　　▲《论人类不平等的起源和基础》①应征文写成,应征结果落选。

　　　　　　　▲以耶稣会为代表的宗教顽固势力大肆攻击,专制政府所代表的封建统治集团随时制造障碍,《百科全书》的出版其困难未有稍减,百科全书派毫不退缩,既得到读者热烈支持,预约的印数原已达 1625 部,实际印数竟突破 2075 部,而且,主编达兰贝撰写大量条目的霍尔巴赫分别于十二月和七月获得学术荣誉,前者为法兰西学术院院士,后者为柏林科学院院士。

1755年　　　　▲四月:落选论文《论人类不平等的起源和基础》②(*Discours*

乾隆二十年　　*sur L'origine et les fondemens de L'inégalité parmi les hom-*

四十三岁　　　*mes*)出版于阿姆斯特丹。

　　　　　　　▲七月:德国启蒙运动思想家、文学家莱辛(Gotthdd Ephrain Lessing,1729—1781)在《柏林特权者》报上撰文赞扬卢梭新著。

　　　　　　　▲莱辛向自己的朋友门德尔松(Moses Mendelssohn,1729—1786)推荐译出卢梭这部新著。门德尔松的译本不久就出版于柏林,在报刊上引起种种评论。

　　　　　　　▲十月:沙尔·博内(Charles Bonnet,1720—1793)在《法国信使》杂志上匿名发表《日内瓦公民费洛波利斯的信》攻击卢梭。

　　　　　　　▲十一月:《百科全书》第五卷(词头 D、E 字条目)出版。

---

① 又译:《论人间不平等的起源和原因》(见《马克思恩格斯全集》,第 20 卷,第 720 页),《论不平等的原因》(见《世界通史》,第 5 卷,第 761 页)。

② 中译本:李常山译,商务印书馆 1958 年出版。

	▲《论政治经济学》①（Sur L'économie politique）发表于《百科全书》第五卷。
	⊙十一月一日（天主教万圣节）：葡萄牙里斯本发生大地震，震后大火。在罗马天主教占统治地位的葡萄牙，发生于宗教大节日的这场自然灾难和所造成的社会混乱，在欧洲各国引起极大的震动。
1756年 乾隆二十一年 四十四岁	▲卢梭以新著《论不平等》奉赠伏尔泰，伏尔泰阅后大为不满，复信道："我收到了你的反人类的新书，谢谢你。" ▲四月：移居蒙特莫朗。开始写《朱利，或新爱洛漪丝》。 ▲八月：以诗《天命书柬》对上年里斯本地震做了唯心主义解释，来反对伏尔泰旨在嘲笑莱布尼茨的先定谐和说的诗《里斯本的灾难》。 ▲《百科全书》第六卷（词头 E、F 字条目）出版。 ▲一个人匿名攻击卢梭为《百科全书》撰写的音乐条目。《百科》编者在前言中为卢梭做必要的辩护。 ⊙法国卷入七年战争（1756—1763）。法国和奥国结盟反对得到英国援助的普鲁士。战争严重影响国家财政状况。
1757年 乾隆二十二年 四十五岁	▲七月：对于狄德罗新作《私生子》（1756）的评价，和狄德罗本人的看法大相径庭，争辩结果终至闹翻。卢梭的唯心主义哲学观点，激烈的社会观点使他和百科全书派一些思想家产生一些矛盾，这时，矛盾进一步扩大，后来遂至格格不入，连关系一直比较融洽的散文家格林姆也和他疏远了。 ▲开始写《爱弥儿，或论教育》（Emile，ou de L'éducation）。* ▲为《百科全书》撰写的条目"感觉主义伦理学，或贤者唯物主义"（La Morale Sensitive，ou le matérialism de sage）搁笔。

---

① 中译本：王运成译，商务印书馆 1962 年出版。

* 本书引起关心教育思想的读者莫大注意，德国哲学家康德日常活动十分刻板，也因捧读此书，打乱了生活次序。德国教育家巴泽道受此书启发，创办"博爱学校"于德绍。

	▲十月:《百科全书》第七卷(词头 F、G 字条目)出版。本卷包括达朗贝写的条目"日内瓦"。
1758年 乾隆二十三年 四十六岁	▲《论政治经济学》(《百科全书》条目)单行本出版。 ▲三月:发表长信《和达朗贝先生论观赏的信》(Lettre à M. D'Alembert sur les spectacles),批评达朗贝在《百科全书》第七卷上发表的"日内瓦"条目对于日内瓦城市建设和戏剧文化生活的意见。 ▲达朗贝对于日内瓦市政建设和文化艺术生活表示的意见,瑞士官方加尔文教会无理挑剔,法国耶稣会士和巴黎反动文人推波助澜。
1759年 乾隆二十四年 四十七岁	▲《百科全书》受到封建专制政府和反动教会的镇压。在巴黎议会上,总检察官奥美尔·若利诬蔑《百科全书》"败坏道德",罗马教皇克里门特十三世勒令焚毁《百科全书》,耶稣会则围剿《百科全书》这批"不做弥撒"的进步思想家,"异教徒以及神和国王与教会的敌人的大集合"。 ▲狄德罗、德·若古等坚持斗争,在艰难的条件下,继续秘密进行第八卷和以下各卷的组织、编写、出版工作。 ★"……卢梭等人已经用人的眼光来观察国家了,他们是从理性和经验……引申出国家的自然规律"。(《马克思恩格斯全集》,第1卷,第128页) ▲开始写《社会契约论,或政治权利原理》(Du Contrat social, ou Principes du droit politique)
1760年 乾隆二十五年 四十八岁	▲德国剧作家魏塞(Christian Felix Weisse,1726—1804)来法国(1759—1760),回国前,到蒙特莫朗拜访卢梭,同时代表门德尔松把《论不平等》德译本赠送卢梭。
1761年 乾隆二十六年	▲一月:《新爱洛漪丝》取名《阿尔卑斯山麓小城两位相恋居民的信札》(Lettre de deux amants, habitants d'une petite ville au pied des Alpes)出版于巴黎,受到读者热烈欢迎。

四十九岁	▲1756年编订的《圣·皮埃尔永久和平方案摘要》(*Extrait du projet de paix perpétuelle de Saint-Pierre*)出版。
	▲《新爱洛漪丝》德译本出版于莱比锡。
1762年 乾隆二十七年 五十岁	▲四月:《社会契约论》①出版于阿姆斯特丹。
	★"理性的国家、卢梭的社会契约在实践中表现为而且只能表现为资产阶级的民主共和国"。(恩格斯:《反杜林论》。《马克思恩格斯全集》,第20卷,第20页)
	▲《爱弥儿,或论教育》出版于阿姆斯特丹和巴黎。
	▲六月:巴黎大主教博蒙出面干涉《爱弥儿》的发行,九日,发出禁令要人们不读此书,十一日,巴黎高等法院发出有关此书的禁令。
	▲卢梭从巴黎出逃,到日内瓦,适逢当局焚烧此书和《社会契约论》,并宣布追究作者;只得又逃往伯尔尼,亦见逐,于是辗转流亡到普鲁士管辖下的纳沙泰尔(Neuchâtel)的莫尔季耶村。
	▲《百科全书·图册》突破重重阻力,得以首先在巴黎公开分卷出版,本年出版第一卷。
	⊙八月:在各省广泛抗议所形成的浪潮冲击下,巴黎高等法院通过决定,解散罗马天主教会顽固的耶稣会教团。耶稣会士转入地下,负隅顽抗,继续为非作歹。
1763年 乾隆二十八年 五十一岁	▲三月:发表《日内瓦公民卢梭给巴黎大主教克里斯托·德·博蒙的信》(J.-J. Rousseau, citoyen de Genève, à Christophe de Beautmont,写于上年十一月),公开责问教会当局,抗议对他的迫害。
	▲四、五月:取得纳沙泰尔州公民权,放弃日内瓦公民权。
	▲《百科全书·图册》第二卷、第三卷出版。
1764年 乾隆二十九	▲出版《山中书柬》(*Lettres écrites de la montagne*),驳斥坊间流传的《乡间书柬》(*Lettres de la campagne*),并责问日内瓦当

---

① 中译本:何兆武译,商务印书馆1962年出版。

年	局。
五十二岁	▲八月二十一日:科西嘉解放运动领袖德·布达福科(Butta Fouco)来邀请卢梭前往科西嘉协助起草宪法,卢梭未去,但是代拟了个草案。
1765年 乾隆三十年 五十三岁	▲《科西嘉宪法草案》(Projet de Constitution pour la Corsica)写成,1867年第一次出版。 ▲九月:谢绝普鲁士国王的年金。 ★"卢梭不断避免向现存政权作任何即使表面上的妥协"(《马克思恩格斯全集》,第16卷,第36页) ▲卢梭既未受到自诩为"开明君主"的普鲁士国王的真正保护,也未得到纳沙泰尔当局的谅解,不得不再度逃亡。弗里德里希·威廉二世对此事自我辩解道:"我所保护的是那些举止有礼、思想健康的自由思想家。" ▲十月:潜回巴黎。若干友好和旧相识正传阅英国作家华尔甫捏造的普鲁士国王给卢梭的信,信中暗讽卢梭有意托庇于普王并盼赐年金。 ▲《百科全书》①后十卷(第八至第十七卷)在狄德罗等惨淡经营下,在纳沙泰尔秘密印刷十卷,同时发行,订户增至4250户,遍及国内外,轰动欧洲。 ▲《百科全书·图册》第四卷出版。
1766年 乾隆三十一年 五十四岁	▲一月:随英国哲学家大卫·休谟(David Hume,1711—1776)离开巴黎,到英国避难。 ▲夏秋:同休谟冲突,怀疑休谟等英国友人要谋害他,并误以为华尔甫所捏造的信件是伏尔泰或达朗贝所写。事实上,各国封建阶级反动政府对他一直进行的迫害,使他多年颠沛流

---

① 《百科全书》条目中译(卢梭所撰者外):第二卷狄德罗所写"美之根源及性质的哲学的研究",收于《文艺理论译丛》,第一期,第1—32页,人民文学出版社,1958年;第七卷孟德斯鸠所写"论自然和艺术作品的鉴赏"未完篇,收于《罗马盛衰原因论,附录:论趣味》,商务印书馆,1962年,第137—164页。

离,终于逐渐患上了被迫害狂,而于英国迸发了出来。

▲开始编写《植物学术语辞典》。

▲年底:《忏悔录》(Les Confessions)第一卷前篇,即前六章写成。

1767年
乾隆三十二年
五十五岁

▲三月:英国友人设法替他领取英王乔治三世给他的年金一百英镑,以后未再续支。

▲五月:误解英国友人的好意,终于改名易姓,从伍顿潜行回国。后化名勒努(Renou),避居于特里。

▲十月:达朗贝、斯华合编《休谟先生和卢梭先生争吵之简要说明》(Exposé succinct de la contestation qui s'est élevée entre M. Hume et M.Rousseau avec les pièces justificatives),由达朗贝写序,出版于巴黎。

▲十一月:拉摩在《"百科全书"音乐条目的错误》(Erreurs sur la musique dans L'Encyclopédie,1755)中指出卢梭所写音乐条目的错误。卢梭接受指正,修正有关音乐的短论等,以收于《百科》的条目为主,汇编为《音乐辞典》(Dictionraine de musique)出版于日内瓦。

▲《百科全书·图册》第五卷出版。

1768年
乾隆三十三年
五十六岁

▲七月:到格勒诺布进行植物学考察,以书柬形式写下研究成果。开始和国内外(荷、英)植物学家通信。

▲抄写乐谱以维持生活。

▲《百科全书·图册》第六卷、第七卷出版。

1769年
乾隆三十四年
五十七岁

▲《英雄所需要的道德》写成。

▲十一月:《忏悔录》[①]第二卷写成。

▲重新使用真姓名。

---

① 中译本:张竞生译,《卢梭忏悔录》(453页),世界书局,1929年;章独译,《忏悔录》,商务印书馆,1929年;汪炳焜译,《卢梭忏悔录》,启明书局,1936年;凌心渤编译,《卢梭忏悔录》(110页),自力出版社,1946年;沈起予译,《忏悔录》,第一册,文风出版社,1947年。

1770年
乾隆三十五年
五十八岁

▲六月:返回巴黎,住在普拉特里埃街,后叫"让·雅克·卢梭路"。

▲六月:参加植物学家儒锡叶领导的采集标本旅行。

★"卢梭的平等说……没有黑格尔的否定的否定来执行助产婆的职务,也不能建立起来。"(恩格斯:《反杜林论》。《马克思恩格斯全集》,第20卷,第152页)

▲八月二十七日:德国古典哲学家黑格尔诞生于德国。

▲十二月:《忏悔录》第一卷后编,即后六章写成。手抄本开始在友人中间流传。

▲《百科全书·图册》第八卷、第九卷出版。

▲邦库克(Pankoucke)重版《百科全书》。出版前三卷后,遭政府禁止。转而邀请哈勒(生理学家)、孔多塞(哲学家)等主持编辑出版《百科全书·补篇》。

⊙七十年代:农民暴动、城市贫民风潮急剧频繁,封建阶级统治集团内部也发生严重倾轧。四十年代战争时期开始采用的"密封御札",不仅已经成为国王、王室、政府、教会共同镇压第三等级的工具,同时也成为他们之间内讧、倾轧的手段,"上层"的分崩离析日益显露加剧。

1771年
乾隆三十六年
五十九岁

★"卢梭曾为波兰人草拟过最好的政治制度,马布利也曾为科西嘉岛上的居民草拟过最好的政治制度。"(《马克思恩格斯全集》,第4卷,第348页)

▲四月:应波兰威尔豪斯基伯爵之请,写《对波兰政府及其1772年四月改革计划的考察》(*Considération sur le gouvernement de Pologne et sur sa projet réformatrice en avril 1772*)。

⊙据记载,法国贵族达七万之众,有封号者三千人。

▲半个世纪来,法国启蒙思想运动有一大批启蒙思想家、唯物主义者、无神论者、自然神论者、重农学派经济学家,在反对封建愚昧政权和宗教迷信势力目标下进行坚韧不拔的活动。他们有的在五十年代就去世了:拉美特里(1751),孟德

	斯鸠(1755),这时,七十、八十年代,高龄如伏尔泰(1778,八十六岁)、布丰(1788,八十一岁),以及爱尔维修(1771)、魁奈(1774)、杜尔阁(1781)、达朗贝(l783)、狄德罗(1784)、霍尔巴赫(1789)也相继凋零。
	▲《百科全书·图册》第十卷、第十一卷出版。
1772年	▲《百科全书》整套28卷,文字十七卷,图册十一卷,全部出齐。
乾隆三十七年	
六十岁	
1773年	⊙七月:欧洲各国反对宗教和教会的进步阶层持续进行声势浩大的抗议运动,迫于这个广泛的反抗运动,罗马教皇克里门特十四世签署诏书,裁撤耶稣会教团。
乾隆三十八年	
六十一岁	
1774年	▲会见年轻的生物学家拉马克(Lamarck,1744—1829),两人开始往来。
乾隆三十九年	
六十二岁	⊙路易十六(Louis XVI,1754—1793)在位(1774—1792)。
1775年	▲《对话录,或卢梭批判让·雅克》(*Dialogues, ou Rousseau juge de Jean Jacques*)写成。
乾隆四十年	
六十三岁	▲十月:神话题材歌剧《匹克马梁》(*Pygmalion*)在法兰西歌剧院演出获得成功。
	▲以全部植物学藏书、标本售予一英国友人。
	⊙"面粉战争"爆发,粮食发生恐慌,城市居民纷纷抗议。
1776年	▲开始写《忏悔录》的补篇《一个孤独的漫游者的梦幻》(*Rêveries du promeneur Solitaire*),直至去世,未终篇。1782年出版。
乾隆四十一年	
六十四岁	▲《百科全书·补篇》第一卷、第二卷出版于阿姆斯特丹。
1777年	▲八月:健康恶化,停止抄写乐谱,生计十分艰难。
乾隆四十二	▲《百科全书·补篇》第三卷、第四卷和《图册·补篇》一卷出

887

年	版。《补篇》五卷出齐。
六十五岁	
1778年	▲五月:移居巴黎附近埃尔默农维耳庄园(Erménonville)。
乾隆四十三年	▲凯特(George Keith,1693—1778)死。他写遗嘱时,向卢梭表示要把他作为遗产继承者,卢梭坚决反对。
六十六岁	▲重病期间,青年罗伯斯庇尔(Robespierre,1758—1794,二十岁)慕名来访。
	▲七月二日:病逝,葬于爱尔蒙维尔附近圣·彼得岛他生前所心神向往的地点。法国大革命后,1794年,四月十五日,革命政府迁葬卢梭灵柩于巴黎国葬所。

生前未刊著作(除已说明者)和身后遗留的著作、稿件分别出版如下:

▲神话题材歌剧《达夫尼斯和克洛埃》(Daphnis et Chloé),1780年。

▲《我生平苦难的慰藉》(Les Consolations des Misères de ma Vie)(文学艺术创作片断),1781年。

▲《卢梭的植物学》(La Botanique de J.-J. Rousseau),1805年。

▲《卢梭未刊著作书信汇编》(Extraits des œuvres et Correspondances inédits de J.-J.-Rousseau),1861年。

1782—1783年《卢梭全集》(小开本、47卷)在日内瓦出版。

1887—1908年《卢梭全集》(13卷)出版。

陈尘若编

译名对照表

(本表次序是按汉字笔画数和起笔,点(、)、横(一)、竖(丨)、撇(丿)排列的,先笔画数,后起笔;又本书脚注中的主要译名也收录在表内。)

三 画

门特 Mentor
土伦 Touraine
大流士 Darius
马布利,加布里埃尔 Mably, Gabriel
马耳他 Malte
马其顿 Macédoine
马塞耳 Marcel
马召尔卡 Majorque
马尔波罗 Marlborough
马塞勒斯,诺尼乌斯 Marcellus, Nonius
马希埃利斯 Martial
马基雅弗利 Machiavel

四 画

文森兹 Vincennes
韦尔托特 Vertot
比昂基 Bianchi
瓦罗 Varron
瓦累 Valais
瓦鲁士 Varus
瓦列里乌斯-马克西姆斯 Valère-Maxime
太提斯 Thétis
太累马库斯 Télemaque
尤利西斯 Ulysse
尤维纳 Juvénalis
巴考士 Bacchus
巴勒姆 Barrême
巴尼亚人 Banians
巴斯克人 Basques
巴耳博亚,努涅斯 Balboa, Nunès
巴勒克泽尔 Ballexerd
孔东 Condom
孔狄亚克 Condillac
贝宁 Benin
贝尔纳 Bernard
贝尔纳,苏珊 Bernard, Suzanne

贝纳丹·德·圣皮埃尔 Bernardin Saint-Pierre
内奥姆 Néaulme
牛顿 Newton

五 画

汉尼拔 Annibal
宁录王 Le roi Nembrod
布里 Brie
布瓦洛 Boileau
布瓦锡 Boissy
布尔曼 Burmann
布果涅 Bourgogne
布朗托姆 Brantôme
布鲁土斯，马可·尤尼乌斯 Brutus, Marcus Junius
艾讷 Énée
艾迪生 Addison
圣马可 Saint-Marc
圣马特 Sainte-Marthe
圣丹尼 Saint-Denis
圣皮埃尔 Saint-Pierre
圣·朱斯汀 Saint Justin
圣·克累芒特 Saint Clément
弗勒里 Fleury
弗里乌尔 Frioul
弗朗斯瓦一世 François I
弗雷德里克 Frédéric
尼禄 Neron
尼科利尼 Nicolini
加利西亚 Galice

加拉太 Galatée
加利比人 Caraïbes
卡托 Caton
卡耳文 Calvin
卡米路斯，朱利乌斯 Camillus, Julius
卡利普索 Calypso
卡利奥珀 Calliope
卡提利纳 Catilina
卢梭，依萨克 Rousseau, Isaac
卢梭，让·雅克 Rousseau, Jean Jacques
卢森堡 Luxembourg
卢克莱修 Lucrèce
皮罗 Pyrrhon
皮鲁士 Pyrrhus
皮埃蒙特 Piémont
皮特罗尼乌斯 Pétrone
丘比特 Jupiter
代皮讷 d'Épinay
幼里皮底斯 Euripide

六 画

安东尼 Antoine
安讷锡 Annecy
安德罗马克 Andromaque
米利都 Miletus
米讷瓦 Minerve
米达斯 Midas
吉约姆 Guillaume
吉西阿丹 Guicciardin
芝诺 Zénon

芝诺克拉底 Xénocrate
西塞 Scythie
西塞人 Scythes
西尔塞 Circé
西罗斯 Scyros
西塞罗 Cicéron
西内阿斯 Cynéas
亚历山大 Alexandre
亚伯拉罕 Abraham
亚里士多德 Aristote
亚里斯泰提 Aristide
芒布累 Mambré
扫罗 Saul
托尔尼欧 Tornea
夸美纽斯 Comenius
达姆约 D'Amyot
达朗贝 D'Alembert
达维拉 Davila
那不勒斯 Naples
毕丰,若尔日·路易 Buffon, Georges Louis
毕达哥拉斯 Pythagore
吕底亚人 Lydiens
吕卡斯,保罗 Lucas, Paul
朱农 Junon
朱西厄 Jussieu
乔治三世 George Ⅲ
多尼人 Dauniens
多邦通 Daubenton
色诺芬 Xénophon
休谟,大卫 Hume, David

休伦族人 Hurons
伍顿 Wootton
伏尔泰,弗朗斯瓦·玛丽 Voltaire, François Marie
伏尔斯人 Volsques
伊撒克 Ithaque
伊多梅内 Idoménée
伊思帕亨 Ispahan
伊比利亚人 Ibériens
伊壁鸠鲁派 Épicuriens
华伦夫人 Madame de Warens
约翰 John
伦巴第 Lombards

七　画

沙丹,让 Chardin, Jean
沃颇耳,霍勒斯 Walpole, Horace
麦西亚 Mercie
麦鸠里 Mercure
玛丽 Marie
苏拉 Sylla
苏黎世 Zurich
苏埃东尼乌斯 Suétone
苏格拉底 Socrate
克拉克,赛米尔 Clarke, Samuel
克里苏斯 Crésus
克利奥帕特拉 Cléopâtre
杜克洛 Duclos
杜·佩武 Du Peyrou
杜潘夫人 Madame Dupin
李维 Tite-Live

君士坦丁堡 Constantinople
阿尔果 Argos
阿耳邦 Albane
阿波罗 Appolon
阿贝尔 Apelle
阿尔及尔 Alger
阿杰锡拉 Agésilas
阿基米德 Archimède
阿基里斯 Achille
阿塔兰特 Atalante
阿芙罗黛特 Aphrodite
阿尔卑斯山 Les Alpes
阿皮希乌斯 Apicius
阿姆斯特丹 Amsterdam
阿德腊斯特 Adraste
阿桑-奥格路 Assem-Oglou
阿洛布罗格人 Allobroges
阿格里琴托人 Agrigentins
阿耳西诺乌斯 Alcinoüs
阿斯塔纳克斯 Astyanax
阿纳森达腊克西斯 Anacyndaraxes
肖利厄 Chaulieu
里昂 Lyons
里斯本 Lisbonne
希隆 Chiron
希罗多德 Hérodote
希波米尼斯 Hippomène
伯尔尼 Berne
伯利耳 Belle-Isle
狄德罗,德尼 Diderot,Denis

狄摩西尼 Démosthène
狄奥尼苏斯 Dionysos
纽文提特 Nieuwentit
纳瓦尔 Navarre
纳沙泰尔 Neuchâtel

八 画

法沃兰 Favorin
波河 Le Po
波贡 Bourgoin
波尔多 Bordeaux
波尔哈维 Boerhaave
波利毕乌斯 Polybe
庞奈,沙尔 Bonnet,Charles
庞倍 Pompée
郎贝西埃 Lambercier
郎佩勒尔 Lempereur
拉辛,让·巴蒂斯特 Racine,Jean Baptiste
拉班 Laban
拉马克 Lamarck
拉杜沙 La Duchapt
拉图尔 La Tour
拉·封登 La Fontaine
拉·莫特 La Motte
拉斐尔 Raphaël
拉普兰 Laponie
拉普兰人 Lapons
拉·孔达明 La Condamine
拉西第蒙人 Lacédémoniens
拉美特利 La Mettrie

欧夏丽 Eucharis
欧伊勒斯 Oileus
欧里庇德 Euripide
林德尔 Léandre
枫丹白露 Fontainebleau
弥尔顿 Milton
孟德斯鸠 Montesquieu
尚贝里 Chambéry
味吉尔 Virgile
昆体良 Quintilien
昆图斯-库修斯 Quinte-Curce
昂其耳 Anchiale
昂利四世 Henri Ⅳ
图拉真 Trajan
帕拉斯 Pallas
帕米尼俄 Parménion
帕斯卡 Pascal
帕腊塞耳斯 Paracelse
罗兰,沙尔 Rollin, Charles
罗贝尔 Robert
罗伊希林 Reuchlin
罗谬拉斯 Romulus
罗伯斯庇尔 Robespierre
迪多 Didot
迪福 Defoe
恺撒 César
凯尤斯 Caïus
若尔日 George
佩里哥廷人 Perigordiens
佩达勒特 Pédarète

彼得(沙皇) Le czar Pierre
参孙 Samson

九　画

洛克 Locke
洛林 Lorraine
洛克里斯 Locris
美迪斯 Méduse
哀杰克斯 Ajax
珀提坦 Petitain
珈桑德拉 Cassandre
封特讷耳 Fontenelle
茜林 Sirènes
胡顿 Houdon
柏拉图 Platon
查理二世 Charles Ⅱ
查理-爱德华 Charles-Édouard
费讷龙 Fénelon
屋大维 Octavianus
贺拉斯 Horace
思腊西布路斯 Thrasybule
哈莱姆 Harlem
威尼斯 Venise
威尔豪斯基 Wielhorski
科坦 Cotin
科基 Cocchi
科西尔 Corcyre
科西嘉 Corse
科林斯 Corinthe
科敏斯 Comines
科里奥兰努斯 Coriolan

十　画

海德 Hyde
海伦娜 Hélène
海格立斯 Hercule
诺西卡 Nausicaa
诺德林根 Nordlingen
高卢 Gaule
高卢人 Gaulois
泰米斯托克利斯 Thémistocle
都灵 Turin
哥特 Gothique
索利斯 Solis
索福隆尼斯克斯 Sophronisque
埃里桑 Herissant
埃皮鲁斯 Epirus
埃尔默农维耳 Erménoville
埃皮克提特斯 Épictète
莱辛 Lessing
莱斯 Laïs
莱布尼兹 Leibniz
莱喀古士 Lycurgue
莫里哀 Molière
莫吉埃 Motiers
荷马 Homère
格林姆 Grimm
格雷文 Gravem
格勒诺布尔 Grenoble
格劳修斯,胡果 Grotius, Hugo
格勒诺布尔 Grenoble
夏隆 Charron

恩珀多克利斯 Empédocle
峨吉矶 Ogygie
爱弥儿 Émile
爱尔维修,克劳德·阿德里安　Helvétius, Claude Adrien
拿伯 Naboth
特里 Trye
特洛伊 Troy
特腊松 Terrasson
特雷斯 Thrace
修昔底德 Thucydide

十一画

培尔 Bayle
培根 Bacon
菲力浦 Philippe
菲力浦斯 Philippus
菲里吉亚 Phrygia
菲利普斯 Philippes
菲洛皮门 Philopœmen
菲洛克勒斯 Philoclès
菲洛克提提斯 Phyloctètes
萨瓦 Savoie
萨伊德 Saïde
萨郎特 Salente
萨瓦大君 Le Duc de Savoie
萨勒夫山 Montagne de Salève
萨路斯特 Salluste
萨摩耶人 Samoïede
萨德纳佩路斯 Sardanapale
勒克 Lequeux

勒努 Renou
勒博 Le Beau
勒布郎 Le Blanc
勒谬尔 Rêaumur
勒娃瑟尔，特莱丝 Le Vasseur, Thérèse
勒奥尼达斯 Leonidas
梅尔西，弗朗斯瓦·德 Mercy, François de
梅尼拉乌斯 Ménélas
梭伦 Solon
曼尼佗 Manitou
第戎 Dijon
笛卡尔，勒奈 Descartes, René
维纳斯 Vénus

十二画

普林尼 Pline
普腊东 Pradon
普卢塔克 Plutarque
普罗米修斯 Prometheus
普雷沃斯特 Prévost
普洛太西拉斯 Protésilas
博蒙 Beaumont
博胥埃 Bossuet
塔索 Tasso
塔兰特 Tarente
塔尔斯 Tarse
塔西佗 Tacite
塔韦尼埃 Tavernier
塔昆尼乌斯 Tarquin

提勒里 Tuileries
提西亚斯 Ctésias
提步路斯 Tibulle
提比利乌斯 Tiberius
斯华 Suard
斯多噶 Stoïque
斯蒂尔 Steele
斯特拉波 Strabon
斯特腊达 Strada
斯布里加尼 Sbrigani
雅典那 Athéna
腓希人 Phéaciens
腊姆萨,阿兰 Ramsay, Allan
腊姆塞 Ramsai
傅尔涅 Furne
絮耳唐 Sultan
奥尼尔,巴特里斯 Oneil, Patrice
奥菲士 Orphée
奥托曼 Ottoman
奥维德 Ovide
奥古斯都 Auguste
奥姆伐尔 Omphale
奥林匹斯山 Olympe
奥里利阿斯-维克托 Aurélius-Victor
鲁修斯 Lucius

十三画

塞涅卡 Sénèque
塞莱克 Selec
塞利斯 Thalès
塞士庇斯 Thespius

塞斯托斯 Sestos
塞加西亚人 Circassiens
新几内亚 Guinée
福尔梅 Formey
雷必达 Lepidus
雷苏士 Rhésus
雷居鲁斯 Régulus
蒙台涅,米歇尔 Montaigne,Michel
蒙莫朗锡镇 Montmorency
蓓蒂 Betty
路尔,雷蒙 Lulle,Raimond
路伯尔 Loubère
路易十五 Louis XV
路西塔努斯,阿马图斯 Lusitanus, Amatus
詹姆斯二世 Jacques Ⅱ
鲍桑尼阿斯 Pausanias
锡拉丘兹 Syracuse

十四画

赛丽斯 Cérès
赛琳娜 Sirènes
赛莫庇勒 Thermopyles
嘉拉 Galla
赫拉 Hera
赫罗 Héro
赫克托 Hector
赫米斯 Hermès
赫勒斯滂 Hellespont

十五画

潘伯夫 Paimboeuf

摩西 Moïse
摩尔人 Maures
摩莱里 Morelly
撒丁 Sardaigne
德图 De Thou
德利拉 Dalila
德郎盖 De Langey
德美特 Demeter
德·图伦 De Turenne
德·马布利 De Mably
德·郎克洛 De L'Enclos
德瑟萨尔 Desessarts
德·布达福科 De Butta-Foco
德·克鲁扎斯 De Crouzas
德·默拉勒德 De Mellarède
德·舍农索夫人 Madame de Chenonceaux

十六画

霍布斯 Hobbes
霍洛威 Holloway,T.
霍尔巴赫,保尔·昂利 Holbach,Paul Henry
穆罕默德 Mahomet

十七画

戴歇尼 D'Escherny
戴奥吉尼斯 Diogène
黛安娜 Diane

二十一画

露西 Lucy

图书在版编目(CIP)数据

爱弥儿:权威全译本/(法)卢梭著;李平沤译. —北京:
商务印书馆,2017(2023.6 重印)
ISBN 978 – 7 – 100 – 11548 – 3

Ⅰ.①爱… Ⅱ.①卢…②李… Ⅲ.①教育思想—法国—近代 Ⅳ.①G40-095.65

中国版本图书馆 CIP 数据核字(2015)第 196870 号

权利保留,侵权必究。

爱 弥 儿
(权威全译本)
〔法〕卢 梭 著
李平沤 译

商 务 印 书 馆 出 版
(北京王府井大街36号 邮政编码100710)
商 务 印 书 馆 发 行
北京艺辉伊航图文有限公司印刷
ISBN 978 – 7 – 100 – 11548 – 3

2017年3月第1版　　　开本 710×1000　1/16
2023年6月北京第6次印刷　印张 57

定价:139.00元